특권 없는 세상

헨리 조지 사상의 새로운 해석

특권 없는 세상

헨리 조지 사상의 새로운 해석

김윤상

경북대학교출판부

김윤상

토지정책 전공
경북대학교 행정학부 교수
미국 펜실베이니아대학교(도시계획학 박사)
서울대학교 법과대학(법학사)

저 · 역서

『지공주의: 새로운 토지 패러다임』(2009)
『알기 쉬운 토지 공개념』(2006)
『땅과 정의』(에세이집, 2011)
『진보와 빈곤』(완역, 1997)
『노동 빈곤과 토지 정의』(역서, 2012)
『세금을 없애고 지대를 걷자』(역서, 2011) 외 다수

초판 1쇄 2013년 6월 14일 | **초판 2쇄** 2014년 7월 10일
지은이 김윤상 | **펴낸이** 함인석 | **펴낸 곳** 경북대학교출판부
출판등록 1973년 10월 10일 ㉣97호
주소 대구광역시 북구 대학로 80 | **전화** 053-950-6741~3 | **팩스** 053-953-4692
이메일 press@knu.ac.kr | **홈페이지** http://knupress.com
ISBN 978-89-7180-374-5 93350

서문

이 책은 19세기 미국의 토지개혁가 헨리 조지의 사상을 새롭게 해석하면서 누구나 동의할 수 있는 사회제도, 특히 복지제도를 제시하는 내용이다.

지은이는 1980년대부터 19세기 미국의 토지개혁가 헨리 조지에 관심을 갖기 시작하여 근 30년 그의 사상을 소개하고 발전시키는 연구를 하고 있다. 스스로 생각해도 질긴 인연이다. 이 주제에 관한 첫 논문「토지사유제와 지대조세제」를 1986년에 발표한 이후 1997년에는 그의 대표작『진보와 빈곤』완역본을 출간하였고, 2009년에는 20여 년에 걸친 성과를 망라한 연구서『지공주의: 새로운 토지 패러다임』을 냈다. 그런네도 헨리 조지에 관한 새로운 책을 내는 이유는 그가 꿈꾸었던 세상이 아직도 실현되지 않은 채 많은 사람이 고통 속에 살고 있기 때문이다. 헨리 조지는 평등한 토지권이 보장되는 세상을 만드는 데 힘을 집중하였지만 좀 더 넓게 본다면 그가 추구한 세상은 '특권 없는 세상'이다. 이 책을 집필한 이유는 바로 '특권 없는 세상'이란 어떤 것인지에 대한 지은이의 생각을 정리하기 위해서다.

이 책은 크게 세 부분과 부록으로 구성되어 있다. 제1부에서는 가상의 나라 율도국의 사회제도를 소개하였다. 다 아시다시피 율도국은 신분 차별을 거부한 홍길동이 세웠다는 나라이므로, 인간의 평등을 전제로 하는 헨리 조지의 사상과 잘 어울린다. 특권 철폐를 통해 복지국가를 이룩한 율도국을 상상하면서 그 모습을 좀 별난 기행문 형식으로 써 보았다. 율도국 복지의 특징은 재분배 없이 모든 국민이 '자기 돈으로 자신의 삶을 보장한다'는 점이다. 시장을 중시하고 정부 간섭을 싫어하는 신자유주의도 이런 방식의 복지에 대해서 반대할 이유가 없다. 좌파의 이상인 복지를 우파도 동의하는 방식으로 추구한다는 점에서 율도국은 좌도우기(左道右器)의 나라다.

제2부에는 제1부를 읽은 후 토지사유제와 같은 특권적 사회제도의 폐단에 대해 진지하게 관심을 갖게 된 분을 위해 지은이의 최근 연구 세 편을 실었다. 각기 토지 문제를 복지

국가의 입장에서, 경제의 시각에서, 철학의 관점에서 생각해 본 글이다. 독자가 관심 있는 주제를 골라서 읽을 수 있도록 제2부 첫 부분에 각 글의 요지를 실어 두었다.

제3부에서는 헨리 조지 사상을 소개하기 위해 그의 유명 연설문 9편을 번역하여 실었다. 연설문은 일반 청중을 대상으로 하기 때문에 내용이 쉽고, 한정된 시간 내에 메시지를 전달하기 때문에 분량이 적다는 장점이 있다. 각 연설문은 지은이가 이미 번역 출간한 그의 대표작『진보와 빈곤』,『노동빈곤과 토지정의』,『정치경제학』등의 다이제스트 판이라고 보면 된다. 연설문 배열은 시간 순서일 뿐 중요성과는 무관하므로 독자께서는 아무 연설문이나 세 편 정도만 뽑아 읽으면 그의 사상을 충분히 이해할 수 있을 것이다.

한편, 부록에서는 토지 문제가 왜 우리 사회의 중요한 화두가 되어야 하는지에 대해 지은이가 최근 시사 매체에 발표한 글을 실었다. 학술적인 글 형식에 익숙하지 않은 독자에게는 제2부보다 오히려 부록의 글을 먼저 읽도록 권하고 싶다. 특히 마지막 글「독도 문제의 근본 해법」에는 헨리 조지의 사상이 국제 영토분쟁의 근본 해결에도 도움이 된다는 내용을 담았다. 특권 없는 세상은 국경을 넘어 타당하다는 것이다.

이 책을 내는 데 도움을 주신 분이 적지 않다. 연설문 중「모세」,「나라가 임하시오며」,「정의는 목적, 과세는 수단」은 원래 전강수 교수가 번역한 것으로 훌륭한 번역 원고를 흔쾌히 제공해 주신 데 대해 감사드린다. 전 교수는 오래전부터 지은이와 함께 헨리 조지 연구를 해 온 분이다. 독자의 이해를 높이기 위해 전 교수의 번역에 지은이가 수정을 가하였는데, 불비한 점이 있다면 모두 지은이의 탓이다. 초고를 읽고 귀중한 조언을 해 준 토지+자유연구소 남기업 소장에게도 감사를 드린다. 경북대학교출판부 김용훈 선생에게도 고마움을 전하고 싶다. 지은이가 헨리 조지 사상을 현대 한국 사회에 맞춰 새롭게 해석하는 작업을 한다는 말을 듣고, 평소 헨리 조지에 많은 관심을 가진 김 선생이 재촉해 주어 이 책이 일정을 앞당겨 나오게 되었다. 그 외에도 토지정의를 위해 지은이와 뜻을 같이해 온 분들께도 감사드린다. 헨리 조지도 말했듯이, 다른 사람도 같은 별을 본다는 사실을 알면 더 확실한 믿음을 가지고 그 별을 볼 수 있기 때문이다.

2013년 5월

김윤상

서문

제1부 율도국-재분배 없는 복지국가

율도국을 찾아서 11
제 1 일 좌도우기의 나라 14
제 2 일 율도국은 복지국가 18
제 3 일 개미와 베짱이 21
제 4 일 정의로운 분배란? 26
제 5 일 기회균등형 분배 30
제 6 일 갖가지 특권 34
제 7 일 특권의 독을 뺀다 37
제 8 일 사회보장의 기초는 생존권보험 41
제 9 일 생존권보험의 부작용은? 44
제10일 주거 복지와 의료 복지 48
제11일 교육 복지와 교육 특권 51
제12일 정부 재원의 우선순위 55
제13일 느긋한 직장 생활 59
제14일 연착륙 수단은 이자 공제형 지대세 63
제15일 좌도우기 개혁과 한국 67

율도국에서 보는 한국 사회 72
율도국에서 보는 새 정치 72 / 율도국에서 보는 경제 민주화 75
율도국에서 보는 일제고사 78

제2부 새로운 토지 패러다임을 위해

1. 헨리 조지와 사회복지 83
빈곤에 대한 헨리 조지의 진단과 처방 83
진단 84 / 처방 85 / 지대 환수의 경제 효과 86
창업 지원 87
헨리 조지의 임금결정이론 87 / 지대 환수가 창업에 미치는 영향 89 /
지대 환수 외에 필요한 정책 91
복지정책의 기본원칙 91
원인 제거 우선 92 / 복지 재원은 지대 93 / 선별주의 93 /
도덕적 해이 부인 94

2. 공유지의 비극과 사유화의 비극 97
공유지의 비극과 사유화 98
비극의 원인과 대책 98 / 사유화에 대한 믿음의 배경 99
사유화의 비극 101
불로소득 발생 101 / 재산권 충돌 104
방임의 비극 107

3. 칸트와 토지의 근원적 취득 110

근원적 취득에 관한 칸트의 입장 110

칸트의 물권과 소유권 110 / 물건의 근원적 취득 112

토지의 근원적 취득 112

토지의 근원적 취득의 문제 113

로크의 단서 113 / 공존 가능성과 공개성 115

토지의 근원적 취득의 정당화 116

칸트의 준칙 116 / 특권이익의 환수 117 / 리카도의 차액지대설 118 /

토지 수익권의 재음미 120

토지 취득에 관한 보편적 준칙 121

제3부 헨리 조지의 연설문

경제학 연구(1877년 3월, 샌프란시스코) 125

자유 예찬(1877년 7월, 샌프란시스코) 140

모세(1878년 6월, 샌프란시스코) 146

스코틀랜드여, 일어나라(1884년 2월, 스코틀랜드 글래스고) 162

빈곤은 사회의 범죄(1885년 4월, 아이오와 주 벌링턴) 179

도둑질하지 말라(1887년 5월, 뉴욕) 202

나라가 임하시오며(1889년 4월, 스코틀랜드 글래스고) 217

토지를 국민에게(1889년 7월, 아일랜드 툼브리지) 229

정의는 목적, 과세는 수단(1890년 2월, 샌프란시스코) 237

부록

1. 우파가 보아도 토지사유제는 옳지 않다 259

2. 고위 공직자는 재테크용 부동산을 백지신탁하라 266

3. 독도 문제의 근본 해법 270

표 목차

표 1_태도의 분류

표 2_분배규칙의 분류

표 3_지지/반대하는 분배규칙

표 4_지지/제한적 지지/반대하는 분배규칙

표 5_분배규칙별 사회의 모습

표 6_토지, 천연자원, 환경의 비교

표 7_정부 재원의 우선순위

표 8_공유지의 비극과 반공유지의 비극

표 9_토지 등급별 기대 수확과 지대

그림 목차

그림 1_분배의 원인과 결과, 그리고 분배규칙

그림 2_토지 불로소득 예시

그림 3_대칭적 비극

그림 4_세제의 비교

| 제1부 |

율도국

재분배 없는 복지국가

율도국을 찾아서

정말이지, 내가 율도국 기행문을 쓰리라고는 생각도 못했다. 나를 포함한 대부분의 한국인에게 율도국은 그저 『홍길동전』에서 꾸며 낸 나라로 알려져 왔다. 또 30년 넘게 대학 교수 노릇을 하면서 딱딱한 논문, 누군가 읽어 준다면 내가 미안해할 글만 써 온 사람이므로 기행문과는 인연이 없다. 더구나 나는 여행을 그리 좋아하는 사람이 아니다. 젊은 시절, 유학도 해 보고 외국 여행도 더러 해 봐서인지 다른 세상에 대한 궁금증이 대부분 사라졌다. 이색적인 풍광은 집 떠나서 겪는 불편함을 상쇄할 만큼 매력이 없다. 어딜 가든 겉모습은 그게 그것이고 또 영상으로 보는 것과 다를 바가 없다는 게 내 경험에서 나온 결론이다.

그런데도 내가 율도국을 여행하고 그 기록까지 남기는 데는 이유가 있다. 율도국이 실재한다는 소문이 한동안 나돌면서 다소간의 궁금증이 생겼다. 여러 이야기를 종합해 볼 때 율도국은 내가 꿈꾸어 온 이상적인 사회와 비슷하다는 느낌도 받았다. 도대체, 우리가 알고 있는 이 정도 수준의 인류가 현재의 우리 모습보다 더 나은 사회를 만들 수 있다는 사실이 믿기지 않아, 직접 확인하고 싶은 마음이 생겼다. 그러나 율도국에 어떻게 갈 수 있는지 알 길이 없었다. 율도국이 세상에 알려진 지가 얼마 되지 않아서, 여행사의 상품이 없는 것은 물론이고 다녀왔다는 사람을 수소문할 수도 없었다.

그러나 뜻이 있으면 길이 있다고 했나? 내가 율도국에 가 보고 싶다는 이야기를 여기저기 하고 다녀서인지 율도국의 대표적 지성인 한 분이 나를 초청해 주었다. 내 저서를 읽었는데 책에서 제시하는 사회제도가 율도국과 아주 닮았다고 하면서……. 아, 내 책처럼 재미없는 걸 읽고 이해해 주다니, 정작 한국에는 나의 30년 연구 결과에 주목하는 사람이 별로 없는데…….

초청해 준 분의 본명은 따로 있지만, 홍길동이 세운 나라 율도국의 국민이니 기억하기 쉽게 홍율도 님이라고 부르기로 한다. 홍율도 님은, 평균적인 한국 사람은 율도국의 현재를 있는 그대로 받아들이지 않으려고 할 것이라고 했다. 치열한 경쟁 속에서 남을 제쳐야 살아남을 수 있다고들 생각하는 한국인의 눈에는 율도국의 모습이 너무나 비현실적으로 비칠 것이라는 이유에서다. 그래서 율도국을 열린 마음으로 봐 줄 사람만 초청한다고 하였다.

홍율도 님이 나를 과대평가한 것 같지만 아무튼 감사한 일이다. 초청을 받고 나는 율도국에 같이 갈 사람을 물색하였다. 이건 단순한 관광이 아니라 한 나라의 사회와 제도를 알기 위한 여행이므로 여러 각도에서 율도국을 봐 줄 사람이 필요했다. 한 사람이 못 보고 넘어가는 면을 다른 사람이 짚어 줄 수 있기 때문이다. 그러나 세계관이 다르다는 이유로 남을 배척하는 사람이 아니라 상대방과 입장을 바꾸어 생각할 줄 아는 이성적인 사람이어야 했다.

운이 좋으려니, 이런 조건에 맞는 두 분을 만날 수 있었다. 이분들도 이름만으로 세계관을 바로 짐작할 수 있도록, 실명 대신 각각 신자유 님과 고복지 님이라고 부르는 게 좋겠다. 이름을 붙이는 김에 그럼 내 이름은 나중도라고 해 둘까. 처음에는 두 분이 율도국 여행에 적극적으로 호응하지 않았다. 그들도 나처럼, 지금 수준의 인류가 현재의 우리보다 더 나은 사회를 만들 수 있다는 사실을 믿지 않았기 때문이었다.

그러나, 좀 엉뚱하게도, 영화 〈오즈의 마법사〉(The wizard of Oz)에 나오는 노래 '무지개 너머'(Over the rainbow)를 들으면서 세 사람의 의기가 투합했다.

Somewhere, over the rainbow, way up high.
There's a land that I heard of once in a lullaby.
Somewhere, over the rainbow, skies are blue.
And the dreams that you dare to dream
Really do come true.

무지개 너머 저 높이 어딘가에
자장가에서나 듣던 나라가 있어요.
무지개 너머 하늘 푸른 어딘가에
감히 꾸기 어려운 꿈이
실현된 나라가 있어요.

사람은 냉정하고 이성적인 존재이기도 하지만 이처럼 노래 하나에 마음이 바뀌는 따뜻

하고 감성적인 존재이기도 한 모양이다.

동행자 두 분은 이 세상을 자신만을 위해 사는 사람이 아니다. 좀 더 나은 세상을 위해 헌신할 자세가 되어 있는 사람이다. 두 분의 좌우명은 공교롭게도 일치한다. '나로 인해 세상이 조금이라도 더 좋아지기를'이다. 그러나 더 나은 세상의 모습과 그런 세상을 이룩하는 방법에 대해서는 생각이 서로 다르다. 신자유 님은 자유와 책임을 중시한다. 개인은 각자 자신의 자유로운 선택에 따라 인생을 스스로 책임져야 한다고 본다. 시장 작용에 대한 기대가 크고, 시장에도 결함이 있지만 정부의 결함보다는 덜하다고 믿는다. 고복지 님은 평등과 연대를 중시한다. 사회 속에서 개인의 선택 폭은 너무 좁기 때문에 개인 책임보다는 사회적 연대가 더 중요하다고 본다. 시장은 1%와 99%를 나누는 부작용을 가지고 있기 때문에 정부가 적극 개입하여 높은 수준의 복지를 구현해야 한다고 믿는다. 율도국을 같이 방문하고 구석구석 따져 볼 동행자로 기막힌 조합이 만들어진 것이다.

우리는 율도국 여행에서 고정관념을 버리고 이해관계를 떠나 오로지 이성과 논리에 의해서만 신중히게 판단하기로 하였다. 그동안 한국에서 보수와 진보, 좌파와 우파가 서로 '묻지마' 비판을 하면서 소모전을 펴는 걸 너무나 많이 봐 왔기 때문에 적어도 우리는 그렇게 하지 말자는 데 선선히 합의하고 다짐하였다. 사실 다짐할 필요도 없었다. 평소에 그렇게 살아온 분들이니까. 그래도 혹 무의식중에라도 '나와 다른 것은 틀린 것'이라고 단정하거나 익숙하지 않은 것에 대해 거부할까 봐 스스로를 되돌아보고 또 되돌아보기로 하였다.

드디어 출발이다.

제1일 | 좌도우기의 나라

율도국에 도착한 우리 일행은 마중 나온 홍율도 님과 반갑게 인사를 나누었다. 공항에 걸린 환영 현수막이 눈길을 끌었다. "좌도우기의 나라에 오신 것을 환영합니다." 그래서 내가 질문을 하였다.

나중도 '좌도우기'가 무슨 뜻입니까?

그러자 신자유 님과 고복지 님도 같은 질문을 하려고 했다고 거들었다. 홍율도 님은 참으로 급한 분들이라는 듯이 빙긋이 웃으며 이렇게 말했다.

홍율도 세 분께서 처음부터 핵심적인 질문을 해 주시어 감사드립니다. 여러분이 체재하시는 동안 우리가 같이 나누게 될 대화가 매우 생산적일 것 같은 예감이 듭니다. 좌도우기(左道右器)란 좌파가 추구하는 가치를 우파도 동의하는 방식으로 구현한다는 뜻입니다. 조선조 개화기에 지식인들이 동양의 가치를 지키면서 서양의 문물을 받아들이자고 한 '동도서기론'을 따서 만든 사자성어입니다. 이제 율도국을 둘러보시면 그 구체적인 의미를 직접 느끼시겠지만 질문을 하셨으니 간단히 맛보기 설명을 드리겠습니다.

(앞으로 홍율도 님의 설명이 긴 경우에는 아래와 같은 형식으로 요약하였습니다. - 기록자 나중도)

홍율도 님의 설명 | 사회제도는 모든 사회 구성원에게 적용하는 공통의 틀 또는 규칙이다. 사회제도는 사회 구성원에 대해 구속력을 가진다. 사회제도에 따르지 않는 개인은 작게는 불편을 감수해야 하고 심하면 그 사회에서 배제될 수 있다.

그렇다면 사회제도 없이 각자 자신이 원하는 방식으로 살아가도록 하면 안 되는가? 개인의 자유를 제한하는 사회제도가 필요한가? 이 질문에 대해 우선 사회제도는 불가피하다는 점을 지적하고 싶다. 특정 주체가 사회제도를 인위적으로 제정하거나 공권력에 의해 강제하지 않는다고 해도 사실상의 구속력을 가진 틀 또는 규칙은 저절로 형성된다. 또 사회제도는 인간에게 도움이 된다. 제도가 있으면 서로 타인의 행동을 예측할 수 있으므로 불확실성으로 인한 불안과 낭비를 줄여 준다.

나아가서, 사회제도는 인류의 옷과 같다. 옷은 사람을 보호해 주는 기본적인 기능을 가지고 있지만 그에 더해서 '옷이 날개'라는 말처럼 사람을 돋보이게 하는 효과도 있다. 좋은 사회제도 역시 사회를 돋보이게 하는 날개가 될 수 있다. 신호등이 없어 교통이 무질서한 외계에 사는 사람이 한국을 관찰한다고 해 보자. 차량과 보행자가 교통 신호를 지키는 모습을 보면, 한국은 자신이 살고 있는 외계보다 더 나은 사회이고 한국인은 양보와 배려의 미덕을 갖춘 사람이라는 인상을 갖게 될 것이다. 교통 신호등이라는 사회제도가 한국과 한국인을 돋보이게 한다는 것이다. 물론 그 반대도 성립한다. 나쁜 옷을 입으면 사람이 못해 보이듯이 나쁜 사회제도는 사회와 그 주민에 대한 인상을 흐려 놓을 것이다. 예를 들어 도둑질을 제도적으로 허용한다면 사회는 불안하고 주민은 탐욕과 경계심에 가득 차게 될 것이고 그러면 외계인에게는 질이 낮은 사회, 성품이 떨어지는 인간으로 비칠 것이다.

좋은 옷이 사람 자체의 성품을 높일 수는 없다. 좋은 사회제도 역시 사회의 품격과 인간의 성품 자체를 높이는지 확실하지 않다. 그러나 그럴 가능성을 부정할 수만은 없다. 교통 신호등이 처음 도입될 때는 처벌 때문에 마지못해 규칙을 지키는 주민이 많겠지만, 시간이 지나면서 교통 신호등이 모든 사람에게 평등하게 적용된다는 점, 그리고 교통 흐름을 더 원활하게 한다는 점을 이해하고 공감하는 사람이 늘어나게 된다. 이런 이해와 공감 위에서 사발적으로 교통 신호등을 따르는 사람이 많아진다면, 사회제도가 사회의 품격은 물론이고 주민의 성품 자체도 높인다고 볼 수 있지 않을까? 그 반대도 성립할 수 있다. 나쁜 사회제도를 오래 실시하면, 예를 들어 도둑질을 오랜 세월 허용하면 주민의 양심 자체가 점차 불량해질 가능성도 없지 않을 것이다.

이처럼 사회제도는 존재할 수밖에 없고 필요하기도 하며 나아가서 사회의 품격과 인간의 성품에까지 영향을 줄 수 있기 때문에 율도국에서는 좋은 사회제도를 만드는 데 많은 관심을 쏟는다. 물론 한국도 그럴 것이다.

사회제도에 대한 기본 입장을 의미하는

이념을 흔히 좌파와 우파로 분류한다. 좌파는 평등, 분배, 복지, 사회연대를 중시하는 반면 우파는 자유, 성장, 시장, 자기책임을 중시한다는 것이 일반적인 시각이다. 한국처럼 오랜 세월 우파가 지배한 사회에서 보수는 곧 우파로 연결된다. 사회주의 국가에서라면 반대로 좌파가 보수다.

이념 이외에 자신과 타인 사이의 관계에 의해서도 분류할 수 있다. 그중 '너도주의'와 '나만주의'의 차이에 주목한다. 너도주의란 자신이 대접받고 싶은 대로 남을 대접한다는 상호주의이며 너와 나의 처지를 바꾸어서 생각한다는 역지사지의 원리라고도 할 수 있다. 반면 나만주의는 자신의 이익을 앞세우는 이기주의를 의미한다. 나에게 적용하는 기준과 남에게 적용하는 기준이 달라도 상관없고, 역풍보다 이익이 크다면 반칙도 한다. 이론상으로는 이타적인 '너만주의'도 가능하지만 현재 수준의 인류로서는 무시해도 좋을 만큼 비중이 작다고 보아 생략한다.

진정한 좌파 또는 우파라면 너도주의를 취해야 한다. 하지만 현실에는 나만주의가 만연해 있다. 현실의 좌파 진영에는 평등을 구실 삼아 무임승차를 바라고 남에게 의존하려는 사람이, 그리고 현실의 우파 진영에는 자유를 구실 삼아 승자 독식을 원하고 기득권을 무조건 수호하려는 사람이 적지 않다. 이런 분류를 표로 나타내면 아래 〈표 1〉과 같다.

현실에서 나타나고 있는 인류의 수준은 대체로 나만주의에 가깝다. 누구나 나만주의를 비판하지만 자신의 나만주의에는 관대하고 상대의 나만주의에는 매섭다. 이성과 논리를 통해 견해차를 해소하지 않고 나와 생각이 다른 사람을 적대하고 증오한다. 반면 너도주의 세상에서는 이념이 달라도 진실된 토론을 통해 합의에 도달할 수 있다. 우파도 궁극적으로 좌파가 추구하는 가치가 옳다는 점을 부인하지 않으며, 좌파도 우파의 견해에도 존중할 만한 진실이 있다는 점을 부인하지 않는다.

인류의 본성은 어느 쪽에 가까울까? 너

표 1_태도의 분류

관점 \ 이념	좌파(진보)	우파(보수)
너도주의	평등, 분배, 복지, 사회연대	자유, 성장, 시장, 자기책임
나만주의	무임승차, 타인 의존	승자 독식, 기득권 수호

도주의까지는 아니더라도 '다른 사람도 너도주의를 취하면 나도 그렇게 할 용의가 있다.'는 게 평균적인 사람의 마음이 아닐까? 나만주의가 현실에 만연한 이유는 다른 사람이 너도주의를 취할지에 대한 신뢰가 없기 때문이다. 사회제도는 그래서 중요한 것이다. 율도국에서는 좌파의 숭고한 이상을 추구하되 우파도 동의할 수 있는 사회제도를 만든다는 데 합의를 이루었고 이것을 좌도우기라는 말로 표현하고 있다.

설명을 듣고 우리 일행은 놀랐다. 홍율도 님의 분류에 따르면 고복지 님은 좌파, 신자유 님은 우파다. 우리는 좌/우 또는 진보/보수는 본질적으로 서로 타협할 수 없고 그래서 사회가 갈등과 증오에서 헤어나지 못한다고 개탄하고 절망해 왔다. 나 또한 고복지 님과 신자유 님이 개인적으로는 합리와 관용의 품격을 지닌 분이지만 사회제도에 관한 두 분의 신념은 서로 화해할 수 없을 것이라 생각했었다. 그런데 좌도우기로 이를 극복할 수 있다고 하니 여행의 피로에도 불구하고 건강한 긴장감을 느꼈다. 율도국에서 진정한 좌도우기의 사례를 볼 수 있을까? 두고 볼 일이다.

제2일 | 율도국은 복지국가

홍율도 어제는 충분히 쉬셨습니까? 오늘부터는 율도국을 본격적으로 둘러보시지요. 궁금하신 점에 대해서는 아는 데까지 설명드리겠습니다.

고복지 저는 최소한 모든 사람이 생계 걱정 없이 살기를 바랍니다. 좌도우기는 이런 목표를 우파적인 방법으로 달성할 수 있다는 말씀이겠지요?

홍율도 그렇습니다. 고복지 님의 말씀처럼 좌도우기의 모습이 가장 분명하게 드러나는 분야가 바로 복지 분야입니다. 율도국은 적서차별의 쓰라림을 직접 겪었고 지배계급의 수탈에 분노하였던 홍길동 할아버지가 세우신 나라입니다. 그래서 '모든 인간은 똑같이 존엄하다.'는 것이 건국이념입니다. 세계인권선언 제1조의 "모든 인간은 태어날 때부터 자유롭고, 존엄성과 권리에 있어서 평등하다."와 같은 뜻입니다. 이런 건국이념에 따라 인간의 존엄성을 지킬 수 있는 수준의 기본 생활, 즉 기본적인 의식주, 교육(보육 포함), 의료에 대해서는 모든 국민이 완전한 권리를 가진다는 원칙에 처음부터 이론(異論)이 없었습니다. 율도국은 출발부터 복지국가를 지향하였습니다.

고복지 율도국의 건국이념은 '모든 인간은 똑같이 존엄하다.'라고 하셨습니다. 뵌 지 얼마 안 되는데 이런 질문을 드려도 좋을지 주저됩니다. 오늘날 한국에 남아 있는 『홍길동전』에 의하면 홍길동은 나라가 태평하고 백성이 넉넉하였던 율도국을 침공하였고 그 과정에서 율도국 왕이 자결하기도 하였습니다. 이런 기록은 모든 인간의 평등한 존엄성과 어긋나지 않는지요?

홍율도 좋은 질문을 해 주셨습니다. 의문을 감추지 마시고 그렇게 솔직하게 표현해 주셔야 저도 좋습니다. 저희도 당연히 여러 종류의 『홍길동전』을 연구하였는데 지금까지의 결론은 이렇습니다. 율도국이 다른 나라에 비해 훌륭한 사회제도를 가지고 있었기 때문에 홍길동 할아버지가 무리를 이끌고 그곳으로 가셨습니다. 처음에는 생소한 두 집단이 만나서 다소간의 의심과 갈등이 있었지만 서로의 이상과 목표에 공감하면서 힘을 모아 새로운 나라를 세우기로 합의하였습니다. 정복 전쟁과 율도국 왕의 자결이라는 내용은 독자의 흥미를 돋우기 위해 후대에 각색된 것으로 보고 있습니다. 지금도 한남본에는 율도국 왕이 자결한 것이 아니라 항복하여 의령군에 봉해졌다고 되어 있습니다. 그런데 이 역시 '항복'이라기보다는, 홍길동 할아버지의 인품과 지도력이 워낙 뛰어나 백성들이 자연스럽게 왕으로 추대한 것으로 볼 수 있습니다.

고복지 아, 저희가 알고 있는 『홍길동전』에 그런 사연이 있었군요.

신자유 그런데 저는 "율도국은 출발부터 복지국가를 지향"했다는 점이 좀 맘에 걸립니다. 자기 인생은 자기가 알아서 꾸려 나가야 하며 정부는 인도적인 견지에서 불가피한 경우에만 관여해야 한다고 생각해 왔기 때문입니다.

홍율도 신자유 님으로서는 당연한 말씀입니다. 좌도우기가 되려면 신자유 님도 동의하시는 방법으로 복지를 제공해야 하겠지요. 신자유 님은 정당한 시장에 의한 분배 결과를 뒤집는 재분배에 반대하시니까 핵심은 복지 재원을 어떻게 재분배 없이 마련하느냐에 있겠지요. 자세한 내용은 차차 설명할 기회가 있을 테니까, 오늘은 대체적인 감을 잡으실 수 있는 정도로만 소개하겠습니다.

홍율도 님의 설명 | 율도국에서도 재원 마련 방식에 관해서는 다양한 입장이 있었다. 재원이 무엇인지 상관할 필요가 없다는 입장과 재원에는 우선순위가 있다는 입장이 있었으나, 각종 재원을 검토한 결과 재원 간에 우열이 있다는 것을 알게 되었다. 그래서 우선순위를 두기로 하면서 순위는 정의와 효율이라는 두 기준에 의해 정하기로 합의하였다. 복지를 포함한 정부 비용은 그 명목이 무엇이든지 궁극적으로는 국민의 소득에서 나오므로 결국 어떤 소득부터 징수하는 것이 정의롭고 효율적인가를 생각하게 되었다. 그리고 두 기준 중에서 일단 정의를 기준으로 우선순위를 정하되

효율성이 문제가 되면 다시 검토하기로 하였다.

가장 정의로운 재원에 대해서는 쉽게 합의하였다. 율도국민은 똑같이 존엄하므로 누구에게도 특권을 인정하지 않아야 하는데, 불가피하게 특권이 존재할 경우가 있다면 그 특권으로 인한 이익을 모두 환수하여 가장 우선적인 재원으로 삼기로 하였다.

'불가피하게 특권이 존재한다.'는 말이 이상하게 들릴 수 있다. 불가피한 특권 중 이해하기 쉽고 중요하기도 한 예로는 토지에 관한 특권이 있다. 사람이 살기 위해서는 누구나 토지를 활용해야 하며 어느 정도의 토지에 대해서는 개인의 배타적 이용이 불가피하다. 그런데 인간의 노력과 무관하게 하늘로부터 주어진 토지를 특정인이 차지한다면 이건 특권이다. 그 밖에도 여러 가지 특권이 불가피하게 존재하는데 자세한 설명은 다음 기회(제6일)로 미룬다.

모든 인간이 평등하게 존엄하다는 원리에 동의한다면 특권이익에 대해서 모든 국민이 동등한 권리를 가진다는 데도 동의할 것이다. 또 특권이익의 총액을 국민 수로 나눈 금액은 국민 각자의 지분이라는 점에도 동의할 것이다. 즉 모든 국민은 돈벌이를 하건 말건 일정 금액의 자기 돈이 있으며, 누구나 자기 돈으로 자기 삶을 보장할 수 있게 된다는 것이다. 이것이 바로 좌도우기 사회보장의 원리다.

신자유 자기 돈으로 자기 삶을 보장한다고요? 그렇게만 된다면 좋겠지만 지금까지의 상식과 너무 달라서 아직은 동의도 반대도 할 수 없군요. 특권이나 특권이익과 같은 용어도 아직은 생소해서 좀 얼떨떨합니다.

홍율도 그러실 것입니다. 어제와 오늘은 전체 그림을 보시도록 하기 위해서 간략히 말씀드렸으나 내일부터는 궁금하신 점을 좀 더 자세히 풀어 드리도록 노력하겠습니다.

우리 일행은 이번 여행 기간에는 여느 여행과 달리 발과 눈보다 머리와 가슴이 더 분주할 것으로 예감했다.

제3일 | 개미와 베짱이

이틀 동안 홍율도 님의 개략적인 설명을 듣고 우리는 많은 생각을 했고 여러 의문도 갖게 되었다. 물론 생각과 의문의 내용은 각자 달랐다.

신자유 어제 해 주신 설명이 아직 와 닿지를 않습니다. 이솝 우화에 개미와 베짱이 이야기가 나옵니다. 개미가 열심히 일하는 동안 베짱이는 노래나 부르며 놀다가, 추운 겨울이 닥쳐 먹을 것을 구할 수 없게 되자 개미에게 구걸한다는 이야기입니다. 저는 그동안 복지와 시장은 조화될 수 없고 복지는 결국 개미가 베짱이를 먹여 살리는 것이라는 자유주의적 시각을 가져 온 사람입니다. 이런 시각에서도 율도국의 복지에 동의할까요?

홍율도 적절한 질문 감사합니다. 여러분을 초청하길 정말 잘했네요. 어제도 말씀드렸지만 의문을 솔직하게 말씀해 주셔야 저도 궁금해하시는 점에 집중할 수 있습니다. 신자유 님만이 아니라 고복지 님도 대책 없이 무책임하게 사는 베짱이를 다소간 못마땅하게 생각하시지 않나요? 그러나 율도국의 복지는 개미가 땀 흘려 마련한 식량으로 대책 없이 놀기만 한 베짱이를 먹여 살리자는 게 아닙니다. 만일 베짱이도 충분한 자기 돈이 있다면 개미에게 구걸할 이유가 없을 것이고 신자유 님과 고복지 님을 다 같이 만족시킬 수 있을 것입니다. 자유주의 입장에서 그 가능성을 생각해 보기로 하겠습니다. 신자유 님, 자유주의의 대표적 이론가로서 누구를 꼽을 수 있을까요?

신자유 여러 사람이 있겠지만 경제학자로는 철저한 시장경제론의 대부 프리드먼(Milton Friedman)이 있습니다. 그리고 철학자로는 최대자유주의(libertarianism)의 선봉 노직(Robert Nozick)을 꼽을 수 있지 않을까요? 노직은 복지국가의 철학적 근거를 마련한 롤스(John Rawls)의 『정의론』(*A Theory of Justice*)을 비판하는 입장에서 『아나키, 국가, 유토피아』(*Anarchy, State and Utopia*)를 출간하였습니다. 그는 정부 간섭이 극소화된 최소국가(minimal state)를 역설하였고 재분배에 반대하였습니다.

홍율도 잘되었군요. 저도 마침 그 두 분을 조금 알고 있습니다. 그럼 두 학자의 견해를 근거로 하여 재분배 없는 복지의 가능성을 모색해 보겠습니다.

홍율도 님의 설명 | 프리드먼은, 사람은 자신의 선택에 책임을 져야 한다고 하면서도 이 세상에는 정신 이상자나 어린이처럼 선택 능력이 없는 사람도 있으므로 이들에 대해서는 온정주의적 배려가 불가피하다는 사실을 인정한다. 그러나 이렇게 괴로워한다. 1962년에 쓴 유명한 책 『자본주의와 자유』(*Capitalism and Freedom*)에 이런 구절이 나온다.

> 온정주의적 정부 활동의 필요성은 자유주의자에게는 여러 가지로 골치 아픈 문제다. 자유주의가 기피하는 '누군가 타인을 대신하여 결정한다'는 원칙을 받아들여야 하며 또 이런 원칙은 그 포장이 공산주의건 사회주의건 복지국가건, 자유주의의 주적(主敵)인 집단주의의 핵심이기 때문이다.

그러면서도 프리드먼은 시장경제의 틀 내에서 빈곤층 전반에 대한 사회보장을 할 수 있는 이론적 근거를 제시하였다. 인간에게는 불행에 빠진 사람을 가엾이 여겨 자발적으로 도우려는 본성이 있는데, 누군가 자선을 행하여 문제를 해결하면 같이 가엾어했던 다른 사람이 무임승차를 하게 된다는 것이다. 이런 외부효과는 시장에서 해결하지 못하므로 정부를 통해 공동 대처할 필요가 있다고 하였다.

이처럼 프리드먼은 사회보장을 소극적으로나마 긍정하면서도, 기존 사회보장제도에 두 가지 치명적인 결함이 있다고 지적한다. 하나는 대상을 빈곤층에 집중하지 않고 특정 직업, 연령, 소득계층, 노동조합, 산업 집단을 대상으로 하는 번잡한 프로그램이 존재한다는 것이고 다른 하나는 가격지지, 최저임금, 관세 등 시장을 왜곡하는 조치가 포함되어 있다는 것이다.

이런 결함을 피하기 위해 그는 '부의 소득세'(negative income tax) 제도를 제안하였다. 부의 소득세는 일반 소득세의 대칭형이다. 일반 소득세가 면세점 이상의 소득에 일정 세율을 곱한 금액을 소득자에게서 징수하는 세금인 반면, 부의 소득세는 소득이 면세점 이하일 경우에 그 차액에 일정 세율을 곱한 금액을 소득자에게 지급하는 세금이다. 징수하는 대신 오히려 지급하기 때문에 이를 음수, 즉 부(負)의 소득세라고 불렀다. 프리드먼은 물론 세금을 좋아하지 않지만 소득세는 필요악으로 보면서 소득세를 활용한 사회보장 방식을 제시한 것이다.

신자유 저도 인도적 견지에서 복지가 불가피하다는 사실을 인정하면서도 복지를 위해서 시장을 희생해야 한다는 점 때문에 고민을 해 왔습니다. 시장과 복지의 충돌을 해결할 방법이 있을까요?

홍율도 있습니다. 노직의 논리를 따라가다 보면 그 답이 나옵니다.

홍율도 님의 설명 | 노직은 취득의 정의를 논하면서, 인간은 자기소유권을 가지고 있으며 다른 사람을 불리하게 하지 않는다면 자유롭게 행동할 수 있다고 하였다. 따라서 자신이 생산한 것과 생산물끼리 자발적으로 교환한 것은 당연히 자신의 소유라고 하였다. 이런 이유에서 노직은 "과세는 노동을 강요하는 것과 같다."라고 하였다. 그러나 생산물이 아닌 토지는 그와 다르며, 누군가 토지를 취득하면 다른 사람이 그만큼 불리해지므로 이를 보상해야 한다고 하였다.

노직이 말하는 보상액은 지대와 같아야 한다. 토지의 상대적 우수성을 나타내는 지대는 토지를 취득하지 못한 타인이 불리해지는 정도를 나타내는 금액이기 때문이다. 그런데 모든 토지 소유자가 모든 타인에게 일일이 보상하는 것은 무척 번거로운 일이다. 그러므로 능률적인 보상을 위해서는 정부가 모든 토지 소유자로부터 지대를 징수하고 징수액에 대한 동일한 지분을 모든 사람에게 부여하는 것이 좋을 것이다. 그러면 베짱이는 일을 하건 말건 자기 몫의 돈이 있으므로 개미에게 구걸할 필요가 없게 된다.

지대를 사회가 징수하는 수단을 율도국에서는 '지대세'라고 부른다. 지대는 노동의 대가가 아니므로 지대세는 이름이 '세금'일 뿐 노직이 거부하는 그런 세금이 아니다. 지대세는 그가 말하는 보상금이다. 또 지대세는 '대가관계가 없는 강제 징수금'인 보통의 세금과 다르다. 지대는 지불의 상대방이 정부라는 차이가 있을 뿐, 토지를 사용하려는 자가 토지시장에서 자발적으로 지불하게 될 임대료와 같기 때문이다. 물론 토지 소유자가 지대를 납부하지 않는다면 강제적인 처분이 따르겠지만 개인 간의 거래에서도 임대료를 지불하지 않을 경우에는 이행을 강제한다.

세금이 시장 작용을 저해한다고 해서 세금을 나쁘게 보는 프리드먼도 지대세는 "가장 덜 나쁜 세금"(the least bad tax)이라고 표현하였다. 토지는 면적과 위치가 고정되어 있으므로, 다시 말하면 공급이 일정하므로, 모든 토지에 대해 그 지대에 비례하여 과세한다면 시장 작용을 교란하지 않기 때문이다. 이 점은 아담 스미스가 『국부론』에서 언급한 이래 경제학의 통설이 되어 있다.

자유주의의 거목인 하이에크(F. A. Hayek)도 어느 인터뷰에서 지대세에 대해 "실용성에 문제가 있을 뿐 이론적으로는 사회주의적 제안 가운데 논파하기가 가장 어려운 것으로 보인다."라고 하였다. 하이에크가 지대세를 사회주의적이라고 표현한 것은 그의 취향이라고 보더라도 실용성에 문제가 있다는 의견은 적절하지 않다. 그가 말하는 실용성 문제란 지대 평가가 어렵다는 말이다. 눈에 보이지 않는 소득보다 눈에 보이는 토지에 대한 평가가 당연히 더 쉬운데, 그렇다면 소득세의 실용성 문제가 더 심각하지 않을까? 아무튼 단서를 달기는 했지만 지대세의 장점을 인정하였다는 점에서 프리드먼과 일치한다.

신자유 오랫동안 제가 지녀 온 신념과 지식이 흔들립니다. 실은 저도 하이에크의 『자유를 위한 사회제도』(*The Constitution of Liberty*)에서 홍율도 님이 인용하신 것과 거의 같은 표현을 보았습니다. 지금 저는 이런 생각을 하고 있습니다. '복지는 당연히 개미가 베짱이를 먹여 살리는 일이라고만 알고 있었는데 시장과 복지가 조화를 이룰 수 있다고? 그럼 나는 그런 방법이 있다는 것도 모르고 여태껏 복지를 의심해 왔단 말인가?'

고복지 저도 마음이 편하지 않습니다. 이런 생각이 드는군요. '지대라고 하는 자기 돈으로 사회보장을 한다고? 재원이 무엇이든 빈곤에 의한 인간 존엄성의 훼손을 막아야 한다고 주장해 온 내가 우물 안 개구리였다는 말인가?'

홍율도 두 분의 잘못은 물론 아닙니다. 우리 모두는 기존의 사회에 적응해서 살 수밖에 없고 그러다보니 고정관념이 형성된 것이지요. 프리드먼 또한 지대세를 칭찬하면서도 부의 소득세 대신 지대를 재원으로 하는 사회보장제도를 제시하지 않았습니다. 상상력이 못 미쳤거나 이미 정착되어 있는 소득세를 활용하는 것이 쉽다고 생각해서 그랬는지 모르겠습니다. 노직도 보상의 수단으로서 지대세를 활용하는 방안에는 동의하지 않았습니다. 뛰어난 논리를 구사한 노직마저도 지금과 같은 토지사유제를 당연시하는 고정관념에 매여 자가당착에 빠진 것으로 봅니다. 현대 철학계에는 노직의 논리적 실수를 보완하는 좌파 최대자유주의(left-libertarianism)가 대두하고 있다고 들었습니다.

제4일 | 정의로운 분배란?

고복지 인간다운 삶을 보장하기 위한 복지 재원을 굳이 지대로 해야 하는 이유는 신자유님도 동의할 수 있는 정의로운 재원이기 때문이라고 하셨습니다. 이 점에 대해 더 듣고 싶습니다. 정의가 무엇인지는 사람마다 생각이 다를 텐데요.

홍율도 맞는 말씀입니다. 정의에 대해서는 다양한 관점이 있습니다. 그러나 모든 사람의 의견이 일치하는 최대공약수도 있습니다. 예를 들어, 도둑질을 정의롭다고 하는 사람은 없지 않습니까?

고복지 도둑질에 대해 모든 사람들의 의견이 일치하듯이, 지대가 정의로운 재원이라는 데도 모든 사람의 의견 일치가 가능하다는 것인가요? 너무 과장된 말씀이 아닌가 합니다만…….

홍율도 그렇게 생각하시는 게 무리가 아닙니다. 율도국에서도 정의가 무엇인지에 대해 오랜 논란이 있었습니다만, 마침내 모든 사람이 동의하는 분배정의의 내용을 확정하였고 이 합의가 오랜 세월 지속되면서 헌법과 같은 권위를 갖게 되었습니다. 고복지 님께 답을 하려면 먼저 분배정의에 대한 의견을 나누어야 하겠습니다.

홍율도 님의 설명 | 사람은 소득, 권력, 명예, 성적, 안전과 같은 이익은 더 많이 획득하려고 하고 처벌, 부담과 같은 불이익은 더 적게 받으려고 한다. 사람들 사이에 이익과 불이익의 귀속을 정하는 원칙을 분배규칙이라고 하자. 여러 가지 분배규칙을 두 개의 기준에 의해 분류해 볼 수 있다. 하나의 기준은 인간의 평등한 존엄성을 존중하는지 여부이고 다른 하나는 결과를 원인 제공자에게 귀속시키는지 여부이다.

인간의 평등한 존엄성을 전제하는 가운데, 기회를 균등하게 보장하면서 발생한 이익과 불이익을 그 원인 제공자에게 귀속시키는 유형이 기회균등형이다. 다음에 기회균등형 분배규칙을 자세히 다룰 때 다시 언급하겠지만, 원인에는 반드시 노력이 포함되어야 한다. 반면 누가 원인을 제공했건 필요한 사람이 이익을 차지할 수 있도록 하는 유형이 필요형이다. 그런데 불이익을 받는 경우에는 필요형이라는 용어가 어울리지 않는다. 필요한 사람이 아니라 감당할 형편이 되는 사람이 불이익을 받는 유형이므로 형편형이라고 부를 수 있겠다. 필요형 내지 형편형처럼 원인과 분배를 연계시키지 않는 유형으로는, 모든 이익과 불이익을 균등하게 나누는 균분형도 있을 수 있다.

반면, 인간의 평등한 존엄성을 부정하는 유형인 특권형도 있다. 특권이란 필요나 형편과 같은 당사자의 사정과 무관하게 제공하는 원인에 비해 남보다 더 많은 이익을 차지할 수 있는 자격이자 더 적은 불이익을 받을 수 있는 자격이다. 특권 부여의 대칭은 차별이므로 특권형을 차별형이라고 부를 수도 있다.

여러 유형을 정리하면 다음과 같다.

표 2_분배규칙의 분류

평등한 존엄성 / 결과 귀속자	존중	무관
원인 제공자	기회균등형	-
원인 제공자 아니어도 됨	필요형(형편형), 균분형	특권형(차별형)

우리는 홍율도 님이 제시한 분배규칙의 분류에 동의하였다. 우선 우리는 평소에 가지고 있던 분배관을 알기 위해 사전 토론을 하지 않은 상태에서 각자 지지하는 분배규칙과 반대하는 분배규칙을 적어 제출하기로 하였다. 대화를 간명하게 하기 위해 균분형은 제외하고 필요형 내지 형편형은 필요형으로, 특권형 내지 차별형은 특권형으로 부르기로 하였다.

나중도 먼저, 개념을 명확하게 해 둘 것이 있습니다. 특권을 두되 특권 취득 기회를 균등하게 하면 특권형인가요, 기회균등형인가요?

홍율도 그건 여러분이 결정하시는 게 좋겠습니다.

고복지　저는 특권형으로 분류하는 게 좋겠습니다. 예를 들어, 신분에 따라 분배에 차등을 두는 귀족제도나 반상제도를 둘 경우에, 공정한 추첨에 의해 귀족과 양반을 선출하더라도 신분이 평생 또는 긴 시간 동안 계속된다면 인간의 평등한 존엄성을 부정하게 됩니다.

신자유　그 점 저도 동의합니다. 추첨을 자주 하여 신분이 자주 바뀐다면 기회균등형과 다름없게 되겠지만 그런 제도는 너무 비현실적이어서 고려하지 않아도 좋을 듯합니다.

홍율도　그럼, 내용이 특권적이면 그 취득 기회가 균등하더라도 특권형으로 분류하도록 하겠습니다.

우리는 모두 동의한 후 지지/반대하는 분배규칙을 적어 내었다. 결과는 다음 표와 같았다.

표 3_지지/반대하는 분배규칙

구분	지지	반대
신자유	기회균등형	특권형, 필요형
나중도	기회균등형	특권형, 필요형
고복지	기회균등형, 필요형	특권형

홍율도　결과를 보니 세 분의 공통점이 나타납니다. 기회균등형은 모두 지지하셨고, 특권형은 모두 반대하셨네요. 의견을 바꾸실 분이 계신지요?

우리는 모두 바꾸지 않는다고 하였다.

홍율도　세 분의 의견은 거의 비슷한데, 필요형에 대해서만 다릅니다. 그럼 필요형을 지지하신 고복지 님에게 여쭙습니다. 예를 들어 제가 교통위반을 했을 때 필요형(형편형)에 따르면 벌금을 꼭 제가 물지 않아도 됩니다. 제가 벌금을 낼 형편이 안 된다면 누군가 형편되는 사람이 자발적으로 물거나 경찰이 그런 사람에게 강제로 물립니다. 그래도 좋은가요?

고복지 그건 아닙니다. 제 뜻은 기회균등형을 원칙으로 하되 보조적으로 필요형을 적용하자는 것입니다. 벌금의 경우 원칙적으로 위반자가 물도록 하되 사정이 어려운 사람에게는 금액을 줄이거나 면제해 줄 수 있다는 것이지요.

나중도 필요형을 보조적으로 적용한다면 저도 반대하지 않습니다.

신자유 필요형은 매우 이상적이고 인류가 언젠가는 채택해야 할 분배규칙입니다. 하지만 이게 사회에 도움이 되려면 인류가 이기심을 완전히 또는 상당히 버려야 하지 않을까요? 현재 수준의 인류가 필요형을 채택한다면 노력을 덜 하면서 결과를 많이 차지하려는 사람이 늘어나서 공멸로 이어지지 않을지 걱정입니다.

홍율도 그러시군요. 그럼 세 분 모두 기회균등형을 지지하고 특권형에 반대하시며 필요형에 대해서는 나중도 님과 고복지 님이 제한적으로 지지하시는 것으로 보면 될까요? 물론 두 분 사이에는 온도 차이가 있지만……. 이의가 없으신 듯하니, 그럼 앞의 〈표 3〉을 수정해 보겠습니다.

표 4_지지/제한적 지지/반대하는 분배규칙

구분	지지	제한적 지지	반대
신자유	기회균등형	-	특권형, 필요형
나중도	기회균등형	필요형	특권형
고복지	기회균등형	필요형	특권형

홍율도 동의하십니까? 더 수정할 게 없으면 이걸 바탕으로 하여 내일부터 각 유형의 분배규칙에 대해 의견을 나누도록 하겠습니다.

우리는 다 동의하면서 내일을 기다렸다. 대화 내용이 복잡해지는 듯해서 다소간 부담감이 생겼지만, 그래도 어차피 넘어야 할 고개가 아닌가?

제5일 | 기회균등형 분배

홍율도 오늘은 여러 가지 분배규칙 중에서 세 분의 의견이 엇갈리는 필요형은 제쳐 두고, 기회균등형에 대해 말씀드리고 내일은 특권형을 다루도록 하겠습니다.

홍율도 님의 설명 | 기회균등형 분배규칙은 모든 사람이 평등하게 존엄하다는 전제하에 기회를 균등하게 부여하고 그 결과를 원인 제공자에게 귀속시키는 분배규칙이라고 하였다. 결과에는 이익과 불이익이 있으나 논의를 간명하게 하기 위해 일단 이익만을 생각해 보자. 각 주민은 타인의 동등한 기회를 침해하지 않는 방식이라면 갖고 싶은 것을 자유롭게 추구할 수 있고 그 결과를 자기 것으로 할 수 있다. 이런 의미에서, 기회균등을 보장한다는 것은 평등한 자유를 보장한다는 말과 같다.

기회균등형은 노력한 사람에게 그 결과를 귀속시킨다. 그런데 같은 노력을 하더라도 운에 따라 결과에 차이가 난다. 운이란 자신이 통제할 수 없는 요소, 인생에 작용하는 우연한 요소를 말한다. 노력과 운 외에 능력을 추가하는 것도 설명에 도움이 된다. 능력은 노력을 통해 기를 수도 있지만, 선천적 자질과 같은 자연적 운이나 생장환경과 같은 사회적 운에 의해 좌우되기도 한다. 예를 들면, 두 사람이 조건이 꼭 같은 밭에서 농사를 짓는다고 해도 각자의 김매기[노력], 날씨[운]에 따라 수확이 다르고 또 타고난 체력이나 평소에 길러 둔 기술[능력]에 따라서도 수확이 달라진다.

한편, 세 요소가 속하는 영역을 본인의 선택에 의해 형성되는 선택 영역과 본인의 선택과 무관하게 주어지는 여건 영역으로 나누어 볼 수 있다. 노력은 선택의 영역에 운은 여건의 영역에 각각 속하고, 능력은 선택과 여건의 두 영역에 걸쳐 존재한다.

노력, 능력, 운(또는 선택과 여건)의 영향은 마치 빛이 프리즘을 통과하면서 굴절하듯이 분배규칙에 따라 다른 결과를 빚는다. 이러한 관계를 다음 〈그림 1〉과 같이 나타낼 수 있다.

기회균등형은 여건 영역에 속하는 원인의 영향을 어디까지 인정할 것인가에 따라 다시 세 유형으로 나눌 수 있다. 한쪽에는

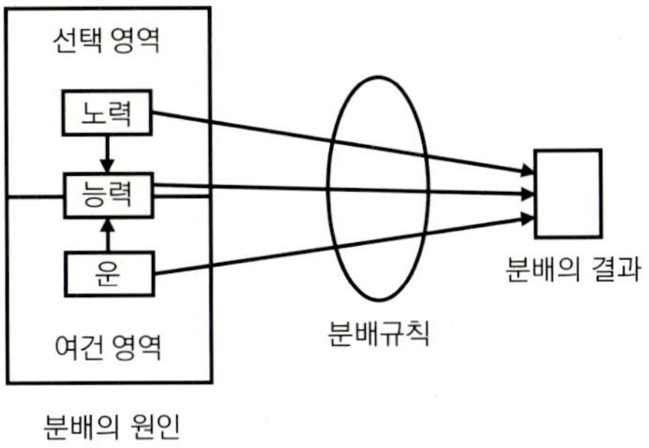

그림 1_분배의 원인과 결과, 그리고 분배규칙

기회균등을 엄격하게 해석하여, 운의 영향을 완전히 배제하고 오로지 선택 영역에 속하는 원인에 의해 발생하는 결과만을 노력한 자가 소유하도록 하는 분배규칙이 있다. 이를 선택형이라고 부르기로 한다. 궁극적으로 노력의 결과만을 인정한다는 점에서 노력형이라고 부를 수도 있다. 선택형에서는 노력 이외의 원인에 의한 분배 격차를 인정하지 않으므로 모든 구성원이 동일한 출발선과 동일한 미래 전망을 가질 수 있다. 노력 이외의 원인에 의해 발생하는 분배 격차는 사후적 보정, 예를 들면 소득재분배 정책 또는 복지정책을 실시하여 줄일 수 있다. 선택형은 기회균등형 중에서 빈부격차가 가장 덜하다. 그러나 능력 중 여건 영역에 속하는 능력에 의한 소득을 인정하지 않으므로 능력 발휘의 인센티브는 다른 유형보다 적다.

그 반대쪽에는 기회균등을 관대하게 해석하여, 여건 차이에 의해 발생하는 결과까지도 노력한 자에게 인정하는 분배규칙이 있다. 여건의 차이는 기회균등형에서 금하는 '타인의 동등한 기회를 침해하는 행위'에 의해 생기는 것이 아니라는 점을 지적해 둔다. 여건의 차이를 인정하는 유형이라는 점에서 여건형이라고 부르기로 한다. 여건 차이는 결국 운에 의해 발생하므로 운형이라고 부를 수도 있다. 여건형을 채택하는 사회에서는 특권이 개입되지 않는 한 분배 결과를 모두 인정하므로 정부의 역할은 특권 배제라는 최소한에 그친다. 시장은 여건의 차이를 묻지 않고 가격만을 매개로 하여 참가자가 자발적으로 경제활동을 하는 기구이므로 여건형과 가장 잘 어울린다. 기회균등형 중에서 빈부 격차는 가장 크다. 능력 발휘 인센티브 면에서는 선택형보다 우수하고 능력형과 같다.

양자의 중간에, 노력 외에 능력 차이에 의해 발생하는 분배 격차도 노력한 자에게 인정하되 능력과 무관한 운에 의한 결과는 제외하는 유형이 있다. 이를 능력 차이를 인정하는 유형이라는 점에서 능력형이라고 부르기로 한다. 능력형은 여건 영역에 속하는 능력을 발휘하도록 하는 인센티브가 없다는 선택형의 문제를 보완하는 분배규칙이다. 여건 영역에 속하는 능력의 차이에 의한 분배 격차를 인정함으로써 능력을 발휘할 인센티브를 준다는 것이다. 능력 외의 운에 의한 격차는 정부가 예방 또는 시정하려고 하므로 정부 간섭의 정도와 빈부격차에서 선택형과 여건형 사회의 중간에 속한다.

지금까지 나온 분배규칙을 비교하면 다음 표와 같다.

표 5_분배규칙별 사회의 모습

분배규칙		정부 개입	빈부 격차	능력 발휘 인센티브
필요형		극대	극소	극소
기회균등형	선택형	대	소	소
	능력형	중	중	대
	여건형	소	대	대
특권형		?	극대	극소

* 민간 자유의 크기는 정부 개입의 크기와 반대.

우리는 기회균등의 세 유형에 대해 공감하였다. 매우 상식적인 분류이기 때문이다. 시험 직전에 공부를 많이 한다고 해서 꼭 그만큼 성적이 나오는 것은 아니라는 사실을 우리는 어릴 때부터 수없이 경험해 왔다. 평소에 자신의 노력을 통해 길러 둔 실력도 작용하고 선천적인 두뇌나 가정환경에 따라 성적이 달라지기도 하며 또 당일의 개인적 운이나 출제운도 작용한다.

홍율도 세 분은 모두 기회균등형을 지지하셨는데 그렇다면 세부적으로는 선택형, 능력형, 여건형 중 어느 것을 지지하시는지요?

우리는 이번에도 서로 의논하기 전에 일단 각자 평소에 생각하던 분배규칙을 적어 냈다.

신자유 - 여건형

나중도 - 능력형

고복지 - 선택형

결과는 예상한 대로였다. 신자유 님은 정부 개입이 가장 적은 여건형을, 고복지 님은 빈부격차가 가장 적은 선택형을 지지하였다. 나는 어느 쪽도 괜찮다고 생각하지만 현재의 한국 상황이라면 능력형이 적당하다고 보았다.

홍율도 다 같이 기회균등형을 지지하더라도 세부 유형으로 들어가면 서로 생각이 다르다는 사실을 우리가 확인했습니다. 그러나 모두가 특권형을 부정한다는 사실은 여전히 중요합니다. 만장일치의 사회제도를 만드는 것도 가능하다는 뜻이니까요.

제6일 | 갖가지 특권

홍율도 오늘은 우리 모두가 공통적으로 배척하는 특권에 대해 좀 더 생각해 보겠습니다. 특권이란 예외적으로만 존재한다고 생각하기 쉽지만 조금 더 들여다보면 사회에 존재하는 특권은 매우 많습니다.

홍율도 님의 설명 | 오늘날 특권형에 찬성하는 사람은 없는 것으로 보인다. 마음속으로 특권을 원하는 사람은 있을 것이고, 특히 자신이 특권을 가질 가능성이 다른 사람보다 높다고 생각하는 사람은 특권형을 더 바랄 수도 있다. 그러나 적어도 드러내놓고 특권형을 지지하는 사람은 없다. 홍길동 할아버지 시대에 조선에서는 신분 차별이 당연시되었음을 생각하면 격세지감이 있다. 그만큼 세상이 평등을 존중하는 쪽으로 변화한 것이다.

그런데도 사회에는 특권이 의외로 많이 존재한다. 특권에는 사회의 필요에 의해 설정하는 '의도적 특권'도 있고 사회적 필요나 의도와는 무관하게 존재하는 '현실적 특권'도 있다. 의도적 특권 중 이해하기 쉽고 또 중요한 예로는 토지소유권이 있다. 세상에 존재하는 물자에는 토지와 같은 자연물과 인간이 생산한 인공물이 있다. 노력한 자에게 결과를 귀속시키는 기회균등형에 따르면 인공물은 당연히 인공을 가한 사람이 차지하지만, 사람의 노력과 무관하게 존재하는 자연물을 차지할 자격을 가진 사람은 없다. 그렇지만 특정인에게 토지에 대한 배타적 지배권을 인정하는 것이 사회를 위해 더 나은 경우도 많다. 이런 권리는 물론 특권이다. 정부가 사회적 필요에 의해 설정하는 특권의 다른 예로 특허, 자격증, 면허 등이 있다. 한국에서는 급속한 경제성장을 위해 정부가 일부 기업을 집중적으로 지원했는데 이것도 의도적 특권의 예이다. 과거 한국에서는 신분제도를 두었는데 이것도 당시에는 필요하다고 해서 설정한 의도적 특권이다.

현실적 특권은 자원이 제한되어 있거나 사회 구조를 단기간에 바꾸기 어려운 경우에 생긴다. 한국인이 이해하기 쉬운 좋은 예로 '교육 특권'이 있다. 우수한 교육기관의 시설과 정원이 한정되어 있을 때 그 기관에서 교육을 받는 사람은 특권을 누린다. 입학 기회가 능력에 따라 균등하게 부여된다고 해도 특권임에는 변함이 없다. 그런 교육기관 출신에 대한 사회적 평판으로 인해 출신자가 실력 이상의 대우를 누리기도 하는데 이건 2차적 특권이 된다. 한국에서 기부금 입학제를 하자는 안이 간간이 나온다고 하는데 기부금을 내려는 사람이 있다는 사실은 교육 특권이 존재한다는 사실을 말해 준다. 이 문제는 교육 문제를 다룰 때(제11일) 더 자세히 설명한다.

또 다른 예로 '일자리 특권'이 있다. 일자리 특권이란 일자리 마련이 탄력적이지 않고 창업의 기회도 제한되어 있는 사회 구조 속에서 일자리를 가진 사람이 누리는 지위를 의미한다. 일자리 특권이익의 크기는 실직할 경우에 입게 될 손실과 같다. 한국에서는 개인택시의 영업권에 프리미엄이 붙어 거래되는가 하면 심지어 사립학교 교원 채용에도 취업자가 학교에 기부금을 내는 경우가 있다고 하는데, 이것이 바로 일자리가 특권이 될 수 있음을 반영한다. 평범한 일자리가 이렇다면 고급 일자리의 경우는 말할 것도 없을 것이다. 일자리 특권에서 생기는 2차적 특권으로서 '경력 특권'도 있다. 좋은 경력을 쌓을 수 있는 기회가 한정되어 있는 상황에서 좋은 경력을 가졌다는 이유로 우대받는 사람은 경력 특권을 갖는다. 한국 사회 상층부에 퍼져 있는 '전관 예우'(실은 예우가 아니라 로비) 관행을 생각하면 된다. 서울중심주의로 인해 수도권 거주자에게 유리한 한국 현실에서는 '수도권 특권'도 있다. 수도권 특권은 대체로 수도권 토지의 지대에 반영되지만 그렇지 않은 경우도 있다.

한편, 부당한 특권도 많다. 예를 들면, 정부가 특정 집단에 명분 없는 보조금을 주거나, 독과점 등 불공정 경쟁을 묵인하거나, 기업이 자신의 비용을 다른 기업이나 소비자에게 전가하는 것을 허용하거나 방치하면 특권이 생긴다. 또 조직 내에서 권력을 가진 상급자가 하급자에게 사적인 일을 시키는 경우처럼 정당한 권한 이상의 힘을 행사하는 경우 그 초과 권력은 특권이다. 이런 특권은 법으로 금지하는 것이 마땅하다.

특권을 가진 사람은 자신이 노력하고 성취하고 기여한 것 이상의 불로소득을 얻는데, 이런 불로소득을 특권이익이라고 부를 수 있다. 토지 지대와 성질상 다르지 않다는 이유에서 특권이익을 지대(rent)라고도 하고, 특권이익을 얻으려는 행위를 지대추구(rent-seeking) 행위라고도 한다. 특권이익 또는 지대는 생산적 가치가 아니며 이 사람에게서 저 사람으로 단순히 옮겨 가기만 하는 이전소득이다. 그러므로 사람들이 지대를 획득하려고 애쓸 경우에, 사회의 생산은 늘어나지 않으면서 지대추구를 위한 자원만 소모된다. 사회적으로 자원의 낭비일 뿐 아니라 심할 경우에는 토지 투기처럼 사회의 파국을 초래하기도 한다.

나중도 오늘 말씀도 역시 놀랍습니다. '교육 특권'이나 '일자리 특권' 등 평소에 어딘가 불편하게만 생각해 왔던 여러 가지가 특권에 속한다는 설명에 공감하는 점이 많습니다.

고복지 특권이 그렇게 보편적으로 존재한다고는 생각해 보지 못했습니다. 저는 지금까지 구조적인 빈부격차는 시장경제 때문에 생긴다고 막연히 생각했었는데 어쩌면 시장보다는 특권이 더 핵심 원인이 아닐까 하고 생각하는 중입니다.

신자유 저는 시장 작용을 중시하고 정부가 시장을 배제하거나 대체하려고 해서는 안 된다고 생각하는 시장주의자입니다. 그렇다고 해서 방임주의자는 아닙니다. 정부가 재산권을 설정하고 거래를 보호하는 조치를 하지 않는다면 시장은 아예 존재할 수도 없듯이 시장이 제대로 작동하기 위해 필요한 조건을 갖추는 데 정부가 도움이 될 수 있다고 봅니다. 특권이 만성적으로 존재한다면 시장 작용과 공존할 수 없으므로, 정부가 나서서 특권을 없애든지 시장에 나쁜 영향을 주지 않도록 해 주어야 하겠습니다. 그런데 특권이 이렇게 많다니 시장을 위해 정부가 해야 할 역할도 많겠습니다. 그래서 한편으로는 자칫 정부 간섭이 심해질까 좀 걱정도 됩니다.

홍율도 제가 설명한 갖가지 특권에 여러분이 모두 공감해 주시니 다행입니다. 신자유 님이 정부의 간섭이 심해질까 봐 걱정하시는 것은 충분히 이해됩니다. 그러나 정부가 특권 자체 또는 그 폐단만 없앨 뿐 그 이상의 간섭을 하지 않는다면 오히려 지금의 한국보다 시장의 자율성이 더 높아지지 않을까요?

신자유 특권 해소를 명분으로 하여 정부가 과도한 권한을 휘두르지 못하도록 하는 적절한 견제장치가 필요할 것 같습니다.

제7일 | 특권의 독을 뺀다

신자유 어제, 의도적 특권의 대표적인 예로 토지소유권을 드셨습니다. 토지사유제를 당연시해 온 저로서는 처음(제2일) 그런 말씀을 들었을 때는 불편하게 느꼈지만 그 후로 아무리 생각해 보아도 적절한 반론을 펼 수 없었습니다. 토지는 인간의 노력과 무관하게 존재하므로, 지난번에 동의했던 분배규칙의 유형에 따르면 토지에 대한 우선권을 특정인이 차지할 수 있도록 하는 제도는 분명히 특권적 제도입니다. 그러나 토지사유제를 철폐하자는 말씀은 아닌 듯합니다. 또 토지소유권 외에도 특권이 많다고 하셨습니다. 이런 특권에 대해서 어떻게 해야 하나요?

홍율도 농지나 주택과 공장의 부지 등 상당 부분의 토지는 공동으로 사용하기보다 개인에게 단독 사용권을 인정하는 게 바람직합니다. 그러므로 율도국에서는 토지에 대한 배타적인 지배권을 설정하면서 그 폐해를 막을 방법을 마련하고 있습니다. 의도적으로 설정한 특권이든 아니든, 모든 특권에 대해서는 그 독을 빼서 사실상 기회균등형과 다름없도록 만듭니다. 복어에 독이 많지만 독만 빼면 훌륭한 식품이 되는 것과 같습니다. 그럼 특권의 독을 빼는 법에 대해 말씀드리겠습니다.

홍율도 님의 설명 | 율도국에는 '특권 해독의 3원칙'이 있다.

- 첫째로, 꼭 필요한 최소한도의 특권만 인정한다.
- 둘째로, 특권 취득의 기회를 균등하게 보장한다.
- 셋째로, 특권이익을 완전 환수하여 공평하게 처리한다.

앞에서(제4일) 특권의 취득 기회를 균등하게 하더라도 특권형이 기회균등형으로 바뀌는 것은 아니라고 했다. 즉 첫 두 원칙만으로는 충분하지 않다는 것이다. 여기에 셋째 원칙을 가미하면 비로소 특권에서 독이 빠지고 특권형이 사실상의 기회균등형으로 전환된다. 특권으로 인한 불로소득이 발생하지 않기 때문이다. 그런데 첫째 원칙은 의도적 특권의 경우에 적용되는 원칙이다. 없애려고 해도 현실적으로 존재하게 되는 특권의 경우 첫째 원칙은 의미가 없다.

셋째 원칙에 따라 환수한 특권이익을 공평하게 처리하는 방법으로는 균일하게 나누거나 공공의 용도에 지출하는 방법이 좋을 것이다. 물론 복어의 독을 빼서 버리듯이 환수한 특권이익을 모두 내다 버려도 공평하기는 하다. 그러나 그럴 경우 복지를 포함한 정부 활동을 위해 특권이익보다 질이 나쁜 다른 재원을 마련해야 한다.

특권이익을 환수하여 공평하게 활용하면 '자기 돈으로 자기 삶을 보장'할 수 있다. 기회균등형 사회에서는 모든 국민이 특권이익에 대해서 균등한 권리를 가지기 때문에 특권이익 총액을 인구수로 나눈 금액이 바로 국민 각자의 지분이 된다. 모든 국민이 돈벌이를 하건 하지 않건 일정한 크기의 자기 몫이 있다면 재분배 없이도 복지정책을 펼 수 있다. 좌파가 추구하는 복지를 재분배가 아닌 방법을 통해 달성한다는 점에서 좌도우기의 좋은 사례가 된다.

어제도 설명하였듯이 특권의 종류가 많지만 그중 중요하기도 하고 이해하기도 쉬운 토지사유제의 예를 들어 보기로 한다.

토지는 자연의 대명사이므로 토지를 자연 전체로 확대하여 생각해 보자. 자연은 다음과 같이 세 가지 종류로 나누어 볼 수 있다. 첫째로, 넓은 의미의 토지가 있다. 여기에는 좁은 의미의 토지 이외에 토지처럼 위치와 존재량이 고정되어 있는 자연이 포함된다. 고정되어 있는 자연에 대한 사용 수요가 늘어나면 혼잡이 발생하고 그에 따라 지대가 발생한다. 오늘날 혼잡이 발생하는 새로운 예로는 전파대역, 위성궤도 등을 들 수 있다. 전파대역은 라디오, 텔레비전, 이동통신 등의 전파를 실어 나르는 통로이기 때문에 오늘날 수요가 급속히 늘어나고 있어 주목된다. 이런 종류의 자연은 특정인이 단독으로 사용하면 타인을 배제하는 결과가 생긴다는 점에서 토지와 유사하다. 따라서 환수 대상은 배제의 대가인 지대가 된다.

둘째로, 토지 이외의 천연자원이 있다. 예를 들면 광물, 석유, 천연 동식물, 오존층 등이다. 이 종류의 공통성은 특정인의 사용이 같은 시대의 타인을 배제한다는 점 이외에, 사용에 의해 존재량이 줄어들기 때문에 후손도 배제한다는 점이다. 따라서 환수액은 지대를 포함하여 고갈 피해액 내지 자원대체 비용이 된다. 오존층은 다음에 언급하는 오염 대상의 하나이기도 하지만 고갈될 뿐 회복이 되지 않는다는 점에서 천연자원의 하나로 포함시켰다.

셋째로, 오염 대상으로서의 환경이 있다. 예를 들면 공기, 물 등이다. 이 종류는 특정인의 사용이 같은 시대의 타인을 배제한다는 점 이외에, 사용에 의해 오염되기 때문에 후손도 배제한다는 점에서 천연자원과 같다. 따라서 환수의 대상은 지대를 포함하여 오염 피해액 내지 환경회복 비용이 된다.

토지, 천연자원, 환경을 비교하면 다음 표와 같다.

토지 외에 천연자원과 환경에까지 해독의 원칙을 확대하면 토지에서처럼 천연자원의 낭비와 환경의 오염을 효과적으로, 그리고 시장친화적으로 방지할 수 있다. 환수 수단을 예시하면 각각 토지보유세, 자원채취세, 환경오염세 등의 명칭을 부여할 수 있을 것이다.

표 6_토지, 천연자원, 환경의 비교

대상	사용 결과	형평 비교 대상	환수액의 내용
토지	배제	타인	지대
천연자원	배제+고갈	타인+후손	지대+고갈 피해액/자원대체 비용
환경	배제+오염	타인+후손	지대+오염 피해액/환경회복 비용

나중도 특권이익을 재원으로 하면, 결과의 평등이 아니라 기회의 균등이라는 우파의 원칙에만 충실해도 좌파의 이상인 복지를 이룩할 수 있겠습니다. 그야말로 좌도우기가 되는군요.

홍율도 이해해 주시어 감사드립니다. 그리고 어제도 설명드렸듯이 토지나 자연에 대한 우선권 이외에도 특권은 많으며 어떤 특권이든 그 이익을 환수합니다.

나중도 특권의 종류가 많으므로 환수되는 특권이익도 상당한 금액이 되겠군요?

홍율도 그렇습니다. 율도국에서는 노력과 기여의 결과에 과세하지 않고 특권이익 환수액만으로 복지를 포함한 정부비용을 모두 충당하고 있습니다. 한국에서는 "소득 있는 곳에 세금 있다."라고 하지만 율도국에서는 "특권 있는 곳에 세금 있다."라고 합니다. 그러나 전쟁, 대규모 자연재해, 국제적 경제위기 등과 같이 재정 수요가 폭증하는 경우도 있기 때문에 추가 과세 대상의 우선순위에 관한 합의안도 가지고 있습니다. 증세가 필요할 때 임박해서 우선순위를 정한다면 목전의 이해관계 때문에 갈등을 겪을 수 있기 때문에 미리 합의해 둔 것입니다. 자세한 것은 다음 기회(제12일)에 설명드리겠습니다.

고복지 특권이익을 환수하여 공평하게 활용하면 '자기 돈으로 자기 삶을 보장'할 수 있다고 하셨습니다. 사회가 그런 제도를 두지 않는다면 국민은 "내 돈 돌리 도!" 하면서 시위를 해도 되겠습니다. 하하.

홍율도 "내 돈 돌리 도!"라고요? 재미있는 표현입니다. 특허를 내지 않으신다면 그 구호를 저희도 빌려 쓰고 싶습니다. 하하.

제8일 | 사회보장의 기초는 생존권보험

고복지 특권이익을 재원으로 하여 율도국에서 실시하고 있는 복지제도를 구체적으로 알고 싶습니다. 과연 제가 희망하는 수준의 복지가 가능한지 궁금합니다.

홍율도 예, 그러실 것입니다. 특권이익은 정부가 징수하여 '특권이익 기금'을 조성합니다. 특권이익 기금으로 국민에게 복지를 제공하는 방법에는 크게 두 가지가 있을 것입니다. 단순하게는, 아무런 조건도 제약도 없이 모든 국민에게 동일한 금액을 나누어 주는 방법이 있을 것입니다. 그러나 신자유 님 같은 분은 특권이익 수입을 복지 외에 다른 정부비용으로도 사용할 수 있다면 더 좋아하실 것입니다. 그렇게 하지 않으면 정부비용을 마련하기 위해 노력과 기여의 대가처럼 생산자에게 돌아가야 할 가치에 대해서 과세해야 하니까요. 또 고복지 님 같은 분은, 모든 국민에게 같은 금액을 나누어 준다면 정작 필요한 사람에게 돌아갈 몫이 적어지지 않을까 걱정하실 수도 있습니다. 그래서 저희 율도국에서는 또 하나의 방법, 즉 빈곤에 빠진 국민에 대해서만 기본 생계비를 보장하는 보험제를 바탕으로 하여 여러 방법을 가미하고 있습니다. 기본 생계비를 보장하는 '생존권보험'부터 설명해 드리겠습니다.

홍율도 님의 설명 | 사회가 관심을 가져야 할 개인 생활비에는 의식주와 같이 상시적으로 일정하게 필요한 비용과 의료(요양 포함), 교육(보육 포함)처럼 특정한 상태 또는 시기에 일시적으로 드는 비용이 있다. 전자를 '상시비용', 후자를 '일시비용'이라고 부르면서, 앞으로 두 가지 비용을 보장하기 위한 복지제도를 소개하려고 한다.

율도국에서는 기본적인 상시비용을 보장하기 위해 생존권보험이라는 제도를 두고 있다. 의식주 중에서 주거는 상시비용이지만 지역마다 비용이 다르기 때문에 별도로 설명한다.

생존권보험의 개요는 다음과 같다.

- 모든 국민은 특별한 신청 절차 없이 수

태 시점에 자동 가입한 것으로 간주한다.

- 보험료는 특권이익에 대한 각 국민의 지분으로 납부한다. 수태 전의 모든 잠재적인 인간은 불우한 인생에 처할 확률이 동일하기 때문에 모든 국민의 보험료는 같다.
- 보험사고는 소득이 상시비용에 미달하는 상태를 말하며 사고가 발생하면 그 차액을 보험금으로 지급한다.

생존권보험 가입 시점을 수태 시점이라고 한 것은 보험료를 동등하게 책정하기 위해서다. 출생 이후에 가입하는 것으로 할 경우, 불우한 인생에 처할 확률이 출생한 가정에 따라 다르므로 보험료도 차등을 두어야 한다는 주장이 이론상 제기될 수 있기 때문이다. 보험료 문제만 아니라면 태아가 자신의 보험으로 보장을 받든 임신한 어머니의 보험에 의해 보장을 받든 실질적인 차이는 없다.

생존권보험의 보험사고는 두 가지 면에서 특별하다. 첫째로, 일반 보험과는 달리 보험사고의 발생 여부가 참조 기간에 따라 달라질 수 있다. 인생에는 기복이 있기 마련이어서, 일생 동안 엄청난 돈을 버는 사람도 일시적으로는 경제적 어려움에 처하는 수가 있고 스키장이나 해수욕장 운영업처럼 계절에 따라 소득에 큰 차이를 보이는 업종도 있다. 이런 경우에 짧은 기간을 단위로 보면 보험사고이지만 긴 기간을 단위로 보면 보험사고가 아닌 경우가 생긴다. 물론 단기간이라도 빈곤에 빠진 사람에게는 일단 보험금을 지급해서 상시비용을 보장해 주어야 한다. 하지만, 장기간을 통산하여 실제 소득이 상시비용보다 많다면 보험금을 지급할 이유가 없으므로 지급한 보험금을 돌려받는다. 즉 율도국에서 지급하는 생존권보험금에는 상환의무가 있다.

다만, 일단 보험금을 지급한 경우에 장기간의 합산 소득이 상시비용을 초과하자마자 상환을 시작한다면 보험사고에서 벗어나려는 유인이 적을 수도 있다. 그래서 율도국에서는 한국 등 여러 나라에서 실시하는 '근로장려세제'(Earned Income Tax Credit)에 준하는 상환 방식을 채택한다. 근로장려세제는 일정 수준 이하의 소득을 얻는 모든 사람에게 동일한 소득 수준이 되도록 지원하는 것이 아니라 근로자가 자기 소득의 일부를 더 가질 수 있도록 하여 근로 의욕을 자극하는 제도다.

상환의무의 이행을 담보하기 위해서 상환금 예치제도도 두고 있다. 소득이 높은 사람도 장래에 보험사고를 당할 수 있으므로 그럴 경우에 필요한 상환금을 미리 적립해 두는 것이다. 노령에 이르기까지 적립된 금액이 보험금 수령액을 초과하면 그

차액에 이자를 붙여 돌려준다. 이런 경우에 적립금은 노후 생활에 대비하는 연금에 가입한 것과 같은 효과를 낸다.

둘째로, 자신의 선택에 따라 빈곤하게 사는 경우에도 보험사고로 본다. 일반 보험에서는 보험사고의 요건으로 우연성이 필요하다. 즉 피보험자의 고의가 개입되지 않아야 보험금을 지급한다. 그러나 생존권보험의 목적은 누구에게나 인간다운 생활을 보장하는 데 있다. 인간은 누구나 행복할 권리가 있고, 하기 싫은 일을 생계를 위해 억지로 하는 것은 인간다운 삶이 아니다. 또 모든 사람이 동일한 지분을 갖는 특권이익 기금을 재원으로 하면서, 보험 방식을 취한다고 해서 그 지분을 자기 삶을 위해 사용할 권리를 박탈하는 것은 옳지 않다. 이런 이유에서 자발적 빈곤자에게도 보험금을 지급하도록 한다.

고복지 자발적 빈곤자에게도 보험금을 지급하는 장치가 마음에 듭니다. 그리고 수령한 보험금에 대한 조건부 상환의무를 둔 점이 생소했는데 곰곰이 생각해 보니 보험사고가 나지 않았으면 일단 수령한 보험금을 도로 갚는 게 당연하다고 생각됩니다.

신자유 개인의 책임을 중시하는 저로서는 상환의무를 둔다는 점이 매우 신선하고 좋습니다. 그리고 자발적 빈곤자에 대해 보험금을 지급하는 데 대해 처음에는 거부감이 들었는데 좀 더 생각해 보니 일리가 없지는 않은 것 같습니다. 특권이익 기금에 대한 지분은 본래 자기 돈이니까요.

나중도 저도 생존권보험이 좋아 보입니다. 그러나 상환의무를 둔다고 하셨는데 상환은 수급자의 소득이 상당히 상승할 경우에 가능한 일인데 그럴 가능성은 희박하지 않을까요?

홍율도 다른 나라에서는 계층 간의 이동이 점점 어려워지고 있는 것이 사실입니다. 그러나 계층이 고착화되는 것은 주로 특권적 제도 때문입니다. 율도국에서는 특권을 없애거나 그 이익을 환수하는 정책을 통해 기회균등을 철저히 보장하기 때문에 계층 간 이동성이 매우 높습니다.

제9일 | 생존권보험의 부작용은?

홍율도 오늘은 생존권보험의 부작용에 대한 의문에 답을 해 드리겠습니다. 질문은 하지 않으셨지만 아마도 속으로는 여러 가지 의문을 갖고 계시겠지요?

고복지 예, 족집게시네요. 모든 국민에게 동일한 금액을 나눠 주는 보편주의 방식 대신 보험 방식을 취하면 보험사고 발생 여부를 판정하기 위해 당사자의 소득을 조사하지 않을 수 없게 됩니다. 비용도 들 것이고 조사 방식에 따라서는 보험금 수급자가 굴욕감을 느낄 수도 있고 또 수급자를 인생의 낙오자로 여기는 소위 낙인효과가 발생할 수 있습니다. 보편주의가 아닌 선별주의를 택하면 이런 문제가 불가피하다고들 하는데, 율도국에서는 어떻게 해결하시는지요?

홍율도 그런 걱정을 하시는 게 당연합니다. 먼저, 자랑 같지만 율도국에는 상호 신뢰와 같은 '사회자본'이 더 잘 갖추어져 있다는 점을 이해해 주십시오. 이건 율도국민이 더 훌륭해서가 아니라 좋은 사회제도가 오래 정착되면서 타인에 대한 믿음이 형성되었기 때문입니다. 사람이 제도를 만들지만 역으로 제도가 사람을 만들기도 합니다. 소득 조사와 관련해서 보면 율도국에서는 어떤 경우에도 기본 생계가 보장되기 때문에, 치열한 생존경쟁을 벌여야 하는 다른 나라에 비해 속여서까지 사익을 챙기려는 사람이 훨씬 적습니다. 그럼 율도국의 소득 조사와 낙인효과에 대해 말씀드리겠습니다.

홍율도 님의 설명 | 소득 조사는 번거롭기도 하고 방법에 따라서는 사생활이나 인격을 침해할 수도 있다. 그래서 율도국에서는 소득 파악이라는 목적을 달성하면서도 부작용을 최소화하기 위해 소득 신고제를 원칙으로 삼는다. 신고제에서는 축소 신고하는 사례가 많아질 것이라는 우려도 있지만, 축소 신고를 하면 이익만이 아니라 손실도 발생하도록 해 두었기 때문에 큰 문제는 없다. 예를 들면 병역(현역 복무, 예

비군 훈련, 민방위 훈련 등), 투표 참여, 증인 출석, 배심 활동 등 일시적으로 공무를 수행하는 경우에 신고 소득으로 보상하고, 각종 손실보상과 손해배상 등에서 신고 소득을 보상 기준으로 삼고, 소득 연계 금융 대출과 벌금 미납자에게 과하는 노역 또는 사회봉사 일수 산정에도 신고 소득을 반영하고 있다. 신고 소득액이 낮으면 불리해지는 경우를 많이 만들수록 축소 신고는 줄어든다. 또 정부가 국민의 경제 상태를 어렵지 않게 파악할 수 있기 때문에 축소 신고가 쉽게 적발된다는 점도 작용한다.

참고로, 일반 국민이 일시적으로 공무를 수행할 때는 시간과 소득의 두 가지에 대해 보상한다. 시간 보상은 자신의 시간을 할애하는 데 대한 보상으로서 모든 인간은 평등하게 존엄하므로 시간 보상액은 누구나 동일하다. 소득 보상은 시간을 할애함으로써 생긴 경제적 손실에 대한 보상이며 이것은 신고소득을 기준으로 책정한다. 노역이나 사회봉사 일수도 이에 준하여 산정한다.

정부가 국민의 경제 상태를 파악한다고 하면 '빅브라더'처럼 국민을 감시하는 정부를 연상할 수도 있다. 그러나 율도국에서는 소득 파악 때문에 인권을 침해하는 경우는 거의 없다. 정부가 국민의 사생활을 일일이 파악하는 것은 아니다. 한국에서 이미 하고 있는 정도만 잘 활용해도 부정 신고를 막는 데 큰 문제가 없다. 한국에서 금융실명제와 부동산실명제를 실시하고 있기 때문에 개인의 금융과 부동산의 소유 상태와 거래 관계를 알 수 있고 또 국세청이 소득세, 부가가치세 등 과세 목적으로 국민의 경제 활동을 파악한다. 그리고 국세청이 직접 파악하기 어려운 경우, 예를 들면 자영업자의 현금 거래 등에 대해서는 별도의 추계방식을 사용하고 강한 의심이 있을 경우에는 조사를 하기도 한다. 율도국에서도 이런 정도의 방법을 사용한다.

율도국에는 복지 수급사를 사회적 낙오자로 보는 사회적 인식, 즉 낙인효과가 거의 없다. 소득 조사 과정에서 인격을 침해할 소지가 적다는 점 외에 두 가지 이유가 더 있다. 하나는, 복지 급여가 타인의 세금으로 조성된 돈이 아니라 자기 돈으로 가입한 보험의 보험금이기 때문이다. 수급자는 당당하게 자기 권리를 행사한다는 말이다. 또 하나는, 선택에 의한 빈곤자에게도 보험금을 지급하기 때문이다. 이런 수급자는 재물을 초월하여 자신의 길을 선택한 사람이므로 수급자는 곧 낙오자라는 등식이 성립하지 않는다. 또 이런 제도가 오래 정착되면서 돈과 인생의 성공을 연계하는 천박한 인식은 율도국에서 거의 자취를 감추었다.

신자유 저도 의문이 있습니다. 자발적 빈곤자에게 보험금을 지급한다면 나태하게 사는 사람이 많아지지 않을까요? 복지 부작용으로 도덕적 해이가 흔히 지적되지 않습니까?

홍율도 예, 그런 걱정을 하시는 것도 무리가 아닙니다. 율도국의 사정을 말씀드리겠습니다.

홍율도 님의 설명 | 처음에는 율도국에서도 도덕적 해이의 문제를 염려했었다. 자신에게 맞지 않는 일을 생계 때문에 마지못해 하는 사람이 없어야 한다는 데는 다들 동의하지만 걱정이 되는 것은 사실이다. 앞서 예를 들었던 개미와 베짱이의 경우에 베짱이에게도 보험금을 지급한다면 일을 하지 않으려는 사람이 많아질 것이라는 우려가 자연스럽게 나온다.

그런데 율도국 경험으로는 공연히 빈둥거리며 무의미하게 시간을 보내는 사람은 별로 없다. 그렇게 사는 것은 사람의 본성이 아니기 때문이다. 갓난아이도 끊임없이 무언가 이루기 위해 애를 쓴다. 넘어지면서도 자꾸 일어나 걸으려고 한다. 이것은 어른이 되어서도 마찬가지다. 생존과 안정에 대한 욕구 외에 타인으로부터 인정받고 무언가를 성취하려는 것이 인간의 본성이 아닐까? 베짱이도 놀고만 지낸 것이 아니라 자신의 재능과 취향을 살려 노래를 하면서 지냈다고 볼 수도 있다. 보람 있는 일은 정성을 쏟아 자꾸 하게 될 것이고 그렇게 하다 보면 잘하게 될 것이고 그 결과 당사자에게 소득이 생길 수도 있다. 개미가 베짱이의 음악을 좋아하여 자발적으로 공연비를 지불하는 일이 생길 수 있다는 것이다. 그러면 보험사고는 줄어들고 개인의 성취 수준은 높아져서 세상이 더 좋아질 것이다. 천재는 노력하는 자를 이기지 못하고, 노력하는 자는 즐기는 자를 이기지 못한다는 말도 있지 않은가?

결국 인간관의 문제인데, 헨리 조지의 견해를 소개하는 것으로 대신할까 한다. 19세기 미국의 사회개혁가 헨리 조지는 특권적인 토지사유제를 심각한 사회 양극화의 원인으로 지목하면서 이를 개혁하기 위해 일생을 바친 인물로, 특권 없는 세상을 지향하는 율도국에서 많은 국민이 그를 존경한다.

사람이 싫어하는 것은 노동 그 자체가 아니며 인간에게 저주스러운 것은 노력을 해야 한다는 사실이 아니다. 대가가 생기지 않는 노동과 결과가 나오지 않는 노력을 혐오할 뿐이다. 매일매일 힘들여 일해서 겨우 연명한다면 이는 정말로 고된 노동이다. 이것은 빠져 죽지 않기 위해 펌프질을 계속하거나 깔려 죽지 않기 위해 바퀴를 계속 밟는 지옥 같은 형벌이다. 그러나 이러한 무의미한 일에서 해방된다면 인간은 본성적으로 더 열심히, 더 훌륭히 일하게 되며 그럴 때 자신을 위해 또는 타인을 위해 무언가 일다운 일을 하게 된다. 훔볼트의 생애가 나태했는가? 프랭클린이 돈을 벌어 인쇄업에서 은퇴하였을 때 아무 일도 않고 지냈는가? 허버트 스펜서가 게으름뱅이인가? 미켈란젤로가 생계 때문에 그림을 그렸는가?

인류의 생활을 개선하는 일, 예를 들면 지식을 확대하고 힘을 증가시키고 문예를 풍부하게 하고 사상을 고양시키는 일은 생계를 위해 하는 일이 아니다. 이런 일은 채찍질이나 동물적 욕구에 의해 강제되는 노예가 할 수 있는 일이 아니다. 그 자체를 목적으로 할 뿐, 더 많이 먹고 마시고 입고 과시하기 위해 하는 일이 아니다. 사회에서 궁핍이 사라지면 이러한 종류의 일이 대폭 증가할 것이다. (George, 1879, 김윤상 역, 『진보와 빈곤』, 비봉출판사, 1997: 453)

홍율도 님의 설명은 지금까지 우리의 고정관념을 깨뜨리는 것이지만 그렇다고 부인할 수도 없었다. 일을 하다 보면 일 자체가 힘든 경우도 있고 타인과 의견이 맞지 않아 괴로움을 겪는 경우도 있다. 그러나 그 일이 보람을 위해 스스로 선택한 것이라면 그런 어려움은 문제가 안 될 것이다. 홍율도 님이 예를 들었듯이 아기가 힘들어도 일어나 걸으려고 하는 것처럼 인간에게 그런 본성이 있다는 데 동의할 수밖에 없었다. 보통의 사람이라면 과정이 어렵다고 해서 보람을 포기하지는 않을 것이다. 정상을 정복하는 보람을 위해 사서 고생하는 등산객, 작품을 완성하기 위해 각고의 노력을 기울이는 예술가를 우리는 흔히 볼 수 있지 않은가? 그래도 우리 일행은 아직도 완전히 동의하지 못하고 있다. 나만주의가 판치는 경쟁사회인 한국에서 살아와서 그런지……. 율도국을 더 다니면서 관찰해 볼 일이다.

제10일 | 주거 복지와 의료 복지

고복지 생존권보험은 국민 모두가 지분을 가지는 특권이익으로 기본 생계비를 보장한다는 점에서 아주 매력적입니다. 그런데 기본 생계비 외에 다른 복지 대책도 필요하지 않을까요?

홍율도 그렇습니다. 앞서도 말씀드렸듯이 생활에 필요한 비용에는 상시비용과 일시비용이 있습니다. 생존권보험은 상시적으로 드는 기본 생활비를 보장하는 제도로서, 한국의 국민기초생활보장제 등 기본적인 생계를 지원하는 제도를 완전히 대치할 수 있고 강제가입 연금제도도 대부분 불필요하게 됩니다. 그러나 그 밖에도 사회보장이 필요한 분야로 예를 들면 의료, 교육 등이 있습니다. 오늘은 상시비용 중 앞에서 설명드리지 못한 주거 복지와 임시비용 중 의료 복지에 대해 말씀드리고 교육 문제에 대해서는 내일 별도로 말씀드리겠습니다.

홍율도 님의 설명 | 우선, 율도국의 주거 복지에 대해 소개한다. 율도국에서는 지대를 환수하기 때문에 부동산 소유로부터 불로소득이 발생하지 않고 부동산 투기가 발생하지 않는다. 집값에 거품이 끼지 않고 실수요에 맞추어 주택 공급이 이루어진다. 율도국 국민은 자신에게 필요한 정도 이상으로 비싼 집, 큰 집을 소유할 이유가 없다. 자가주택에 살든지 임대주택에 살든지 별로 개의치 않는다. 공공임대주택도 많고 국 · 공유 대지를 임차하여 건물만 사적으로 소유하는 토지임대형 주택도 많다. 그렇기 때문에 율도국의 주택 사정은 한국만큼 그리 심각하지 않다. 그래도 자신의 소득으로 주거비를 마련할 수 없는 계층은 있으므로 이들에 대해서는 공공부문에서 기본적인 임대주택을 제공하고 임대료를 특권이익 기금에서 보조한다.

그런데 기본 생계비 중 의식(衣食)에 드는 비용은 국민 누구나 대체로 비슷하지만 임대료는 거주 지역에 따라 다르다는 문제가 있다. 대도시의 주거비용이 농어촌 지역의 주거비용보다 높고 따라서 임대료 보조금도 대도시에서 더 많이 지급된다. 한국의 시각에서는 이 점이 불공평해 보이기도 할 것이다. 그러나 율도국에서는 대도시에 살든 농어촌 지역에 살든, 수도권에 살든 지방에 살든, 삶의 질에 차이가 없다. 그래서 누구든 자신의 인생관과 생활 형편에 맞는 지역에 살려고 하지 굳이 대도시나 수도권에 살려고 하지 않는다. 또 앞에서 설명했듯이 복지 수급자는 상환의무를 지므로 임대료 수급액이 많으면 그만큼 상환해야 할 금액도 늘어난다. 그래서 임대료 보조금이 차이가 나더라도 이를 불공평하다고 생각하지 않는다.

주거 복지처럼 사람에 따라 다르게 대우해야 하는 경우는 또 있다. 장애인은 보통 사람에 비해 상시비용이 더 들고 맞춤형 복지 서비스가 필요하기도 하다. 이런 경우도 주거 복지처럼 비용과 서비스를 사람에 맞추어 제공한다. 물론 상환의무도 있다. 사회복지 서비스는 매우 중요한 부분인데 시간 관계상 자세히 설명드리지 못해서 아쉽다.

둘째로, 율도국의 의료 복지에 대해 소개한다. 의료 수요는 반드시 충족시켜야 하지만 상시적으로 발생하는 수요가 아니므로 생존권보험과는 다른 대책을 두고 있다. 의료비용을 보장하기 위해 특권이익기금의 일부를 출연하여 의료기금을 만들고 의료 복지를 전담하도록 한다. 질병은 참조 기간에 따라 보험사고 발생 여부가 달라질 수 있는 생존권보험의 보험사고와는 다르므로 수진자가 보험금을 상환할 의무를 지지 않는다.

진료는 전문적이고 사람마다 질병마다 내용이 매우 다를 수 있기 때문에, 수진자가 아무런 부담을 하지 않으면 의료를 과다 소비하는 경향이 생길 수 있고 의료기관은 이를 이용하여 과잉 진료하려는 유혹을 느낄 수 있다. 그래서 과다 소비를 막기 위해서 수진자에게 약간의 본인 부담금을 부과한다. 다만 본인 부담금이 과도하여 필요한 진료를 가로막아서는 안 되므로, 수진자의 자산 상태에 비해 본인 부담금을 많이 지출했을 때에는 의료기금이 초과액을 환급하거나 대납한다. 과잉 진료를 막기 위해 환자의 진료 이력을 의료기금과 의료기관이 공유하는 제도를 두고 있다.

한국의 국민건강보험과 비교하면 재원이 다르고 급여 대상이 더 넓다는 차이가 있다. 그리고 일반 의료 외에, 일상적으로 수요가 발생하지는 않는다는 점에서 의료비와 비슷한 해산과 장제의 기본비용도 의료기금에서 보장하고 있다.

신자유 며칠 동안 복지제도에 대한 설명 잘 들었습니다. 한국에서는 연금, 고용보험, 산재보험, 건강보험 등 소위 4대 보험에서 고용주가 부담하는 금액이 있는데 이런 걸 모두 특권이익 기금에서 충당한다면 기업의 비용도 훨씬 줄어들겠군요. 저로서는 매우 반가운 일입니다. 그리고 의료의 과다 소비와 과잉 진료에 관심을 가지고 적절한 대책을 마련하시는 데 공감합니다.

고복지 저도 설명하신 정도의 복지가 마련된다면 좋겠습니다. 그런데 율도국에서는 특권이익으로 복지를 포함한 모든 정부 비용을 충족시킨다고 하셨는데 한국의 경우에도 그럴지 궁금합니다. 한국 사정을 좀 더 점검해 보겠습니다.

홍율도 예, 율도국 방식을 이해해 주시어 감사드립니다. 고복지 님이 한국의 재원 충분성을 점검하실 때 혹 도움이 될까 하여 한 가지만 말씀드리겠습니다. 재원의 크기를 예상하실 때 현재의 특권이익만 계산해서는 안 된다는 것입니다. 예를 들어, 어느 토지의 지대는 그 토지에서 산출되는 수입에서 그 토지를 사용하기 위해 들어가는 투입 비용을 뺀 금액입니다. 그런데 특권이익을 환수함에 따라 다른 조세를 감면하면 투입 비용이 줄어들어 지대가 상승합니다. 조세 감면액은 모두 지대 상승으로 나타난다는 학설도 있지만 100% 상승이 되지 않는다고 하더라도 상당 부분이 지대 상승으로 나타날 것은 분명합니다.

신자유 조세 감면이 토지 지대를 상승시킬 수 있다는 점은 경제이론상 명백합니다. 다만 한국에서도 특권이익만으로 재원이 충분할지는 좀 더 확인을 해 보아야 하겠습니다.

홍율도 제도 도입에 앞서 여러 측면을 신중하게 확인하실 필요가 있겠지요. 다만, 앞(제7일)에서도 말씀드렸듯이 특권이익은 토지 이외에 교육, 일자리, 거주 지역 등에서도 발생할 수 있다는 사실을 재원의 크기를 예상하실 때 감안하시는 게 좋겠습니다.

제11일 | 교육 복지와 교육 특권

홍율도 오늘은, 율도국의 복지제도 중에서 앞에서 설명드리지 않고 남겨 놓은 교육 복지에 관해 말씀드리겠습니다. 그리고 불가피한 특권 중에는 토지소유권처럼 사회의 합의에 의해 의도적으로 허용하는 특권도 있지만 당장 없애기 어려워서 부득이 방치하는 특권도 있다고 말씀드린 적이 있는데(제6일) 후자의 대표적인 사례인 교육 특권에 대해서도 같이 말씀드리려고 합니다.

홍율도 님의 설명 | 교육은 지혜와 도덕까지 포함하는 넓은 의미의 '지식'을 전수하는 과정이다. 대를 거듭해도 같은 생활을 하는 동물과 달리 인류가 문명을 발전시켜 온 것은 교육을 통해 선조의 지식을 물려받았기 때문이다. 손자는 할아버지의 어깨 위에 올라서서 더 높이 매달린 과일을 딴다는 것이다.

교육은 학생에게도 좋고 사회에도 좋다. 학생은 교육을 통해 인격을 높이고 더 유리한 사회적 · 경제적 지위를 얻어 좋다. 동시에 사회 구성원의 지식이 많아지면 그것이 '외부효과'로 작용하여 사회도 덕을 본다. 이런 양면이 있기 때문에 교육비용의 일부는 사회가 분담하기로 하였다. 율도국에서는 평생교육을 지향하면서 고등학교까지는 의무교육을 실시하고 비용 전액을 사회가 부담한다. 그러나 대학은 한국처럼 아직 유상교육이다. 의무교육은 말할 것도 없고 다른 교육을 위한 비용의 일부를 사회가 분담한다면 재원이 필요한데 그 재원을 마련하는 방식도 앞에서 설명한 복지제도 일반의 원칙과 다르지 않다.

재원을 설명하기 위해 우선 지식과 토지부터 비교해 보자. 지식과 토지는 필수품이고 대부분의 지식은 토지처럼 현재 살고 있는 우리가 생산한 것이 아닌 공동자산이라는 공통점이 있다. 반면, 누군가 토지를 차지하면 다른 사람에게 돌아갈 토지가 줄어들지만 지식은 마르지 않는 샘물과 같아 한 사람이 지식을 얻는다고 해서 지식의 양이 줄어드는 법은 없다. 그러나 그렇더라도 지식이라는 물을 길어 올릴 수 있는 공간과 시간은 제한되어 있다. 대학은 의무교육이 아니고 고졸자 중 모든 진학 희망자를 수용하지 못하기 때문에 대학에 입학하는 사람은 대학에서 배제된 또래에 비해 특권을 누리게 된다. 공정한 입시 경쟁을 통해 대학생을 선발한다고 해도 대학 입학이 특권임에는 변함이 없다. 경쟁에 의해 토지를 취득하더라도 토지 소유가 특권인 것과 같다. 뿐만 아니라 평판이 좋은 교육기관 출신자가 실력 이상의 대우를 받거나 동문이라는 연고에 의해 특혜를 받는 경우도 있다. 이런 특권은 2차 교육 특권이라고 부를 수 있겠다. 특권이익은 물론 환수 대상이 된다.

신자유 저는 공정한 경쟁을 통해 입학하면 특권이 아니라고 생각해 왔습니다. 그런데 말씀을 듣고 보니 동등한 교육기회가 충분하지 않다면 특권이 될 수 있다는 것을 이해할 수 있겠습니다. 앞서(제4일) 우리는, 신분제도의 예를 들면서 특권의 취득 기회가 균등하다고 하더라도 기회균등형이 아니라 특권형으로 분류하는 데 동의하기도 했고요.

홍율도 신자유 님마저 그렇게 이해해 주시니 제가 부담을 많이 덜었습니다.

고복지 교육 특권의 이익을 징수한다고요? 대학 등록금을 더 올리자는 말인가요?

홍율도 아닙니다. 그러나 고복지 님이 그렇게 말씀하시는 사정을 잘 이해합니다. 한국 실정에서는 지금의 대학 등록금도 너무 비쌉니다. 한국 정부나 대학 당국은 더 나은 교육을 위해 인상이 불가피했다고 변명하기도 하지만, 그보다는 망국병인 학벌주의를 미끼로 등록금을 가파르게 올려 온 것이 사실 아닙니까? 다만, 학생과 사회가 대학교육 비용을 분담하려면 공정한 원칙이 필요합니다. 율도국 사정을 소개해 드리겠습니다.

홍율도 님의 설명 | 사회와 개인이 대학교육 비용을 마련하는 방법을 소개한다.

첫째로, 당연히 교육에서 생기는 특권이익을 환수한다. 환수액은 교육 특권을 해소하는 데 우선 배정한다. 학교 간 격차를 해소하고 양질의 교육 기회를 많이 만들며, 실력보다 간판을 중시하는 학벌주의를 뿌리 뽑는 데 쓴다. 이런 정책이 완전히 성공하면 교육 특권이 사라지고 교육 특권의 이익은 0이 된다.

교육에서 발생하는 특권이익의 크기는 '기부금 입학제'를 실시하면 드러난다. 지원자는 그 대학 입학을 통해 다른 사람보다 더 유리해지는 정도만큼 기부금을 내려고 할 것이기 때문이다. 한국에서는 툭하면 기부금 입학제 이야기가 나온다고 하는데 정의로운 사회라면 이런 제도를 도입해서는 안 된다. 경제력에 의해 교육 기회를 차별하는 결과를 낳을 뿐 아니라 교육 특권이익을 사회가 아닌 특정 대학이 차지하기 때문이다.

교육 특권이익은 토지의 경우와 달리, 모든 사람에게서 환수하지는 않고 졸업 후 중위소득 이상이 되는 경우에만 누진소득세 방식으로 환수한다. 대학교육을 바탕으로 경제력 이외의 가치를 추구하는 사람에게서까지 특권이익을 징수한다면 인생 선택의 자유를 제약하게 되기 때문이다. 돈과 인연 없는 대다수 예술가, 성직자, 시민사회 활동가에게서까지 환수하려고 한다면 그런 삶을 포기하라는 것과 같다.

둘째로, 대학교육 비용은 국민의 합의를 통해 학생과 사회의 분담 비율을 정한다. 한국에서는 대학 등록금이 낮을수록 좋다고 생각하는 분도 적지 않다고 들었지만, 의무교육이 아닌 대학교육에 사회가 너무 많이 지원하면 대학생의 특권을 강화하고 대학교육에서 배제된 사람을 차별하게 된다. 율도국에서는 대학교육의 외부효과에 상응하는 금액만 사회가 지원한다.

셋째로, 학생이 부담할 금액이 정해지면 학생이 원하는 만큼 학비를 대출해 준다. 어떤 경우에도 학비 때문에 교육에서 배제되는 일은 없어야 하기 때문이다. 대출 재원으로는 교육 특권이익 환수금과 다음에 설명하는 대출 상환액을 우선 활용한다.

넷째로, 대출 받은 학비는 물론 상환해야 한다. 생존권보험금 수령액을 상환하는 것과 같은 이치다. 그러나 졸업 후에 바로 상환하는 것이 아니라 생존권보험(제8일)의 상환의무를 이행하는 방식으로 상환한다.

고복지 이제 이해하겠습니다. 저는 교육기회를 널리 부여하기 위해 등록금은 무조건 싸면 좋은 줄 알았는데, 그럴 경우에 교육 특권이익이 더 커질 수 있겠습니다. 특히 학벌주의가 극성을 부리는 한국에서는 교육 특권의 이익이 큰 금액이 될 듯합니다.

신자유 그런데 교육 영역의 특권이익을 징수하면 학벌로 인한 이익이 사라지니까 학벌주의가 사라질 것이고 그러면 율도국처럼 교육 특권이익의 크기는 거의 무의미한 수준이 되지 않을까요?

홍율도 두 분의 말씀이 다 옳습니다. 고복지 님 말씀처럼 한국에서는 교육 특권이익이 큰 금액이 될 것입니다. 또 신자유 님 말씀처럼 학벌이 아니라 실력에 의해 사회 진출기회를 부여하며 개개인에 맞는 교육기회를 많이 제공하는 율도국에서는 교육 특권이익은 미미한 수준입니다.

제12일 | 정부 재원의 우선순위

나중도 앞서(제7일) "전쟁, 대규모 자연재해, 국제적 경제위기 등과 같이 재정 수요가 폭증하는 경우도 있기 때문에 추가 과세 대상의 우선순위에 관한 합의안도 가지고 있다."라고 하셨지요. 평소에는 특권이익 환수액으로 충분하지만 특별한 경우에 대비하여 추가 재원의 우선순위를 정해 두셨다고요. 한국에서는 이런 우선순위가 더 중요합니다. 특권이익 환수제도를 실시해 보지 않아서 환수 총액이 얼마가 될지 정확히 예측할 수 없을 뿐더러 총액이 충분하다고 하더라도 환수제도를 점진적으로 적용한다면 그동안에는 당연히 다른 세원이 필요할 것이기 때문입니다. 율도국에서 합의하신 우선순위에 대해 알고 싶습니다.

홍율도 그럼 설명드리는 김에 정부 재원에 대해 종합적으로 말씀드리겠습니다.

홍율도 님의 설명 | 율도국 정부 재원의 제1순위는 당연히 특권이익이다. 물론, 특정 시점에서 보면 정부 수입으로 잡히는 생존권보험금 또는 학비 대여액 등의 상환금은 0순위라고도 할 수 있다. 그러나 이것은 장기적으로 보면 정부 재원의 증가에 해당되지 않으므로 논외로 한다.

특권이익 중 개별적인 평가가 어렵지 않은 것은 당연히 매년 평가하여 환수한다. 가장 중요한 수단은 앞서(제7일) 설명한 토지보유세, 자원채취세, 환경오염세 등이다. 존재하는 것은 분명하지만 크기를 개별적으로 측정하기가 쉽지 않은 특권도 많은데, 다소 부정확하더라도 특권의 독을 뺀다는 취지를 살리고 있다. 정부 산하 연구소에서 연구를 계속하여 가급적 실체에 가깝게 측정하는 방법을 개발한다. 그래도 측정이 어려운 특권이익에 대해서는, 교육특권처럼 중위소득을 넘는 국민에게서 누진소득세 방식으로 환수하고 있다. 적절한 누진율에 관해서는 학술적 · 실증적 연구를 토대로 하여 정한다.

특권 없는 사회에서는 부당한 빈부격차와 사회갈등이 대폭 줄어들기 때문에 정부

비용이 적게 든다. 율도국에서는 특권 환수액이 대체로 정부 비용을 초과하는데 그 초과액을 그 해에 다 쓰지 않는다. 세대 간의 배분이 중요한 자원채취세나 환경오염세의 상당 부분은 후세대를 위해 적립해 두는 게 당연하지만 다른 특권이익도 초과액을 기금에 적립해 두었다가 재정 수요가 늘어나는 시기에 사용한다. 그러나 적립액으로 감당할 수 없는 비상 시기가 도래할 수도 있기 때문에 추가 재원의 우선순위에 합의해 두고 있다.

추가 재원은 결국 개인의 소득에 과세할 수밖에 없다. 앞서 분배규칙에서 보았듯이 특권이익 이외의 소득에는 노력이 필수적이지만 노력 이외의 다른 요인도 작용한다. 선택 영역의 요인과 여건 영역의 요인이 같이 작용하고 이 요인은 노력, 능력, 운의 세 가지로 나눌 수도 있다. 또 일단 이렇게 획득한 소득을 타인에게 증여(상속 포함)할 경우에 받는 사람은 노력 없는 소득이 생기기도 한다. 그렇다면 어떤 원인에 의한 소득부터 과세대상으로 삼아야 할까?

첫째, 증여(상속 포함) 소득에 관해서는 두 가지 견해가 있었다. 한편으로는 증여가 특권과는 달리 타인을 적극적으로 불리하게 하지는 않지만, 받는 사람이 불로소득을 얻게 되고 결과적으로 노력과 무관한 소득 격차가 발생한다는 점에서 준특권이라는 견해가 있었다. 반면, 일단 정당하게 획득한 개인의 재산은 소유자가 자유롭게 처분할 수 있게 해야 한다는 견해도 있었다. 토론 끝에 두 가지 견해에 다 일리가 있음을 인정하였고 상당한 누진 구조의 증여(상속)세 제도를 두기로 합의하였다. 특권이익을 환수하는 율도국에서는 한국과는 달리 빈부격차가 크지 않기 때문에 증여와 상속이 기회균등에 미치는 영향도 크지 않다.

재원과는 무관한 일이지만 상속 이야기가 나온 김에 덧붙이자면, 율도국에서는 직위의 상속은 인정하지 않는다. 예를 들어, 대기업 사장의 자녀가 혈연관계라는 이유만으로 경영권을 상속받을 수는 없다는 것이다. 직위를 능력에 따라 부여하지 않으면 이건 곧 특권과 차별을 인정하는 셈이기 때문이다.

둘째, 소득 중 능력과 무관한 운의 영향으로 형성된 부분도 추가 과세 대상으로 고려하였다. 예를 들어 농사를 지었는데 평년보다 일기가 순조로워 수확이 많았다면 그 평년작을 초과하는 부분이 과세 대상이 될 수 있다는 것이다. 이런 부분은 환수하더라도 노력과 능력 발휘의 인센티브를 해치지 않으므로 추가 과세 대상으로 삼는 데 어렵지 않게 합의가 이루어졌다. 다만, 소득에서 운의 영향을 분리해 내기가 실무적으로 어렵다는 점이 지적되어 누진소득세 방식으로 환수하기로 하였다. 따라서 특권만 환수할 때보다 누진소득세의 세율이 더 높아지게 된다. 이런 원칙에는 합의했지만 구체적인 누진율에 관해서는 계층별 · 정당별로 다양한 의견이 있어 왔다.

셋째, 여건 영역에 속하는 능력, 즉 천부적 자질과 생장환경 같은 운에 의해 형성된 능력에 의해 발생하는 소득에 대해서는 쉽게 합의를 이루지 못했다. 특히 신자유님과 같은 세계관을 가진 쪽에서는, 개인에 대한 지나친 정부 간섭을 초래하여 오히려 인간의 존엄성을 해칠 수 있다고 염려하였다. 또 소득 중 천부적 자질에 의한 부분을 징수한다면 그런 자질을 발휘하려고 하지 않을 것이고, 그렇다고 소득으로 실현되지 않은 잠재 능력에 대해 과세한다면 이는 인생 선택권, 직업 선택의 자유를 침해하여 역시 인간의 존엄성을 해친다는 의견이 있었다. 오랜 토론 끝에 이런 소득은, 극히 예외적인 상황이 아닌 한 환수하지 않기로 하였다.

넷째, 선택 영역에 속하는 원인, 즉 순수한 노력과 노력에 의해 형성된 능력으로 생긴 소득에 대해서는 어떠한 경우에도 과세하지 않기로 하였다.

그 밖에 투기소득과 사행성 소득에 대해서도 검토하였다. 우선 투기란 불확실하다는 점을 제외하고는 기본적으로 투자와 다르지 않으므로, 투자가 정당한 경제활동이라면 투기 역시 정당하다는 데 인식을 같이하였다. 그러나 투기소득은 운이 크게 작용하는 소득이라는 점에서 앞에서 열거한 두 번째 원인에 의한 소득 '능력과 무관한 운에 의해 생기는 소득'과 같이 다루기로 하였다. 여기서 한 가지 지적해 두고 싶은 점은, 한국에서는 투기라고 하면 토지투기가 먼저 머리에 떠오르지만, 특권이익을 환수하는 율도국에서는 토지 투기는 존재하지 않는다는 사실이다. 다만, 어떤 대상에 대한 투기도 단기간에 쏠림 현상을 보이는 경우에는 버블이 형성되었다가 급격하게 꺼지면서 경제에 큰 타격을 줄 수 있으므로 이를 완화하기 위한 정책적 과세는 별도로 둘 수 있게 하였다.

사행성 소득도 투기소득과 같이 다루기로 하였다. 도박이나 복권 등 사행 행위는 투기에 비해 운이 더 작용하지만, 정부가 정책적인 목적에 따라 허용하는 행위라는 점에서 투기소득과 같이 다루기로 하였다. 다만, 이 경우에도 투기에서처럼 과도한 사회 문제를 야기할 위험성을 줄이기 위해 별도의 정책적 과세를 할 수 있다고 합의하였다.

이러한 내용을 정리하면 다음 표와 같다.

표 7_정부 재원의 우선순위

소득 원인		징수 방식	우선순위
특권	개별 측정 가능	특권이익 환수	필수적 환수
	개별 측정 곤란	누진소득세(중위소득 이상)	필수적 환수
증여(상속 포함)		누진증여(상속)세	추가 1순위
능력과 무관한 운(투기, 사행 행위 포함)		누진소득세	추가 2순위
여건 영역의 능력		누진소득세	추가 3순위
선택 영역의 원인		-	-

나중도 많은 참고가 되었습니다. '투기'와 '사행 행위'는 그 어감부터 나쁘기 때문에 특권이익과 비슷한 우선순위를 부여할 것으로 막연히 생각했었는데, 말씀을 듣고 보니 운과 같은 순위가 되어도 좋겠군요.

신자유 제 입장에서는 상환금과 특권이익 환수 이외의 과세에는 반대하고 싶지만, 사정상 꼭 추가 재원이 필요하다면 율도국에서 합의하신 그 순위에 동의합니다.

제13일 | 느긋한 직장 생활

나중도 어제에 이어 좌도우기 개혁이 가져올 사회변화에 대해 좀 더 알아보고 싶습니다. 국민 대다수를 차지하는 직장인의 생활은 어떻게 달라질까요? 여행하면서 느낀 것인데 율도국 직장인의 태도를 타국과 비교하면 '느긋하다'고 표현할 수 있습니다.

홍율도 그렇게 보셨다니 감사합니다. 사람이 느긋하게 살려면 두 가지 조건이 필요합니다. 기본적인 생계가 해결되어야 하고 또 여유 시간이 있어야 합니다. 이미 아시듯이 율도국에서는 어떤 경우에도 기본 생계가 보장되어 있으므로 일에 절박하게 매달릴 이유가 없으며 노동시간도 짧아 이 조건이 충족됩니다. 저희 복지제도에 대해서는 이미 잘 아시므로 오늘은 노동 상황에 대해 말씀드리겠습니다.

직장의 근무시간은 보통 하루 6시간, 주당 6일 또는 5일입니다. 일요일은 모두 쉬며, 원하는 사람은 주당 하루를 선택하여 더 쉴 수 있습니다. 하루 근무시간은 앞으로 4시간까지 줄어들 것으로 전망합니다. 한국에서도 그렇듯이 정보기술의 발전에 따라 재택근무도 늘고 있습니다.

대부분의 직장은 6시간, 2교대제로 운영합니다. 2교대 스케줄을 예시하면, 오전 7시-오후1시-오후 7시 또는 오전 9시-오후 3시-오후 9시 등이며 업종에 따라 탄력적으로 운영합니다. 교대 근무자끼리 서로 합의하여 하루 총 12시간을 적절히 나눌 수도 있습니다. 직장의 영업시간은 길고 자신의 근무시간은 짧으므로 자신의 근무시간이 아닐 때 쇼핑을 하거나 도서관에 가거나 문화행사에 참여할 수 있습니다. 어린 자녀를 둔 부부가 근무시간을 달리하면 교대로 자녀를 돌볼 수 있습니다. 다른 나라에서는 직장의 시설을 보통 하루 10시간 이하로 활용하는 데 반해 율도국에서는 하루 12시간 활용하니까 효율성도 높습니다.

신자유 율도국의 노사관계는 어떻습니까? 노동자가 파업도 하나요?

홍율도 율도국에서는 노사관계라는 말이 없습니다. 노사관계라는 용어는 기업의 주인이 노동자를 고용하여 일을 시킨다는 일방적인 관계를 전제합니다. 한국을 비롯한 대부분의 사회에서는 자본을 가진 사람이 경제계의 권력자이자 기업의 경영자로서 노동자를 고용합니다. 그래서 사용자는 힘이 세고 피고용자는 힘이 약합니다. 그런데 어제도 말씀드렸듯이 생계가 보장되는 율도국의 노동자는 아무 일자리나 다급하게 구하지 않으므로 자본가가 이윤을 얻으려면 우수한 노동자를 얻기 위해 경쟁할 수밖에 없습니다. 그래서 기업은 자본을 가진 사람과 노동을 제공하는 사람이 공동의 목표를 달성하기 위해 동등하게 참여하는 조직이 되어 있습니다. 일은 사람이 하는 것이므로 굳이 따지자면 오히려 노동자가 자본의 사용자라고 할 수 있겠지요. 그런 의미에서는 기업의 경영자도 노동자입니다.

노동자와 사용자가 따로 존재하지 않는다고 해도 조직에는 상하관계가 있고 상급자일수록 권한이 많기 때문에 하급자가 부당한 대우를 받을 염려는 있습니다. 그래서 율도국에서도 노동조합이 제도적으로 보호받고 있습니다. 하지만 노동조합의 목적은 한국과는 달리, 상급자가 권한을 부당하게 행사할 경우 이에 집단적으로 대응하기 위해서이지 '자본가'에 대항하기 위해서가 아닙니다. 또 율도국에서는 파업이 거의 없습니다. 율도국의 대다수 기업은 주주가 결정권을 독점하는 주식회사가 아니라 의사결정 과정에 모든 조합원이 대등하게 참여하는 협동조합이거나 노동자와 자본가가 같이 참여하는 형태이기 때문에 파업에 이르기 전에 대부분의 문제가 해결됩니다. 또 파업은 기업이 남의 것일 때에나 취할 수 있는 수단인데, 모두가 주인인 율도국 기업에서는 제살 깎아먹기인 파업을 웬만해서는 하지 않습니다.

고복지 율도국에 정년제도가 있습니까?

홍율도 일률적인 정년제도는 없고, 조직에 맞지 않는 구성원을 적법한 절차를 밟아 해고하는 방법은 있습니다. 또 곧 말씀드릴 수평조직은 실적에 따라 보수를 지급하기 때문에 굳이 해고할 이유도 없습니다. 더구나 율도국에서는 기본 생계가 항상 보장될 뿐 아니라 국민의 다양한 사정에 맞는 여러 모습의 직장이 있어 쉽게 전직할 수도 있기 때문에 해고가 그리 심각한 문제가 아닙니다. 연령이 높아지면 대체로 기업 내의 수평조직으로 자리를 옮기고 연령이 더 높아져서 직장에서 보조를 맞추기 어렵거나 자기 시간을 더 갖고 싶을 경우에는 퇴직하여 자신의 길을 찾습니다. 업무 능력을 평가하여 퇴직을 권고하는 제도가 있기는 하지만, 퇴직하더라도 생활에 별 지장이 없기 때문에 그 이전에 대부분 자발적으로 퇴직합니다.

방금 '수평조직'에 대해 말씀드렸는데 아마도 처음 듣는 용어일 것입니다. 한국의 경우에 대부분의 조직은 상하관계가 엄격한 피라미드 형태를 취하고 있습니다. 그러나 율도국 기업은 보통 두 가지 형태의 조직으로 구성되어 있습니다. 하나는 흔히 보시는 형태, 즉 피라미드 형태의 조직이며 다른 하나는 수평조직입니다. 피라미드 조직은 조직의 기획, 관리 등 지원 업무를 담당하며 수평조직은 주로 조직의 주 업무, 즉 영업이면 영업, 연구면 연구를 수행합니다. 피라미드 조직의 구성원은 계층에 따라 보수를 받으며 수평조직의 구성원은 성과에 따라 보수를 받습니다. 실적에 따라 보수를 지급하는 수평조직은 인건비가 많이 들지 않기 때문에 기업에서 엄격한 근무규율을 두지 않습니다.

나중도 율도국에도 비정규직이 있습니까?

홍율도 물론 있습니다. 직장마다 개인마다 사정이 있으니까 비정규직 등 다양한 고용 형태가 존재합니다. 그러나 한국과는 달리 비정규직이라고 해서 차별 받는 일은 없습니다. 사용자의 힘이 강한 한국에서는 기업의 이익을 위해 비정규직을 두지만 그런 일방통행이 불가능한 율도국에서는 사정이 전혀 다릅니다. 오히려 같은 일을 한다면, 고용 안정성이 보장되는 정규직의 보수가 다소 낮습니다. 또 직장 간의 이동이 쉽고 또 어떤 경우에도 생계가 보장되기 때문에 비정규직이라고 해도 고용 불안을 별로 느끼지 않습니다.

고복지 돈을 벌기 위해서가 아니어도 직장은 필요합니다. 사람은 사회적 동물이기 때문에 다른 사람과 엮이어 사회 속의 일원이 되고 싶은 욕구가 있습니다. 또 조직 내의 수평조직에서도 보조를 맞추기 어려워 자발적으로 은퇴하면 사회로부터 고립될 수도 있습니다. 이런 분들을 위한 일자리는 어떻게 마련하는지요?

홍율도 중요한 말씀입니다. 보수와는 무관하게 사회에서 소외되지 않기 위해서라도 일자리는 필요합니다. 또 율도국민은 근무 시간이 짧기 때문에 여유시간에 여러 가지 사회적 네트워크를 형성하여 인생의 의미를 추구하고 있습니다. 이런 일자리와 네트워크는 영리를 추구하는 기업에서 마련해 주기를 기대할 수 없기 때문에 정부나 각종 사회단체가 큰 역할을 합니다. 율도국에는 생계와 무관한 각종 사회단체가 매우 많고 그 자체로 일자리가 되기도 합니다.

신자유 일을 하지 않아도 기본 생계가 보장되는 율도국에서 험한 일은 누가 하나요?

홍율도 우선 말씀드리고 싶은 것은, 율도국에서는 작업 환경의 개선이 꾸준히 이루어지고 있다는 사실입니다. 궁지에 몰려 무슨 일이든 하려는 사람이 많은 사회에서는 작업의 안전성과 쾌적성이 좀처럼 향상되지 않지만, 사회보장이 잘되는 나라에서는 신자유님이 우려하시듯이 험한 일을 하려는 사람이 적기 때문에 사정이 다르지요. 물론 그래도 상대적으로 다른 일에 비해 험한 일이 있기는 하지만 그런 직종은 당연히 임금이 매우 높아 인력 확보에는 문제가 없습니다. 예를 들면 환경 미화원은, 한국의 경우보다는 작업이 훨씬 위생적이고 쉽기는 하지만, 그래도 쓰레기를 다루지 않을 수 없기 때문에 보수가 상당히 높습니다. 한국 기준으로 치면 웬만한 회사 과장급 수준입니다.

우리 일행은 한국의 현실과 율도국의 모습을 비교하면서 놀라지 않을 수 없었다. 돈을 위해서가 아니라 보람과 사회적 욕구를 위해 일을 하며 노사갈등도 파업도 거의 없다? 진리에 도달하기 위해서는 의심하고 또 의심하라는 말은 많이 들었지만 우리는 기존의 제도를 너무나 당연한 것으로 여기고 의심하지 않았다는 건가?

제14일 | 연착륙 수단은 이자 공제형 지대세

신자유 율도국에서는 토지가치가 매우 중요한 정부 수입원이라고 하셨는데, 완전한 지대세를 징수하면 토지의 매매가격, 즉 지가는 이론상 0이 됩니다. 한국의 경우 현재의 토지 소유자는 대체로 토지를 취득할 때 매입지가를 지불했고 따라서 지가가 0이 된다면 매입지가만큼 재산을 빼앗긴다는 생각을 할 것입니다. 물론 지대세 수입만큼 다른 세금을 감면한다면 지가가 0이 된다고 하더라도 토지 소유자에게 꼭 손해가 되는 것은 아니라는 점을 저는 이해하지만, 지가가 0이 되는 것만은 분명하니까 저항 심리가 만만치 않을 것입니다.

고복지 그 점은 저도 걱정이 됩니다. 지가가 단기간에 곤두박질치면 지가의 존재를 전제로 형성된 각종 제도에 지나친 충격을 줄 수 있겠습니다. 대표적인 예로 토지를 담보로 하는 대출의 경우에 담보가치가 0이 되면 채무 불이행 사태가 일어나 금융기관이 연쇄 도산할 수도 있겠습니다. 경제가 불안해지면 가난한 사람의 고통이 더 커집니다.

나중도 개혁을 좀 쉽게 하기 위해, 특권이익 환수라는 취지를 살리면서 선의의 기득권자에게 손해를 주지 않고 경제에 충격도 주지 않는 방법이 있다면 좋겠습니다. 그런 방법이 있을까요? 물 좋고 정자까지 좋은 곳은 없다는 말이 있기는 합니다만…….

홍율도 하하, 그런 말이 있기는 하지만 물과 정자가 다 같이 좋을 수도 있습니다. 지금까지 좌도우기도가 가능하고 정의와 효율이 동시에 충족될 수 있다는 사실을 보시지 않았습니까? 저는 '이자 공제형 지대세'를 추천하고 싶습니다. 지대를 전부 징수하는 대신 매입지가에 대한 이자를 공제한 나머지 금액을 징수하는 수단입니다. 이렇게 하면 지가가 일정하게 유지되기 때문에 염려하신 것과 같은 문제가 생기지 않습니다. 다음 설명은 수식도 있고 해서 조금 까다로워 보이지만, 일단 이해하고 나면 의외로 단순한 내용임을 아시게 될 것입니다.

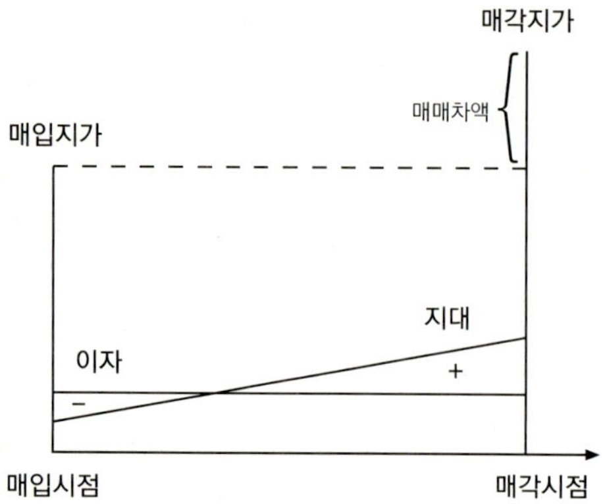

그림 2_토지 불로소득 예시

홍율도 님의 설명 | 토지 불로소득은 토지의 매입-보유-매각 과정에서 얻는 수입에서 비용을 뺀 금액과 같다. 토지 소유자는 매입지가를 지불하고 매입하여 보유기간 동안 매입지가에 대한 이자를 부담하는 반면, 보유기간 동안 지대를 취하고 매각지가를 최종수입으로 얻는다. 예를 들어 자금을 빌려서 토지를 매입한 후 그 토지를 임대하고 있다가 일정 기간 후 매각하고 빌린 돈을 갚는 경우를 생각해 보자. 그러면 토지 소유자는 토지를 소유하고 있는 동안 임대료(지대) 수입을 얻고 토지를 매각할 때 매각지가 수입을 얻는다. 한편 토지 소유자는 토지 소유기간 동안 이자를 물다가 토지를 매각한 후 원금을 상환하므로 이자와 매입지가가 비용이 된다. 그림으로 표시하면 위 〈그림 2〉와 같다.이런 사실을 식으로 정리하면 다음과 같다. 토지임대료 수입은 지대라는 용어로 바꾸어 표시하기로 한다.

토지 불로소득
=토지 소유자의 수입-토지 소유자의 비용

토지 소유자의 수입
=지대+매각지가

토지 소유자의 비용
=매입지가+매입지가에 대한 이자

둘째와 셋째 식을 첫째 식에 대입하면 다음과 같은 결과가 나온다.

토지 불로소득
=(지대+매각지가)-(매입지가+이자)
=(지대-이자)+(매각지가-매입지가)
=지대이자차액+매매차액

이 결과는, 토지 불로소득은 양도소득, 즉 매매차액뿐이라고 생각하는 상식과 비교해 볼 때 지대이자차액이 추가되어 있다는 점에서 차이가 있다. 매매차액은 일시에 큰 금액이 실현되는 경우가 많아 쉽게 주목의 대상이 되며 한국의 양도소득세도 매매차액에 부과하는 세금이다. 반면 지대이자차액은 계속해서 조금씩 실현되기 때문에 별로 눈에 띄지 않는다. 그러나 토지를 오랜 기간 보유하면 지대이자차액도 엄청난 금액이 될 수 있으므로 결코 무시해서는 안 된다.

위의 예에서는 돈을 빌려서 토지를 매입하고 그 토지를 임대한다고 하였지만 토지를 자기 돈으로 매입하고 소유자 자신이 이용하더라도 결과는 같다. 자기 돈으로 매입하더라도 그 돈을 다른 용도로 사용할 경우에 얻을 수 있는 금액, 즉 이자만큼은 기회비용으로서 역시 비용이 된다. 또 토지를 자신이 이용하더라도 지대만큼의 이익이 생기는데 이런 이익은 귀속지대로서 역시 수입이 된다.

그런데 매매차액은 징수하지 않아도 된다. 지대이자차액을 징수하기만 하면 지가는 이자에 상응하는 원금으로 일정하게 유지되어 매매차액이 0이 되기 때문이다. 즉 지대에서 이자를 공제한 나머지만 징수하면 토지 불로소득이 사라진다. 그런 의미에서 이자 공제형 지대세를 '지대이자차액세'라고도 한다.

이런 세금이 지가를 일정하게 유지시키는 이유를 간단히 설명해 둔다. 어느 토지의 가격이 등기부에 1억 원으로 기재되어 있고 정부가 매년 토지 소유자로부터 1억 원에 대한 이자를 제외한 지대를 징수한다고 하면 이 토지는 얼마에 거래될까? 이 경우 토지 소유를 통해 얻을 수 있는 수입은 이자뿐이므로 지가는 당연히 그 이자에 상응하는 원금, 즉 등기부에 기재된 1억 원으로 거의 고정된다. 물론 이 경우에도 1년에 한 번 납부하는지, 같은 세액을 여러 차례 나누어 납부하는지에 따라 결과가 약간 다르겠지만 그 정도는 무시해도 좋을 것이다.

지대세에는 두 가지 장점이 있다. 하나는 일단 토지 불로소득을 완전히 환수하는 것(목표 1)이고, 또 하나는 나쁜 세금을 좋은 세금으로 대체하여 조세의 부작용을 줄이는 것(목표 2)이다. 현재의 토지사유제 사회에서 이런 장점을 가진 완전한 지대세로 나아가는 전략에는 두 가지가 있을 것이다. 목표 1을 먼저 달성한 다음 목표 2를 향해 나아가는 2단계 전략도 있고, 두 목표를 동시에 점진적으로 추구해 나가는 전략도 있다. 지대 공제형 지대세는 첫 번째 전략에서 목표 1을 달성할 수 있는 이상적인 수단이다.

나중도 양도소득 이외의 토지 불로소득이 있다는 사실도 새롭고 지대이자차액을 징수하면 매매차액은 징수하지 않아도 된다는 사실도 처음 알았습니다.

고복지 지대세와는 달리 이자 공제형 지대세는 지가를 일정하게 유지시켜 사회적 충격도 막을 수 있고 또 토지 소유자에게는 매입지가의 원금과 그 이자를 다 보장하므로 선의의 소유자를 핑계로 제도 도입에 반대할 명분도 주지 않겠습니다. 한국 현실에 도입하는 수단으로는 적절해 보입니다.

신자유 이자 공제형 지대세는 토지 불로소득으로 인한 각종 폐단을 말끔히 방지할 수 있는 좋은 수단이라고 생각합니다. 저 나름으로 시장이론을 좀 안다고 생각합니다만 이 논리에서 흠을 찾을 수 없군요. 이렇게 당연한 사실을 우리가 모르고 있었다니 부끄럽습니다. 그런데 지대에서 이자를 공제하고 나면 징수 금액이 얼마 되지 않을 것 같습니다.

홍율도 그럴 것입니다. 도입 초기에는 환수액이 많지 않을 것입니다. 앞으로 지대가 상승한다면 점차 금액이 늘어나겠지만 적어도 당분간은 현행 세제를 유지하는 가운데 서서히 다른 조세를 대체해 나가야 하겠지요. 그러나 일단 이자 공제형 지대세가 도입되면 토지 불로소득으로 인한 각종 폐단이 사라지는 것을 국민이 경험할 것입니다. 또 밀턴 프리드먼도 인정하듯이 지대세와 같은 토지보유세가 "가장 덜 나쁜 세금"이라는 점을 국민이 이해하게 될 것이고 '특권 없는 세상'을 이해하고 지지하는 국민도 많아질 것입니다. 더구나 다른 세금을 감면하면 지대가 상승합니다. 그러면 다른 세금을 토지보유세로 대체하는 속도를 좀 더 빠르게 할 수 있지 않을까요?

신자유 특권 옹호자가 아니라 진정한 시장주의자라면 좀 더 빠른 속도의 조세 대체에 동의할 것 같습니다.

고복지 복지주의자도 자기 돈으로 자기 삶을 보장할 수 있는 세상이 빨리 실현되기를 바랄 것입니다.

第15일 | 좌도우기 개혁과 한국

홍율도 어느덧 귀한 손님의 일정이 끝나가고 있습니다. 그동안 힘든 여행을 하시면서 재미도 없는 제 말씀에 관심을 보여 주시어 정말로 고맙습니다. 지금까지는 제가 너무 일방적인 설명을 많이 한 것 같습니다. 오늘은 여러분의 말씀을 듣고 싶습니다. 좌도우기 개혁을 한국에 적용한다면 사회가 어떻게 달라질 것으로 예상하십니까?

나중도 보름 남짓한 여행을 통해 고정관념을 뛰어넘는 새로운 사회의 가능성을 보았습니다. 저희가 여행을 준비할 때 같이 들었던 노래 가사처럼 무지개 너머에나 있을 법한 꿈의 나라가 현실에 존재한다는 사실을 확인하게 되어 너무나 기쁩니다.

특권이익을 환수하여 사회보장을 하는 등 좌도우기 정책을 도입하면 한국 사회는 여러 면에서 큰 변화를 겪게 될 것입니다. 저는 좌파와 우파로 나뉘어 증오로 치닫고 있는 한국 현실에서 국민화합에 크게 기여할 수 있다는 점을 중시합니다. 좌파의 입장에서 보는 현실의 우파는 이상사회를 향해 진지하게 고민하지 않는 속물이며 부당한 기득권을 누리면서 추호도 양보하지 않는 이기집단입니다. 반면 우파의 입장에서 보는 현실의 좌파는 물정도 모르면서 설치는 하룻강아지이며 '사회정의'라는 이상한 깃발을 들고 떼를 쓰는 집단입니다. 서로 이러다 보면 인간에 대한 사랑은 사라지고 혐오만 남습니다. 이것이 한국의 현실입니다.

좌파와 우파는 정말로 합의점을 찾을 수 없는 것일까요? 한쪽은 반드시 옳고 따라서 상대방은 틀릴 수밖에 없을까요? 그렇지 않다고 생각합니다. 진정한 이념은 인간에 대한 사랑에서 나옵니다. 그러므로 이념을 주창한 사람이나 깊이 있는 동조자는 입장이 다르더라도 서로 통하기 마련입니다. 이성적으로는 누구나 동의할 수밖에 없는 공통의 원리인 '특권 없는 세상'에 동의하는 국민은 좌도우기 정책으로 하나가 될 수 있습니다. 물론 그런 경우에도 제1일에 말씀하셨던 너도주의와 나만주의의 대립은 있겠지요. 그러나 좌파와 우파가 각각 자기 쪽의 나만주의와 연합하여 상대방을 증오하고 제압하려는 현재와는 다른 모습이 됩니다. 합리적인 좌파와 양식 있는 우파가 어우러져 너도주의 세력을 형성하게 되므로 너도주의 대 나만주의라는 선과 악의 대결이 될 뿐입니다.

신자유 처음에는 좌도우기에 대해 상당히 회의적이었으나 율도국을 둘러보면서 사유재산제와 시장경제를 축으로 하는 자본주의에 위배되지 않는, 아니 오히려 자본주의의 원칙에 더 충실한 복지국가가 가능하다는 실례를 보았습니다. 재분배 없는 복지는 불가능하다고 생각해 온 저로서는 학문을 돌아보고 세계관을 재점검하는 계기가 되었습니다. 율도국의 좌도우기는 제가 배워 온 기존의 경제이론에 비추어 보더라도 모순이 없습니다.

처음(제2일)에 정의와 효율의 두 평가 기준 중에서 일단 정의를 기준으로 정부 재원의 우선순위를 정하되 효율이 문제가 되면 다시 검토하기로 하였습니다. 효율 측면에 대해서는 이번 여행 기간 동안 충분히 다루지 못했지만, 지대추구의 비효율성이 학계에 잘 알려져 있고 율도국 사회의 효율성을 직접 보고 느꼈기 때문에 저로서는 의문을 갖지 않습니다.

좌도우기 정책으로 한국에서 나타날 가장 중요한 변화로는, 특권 없는 세상이 되면 경제 당사자의 지위가 대등해진다는 점을 들고 싶습니다. 직장에 생계를 걸 수밖에 없는 사회에서는 노동자가 비굴해지거나 극한적인 투쟁을 하는 둘 중의 하나를 강요받게 되지만 누구나 생계 걱정을 하지 않아도 되는 세상의 노동자는 그럴 필요가 없을 것입니다. 또 이런 여유를 가진 노동자의 협조를 구하지 않으면 기업도 이윤을 창출할 수 없으므로 고압적인 자세를 취할 수 없게 됩니다. 노사가 서로 대등한 관계가 되어 합리적인 교섭이 이루어지므로 노동의 유연성과 안정성이 동시에 달성됩니다. 기업은 노동자와 대립 관계가 아니라 생산의 동업자가 되어 대체로 협동조합과 비슷한 모습이 되겠지요.

한편, 한국에 적용하려면 재원의 충분성에 대한 검토도 필요할 것입니다. 한국의 경우 토지만 생각하더라도, 2012년 1월 현재 한국의 공시지가 총액이 대략 3,700조 원이니까 연간 지대를 공시지가의 3%만 잡아도 100조 원이 넘고, 5%로 잡으면 180조 원이 넘습니다. 앞서도(제10일) 말씀 나눴듯이 지대를 환수하면서 다른 세금을 감면하면 지대가 더 올라가고, 토지 이외의 다른 특권이익을 환수한다면 총액이 더욱 커질 것입니다. 2013년 한국 정부의 예산 규모가 340조 원 정도이므로, 율도국처럼 특권이익으로 예산을 모두 충당할 가능성도 있어 보입니다. 다만, 앞에서(제14일) 소개하셨듯이 이자 공제형 지대세를 도입한다면 재원이 더 필요하겠지요. 깊이 감사드립니다.

고복지　저는 인생과 사회에 대한 국민의 태도가 달라질 수 있다는 점에 주목합니다. 율도국처럼 어떤 경우에도 '자기 돈'으로 기본적인 삶을 해결할 수 있다면 돈벌이와 출세보다는 자신의 가치를 실현하는 데 인생의 목표를 두게 될 것입니다. 물론 경제적 성공에 가치를 두는 사람은 그렇게 살면 됩니다. 개개인이 생계 걱정 없이 좋아하는 일을 한다면 인생이 행복해질 뿐 아니라 모든 분야에서 지금과 비교할 수 없을 정도로 뛰어난 성취가 이룩될 것입니다. 빈곤에 대한 두려움이 존재하는 사회에서는 사회에 도움이 되지 않는 소모적 무한경쟁이 일어납니다. 그런데 좌도우기 사회에서는 남보다 무조건 앞서 가기 위해 정신력과 체력을 낭비하는 일이 사라지고 그 대신 가치 있는 일에 집중할 수 있다고 봅니다. 고흐는 동생 테오가 주는 생활비로 평생 예술을 위해 살았고 위대한 작품을 수없이 남길 수 있었습니다. 생전에는 자신의 그림을 단 한 점 팔았을 뿐입니다. 마르크스도 엥겔스가 주는 돈으로 살면서 인류사를 바꾸는 업적을 남겼습니다. 누구나 기본 생계를 걱정하지 않는 제도를 만들면 모든 국민이 테오나 엥겔스와 같은 후원자를 두는 셈이 됩니다.

홍율도 님께 감사하는 의미에서 우선 제가 좋아하는 존 레논(John Lennon)의 노래 '상상하라'(Imagine)의 한 부분을 불러 봅니다.

> Imagine no possessions. I wonder if you can.
> No need for greed or hunger, a brotherhood of man.
> Imagine all the people sharing all the world.
>
> You may say I'm a dreamer but I'm not the only one.
> I hope some day you'll join us
> and the world will live as one.

소유 없는 세상을 상상해 봅시다.
탐욕도 굶주림도 없이 모두 형제가 되는 세상.
모든 것을 나누며 사는 세상을 상상해 봅시다.

꿈 깨라고요? 하지만 나 혼자만의 꿈이 아닙니다.
언젠가 그대도 동참하기 바랍니다.
그러면 세상은 하나가 되겠지요.

(박수)

전에는 이 노래처럼 "소유 없는 세상"이 되어야 고수준의 복지국가가 이루어질 수 있다고 생각했습니다. 그러면서도 소유를 부정하면 인간의 자유도 부정하게 되지 않을지 늘 고민했었습니다. 그런데 '진정한' 사유재산제를 실시하면 고수준의 복지까지 가능하다는 실례를 보고 나니 희망이 생깁니다. 감사합니다.

나중도 고복지 님의 노래 감동적으로 들었습니다. 과거에는 그냥 스쳐 듣던 노래가 새롭게 다가옵니다. 그리고 율도국이라는 실례를 보고 나니 고복지 님처럼 저도 희망이 더 생깁니다. 율도국 국민이 존경하는 헨리 조지는 "다른 사람도 같은 별을 본다는 사실을 알면 더 확실한 믿음을 가지고 그 별을 볼 수 있다."라고 하였습니다.

홍율도 저를 봐서 좋은 말씀만 해 주시는 것 같습니다. 그러나 비판이 있어야 발전도 있듯이 앞으로 기회 나시는 대로 기탄없이 다른 말씀도 해 주시기 바랍니다. 이번에는 처음 방문이시고 여행 일정이 짧아서 율도국을 충분히 살펴보지 못하셨을 것이므로 다음 기회에 충분한 시간을 두고 다시 방문해 주시면 감사하겠습니다. 저도 나름대로는 여러분처럼 '나로 인해 세상이 조금이라도 더 좋아지기를' 바라면서 사는 사람입니다. 서로 연락하면서 같이 노력했으면 합니다.

그동안 오랜 여행과 변변찮은 제 설명에 힘드셨을 것입니다. 무사히 귀국하시고 피로를 푸시기 바랍니다. 끝으로 제가 한국의 이런저런 소식을 듣고 쓴 칼럼을 드립니다. 글에서 한국의 단점을 꼬집었다고 서운해하지는 마시기 바랍니다. 한국이 잘되기를 바라는 충정에서 쓴 글이니까요. 감사합니다. 그리고 안녕히 가십시오.

율도국에서 보는 한국 사회

우리는 홍율도 님와 작별하고 귀국길에 올라, 비행기 안에서 홍율도 님이 준 글 세 편을 읽었다. 너무나 중요한데도 우리가 미처 생각하지 못했던 점을 지적해 준 홍율도 님에게 감사하면서 아래에 글을 실어 둔다.

율도국에서 보는 새 정치

안녕하십니까? 저는 활빈당 홍길동 할아버지가 세우신 율도국의 국민입니다. 조선, 아니 한국은 율도국의 뿌리이기도 하지만, 짧은 기간에 산업화와 민주화를 이룩했다고 해서 제가 특별히 관심을 가지는 나라입니다. 그런데 한국 국민은 정치에 염증을 느끼고 '새 정치'를 요구하고 있습니다. 국민이 주인인 민주정치를 하고 있다는데도 왜 그럴까요?

정치 독과점은 반민주적

민주적 의사결정의 필수 요소는 절차에서 반독재/반독점, 내용에서 반특권/반차별입니다. 그런데 반특권/반차별에 대해서는 한국에서도 쉽게 동의하지만, 정치의 반독재/반독점에 관한 제도와 관행과 인식은 오히려 그 반대입니다.

예를 들어, 한국의 공정거래법은 '시장지배적 사업자', 즉 독과점 기업을 규제합니다. 1개 기업의 시장점유율이 50% 이상이거나 3개 이하 기업의 시장점유율이 75% 이상이 되면 독과점 기업으로 봅니다. 또 중소기업을 육성하고 지원하는 각종 제도도 두고 있습니다. 하지만 정치 독과점에 대해서는 무관심합니다.

모든 민주국가의 헌법은 정당의 설립은 자유이며 복수정당제는 보장된다고 하는데도 정작 한국의 정당법과 공직선거법은 매우 소극적입니다. 웬만해서는 정당을 설립하기 어렵도록 해 두었을 뿐 아니라 총선에서 의석을 얻지 못하고 유효투표 총수의 100분의 2 이상을 득표하지 못한 정당은 해산합니다. 또 비례대표 배정에서도 큰 정당이 유리합니다. 국회의원 선거에서 유효투표 총수의 100분의 3 이상을 득표하였거나 지역구국회의원총선거에서 5석 이상의 의석을 차지한 각 정당에만 비례대표 국회의원 의석을 배분합니다. 소규모 정당에 대한 명백한 차별입니다.

이런 제도의 배경에는 양대 정당 이기주의와 함께 정당 다양화를 정당 난립으로 매도하는 시각이 있습니다. 여대야소가 되어야 국정이 안정된다든지 정당 난립은 혼란을 가져온다든지 하면서, 다당 체제를 비난하고 양대 정당 체제를 옹호하는 사람이 적지 않습니다. 대부분의 선진국도 양대 정당 체제이니 괜찮다고들 생각합니다. 자연 생태는 다양해야 한다고 하면서도 정치 생태의 다양성에 대해서는 이상하게 반대로 생각합니다.

양대 정당 체제는 구태 정치 낳는다

그러나 양대 정당 체제는 구태 정치의 뿌리입니다. 첫째로, '싸움질 정치'가 됩니다. 상대 정당은 언젠가 연합할 수도 있는 정치 파트너가 아니라 반드시 꺾어야 하는 정적이므로 이전투구의 싸움질을 하게 됩니다. 둘째로, '시녀 국회' 또는 '식물 대통령'이 됩니다. 집권당이 국회의 다수당을 겸하는 경우에는 국회가 행정부 견제라는 본래 사명을 저버리고 시녀 노릇을 하게 됩니다. 반대로 적대적인 야당이 국회를 장악할 경우에는 사사건건 반대하는 바람에 대통령이 무력화됩니다. 셋째로, '따로 정당'이 됩니다. 선거에서 표를 많이 얻기 위해서는 집토끼보다 산토끼를 유인해야 하기 때문에 두 정당의 공약이 중도 쪽으로 이동하게 됩니다. 그 결과 양대 정당은 서로 미워하면서 닮아 가고, 다양한 국민의 요구와 따로 놀게 됩니다.

이런 문제를 해소하려면 정당을 다양화하면서 국회 의석의 독과점을 막아야 합니다. 정당 설립의 문턱을 낮추는 것은 물론이고 동시에 소선거구제도 바꾸어야 합니다. 뒤베르제의 법칙(Duverger's law)도 있듯이, 소선거구제는 양대 정당 체제를 낳는 경향이 있습니다. 또 1등 이외의 후보에 던진 표는 사표가 되기 때문에 그만큼 국민의 의사는 묻히고 맙니다. 소선구제의 대안은 중대선거구제나 비례대표제인데 비례대표제가 더 낫겠지요. 국민의 한 표 한 표가 모두 의미를 가지기 때문입니다.

율도국에서는 비례대표 의원 반, 일반 국민 중 무작위 추첨으로 선발된 의원 반으로 국회를 구성합니다. 양대 정당 독과점은 당연히 없고 종래 상류층이 지배하였던 국회가 실질적인 국민 대표성을 가지게 되었으며, 정당을 매개로 하는 행정부와 의회의 유착 관계와 지역구 선거제의 문제도 사라졌습니다. 율도국에서 기득권층의 반대를 물리치고 좌도우기 개혁을 이룩할 수 있었던 것도 이런 정치제도의 덕이 큽니다.

그러나 한국에서는 단숨에 이런 개혁을 하기는 어려울 것이므로 정당 독과점을 막는 개혁부터 시작하시는 게 좋을 것입니다. 우선 공정거래법의 기준 정도만이라도 충족시키는 것은 어떨까요? 즉 1개 정당의 의석이 50%, 그리고 3개 정당의 의석이 75%를 초과할 수 없도록 하는 것입니다. 국회의원 정수를 300석이라고 할 때 이런 기준을 적용하면 다음과 같은 결과가 생깁니다. 사례를 두 가지만 들어 보겠습니다.

[예 1] 5개 정당의 득표율이 각각 40%, 30%, 15%, 10%, 5%인 경우

3대 정당의 득표율 합계가 75%를 넘는 경우인데, 이들에게 225석(75%)만을 득표율에 비례하여 배정하고 나머지 정당에게도 이에 준하여 배정합니다. 소수점 이하를 버리면, 각각 105석(35%), 79석(26.3%), 39석(13%), 26석(8.7%), 13석(4.3%)석이 되고 38석(12.7%)이 남습니다. 남는 의석은 국회의 대표성을 높이기 위해 국민 중 무작위 추첨으로 선출하여 충원합니다.

[예 2] 5개 정당의 득표율이 각각 70%, 10%, 10%, 5%, 5%인 경우

득표율이 50%를 넘는 제1당에게 50%만 배정하고 이를 기준으로 다른 정당에게도 득표율에 비례하여 배정합니다. (그 후에도 3개 정당의 득표율 합계가 75%를 넘으면 [예 1]에서와 같은 방식을 적용하면 됩니다.) 그 결과 각각 150석(50%), 21석(7%), 21석(7%), 10석(3.3%), 10석(3.3%)이 되고 88석(29.3%)이 남습니다. 남는 의석은 역시 국민 중 무작위 추첨으로 선출하여 충원합니다.

이렇게 한다면 정치 독과점이 대폭 줄어들면서 5~7개 정도의 중요 정당이 경쟁하면서 다양한 조합의 연합정치를 할 수 있을 것으로 전망됩니다. 한국 실정에서 잠재력을 가진 정당으로는 노동자당, 자본가당, 환경당, 복지당, 정의당, 지방당, 여성당, 청년당, 노인당

등이 있지 않을까요?

이렇게 정치 생태계가 다양해지면서 '싸움질 정치', '시녀 국회'(또는 식물 대통령), '따로 정당'이라는 고질적인 정치병이 상당 부분 치유될 것입니다. 나아가서는, 박원순과 안철수로 대표되는 국민의 '새 정치' 열망에도 부응하게 됩니다, 사실 냉정하게 보면 기존 정치권에도 두 사람 못지않은 인물이 적지 않다는 걸 우리는 잘 알고 있습니다. 또 기대를 모았던 몇 사람이 현실 정치를 시작하자마자 급격하게 빛을 잃고 역시 구태 정치의 수렁에 빠진 사례도 있습니다. 그렇다면 결국 구태 정치는 사람보다 구조에 더 큰 책임이 있다고 보아야 하지 않겠습니까? 정치 독과점을 그냥 두는 한 그 누가 정치를 하더라도 국민이 바라는 '새 정치'는 불가능합니다.

(공동선 2013년 1/2월호 게재)

율도국에서 보는 경제 민주화

안녕하십니까? 저는 활빈당 홍길동 할아버지가 세우신 율도국의 국민입니다. 조선, 아니 한국은 율도국의 뿌리이기도 하지만, 짧은 기간에 산업화와 민주화를 이룩했다고 해서 제가 특별히 관심을 가지는 나라입니다.

한국에서 '경제 민주화'는 이제 누구도 외면할 수 없는 화두가 되었습니다. 2012년에 있은 대통령 선거에서 두 유력 후보가 모두 경제 민주화 공약을 내세웠다지요? '줄푸세'(세금은 줄이고 규제는 풀고 법질서는 세운다.)라는 방임경제를 지향했던 여당 후보까지 가세하는 걸 보면 시대의 풍향이 달라졌음을 확연히 느낄 수 있습니다. 그러나 경제 민주화가 제대로 될 것이라고 생각하는 한국 국민은 많지 않은 듯합니다.

개념이 모호하면 반개혁 세력에 빌미 제공

그 하나의 이유로 경제 민주화의 개념이 매우 모호하다는 점을 들 수 있습니다. 개념이 모호하면 반대 세력에게 개혁을 저지할 빌미를 줍니다. 또 무언가 변화가 있다고 해도 제대로 가는 건지 확인이 안 되기 때문에 동력이 떨어질 수밖에 없습니다.

흔히 경제 민주화 조항이라고 부르는 한국 헌법 제119조 제2항을 보더라도 경제 민주화를 정의하지 않고 있습니다. 참고로 조문을 인용해 둡니다. "국가는 균형 있는 국민경제의 성장 및 안정과 적정한 소득의 분배를 유지하고, 시장의 지배와 경제력의 남용을 방지하며, 경제주체간의 조화를 통한 경제의 민주화를 위하여 경제에 관한 규제와 조정을 할 수 있다."

그런데 정치권도, 경제나 법 전문가도 이걸 속 시원하게 교통정리해 주지 못하고 있습니다. 어쩌면 정치권, 특히 여권에서는 평등한 출발, 공정한 경쟁, 공평한 분배를 핵심으로 하는 '경제정의'라는 말을 피하고 싶어서, 모호하기도 하고 약해 보이기도 한 '경제 민주화'라는 말을 마지못해 쓰는 게 아닌가 싶기도 합니다. 그렇다면 우리라도 상식을 동원하여 그 뜻을 이해해 볼 수밖에 도리가 없습니다.

경제에서도 반독재, 반독점은 필수

민주화란 민주주의에 가까워지는 변화를 의미합니다. 정치 민주주의에 대해서는 비교적 익숙하니까 여기에서 유추해 보겠습니다. 민주주의에는 절차와 내용의 두 측면이 있습니다. 우선 절차 면부터 보면, 모든 구성원이 동등한 자격, 충분한 참여, 이성적 토론을 통해 집단적 결정을 하는 것이 민주적 절차입니다. 그러므로 절차 면에서 민주주의의 최소한은 반독재입니다.

그렇다면 소수 재벌이나 대기업이 경제 전체의 결정권을 독점하는 것은 비민주적입니다. 재벌 내에서도 총수가 절대 권력을 휘두르면서 기업집단을 장악하는 것도 비민주적입니다. 한국에서 경제 민주화의 구체적인 과제로 흔히 거론되는 금산 분리, 출자총액 제한, 순환출자 금지 등은 바로 결정권 독점을 막기 위한 것입니다. 또 기업은 노동과 자본으로 구성되는데, 노동을 제공하는 사원이 배제된 채 자본을 제공하는 주주만 결정권을 가지는 한국 주식회사 제도도 비민주적입니다.

오해를 피하기 위해 한마디 덧붙입니다. '동등한 자격으로' 경제적 결정에 참여한다는 것이, 모든 사안에서 1인 1표를 적용해야 한다는 것은 아닙니다. 기업의 일상적인 운영에서, 권한과 책임이 서로 다른 상급자와 하급자가 같은 크기의 결정권을 가질 수는 없습니다. 또 기업에 출자를 많이 한 사람과 적게 한 사람이 같은 크기의 결정권을 가져야 하는 것도 아닙니다. 결정권의 독과점에 이르지 않는 한, 기여와 책임에 상응하는 권한의 배분은 자연스럽습니다.

그러나 기업의 존폐나 근본적인 변화 등 기업 구성원의 인생에 중대한 영향을 줄 결정은 보통선거나 국민투표처럼 1인 1표에 준하는 방식이 필요합니다. 회사 매각이나 대량 정리 해고와 같은 결정에는 당연히 (노동조합을 포함한) 전체 사원의 참여가 있어야 합니다.

특권과 차별 없는 경제를

둘째로, 민주정치도 그렇듯이 민주 경제에서도 결정의 내용에 당연히 한계가 있습니다. 적어도 민주주의의 알맹이라고 할 수 있는 인간의 평등한 존엄성을 무시하는 결정을 할 수 없습니다. 최소한 특권과 차별을 정당화해서는 안 됩니다. 특권이란 자신이 제공하는 원인에 비해 더 많은 이익을 차지할 수 있는 자격이자 더 적은 불이익을 받을 수 있는 자격이고, 차별은 특권의 대칭 개념입니다.

특권으로 얻는 이익을 학술적으로 '지대'(rent)라고 하며 특권이익을 추구하는 행위를 '지대추구 행위'라고 한다. 쉬운 예로, 땅처럼 자신이 생산하지도 않은 자연을 소유하여 불로소득을 얻는 행위를 들 수 있습니다. 지대추구가 사회정의만이 아니라 경제효율도 해친다는 사실은 교과서에도 다 나오는 내용입니다. 그런데 강의실에서는 그렇게 가르치면서 현실에서는 지대추구를 비호하는 학자도 한국에는 적지 않아 보입니다.

정부가 공권력으로 지대추구를 도와주는 제도와 관행은 많습니다. 특정 집단에 명분 없는 보조금을 준다거나, 불공정 경쟁을 방치하거나, 기업이 자신의 비용을 다른 기업이나 소비자에게 떠넘기는 것을 허용하는 등이 다 그런 사례입니다. 차별의 사례도 많습니다. 비정규직은 정규직과 같은 일을 하면서도 불리한 대우를 받습니다. 능력과 무관하게 학벌이나 출신지역에 따라 기회가 제한됩니다. 재벌기업이 친인척에게 일감 몰아주기를 하여 경쟁 업체의 기회를 박탈하고 대기업이 중소기업의 생존권을 부정합니다.

경제 민주화를 위해서도 정치 개혁이 필요

이처럼 민주주의에는 절차 면에서 반독재와 반독점, 내용 면에서 반특권과 반차별이 최소한의 필요조건입니다. 그런데 대선 후보들의 화려한 공약에도 불구하고 국민이 경제 민주화의 전망을 어둡게 보는 데는, 그 개념이 모호하다는 것보다 더 중요한 이유가 있습니다. 정치권에 대한 의구심입니다.

경제 민주화를 제도로 구현하는 일은 정치가 담당합니다. 그러므로 정치 민주화에 소극적이고 시장경제는 곧 방임경제라고 착각하는 세력이 경제 민주화를 공약으로 내거는 것은 앞뒤가 맞지 않습니다. 무식해서가 아니라면 사탕발림입니다. 또 돈이 많이 드는 정치를 방관하는 세력도 그렇습니다. 이런 상황에서는 재벌의 '장학생'이 정치와 학계를 주름잡게 되고 경제 민주화는 물 건너가고 맙니다. 그래서 경제 민주화를 위해서도 정치개혁이 필요합니다.

(평화뉴스 2012년 11월 11일 게재)

율도국에서 보는 일제고사

안녕하십니까? 저는 활빈당 홍길동 할아버지가 세우신 율도국의 국민입니다. 조선, 아니 한국은 율도국의 뿌리이기도 하지만, 짧은 기간에 산업화와 민주화를 이룩했다고 해서 제가 특별히 관심을 가지는 나라입니다. 그런데 율도국과 다른 점이 적지 않아 당황스러울 때가 있습니다. 한국의 일제고사 논란도 그렇습니다. 이명박 정부 들어 일제고사를 새삼 실시하는 데 대해 거센 비판이 있었고 이에 대해 정부가 강경하게 대응하고 있네요. 율도국에서는 상상하기 어려운 일입니다.

성적이 나쁘면 오히려 지원과 우대를

율도국민은 학업 성취도는 당연히 평가해야 하고 일제고사도 그 하나의 방법이라고 여깁니다. 또 줄 세우기 경쟁, 소모적 경쟁, 불공정한 경쟁이 아니라면 경쟁도 인간의 잠재력을 이끌어 내는 데 도움이 될 수 있다고들 생각합니다. 그래서 한국의 갈등 소식에 의아해하는 율도국 학생들에게 제가 이렇게 설명해 보았습니다. “한국에서는 일제고사 성적이 나쁘면 그 지역이나 학교가 불이익을 받을 수 있습니다.” 그랬더니 학생들이 크게 놀라는 겁니다.

율도국에서는 일제고사 성적에 별 신경을 안 씁니다. 아니, 오히려 다른 지역이나 학교보다 성적이 약간 나빴으면 하고 바라는 면도 있습니다. 성적이 나쁘면 정부에서는 교육여건에 일차적 책임이 있다고 보아 예산과 인력을 더 많이 지원합니다. 또 한국에서는 대학과 사회에서 사실상 고교등급제, 대학등급제를 실시하고 있지만, 율도국에서는 성적이 나쁜 지역과 학교 출신에 대해서는 각급 시험에서 오히려 가산점을 부여합니다.

율도국에서는 이런 지원과 우대를 당연하게 여깁니다. 율도국은 적서차별을 겪은 홍길동 할아버지가 기회균등을 위해 세우신 나라입니다. 신분에 따른 차별이 부당하듯이 교육여건 때문에 학력이 낮다면 오히려 보상해야 한다는 것이 율도국민의 확고한 생각입니다. 물론, 교육여건이 같은데도 성적이 나쁜 학교나 개인에 대해서는 다른 원인을 찾아 대책을 마련합니다.

시험은 자기 진단의 기회일 뿐

더구나 일제고사에 대비하여 예체능 시간에 일제고사 과목을 가르치는 학교도 많다고 하니까 이곳 학생들은 도무지 이해를 못합니다. “예체능은 평가하지 않나요?”, “초등학교와 중학교는 국 · 영 · 수 · 사 · 과 다섯 과목을 시험 보고 고등학교에서는 국 · 영 · 수 세 과목을 봅니다.”, “다른 과목은 중요하지 않다는 건가요? 그럼 왜 가르치나요?”, “……”

율도국에서 학업 성취도 평가 대상은 당연히 모든 과목입니다. 그러나 과목별로 학생의 일부만 뽑아 시험을 치르게 하므로 한국의 일제고사와는 다릅니다. 대상 학생 외에도 희망자는 무슨 과목이든 응시할 수 있는데, 학생 상당수가 자발적으로 응시합니다. 시험을 자신의 소질과 성취를 진단하는 기회로 삼을 수 있고 석차로 줄 세우는 일도 없기 때문입니다.

저는 한국 정부가 학생에게 일제고사 선택권을 준 교사를 쫓아내고 일제고사 불응 학생에 대한 처리 지침까지 내려보낸다는 말은 차마 못 했습니다. 학생들이 남한도 북한과 다르지 않다고 상심할까 걱정이 되어서요. 그렇지 않아도 이명박 정부에서 반대파를 숙청하고 기본권을 탄압한다고 하여 한국을 이상한 나라라고 생각하는데 말입니다. 우리 율도국 자녀들에게 한국을 자랑할 수 있도록 해 주세요. 우리는 뿌리가 같잖아요.

(평화뉴스 2010년 7월 19일 게재)

| 제2부 |

새로운 토지 패러다임을 위해

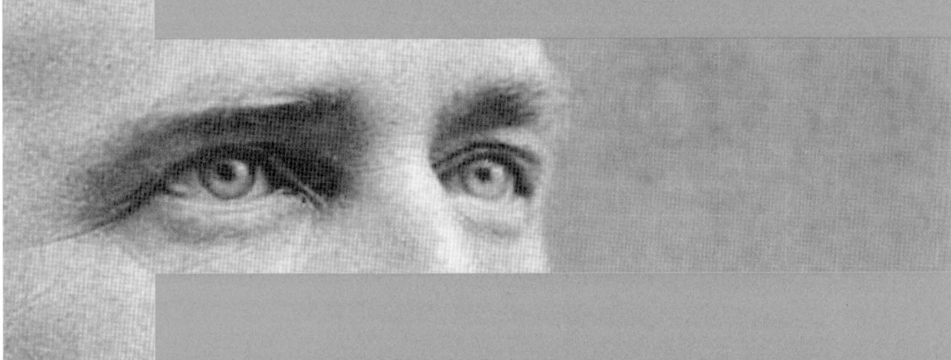

첫째 글 「헨리 조지와 사회복지」에서는 19세기 후반 빈곤 해소를 위해 일생을 바쳤던 미국의 이론가이자 사회개혁가인 헨리 조지(Henry George, 1839~1897)가 오늘 살아 있다면 한국의 복지 문제에 대해 어떤 발언을 할 것인가를 생각해 보았다. 과거의 위대한 인물의 눈으로 오늘의 변화를 바라보는 작업은 단순히 호기심을 만족시키는 데 그치지 않고 현재의 정책 대안을 마련하는 데 통찰을 줄 수 있다.

둘째 글은 「공유지의 비극과 사유화의 비극」이다. 우리 사회에는 토지사유제에 대한 믿음이 워낙 강할 뿐 아니라 '공유지의 비극'을 막기 위해서도 토지사유제가 필요하다는 의견이 널리 퍼져 있다. 이 글에서는 토지사유제는 비극의 해법이 아닐뿐더러 또 다른 비극을 낳는다는 점을 지적하면서 올바른 해법을 제시한다.

셋째 글 「칸트와 토지의 근원적 취득」에서는 현재와 같은 토지사유제를 긍정하는 듯이 보이는 칸트의 견해를 비판적으로 검토한다. 칸트만이 아니라 재산권을 다룬 대부분의 철학자는 토지사유제를 당연한 것으로 보는 경향이 있다. 그러나 이 글에서는 토지 소유에 관한 준칙이 칸트가 말하는 보편성을 가지려면 다음과 같은 세 가지 조건이 필요하다는 점을 지적한다.

(1) 토지 취득 기회를 균등하게 보장한다.

(2) 사회는 토지 소유자에게서 지대를 환수한다.

(3) 환수한 지대는 모든 사람을 위해 공평하게 사용한다.

1. 헨리 조지와 사회복지

국민소득이 늘어나는 반면 양극화가 심해지면서 복지정책이 중요한 화두로 등장하고 있다. 한편에서는 복지 확대를 내세우는가 하면 다른 편에서는 과잉 복지는 나라를 망칠 수 있다고 경계하는 목소리를 낸다. 그런 가운데 2012년 제18대 대통령 선거에서는 주요 후보들이 모두 상당한 정도의 복지 확대를 공약에 포함시켰다. 몇 년 전만 해도 상상하기 어려운 모습이었다. 또 전통적으로 복지라고 하면 빈곤자를 선별하여 구제하는 선별적 복지가 당연한 것으로 여겨져 왔지만, 최근에는 그 대상자의 범위를 확대하고 궁극적으로는 모든 국민을 대상으로 하는 보편적 복지가 급속하게 부각되고 있다.

이런 복지 격동기를 맞아, 19세기 후반 빈곤 해소를 위해 일생을 바쳤던 미국의 이론가이자 사회개혁가인 헨리 조지(Henry George, 1839~1897)가 오늘날 살아 있다면 한국의 복지 문제에 대해 어떤 발언을 할 것인가를 생각해 보려고 한다. 과거의 위대한 인물의 눈으로 오늘의 변화를 바라보는 작업은 단순히 호기심을 만족시키는 데 그치지 않고 현재의 정책 대안을 마련하는 데 통찰을 줄 수 있을 것이다.

관련 주제에 대해 그가 직접 집필한 내용이 있을 때에는 원문을 인용하여 육성을 전달하고 언급이 없는 경우에는 그의 입장을 추정하기로 한다. 인용문은 그의 대표작인 『진보와 빈곤』을 중심으로 하면서 다른 저작과 연설문에서도 뽑았다.

빈곤에 대한 헨리 조지의 진단과 처방

복지 문제를 본격적으로 언급하기 전에 헨리 조지가 빈곤 문제를 어떻게 진단하고 어떤 처방을 내렸는지 간략하게나마 정리해 둔다.

진단

헨리 조지는, 빈곤을 야기하는 큰 원인은 사람이 생산하지 않은 자연물을 특정인이 소유할 수 있게 하는 토지사유제에 있다고 본다. 토지사유제 사회에서 토지 없는 노동자는 자신의 노동을 투입할 기회가 박탈될 뿐 아니라 노동의 결과인 생산물 중 상당 부분이 아무런 노력도 기여도 하지 않은 토지 소유자의 지대 소득으로 분배되기 때문에 노동자가 빈곤에 시달리게 된다는 것이다.

> 우리의 고도 문명 속에서 결핍으로 인해 인간이 쓰러지고 죽어 가는 것은 자연의 인색함이 아니라 인간의 부정의에 기인한다. 죄악과 비참, 빈곤과 궁핍은 인구 증가와 산업 발전의 당연한 결과가 아니다. 이런 결과가 인구 증가와 산업 발전에 뒤따르는 이유는 토지가 사유재산으로 인정되기 때문이다. 자연이 모든 인간을 위해 제공하는 것을 일부가 배타적으로 보유함으로써 최고의 정의의 법칙을 위반하기 때문에 생기는 결과라는 말이다. (George, 1879, 김윤상 역, 1997: 327)
>
> 인류 문명 발달의 불평등을 설명해 주는 원리는 자본과 노동의 관계에 관한 원리가 아니며, 인구가 생존물자에 압력을 가한다는 원리도 아니다. 부의 분배가 불평등한 큰 원인은 토지 소유의 불평등에 있다. 토지 소유는 인간의 사회적 · 정치적 상황, 그리고 그 결과로 나타나는 지적 · 도덕적 상황을 궁극적으로 결정하는 기본이 되는 큰 요인이다. (George, 1879, 김윤상 역, 1997: 281-282)

또 주기적으로 반복되는 경제 불황은 빈곤층의 삶을 더욱 어렵게 하는데, 경제 불황의 주요 원인은 토지 투기라고 지적한다.

> 더 많이 소비하려는 욕구가 있고 동시에 더 많이 생산하려는 능력과 의욕이 있을 때 공업과 상업의 마비현상이 일어난다면 이를 과잉생산이나 과잉소비의 탓으로 돌릴 수 없다. 분명히 생산과 소비가 서로 조화되지 않는 데에 문제가 있다고 보아야 한다. 이런 부조화는 어떻게 해서 생기는가? 이는 명백히 투기의 결과이며 이 점은 누구나 인정하지만, 문제는 무엇에 대한 투기인가 하는 것이다. 노동생산물 즉 농업,

광업, 공업 등의 생산물에 대한 투기는 여기에 해당되지 않는다. 왜냐하면 노동생산물에 대한 투기는 단지 공급과 수요를 일치시키고 또 마치 기계의 플라이휠처럼 생산과 소비의 상호 작용을 안정시키는 효과를 갖기 때문이다. 그러므로 투기가 경제불황의 원인이 된다고 하면 그것은 노동생산물에 대한 투기일 수는 없고 노동의 생산 활동에 필요는 하지만 그 양이 고정된 것, 즉 토지에 대한 투기일 수밖에 없다. (George, 1879, 김윤상 역, 1997: 255)

처방

이러한 진단에 따라 헨리 조지는, 빈곤 문제를 해결하려면 토지사유제를 철폐해야 한다고 주장한다.

악을 제거하는 방법은 단 하나이다. 원인을 제거하는 방법뿐이다. 부가 증가하는데도 빈곤이 심화되고 생산력이 커지는데도 임금이 억제되는 이유는 모든 부의 근원이자 모든 노동의 터전인 토지가 독점되어 있기 때문이다. 그러므로 빈곤을 타파하고 임금이 정의가 요구하는 수준 즉 노동자가 벌어들이는 전부가 되도록 하려면 토지의 사적 소유를 공동소유로 바꾸어야 한다. 그 밖의 어떠한 방법도 악의 원인에 도움을 줄 뿐이며 다른 어떤 방법에도 희망이 없다. (George, 1879, 김윤상 역, 1997: 313-314)

그러나 토지가 이미 사유화된 사회에서는 토지를 구태여 국유화할 필요까지는 없고 종전의 소유 관계를 인정하되 토지가치를 환수하여 최우선적인 정부 수입으로 삼으면 충분하다고 하였다.

내가 주장하는 것은 사유토지의 매수도 환수도 아니다. 매수는 정의롭지 못한 방법이고 환수는 지나친 방법이다. 현재 토지를 보유하고 있는 사람은 그대로 토지를 가지게 한다. 각자 보유하는 토지를 지금처럼 자기 땅이라고 불러도 좋다. 토지매매도 허용하고 유증 · 상속도 하도록 한다. 속 알만 얻으면 껍질은 지주에게 주어도 좋다. 토지를 환수할 필요는 없고 단지 지대만 환수하면 된다. (George, 1879, 김윤상 역, 1997: 391)

지대 환수의 경제 효과

헨리 조지는 지대를 환수하면 다음과 같은 효과를 통해 빈곤이 퇴치되고 노동자의 소득이 상승한다고 본다.

첫째로, 앞서 빈곤에 대한 헨리 조지의 진단에서도 소개하였듯이 토지사유제 하에서는 실수요자에게 토지가 돌아가지 않고, 생산에 기여하지 않는 소유자에게 지대가 귀속되며, 토지 투기가 경제 불황을 야기함으로써 빈곤이 발생하는데, 지대를 환수하면 이런 문제가 예방된다.

둘째로, 지대 환수에 따라 기업주에 대한 노동자의 협상력이 높아져서 생기는 효과가 있다. 지대를 환수하면 소유자가 토지를 방치할 수 없게 되어 가용 토지가 늘어나고 그에 따라 자가노동의 기회도 늘어나므로 노동자가 임금노동을 위해 기업주에게 일방적으로 매달리지 않아도 된다. 임금 협상에서 노동자가 양보할 수 있는 임금의 최저선은 자가노동의 소득이고 기업이 임금 협상에서 노동자에게 제시하는 임금의 최저선 역시 자가노동의 소득이다. 따라서 자가노동의 기회가 늘어나면 그만큼 임금 수준이 높아진다.

셋째로, 지대에 부과하는 '지대세' 수입이 늘어남에 따라 다른 세금을 감면함으로써 나타나는 효과가 있다. 노동자는 토지를 거의 소유하지 않거나 적게 소유하므로 지대세는 거의 납부하지 않는다. 반면 노동자 임금에 대해 직접 부과되는 소득세가 줄어 세후 소득이 늘어나는 동시에 소비 단계에서 부과되는 부가가치세나 관세 등이 줄어들기 때문에 구매력이 상승한다. 또 지대세를 제외한 대부분의 조세는 경제에 부담을 주는데 이런 조세를 지대세로 대체하면 그만큼 경제에 대한 제약이 줄어들므로 노동자의 소득도 늘어난다.

이러한 근거에서 헨리 조지는 지대를 환수하면 최하층마저 "들에 핀 백합과 같이 먹고 살 걱정을 할 필요가 없[다]."라고 하였다.

> 노동자에게 자유로운 일터와 완전한 대가를 주고 사회의 성장으로 인해 생긴 기금을 사회 전체의 이익을 위해 징수하면 여러 가지 변화가 나타난다. 궁핍 내지 궁핍

에 대한 두려움이 사라지게 된다. 생산이라는 용수철은 자유롭게 튀어 오르고 부가 엄청나게 증가하여 최하층도 안락한 생활을 할 수 있게 된다. 숨 쉴 공기에 대해 염려하지 않듯이 일자리에 대해서도 염려하지 않게 된다. 들에 핀 백합과 같이 먹고살 걱정을 할 필요가 없게 된다. (George, 1879, 김윤상 역, 1997: 447)

창업 지원[1]

헨리 조지가 살았던 19세기 미국에서는 노동 의욕과 능력이 있는 사람이라면 농사를 지어 자립할 수 있었기 때문에, 귀족층이 독점하고 있던 토지와 투기 목적으로 방치되던 토지가 개방되면 대부분의 노동자가 빈곤에서 벗어날 것으로 예측하였다. 그러나 그때와는 달리 현대에는 농업보다 다른 직업의 비중이 훨씬 크기 때문에 토지 개방 이외에 다른 업종의 창업기회를 보장하는 것도 매우 중요하다고 생각할 것이다. 여기에서는 헨리 조지가 빈곤을 설명한 임금결정이론을 살펴보고 그가 제시할 만한 창업 대책에 대해 검토한다.

헨리 조지의 임금결정이론

헨리 조지의 임금결정이론은 "임금은 생산의 한계, 즉 지대를 지불할 필요 없이 개방된 자연의 최고생산점에서 노동이 얻을 수 있는 생산물에 의존한다."라고 요약할 수 있다. "자가노동을 하여 벌 수 있는 것보다 더 적게 받고는 고용주를 위해 일하려고 하지 않을 것"이기 때문에 지대를 지불할 필요가 없는 한계토지의 생산이 사회의 최저임금이 된다는 것이다. 그러나 "자연의 기회가 독점된 경우의 임금은 노동자 간의 경쟁에 의해 노동의 재생산을 위해 필요한 최소한으로 내려갈 수 있다."라고 하였다(George, 김윤상 역, 1997: 203, 204).

이 이론에는 두 가지 의미가 있다. 하나는 한계토지의 생산성이 높아지면 임금이 상승한다는 것이고, 또 하나는 자가노동의 기회가 많으면 임금이 상승한다는 것이다.

1 이 절은 『한국행정논집』 제17권 제2호(2005)에 실린 졸고 「헨리 조지의 사회주의 비판」의 일부를 개고한 것이다.

첫 번째 의미를 생각해 보자. 지대를 환수하면 토지 투기가 사라지므로 종래 투기 목적으로 소유하면서 제대로 활용하지 않던 토지가 개방된다. 따라서 사회의 토지 사용 수요가 일정하다면, 한계토지는 종전보다 생산성이 높은 토지로 이동하게 된다. 사회의 최저임금은 한계토지의 생산과 일치하므로 한계토지의 생산성이 높아지면 노동자의 임금도 상승한다.

두 번째 의미를 생각해 보자. 지대를 환수하면 투기적 동기로 퇴장되어 있던 토지가 개방되어 노동자가 자가노동을 할 기회가 늘어난다. 자가노동의 기회가 없을 때에는 노동자끼리도 일자리를 얻기 위해 일방적으로 경쟁해야 하지만 자가노동의 기회가 많아지면 사업주도 필요한 노동력을 구하기 위해 경쟁을 벌이게 된다. 이와 같은 쌍방적 경쟁이 존재하면 사업주에 의한 임금의 착취현상이 사라지거나 최소한 줄어들게 된다.

그러나 지대 환수를 통해 토지가 개방되더라도 가용토지 전체가 충분하지 않아 독자적인 영농의 기회가 부족한 경우에는 어떻게 할 것인가? 지대를 환수하면 재산증식 목적이나 투기 목적으로 토지를 소유하는 경우가 없어지므로 지금보다 토지의 공급이 훨씬 늘어날 것은 분명하지만, 그렇다고 해도 누구나 충분한 농지를 획득할 수 있을 정도로 토지가 존재한다는 보장은 없기 때문이다.

이 질문에 답하기 위해 헨리 조지의 임금결정이론에서 '자연의 기회'를 일반화하여 '창업의 기회'로 대치해 보자. 그러면 다음과 같이 된다. "임금은 누구나 쉽게 창업할 수 있는 자영업에서 노동이 얻을 수 있는 생산물에 의존한다. 자영업을 창업하기 어려운 경우 임금은 노동자 간의 경쟁에 의해, 노동의 재생산을 위해 필요한 최소한으로 내려갈 수 있다."

노동자는 스스로 자영업을 해서 벌 수 있는 것보다 더 적게 받고 고용주를 위해 일하려고 하지 않을 것이고 자영업을 하기 어려운 경우에는 어쩔 수 없이 고용주의 요구에 응해야 하기 때문에 위의 주장은 자명해 보인다. 따라서 토지가 물리적으로 충분하지 않은 경우에도 헨리 조지의 기대대로 노동자 간의 일방적 경쟁이 사라지고 정상적인 임금이 보장되려면 자영업 창업의 용이성이 핵심 과제가 된다. 사실 농업의 비중이 극히 미미하게 된 현대에는 농업만이 아니라 다른 일반적인 업종을 어느 정도 용이하게 시작할 수 있는가가 임금 수준 정상화에 더 큰 영향을 미친다.

지대 환수가 창업에 미치는 영향

그렇다면 지대 환수는 자영업의 창업에 어느 정도 영향을 미칠 수 있나? 이 질문에 대해서 검토해 보자. 지대 환수가 일반적인 창업에 어떤 영향을 미칠지는, 창업이 성공하기 위한 조건이 무엇이며 지대 환수가 이러한 조건을 구비하는 데 어떤 도움을 줄 수 있는지에 달려 있다.

창업을 하기 위해서는 노하우와 목돈과 창업이 성공할 수 있는 경제 여건이 필요하다. 이 중에서 정보, 기술, 영업력 등으로 구성되는 노하우는 지대의 환수와는 별 관련이 없다. 그러나 지대 환수는 직접적으로는 창업에 필요한 토지의 공급을 늘려 주고 토지 취득비용을 줄여 준다. 또 간접적으로는 좋은 경제 여건을 조성하여 창업 실패의 위험을 줄여 준다.

첫째로, 직접적인 효과를 보자. 지대를 환수하면 창업에 필요한 목돈이 대폭 줄어든다. 창업을 위해서는 공장, 점포 등 부동산을 마련해야 하는 경우가 많은데, 지대를 환수하면 부동산 중 (건물이 아닌) 토지의 매매가격이 대폭 하락한다. 또 지대를 완전히 환수하면 토지의 매매가격은 0이 된다. 따라서 부동산 취득을 위해서는 토지분을 제외한 건물분 취득비용만 마련하면 된다. 물론, 토지 취득비용이 0이라고 해서 모든 토지비용이 0이라는 말은 아니다. 목돈을 내는 대신 취득 후 지대를 납부하기 때문이다. 그러나 현재는 한꺼번에 목돈으로 지불해야 하는 매매가격, 더구나 현재의 토지사용가치에 비해 부풀려진 토지 매매가격이 0이 되고 정상적인 수준의 지대를 분납하게 되므로 창업자의 부담은 크게 줄어든다.

둘째로, 간접적인 효과, 즉 지대 환수가 경제 여건을 좋게 만드는 점에 대해 살펴보자. 이 효과는 세 가지로 나눌 수 있다. 하나는 창업자가 토지를 구하기 쉬워지는 효과이고, 또 다른 하나는 지대 환수로 인해 부동산 개발이 활발하게 일어나는 효과이며, 세 번째는 경제 전반이 좋아지는 효과이다. 이를 좀 더 자세히 살펴보자.

지대를 환수하면 우선 창업에 필요한 토지를 구하기가 쉬워진다. 지대를 환수하면 토지의 사용 정도와 무관하게 같은 금액의 지대를 납부해야 하므로 실수요자가 아니면 토지를 소유할 이유가 없어진다. 따라서 토지의 공급이 늘어나고 창업자는 필요한 토지를 구하기가 쉬워진다. 이를 토지개방효과라고 부를 수 있다.

둘째로, 지대 환수는 부동산 개발을 촉진하는 효과가 있다. 이에 관해서는 베커가 잘 요약하고 있으므로 그의 견해를 인용한다(Becker, 1969: 24-30). 베커는 부동산 재산세 과세 대상을 건물에서 토지로 이전하면 다음과 같은 네 가지 효과를 통해 부동산 개발이 활발해진다고 하였다. ① 지대세로 인해 지가가 낮아지는 효과(capitalization effect): 지대세를 부과하면 조세가 자본화되어 지가가 하락하게 되므로 토지 개발 희망자가 토지를 쉽게 취득할 수 있고 그로 인해 토지 개발이 촉진된다. ② 유휴토지 소유자의 보유비용이 높아지는 효과(holding-cost effect): 토지를 저사용 내지 방치하는 경우 지대세가 부과되어 토지보유비용이 늘어나면 토지 소유자가 토지이용도를 높이는 방향으로 행동하게 된다. ③ 토지개량 정도와 관계없이 지대세액이 일정해지는 효과(fixed-cost effect): 세액이 일정하면 토지개량 단위당 평균세율은 개량도가 높을수록 낮아지므로 이것은 토지를 최대한 개발하도록 하는 유인이 된다. ④ 토지개량물에 대한 조세가 감면되는 효과(unburdening effect): 일반 재산세 구조는 토지를 개량할수록 세 부담을 늘리지만 지대세는 그렇지 않으므로 개량을 저해하지 않는다.

이러한 베커의 견해는 학계에서 널리 수용되는 이론을 잘 정리한 것이라고 할 수 있다. 이처럼 토지가 적정하게 사용되고 부동산 개발이 활발하게 이루어지면 창업에 유리한 여건이 조성된다.

셋째로, 지대 환수는 부동산만이 아니라 경제 전체에 좋은 효과를 미친다. 앞에서도 지적하였듯이 거의 모든 조세가 초과부담을 야기하는데 지대를 환수하면서 경제에 부담을 주는 조세를 감면하면 당연히 경제가 좋아지고 창업도 쉬워진다. 티드먼과 플래스먼의 연구에 따르면, 노동과 자본에서 조세를 감면하고 토지 등 자연의 기회를 독점적으로 사용하는 데 대한 대가를 징수하여 대체할 경우 다음과 같은 네 가지 경로를 통해 경제적 효율성이 향상된다고 한다(Tideman and Plassmann, 1998: 157). ① 노력과 기여의 대가를 완전하게 차지할 수 있으므로 생산을 증진시킨다. ② 자본과 자본소득에 대한 조세를 감면함으로써 저축과 투자를 촉진한다. ③ 토지 및 기타 자연의 기회에 대한 사용대가를 징수함으로써 적정 사용을 촉진한다. ④ 토지 및 기타 자연의 기회에 대한 투기를 근절하여 효율성을 높이고 투기로 인한 자원의 저사용을 막는다. 이런 여러 가지 이유로 경제 여건이 좋아진다면 창업에도 좋은 영향을 미칠 것이 분명하다.

지대 환수 외에 필요한 정책

앞에서 본 것처럼 지대 환수가 창업에 도움을 주는 것은 분명하다. 그러나 창업에 필요한 세 가지 조건, 즉 노하우와 목돈과 유리한 경제 여건 가운데 노하우에는 지대 환수가 특별한 도움이 되지 않는다. 오늘날은 농경사회에 비해 정보, 기술, 영업력과 같은 노하우의 중요성이 높기 때문에 개방적인 창업 기회를 보장하려면 지대 환수 외에도 창업에 필요한 노하우 지원 정책이 더 필요하다. 또한 창업 시 필요한 목돈 가운데 토지 취득비 이외의 창업자금, 즉 건물 취득비용과 그 밖의 자본도 필요한데, 이에 대해서도 창업자금을 쉽게 구할 수 있도록 지원해 주는 정책이 필요하다.

물론 창업이 쉬워진다고 해도 모든 사람이 빈곤에서 탈출할 수 있는 것은 아니다. 정신적 · 신체적인 장애로 인해 창업의 의욕 또는 능력이 현저히 뒤처지는 사람도 있고, 일반인 가운데서도 창업에 실패하거나, 일시적 또는 구조적 실업에 처하여 빈곤에 빠지는 사람은 늘 있기 때문이다. 복지정책은 바로 이런 계층을 위해 필요하다.

복지정책의 기본원칙

헨리 조지도 생전에 사회보장에 대해 알고 있었을 것이다. 그가 살았던 시기에 독일에서는 비스마르크의 주도로 국가적 규모의 사회보험을 도입하였기 때문이다. 비스마르크는 1883년에 질병보험법, 1884년에 노동자수당법, 1889년 노령 및 폐질 연금법 등을 잇달아 도입하였다. 그러나 헨리 조지는 복지정책에 대해 큰 관심을 보이지 않았다. 지대 환수만 하면 대부분의 빈곤이 퇴치될 것으로 내다보았기 때문일 것이다. 지대 환수만으로 해결할 수 없는 빈곤층에 대해서는 이렇게 간략히 언급했다.

> 지대는 사회 전체에 속하는 기금으로서, 이를 재원으로 민간이나 정부가 제공하는 굴욕적인 구호금품에 의존하지 않고도 약자, 무의탁자, 노령자를 도울 수 있다. (George, 1883: 217)
>
> 우리 모두의 공동 재산인 토지에서 발생하는 기금을 활용하면 누구에게도 굴욕감

을 주지 않는 가운데, 보호자를 잃거나 사고를 당한 사람, 그리고 노년에 이르러 일을 할 수 없는 사람들의 빈곤을 막아 줄 수 있는 재원을 충분히 확보할 수 있습니다. (George, 1885)

이 인용문에서 보듯이 지대기금을 재원으로 삼으면 굴욕감을 주지 않으면서 사회적 약자를 도울 수 있다는 것이 복지에 대한 헨리 조지의 소박한 생각이다. 그러나 제2차 세계대전 후 서구에서 본격적인 복지국가를 경험하였고 또 현재 한국에서도 복지가 중요한 화두로 등장한 상황이다. 앞서 설명한 것처럼 지대를 환수하고 창업을 지원하면 복지 수요가 대폭 줄어들겠지만 그렇더라도 자립할 수 없는 계층은 있기 마련이다. 헨리 조지가 오늘날 제안할 만한 복지정책의 기본 원칙을 추측해 본다.

원인 제거 우선

헨리 조지에게는 복지 급여를 제공하는 일보다 복지 수요의 원인을 제거하는 일이 더 중요하다. 당장 곤경에 빠진 사람에 대해서는 인도적인 배려를 하지 않을 수 없겠지만 원인을 제거하지 않은 채 복지 급여에 초점을 맞추는 것은 근시안적이고 피상적인 대응책이라는 것이다. 안전장치가 부실하여 사람이 계속해서 늪에 빠져들고 있는데도 빠진 사람을 건져 내는 데만 신경을 쓰는 것과 같다는 말이다.

자선은 정말 고상하고 아름답고 감사한 것이며 하느님도 기뻐하실 일입니다. 그러나 자선은 정의의 기초 위에 행해져야 합니다. 자선이 정의를 대신할 수는 없습니다. … 노동자의 상태가 악화되는 것은 노동이 착취당하고 있기 때문입니다. 이러한 착취를 정당화하면서 자선을 권장하는 것은 너무나도 태평스러운 대책입니다. … 불의가 존재하는 곳에서 자선이 할 수 있는 일이란 그다지 많지 않습니다. 자선은 불의로 인한 영향을 부분적으로 완화시켜 줄 뿐입니다. 자선만으로는 치유할 수 없습니다. 또 자선이 할 수 있는 것조차도 부작용이 있습니다. (George, 1891, 김윤상 역, 2012: 107)

복지 재원은 지대

헨리 조지는 지대만 환수하더라도 정부 재정을 지대로 모두 충당할 수 있다고 보았기 때문에 복지 재원도 당연히 지대라고 생각할 것이다. 그러나 지대의 규모가 충분하지 못해서 다른 조세를 징수한다고 하더라도 복지 재원은 지대 환수액으로 조성하는 '지대기금'에서 우선적으로 마련해야 한다고 할 것이다. 지대기금에 대해서는 모든 국민이 동등한 지분을 가지며 지대기금을 복지 재원으로 삼으면 누구든 자기 돈으로 자기 삶을 보장하는 셈이 되기 때문이다. 이런 방식의 복지제도는 인간의 평등한 존엄성을 부정하지 않는 모든 입장과 이념의 지지를 얻을 수 있다. 시장주의자가 복지제도를 비판하는 중요한 이유 중에 재분배가 불가피하다는 점이 있는데 지대기금을 재원으로 삼으면 적어도 이런 이유로는 비판할 수 없게 된다.

헨리 조지는 토지에 초점을 맞추었지만 지대는 토지 지대에 국한되지 않는다. 국민 모두에 속하는 물자 또는 자원을 특정인이 차지한다면 이는 특권이고 지대는 그러한 특권의 가치이다. 지대의 예를 들면 토지 소유, 천연자원 독점 이용, 오염배출 등의 자연물에 대한 권리에서 생기는 특별한 이익, 정부가 설정 내지 묵인하는 독점사업권의 이익 등이 있으며, 신분이나 학벌에 의한 특권이익도 그 예가 된다. 특권은 가능한 한 설정하지 않는 것이 좋지만, 사회 전체의 이익을 위해서거나 기타 부득이한 사정으로 인해 특권을 인정한다면 최소한 지대를 징수하여 모든 국민이 공유하여야 공평하다.

한편, 지대기금과 함께 복지에 당연히 투입해야 할 또 하나의 재원이 있다. 복지 급여 상환금이다. 빈곤할 때 복지 혜택을 받은 사람이 부유하게 되면, 길게 볼 때 복지 급여를 할 필요가 없었으므로 수령한 금액을 상환하도록 하는 것이다.

선별주의

복지에는 대상자의 범위에 따라 선별주의와 보편주의 방식이 있다. 선별주의는, 자기 문제를 스스로 해결할 수 있는 사람에게까지 사회가 개입할 필요는 없으므로 빈곤 등 특정한 조건에 해당하는 사람만 골라서 복지 혜택을 제공하자는 입장이다. 반면 보편주의는 "현대사회의 구조적 특징으로 인해 시장이 원활하거나 공정하게 작동하지 않는 경우가 많고 그 속에 사회 구성원의 정상적인 생활을 위협할 잠재 가능성이 항상 존재하므로 각종 제도를 통해 미리미리 그 위험성을 차단"하자는 입장이다. 누구나 위험에 노출될 가능성을 인정하므로 굳이 현재의 경제적 능력을 따지지 않고 모두를 대상으로 삼으며, "결국 보편주의에 입각한 복지란 복지 제도상의 급여를 소득이나 자산 조사를 거치지 않고 필요한 이에게 지급하는 복지정책의 기조를 말하며 선별주의에 입각한 복지에 대조된다"(이태수, 2011: 165-166).

헨리 조지는 지대를 환수하면 빈곤층이 거의 사라질 것으로 보기 때문에, 보편주의가 나쁘다고 하지는 않겠지만 굳이 그렇게까지 할 필요는 없다고 생각하여 결과적으로 선별주의를 취할 것이다. 다만 의료처럼 일상적으로 발생하는 수요가 아니고 금액도 사람과 경우에 따라 차이가 큰 대상에 대해서는 보편주의 방식이 더 능률적일 수 있다고 볼 수도 있다.

헨리 조지가 선별주의를 원칙으로 하므로 신자유주의자처럼 복지에 소극적이라는 오해가 있을 수 있기 때문에 약간의 언급이 필요하다. 그는 지대 환수로 인해 복지 수요가 대폭 감소할 것으로 예상하여 복지를 강조하지 않았지만 이는 복지에 소극적인 것과는 다르다. 또 재분배 없는 복지를 제시하였다는 점에서 복지와 재분배가 필연적으로 연계된다고 본 신자유주의자와 다르다. 지대를 재원으로 하는 복지는 자기 돈으로 자기 삶을 보장하는 방식이므로, 복지 급여 규모와 범위는 사회 사정과 국민 합의에 따르면 된다.

한편, 복지 수급자에게 굴욕감을 줄 수 있다는 이유로 선별주의를 비판하는 경우도 있는데 헨리 조지는 이를 부인한다. 지대를 재원으로 하는 복지는 국민의 당연한 권리라고 보기 때문이다.

> 일부에서는 스스로 벌지 않은 것을 베풀면 받는 사람에게 해가 된다면서 반대하는데 이건 속임수입니다. 자존심을 꺾거나 굴욕감을 주는 것이 해가 된다는 말은 진리입니다. 그러나 모든 국민이 당연히 가져야 하는 권리를 돌려받는 것은 굴욕이 아닙니다. (George, 1885)

도덕적 해이 부인

복지 확대를 비판적으로 보는 측에서는, 복지가 수급자의 도덕적 해이 즉 노동을 기피하고 의존적이 되는 등의 부작용을 낳는다고 우려한다. 그러나 헨리 조지는 이런 부작용이 크지 않을 것으로 본다. 인간은 본성적으로 보람을 찾아 열심히 노력하는 존재라고 보기 때문이다.

> 사람이 싫어하는 것은 노동 그 자체가 아니며 인간에게 저주스러운 것은 노력을 해야 한다는 사실이 아니다. 대가가 생기지 않는 노동과 결과가 나오지 않는 노력을 혐오할 뿐이다. 매일매일 힘들여 일해서 겨우 연명한다면 이는 정말로 고된 노동이다. 이것은 빠져 죽지 않기 위해 펌프질을 계속하거나 깔려 죽지 않기 위해 바퀴를 계속 밟는 지옥 같은 형벌이다. 그러나 이러한 무의미한 일에서 해방된다면 인간은 본성적으로 더 열심히, 더 훌륭히 일하게 되며 그럴 때 자신을 위해 또는 타인을 위해 무언가 일다운 일을 하게 된다.
>
> 인류의 생활을 개선하는 일, 예를 들면 지식을 확대하고 힘을 증가시키고 문예를 풍부하게 하고 사상을 고양시키는 일은 생계를 위해 하는 일이 아니다. 이런 일은 채찍질이나 동물적 욕구에 의해 강제되는 노예가 할 수 있는 일이 아니다. 그 자체를 목적으로 할 뿐, 더 많이 먹고 마시고 입고 과시하기 위해 하는 일이 아니다. 사회에서 궁핍이 사라지면 이러한 종류의 일이 대폭 증가할 것이다. (George, 1879, 김윤상 역, 1997: 453)

이처럼 헨리 조지는 인간이 '일다운 일'을 찾아서 하는 본성이 있다고 보기 때문에 도덕적 해이는 염려하지 않는다. 그러나 주로 영리 추구를 목적으로 하는 민간부문에서는 금전적 수요와 거리가 있는 일자리는 충분히 제공하지 못할 것이므로 정부가 '일다운 일'을 마련하고 조직화하는 역할을 맡아야 한다고 볼 것이다.

참고문헌

김윤상(2009), 『지공주의: 새로운 토지 패러다임』, 경북대학교출판부.

이근식(2009), 『자유주의: 하이에크, 프리드먼, 뷰캐넌』, 도서출판 기파랑.

이태수(2011), 『왜 복지국가인가』, 이학사.

Becker, Arthur P, ed.(1969), *Land and Building Taxes-Their Effect on Economic Development*, Madison: The University of Wisconsin Press.

Friedman, Milton(1962), *Capitalism and Freedom*, New York: Harcourt Brace Jovanovich.

Friedman, Milton(1978), "An Interview with Milton Friedman", *Human Events*, 38(46), 1978 November 18. Quoted in Charles Hooper, "Henry George", *The Fortune Encyclopedia of Economics*, New York: Warner Books, 1993.

George, Henry(1879), *Progress and Poverty*. 김윤상 역(1997), 『진보와 빈곤』, 비봉출판사.

George, Henry(1883), *Social Problems*, reprinted in 1966, New York: Robert Schalkenbach Foundation.

George, Henry(1885), "The Crime of Poverty," 연설문.

George, Henry(1891), *The Condition of Labor*. 김윤상 옮김(2012), 『노동 빈곤과 토지 정의』, 경북대학교출판부.

Hayek, F. A.(1960), *The Constitution of Liberty*, London: Routledge & Kegan Paul.

Tideman, Nicolaus and Plassmann, Florenz(1998), "Taxed Out of Work & Wealth: the Costs of Taxing Labor & Capital", In *The Losses of Nations: Deadweight Politics versus Public Rent Dividends*, ed. Fred Harrison, London: Othila Press.

2. 공유지의 비극과 사유화의 비극[1]

'공유지의 비극'(tragedy of the commons)은 하딘(Garrett Hardin)이 1968년에 발표한 논문의 제목이다. 공유지란 종획(enclosure)이 있기 전에 중세 유럽에 흔히 존재했던 토지로서 주민이면 누구나 출입하고 이용할 수 있었던 토지를 말한다. 공유지를 이용하는 합리적인 주민은 공유지 전체의 최선 이용에는 무관심하고 개인별 이익 극대화를 추구하기 때문에 결국 공유지 전체가 못쓰게 되고 주민은 공멸한다는 것이 공유지의 비극이다. 하딘은 지구의 수용능력을 초과하는 인구 증가를 경계하기 위해 이런 비유를 사용하였으나 공유지의 비극은 직관적인 호소력이 있어 인구 문제 이외의 여러 분야에 많이 원용되어 왔다.

한편, 역사상 공유지가 적절하게 관리된 사례가 많이 있기 때문에 공유지의 비극을 일반화해서는 안 된다는 반론도 있었다. 이런 논란에 대해 하딘 자신은, 자신이 말하는 '공유지의 비극'은 '관리되지 않는 공유지의 비극'(the tragedy of the unmanaged commons)이라고 하였다면 논란이 없었을 것이라고 언급하였다(Hardin, 1998). 단순한 공유지가 아니라 방치된 공유지가 문제라는 것이다.

실제로 공유지가 적절하게 관리된 사례가 적지 않았다고 하더라도 '공유지'를 하나의 은유 내지 상징으로 보면 그만이므로 이런 논란은 실익이 적다고 생각된다. 이 글에서도 '공유지'라는 용어를 역사적 존재로서의 공유지가 아니라, '이용이 개방된 채 적절하게 관리되지 않는 자원 내지 대상'이라고 정의한다. 여기에서 이용이란 출입 · 취득 · 향유 등 넓은 의미로 사용한다.

공유지의 비극을 막는 대책에 대한 연구도 많지만 오늘날에는 신자유주의 물결 속에서

1 『국가정책 연구』 제24권 제3호(2010)에 게재했던 논문을 일부 개고한 글이다.

사유화가 중시되고 있다. 사유화란 공유지에 재산권을 설정하고 시장에 맡기는 대책이다. 이 글에서는 이런 대세를 거슬러, 공유지의 비극이란 결국 방임 내지 방치의 비극이며 따라서 지금과 같은 사유화는 공유지의 비극을 막는 진정한 해법이 아니라는 점을 지적한다.

공유지의 비극과 사유화

비극의 원인과 대책

공유지에서 비극이 발생하는 이유를 하딘은 이렇게 설명한다. 각 개인이 합리적으로 행동한다고 전제하면, 이용이 개방되어 있고 이용을 통해 이익이 생기는 자원은 과다 이용이라는 결과를 빚어 공멸에 이르게 된다. 여기에서 '합리적 행동'이란 개인이 자신만의 이익 극대화를 추구한다는 뜻이다.[2] 여기에서 공유지의 비극의 원인 세 가지를 찾을 수 있다. 이용자가 합리적으로 행동하며, 공유지 이용이 개방되어 있고, 이용의 이익이 비용보다 크다는 것이다.[3] 공유지의 비극을 해소하기 위한 대책은 각 원인을 제거하는 것이다. 원인별로 검토해 보자.

2 하딘의 논문에 나오는 문장을 인용해 보자(Hardin, 1968: 1244).
누구에게나 개방된 풀밭을 머릿속에 그려 보라. … 합리적인 가축주라면 자기의 수입을 극대화하려 한다. 명시적 또는 묵시적으로 그러나 다소간 의식적으로, 스스로 자기에게 다음과 같은 질문을 던지게 될 것이다. "내 가축 떼에 한 마리를 더 추가하면 내게 무슨 이익이 돌아오나?" 각각 하나의 득과 실이 있다.
1) 득은 가축이 한 마리 늘어남으로써 발생한다. 가축을 팔아 생긴 이익은 가축주 혼자 차지하므로 득은 거의 +1에 가깝다.
2) 실은 가축의 수가 불어 풀을 너무 많이 뜯어 먹기 때문에 발생한다. 하지만 풀을 지나치게 뜯어 먹어 생기는 부담은 모든 가축주에게 골고루 전가되므로 결정을 내린 가축주에겐 −1의 일부만 돌아가게 된다.
합리적인 가축주라면 득실을 따진 뒤에 당연히 가축을 더 놓아기르는 쪽으로 결정할 것이다. 그러고 나선 '한 마리 더, 또 한 마리 더'를 연이어 반복할 것이다. 하지만 공유지를 함께 쓰는 모든 합리적인 가축주가 똑같은 결론을 내릴 것이다. 이리하여 비극이 벌어지기 시작한다. 각 개인은 유한한 세계 안에 가축 떼를 무한히 늘리도록 밀어붙이는 체제에 갇히게 된다. 공유지 사용의 자유를 보장하는 사회에서 각자 자신을 위해 최선을 다했을 때 이들이 앞다투어 달려 나가는 종착역은 엉뚱하게도 파멸이다. 공유지의 자유는 모두에게 파멸을 가져다줄 따름이다.

3 이런 관점에서 보면 공공재의 경우에도 공유지의 비극이 생긴다. 다만 하딘의 공유지처럼 과잉 이용의 비극이 생기는 것이 아니라 과소 공급의 비극이 나타난다. 모든 사람이 필요로 하지만 성질상 배제가 불가능하고 경합성마저 없는 공공재의 경우에, 수요자는 서로 눈치를 보면서 남이 공급하기를 기다리게 된다. 누군가 공공심을 발휘하여 공급에 나선다면 다른 사람은 아무런 대가를 지불하지 않고 이익을 취할 수 있기 때문이다. 따라서 공공재는 공급이 제대로 이루어지지 않는다. 이렇게 본다면 공유지의 비극을 개방자원의 비극으로 바꾸어 불러도 좋을 것이다.

첫 번째 원인은 이용자의 합리성이다. 인간이 자신의 이해타산에 따라 행동한다는 것이다. 그러므로 사회 구성원이 자신만의 이익 추구를 자제한다면, 즉 주민이 공공심을 가져 사익보다는 사회의 이익을 더 중시한다면 비극을 막을 수 있다.[4] 공공심을 배양하면 공유지의 비극만이 아니라 이기심에서 비롯되는 온갖 문제를 해결할 수 있으므로 각종 사회문제의 근본 대책이라고 할 수 있다. 그러나 사회제도로 이기심 자체를 억제하기는 극히 어렵다고 보아 이 이 글에서는 다루지 않기로 한다.

두 번째 원인은 이용이 개방되어 있다는 점이다. 이 원인에 주목한다면 비극 대책으로는 개방성을 직접 또는 간접적으로 제한하는 방법을 택하게 된다. 하딘은 개방성을 제한하기 위해서는 공유지를 불하하여 사유지로 만드는 방법과 정부가 소유하면서 이용자에게 출입권을 주는 방법이 있으며, 출입권 배분은 경매, 합의된 기준에 의한 심사, 추첨, 선착순 등으로 할 수 있다고 하였다(Hardin, 1968: 1245). 한편 제3의 해결방안도 제시된다. 오스트롬(Elinor Ostrom)은 "현실을 보면 국가나 시장이 자원의 장기적 유지와 자원 체계에 대한 생산적인 활용이 가능하도록 만드는 것은 아니다."라고 지적하면서, "국가와 시장을 뛰어넘는 다양한 해결책들을 보여 줄 이론적 · 경험적 대안들을 제시"하였다(Ostrom, 1990, 윤홍근 · 안도경 옮김, 2010: 22).

세 번째 원인은 이용의 이익이 비용보다 크다는 점이다. 즉 이용자가 불로소득을 얻을 수 있다는 것이다. 이용자에게 불로소득이 생기지 않는다면 개방되어 있다고 해도 과다하게 사용할 이유가 없다. 그러므로 자원의 개방성을 제한할 수 없거나 제한하는 것이 바람직하지 않은 경우에도 불로소득만 제거하면 비극을 막을 수 있다.

사유화에 대한 믿음의 배경

공유지의 비극의 대책 중 이 글에서는 사유화에 주목한다. 사유화란 재산권을 설정하여

4 참고로, 공공심의 정도에 따라 인간을 분류한 오스트롬의 견해를 인용해 보자(Ostrom *et al*. 1999: 279).
(i) 자기중심적 관점에서 편협하게 행동하며 남과 협력하지 않는 유형. (무임승차자)
(ii) 무임승차자에 의해 손해를 입지 않는다는 보장이 없으면 남과 협력하지 않는 유형.
(iii) 다른 사람도 자신의 신뢰에 보답하기를 기대하면서 상호 협력을 추진하는 유형.
(iv) 전체의 이익을 위해 노력하는 유형. (이타주의자)
공유지의 비극은 유형 (i)에 가까운 주민이 많을수록 발생할 가능성이 높고 유형 (iv)에 가까운 주민이 많을수록 발생 가능성이 낮다.

시장에 맡기는 방식을 말한다. 오늘날 신자유주의 사조 속에서 각국에서 사유화를 추진하고 있으며 심지어 일각에서는 사유화를 하나의 종교처럼 떠받드는 경향도 있다. 이런 추세는 '보이지 않는 손'에 대한 전통적인 믿음 위에 근년 코스(Ronald Coase)가 발전시킨 이론이 크게 작용하고 있다. 사유화의 배경을 이해하기 위해 두 이론을 간략히 검토한다.

자유시장주의의 원조인 스미스(Adam Smith)는 개인의 사익 추구가 공익에 기여하는 경우가 많다고 하였다. 『국부론』에 나오는 유명한 구절을 인용해 보자.

> 우리가 식사를 할 수 있는 것은 푸줏간, 양조장, 빵 가게 주인의 자비심이 아니라 사익 추구의 덕이다. 우리는 그들의 박애정신이 아니라 자기애에 호소하며, 우리에게 필요해서가 아니라 그들에게 이익이 된다고 설득한다. (Smith, 1776, Book One, Ⅱ)
>
> 모든 사람은 언제나 자신의 자본을 자신에게 가장 이익이 되는 용도로 사용하려고 노력한다. 그가 관심을 갖는 것은 사회의 이익이 아니라 자신의 이익이다. 그러나 자신의 이익을 추구하더라도 자연스럽게, 아니 오히려 불가피하게, 사회에 가장 이로운 용도를 선택하게 된다. (Smith, 1776, Book Four, Ⅱ)

스미스(Smith)는 더 나아가서 사익 추구가 공익에 기여하도록 하는 '보이지 않는 손'이 작용한다고까지 하였다.[5]

> 그는 자신만의 이익을 의도하지만 이 경우에도 다른 많은 경우에서처럼, 보이지 않는 손에 이끌려 자신의 의도와는 무관한 목적에 기여한다. … 자신만의 이익을 추구함으로써, 의도적으로 도모할 경우보다 공익을 더 효과적으로 증진시키는 경우가 많다. (Smith, 1776, Book Four, Ⅱ)

오늘날 '보이지 않는 손'의 은유는 정부 축소와 시장 확대를 추구하는 진영의 슬로건으로서 강력한 호소력을 발휘하고 있다.

5 '보이지 않는 손'이라는 표현은 스미스의 『도덕감정론』에도 나온다. "부자는 빈자보다 별로 더 많이 소비하지 않는다. … 그들의 이기심에도 불구하고 보이지 않는 손에 이끌려 토지가 모든 주민에게 균등하게 분배되었을 경우와 거의 같은 생필품의 분배를 이루고 … 공익을 촉진한다."라고 하였다(Smith, 1759). 그런데 이런 설명은 생필품의 소비량이 비슷하다는 뜻일 뿐 소득과 부의 분배가 균등하게 된다는 뜻은 아니라고 보아야 할 것이다.

또한 "거래비용(transaction cost)이 0이라면 외부효과가 존재하는 경우에도 재산권을 설정함으로써 효율성을 달성할 수 있다."라는 코스 정리(Coasian theorem)가 사유화 대책에 대한 이론적 근거를 주고 있다. 코스 정리는 여러 가지로 해석할 여지가 있지만, 종래 정부가 개입하여야만 해결할 수 있다고 생각해 온 문제도 일정한 조건만 충족하면 재산권을 설정하여 시장에 맡기면 된다는 함의가 내포되어 있다. 사유화를 선호하는 입장에서는 코스 정리의 이런 측면을 중시한다. 특히 최대자유주의자(libertarians)는 공유지의 비극과 공해 문제를 포함한 사회 문제를 재산권 설정을 통해 해결해야 한다고 주장한다(Smith, 1981; Rothbard, 1982).

사유화의 비극

공유지의 비극을 막기 위해 공유지를 사유화하면 새로운 문제가 발생할 수 있다. 이를 '사유화의 비극'이라고 표현하기로 한다. 사유화의 비극의 내용은 두 가지이다. 하나는 투기적 불로소득이 발생함으로써 경제 파탄이 초래될 수 있다는 문제이고 다른 하나는 개별 재산권이 서로 충돌함으로써 전체의 이익이 훼손된다는 문제이다.

불로소득 발생

불로소득의 종류와 폐해

공유지에 재산권을 설정하여 사유화하면 재산권을 취득하는 사적 주체가 불로소득을 얻는 경우가 많다.[6] 이는 공유지 상태에서는 존재하지 않는 새로운 형태의 불로소득이다.

사유화에 의한 불로소득은 두 경우에 발생한다. 하나는, 공유지에 대해 적절한 대가를 받지 않고 사적 권리를 설정해 줄 경우에 불로소득이 발생한다. 공유지는 대체로 자연물이고 인공물이라고 하더라도 대체로 재산권 취득자가 생산한 것이 아니기 때문이다.

6 오스트롬도 배제권을 부여하는 제도는 분배 문제와 직결된다고 하면서, 나중에 자원 사용기회를 얻으려는 사람이 완전히 배제되거나 기회를 얻기 위해 커다란 진입비용을 치르게 될 수 있다고 언급하였다(Ostrom, 1999: 280). 배제 대상이 아닌 사람은 외부에서 들어오는 신입자가 치르는 진입비용을 잠재적 소득으로 취하는 셈이다. 그러나 오스트롬은 불로소득이 비극적 결과를 낳을 수 있다는 점에 대해서는 주목하지 않는다.

또 하나는, 설정한 권리를 거래하는 시장이 불완전할 경우에 불로소득이 발생한다. 시장이 완전하다면 모든 미래의 사정이 매매가격에 반영되기 때문에 불로소득이 발생하지 않는다. 그러나 현실의 시장은 불완전하고 특히 장기적 미래에 대한 정보는 불완전하기 그지없으므로 물리적 수명이 무한 내지 초장기인 대상의 매매가격에는 미래의 사회 변화가 모두 반영되기 어렵다. 그 결과 불로소득이 발생한다. 토지, 천연자원, 환경 등과 같은 자연물의 경우가 대표적인 예가 된다.

불로소득을 방치한 채 개방성을 제한하면 제한된 이용자에게 특권을 부여하는 꼴이 되고 이런 특권을 얻기 위한 경쟁, 즉 지대추구행위(rent-seeking behavior)가 발생한다. 지대추구행위는 형평성의 문제만이 아니라 효율성의 문제도 일으킨다(Tullock, 1967; Krueger, 1974).

뿐만 아니라 이런 대상을 소유할 경우 상당한 불로소득이 발생할 것으로 예상되고 그 소유 기회가 개방되어 있다면 불로소득을 얻기 위한 투기적 수요가 발생한다. 이용을 목적으로 하는 실수요에 대비하여 이런 수요를 가수요라고 부르기로 한다. 투기적 가수요가 경쟁적으로 발생하면 바로 그 경쟁 때문에 불로소득의 규모가 더 커지고 이는 다시 가수요를 촉발한다. 토지 투기가 전형적인 예이다.

투기적 가수요가 일으키는 중요한 폐해 세 가지만 들어 보자(김윤상, 2009: 220-225). 첫째로 생산적 노력과 기여에 대한 보상이 아닌 불로소득은 분배정의를 훼손한다. 둘째로 자원이 투기의 대상이 되면 이용을 위해서가 아니라 불로소득을 얻기 위해 거래되기 때문에 자원 배분의 효율성이 저해된다. 셋째로 버블의 형성과 붕괴를 통해 경제 전반의 파탄을 초래할 수 있다. 1990년대의 일본, 2007년 이후의 미국처럼 부동산 버블의 붕괴로 인한 비극이 좋은 예이다.

자연물 시장에 대한 오해

공유지의 비극을 해결하기 위한 조치인 사유화가 또 다른 불로소득을 발생시켜 새로운 비극을 낳는다는 점은 아이러니가 아닐 수 없다. 공유지의 사유화가 새로운 비극을 일으키지 않도록 하려면 시장과 재산권에 대한 더 깊은 이해가 필요하다.

첫째로, 인간이 공급에 영향을 미칠 수 없는 물자를 배분하는 시장은 일반 시장과 다르다는 점에 주목해야 한다. 이 차이에 주목하지 않는 가운데 공유지를 사유화하면 새로운 공유지의 비극을 초래하기 쉽다.

시장에서 사익 추구가 공익 증진으로 이어지려면, 공급자가 수요에 맞추어 공급을 변화시킬 수 있어야 한다. 앞서 제시한 인용문에서 스미스가 든 공급자의 예는 푸줏간, 양조장, 빵 가게 주인으로서, 모두 수요가 있으면 그에 맞추어 공급을 증감시킬 수 있는 품목을 취급하는 사람이다. 고기, 술, 빵과 같이 생산 가능한 인공물을 수요자보다 더 저렴하게 생산, 공급할 수 있는 사람이 있다면 생산자의 사익 추구가 수요자에게도 이익이 된다. 또 수요 증가로 가격이 오를 때 공급이 늘어난다면 그로 인해 결국 수요도 충족되고 가격도 안정된다. 이런 상황에서는 사익 추구가 공익에도 기여하게 된다. 그러나 수요에 맞추어 공급을 조절할 수 없는 물자의 경우에는 이런 효과가 나타나지 않는다. 인간이 생산할 수 없는 자연물이 대표적인 예이다. 이런 경우에는 시장의 자원 배분에서 공급자의 기여가 없다는 것이다.

오해를 피하기 위해, 자연물 시장의 '공급'에는 두 가지 의미가 있다는 점을 지적해 둔다. 하나는 존재량 또는 이용 가능한 총량이라는 의미이고, 다른 하나는 처분을 위해 시상에 나오는 양이다. 이를 각각 존재량으로서의 공급, 출시량으로서의 공급이라고 부르기로 한다.

존재량으로서의 공급이 자원 배분에 아무런 작용을 할 수 없다는 점은 명백하다. 수요의 변화에 맞는 공급의 증감이 불가능하기 때문이다. 또 출시량으로서의 공급도 자연물 매매시장에서는 자원 배분에 도움이 되지 않는 경우가 많다. 가격이 오르면 기존의 소유자가 공급을 늘리는 것이 아니라 오히려 매각을 기피하고 반면에 매입수요는 늘어나는 경향이 있기 때문이다. 마찬가지로, 가격이 내릴 때는 기존의 소유자는 빨리 매각하려 하고 매입수요는 줄어드는 경향이 있기 때문이다. 매매시장에서 출시량으로서의 공급과 수요는 같은 방향으로 움직이는 것이 아니라 오히려 반대 방향으로 움직이면서 시장을 교란하는 경향이 있다는 것이다. 따라서 자연물의 매매시장에서는 스미스의 기대와는 달리 보이지 않는 손에 의해 자원이 효율적으로 배분되기를 기대하기 어렵다.

한편, 가격은 효율적인 배분에 도움이 된다. 동일한 자연물에 대해 높은 가격을 지불하려는 수요자가 그 물자를 취득하도록 하면 대체로 물자를 더 잘 사용할 사람이 취득할 것이기 때문이다. 그러나 공급자의 역할이 없기 때문에, 지불된 가격이 누구에게 귀속되는가는 자원 배분의 효율성과 무관하다. 극단적으로, 지불 금액을 땅에 파묻더라도 효율적 배분을 해치지 않는다. 스미스도 지대를 지주에게 귀속시키지 않고 정부가 징수하여도 경제에 지장을 주지 않는다고 하였다(Smith, 1776, Book Five, Ⅱ). 자연물의 효율적 배분을 위해서는 수요자가 적절한 대가, 즉 지대를 지불하도록 하는 장치만 있으면 된다.

둘째로, 이런 시장의 특수성을 이해하고 자연물에 대한 재산권의 내용도 인공물에 대한 재산권과는 다르게 설정해야 한다. 흔히 재산권은 소유권과 동일하다고 여기는 경향이 있지만 코스도 재산권을 소유권으로 특정하지 않았다. 소유권은 재산권 중 가장 강력한 권리로서 사용권, 수익권, 처분권의 세 권능을 포함한다. 개방성을 제한하기 위해서라면 소유권의 권능 중 사용권만으로 충분하고, 이용자의 권리를 보장하기 위해 때로는 처분권이 도움이 되기도 한다. 그러나 자연물의 대가가 누구에게 귀속되는가는 효율적 배분과 무관하므로 가치 수익권을 포함시킬 이유는 없다.

자연물 재산권에 가치 수익권을 포함시키면 오히려 불로소득이 발생하여 새로운 공유지의 비극을 야기하고, 불로소득을 지키려는 기득권자의 저항 때문에, 뒤에서 설명할 재산권 충돌의 문제를 막기 위해 권리를 유연화하기도 어려워진다.

오늘날 가장 중요하고 심각한 공유지의 비극은 지구적 환경오염에서 나타나고 있고 인류의 공멸을 막기 위한 노력이 계속되고 있다. 이런 가운데 시장과 재산권을 중시하는 사유화의 물결을 타고 탄소 배출권거래제(emissions trading)라는 시장적 해법이 구체화되고 있다. 그러나 이러한 해법 역시 새로운 비극을 초래할 수 있다는 점은 안타깝게도 주목의 대상이 되지 않고 있다.

재산권 충돌

공유지를 사유화하면 하나의 공유지가 여러 권리자에게 분할되는 경우가 많은데, 이런 경우에 개별 재산권자는 자신의 이익 극대화만을 추구하다가 전체의 이익을 훼손하는 수가 흔히 생긴다. 즉 새로운 모습의 공유지의 비극이 발생한다는 것이다. 대표적인 예로 부조화의 문제와 파편화의 문제를 들어 본다.

부조화의 문제

개별 재산권자는 자신의 입장에서, 그리고 대체로 단기적인 관점에서 이익의 극대화를 추구한다. 그런데 개별적 · 단기적 이익이 전체적 · 장기적 관점의 이익과 조화되지 않는 경우가 많다. 즉 공간적 및 시간적 '합성의 오류'(error of composition)가 나타난다. 이 문제는 토지의 경우에 전형적으로 나타나기 때문에 토지를 예로 들어 설명하기로 한다(김윤상, 2009가: 236-246).

첫째로, 토지 이용의 공간적 부조화의 문제가 있다. 개별토지가 각각 효율적으로 이용된다고 해도 이를 합한 것이 전체토지의 효율적 이용이 되는 것은 아니라는 문제다. 개별토지 소유자는 자신의 토지에 국한된 관점에서 최선의 이용을 하려고 할 뿐이다. 예를 들어, 도로나 공원과 같은 공공시설은 전체토지의 관점에서는 꼭 필요하지만 개별토지 소유자는 자신의 토지를 그런 용도로 제공할 리가 없다. 공간적 부조화의 문제는 토지 이용의 외부효과에 기인한다. 토지는 위치가 고정되어 있고 상호 연접되어 있기 때문에 개별토지의 이용 효과는 다른 토지에까지 물리적 및 경제적 영향을 미친다. 이로 인해, 개별토지의 관점에서는 가장 효율적이라고 판단되는 이용 방법이 전체토지의 관점에서는 그렇지 못한 경우가 생긴다. 개별토지를 쉽게 적절한 규모로 합칠 수 있다면 부조화의 문제를 피할 수 있다는 점에서, 위에서 언급한 파편화의 문제와도 연결된다.

둘째로, 토지 이용의 시간적 부조화의 문제가 있다. 단기적 관점의 효율적 이용을 합한 것이 장기적 관점의 효율적 이용과 일치하지 않는다는 문제다. 시간적 부조화가 생기는 이유는 일단 형성된 토지이용결과를 바꾸기 어렵기 때문이다. 보통 인간의 장기 예측 능력은 매우 제한되어 있고 미래는 불확실하기 때문에 토지 이용은 대체로 단기적인 관점에서 이루어진다. 그 때문에 장기적인 효율적 이용을 저해하는 경우가 많다.

파편화의 문제

파편화의 문제는 헬러(Michael Heller)의 선구적 연구에 의해 주목의 대상이 되었다(Heller, 1998; 2008). 그는 공유지의 비극에 대응하여 '반(反)공유지의 비극'(the tragedy of the anticommons)이라는 용어를 통해 재산권이 파편화할 때 자원이 제대로 활용되지 않는 문제를 표현하였다. 헬러는 공유지의 비극과 반공유지의 비극을 이렇게 대비시킨다.

> 공유지의 비극은 너무 많은 사람이 희소한 자원의 사용권을 가지고 있을 때 발생한다. 비극이란 합리적인 개인이 개별적으로 행동할 때 희소한 자원을 과도하게 사

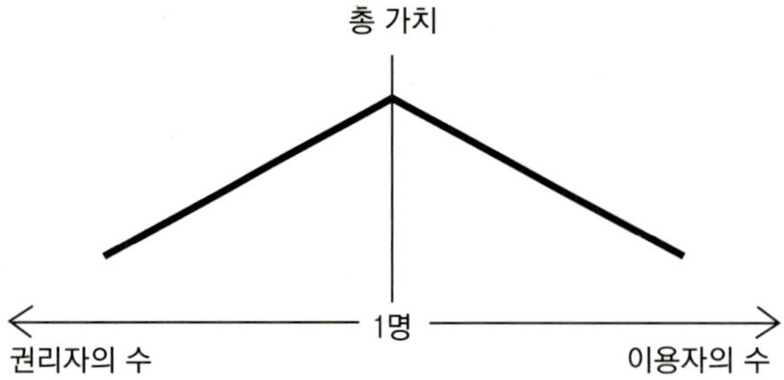

그림 3_대칭적 비극

> 용하게 된다는 것이다. 반공유지의 비극은 너무 많은 사람이 희소한 자원의 사용에서 배제권을 가지고 있을 때 발생한다. 비극이란 합리적인 개인이 개별적으로 행동할 때 희소한 자원을 사회적 적정 수준에 비해 저사용한다는 것이다. (Heller, 1998: 677)

반공유지의 비극의 예를 두 가지만 들어 보자. 효율적 사용을 위해서는 하나의 필지가 되는 것이 바람직한 토지가 여러 필지로 나누어져 있을 때 이를 통합하기 어려워서 방치되는 경우가 있다. 또 발명과 발견을 촉진하기 위해 설정한 특허권이 오히려 이를 방해하는 경우도 생긴다. 인간의 생명을 구할 수 있는 신약을 발견하더라도 그에 관련된 수많은 특허권자와 일일이 교섭하기가 어려워서 약이 사장되는 경우가 있다. 이처럼 반공유지의 비극은 자원이나 권리가 너무 세분되거나 경직적일 때 발생한다.

헬러의 연구 이후에 '대칭적 비극'(symmetric tragedies)이라는 새로운 인식도 생겼다. 공유지의 비극은 이용자가 너무 많아서 생기는 문제이고 반공유지의 비극은 권리자가 너무 많아서 생기는 문제라는 점을 그림으로 표현하면 대칭적인 모습이 된다(Buchanan and Yoon, 2000).

공유지의 비극과 반공유지의 비극을 요약하면 다음 〈표 8〉과 같다.

대칭적 비극의 관점에서는, 자원을 분할하지 않고 권리자를 한 사람으로 할 때 최선의 결과가 나온다. 그러나 권리자의 수가 너무 적으면 독과점의 폐해가 발생한다는 딜레마에도 주목하여야 한다.

표 8_공유지의 비극과 반공유지의 비극

비극의 종류	비극 발생 원인	비극의 내용	
		이용	총가치
하딘의 공유지의 비극	이용자 과다	과다 이용	하락
반공유지의 비극	권리자 과다	과소 이용	하락

방임의 비극

지금까지의 내용을 요약해 보자. 우선, 하딘이 제기했던 공유지의 비극을 야기하는 원인과 대책을 살펴보고 여러 대책 중에서 시장과 재산권에 대한 믿음에서 비롯된 사유화 대책이 중요하게 등장한 배경을 검토하였다. 둘째로, 사유화는 불로소득을 낳고 재산권 간의 충돌을 일으켜 새로운 비극을 야기한다는 사실을 보았다.

요약하면 공유지의 비극을 막는 하나의 방법인 사유화는 그 나름의 비극을 초래할 수 있다는 것이다. 왜 비극 대책이 새로운 비극을 야기하는가? 공유지의 비극이나 사유화의 비극이나 이해타산을 따지는 합리적인 개인이 전체의 이익을 돌보지 않고 자신의 이익만을 추구하기 때문에 생긴다. 그렇게 본다면 공유지의 비극과 사유화의 비극을 묶어 '이기적 개인주의의 비극'이라고 표현할 수 있다.

이런 문제를 어떻게 할 것인가? 논리적으로 볼 때 해법은 두 가지가 있을 수 있다. 하나는 인간을 개조하거나 수준을 향상시키는 것이다. 자신의 이익에 앞서 공익을 배려하거나 적어도 또는 자신의 이익과 함께 공익도 배려하도록 인간을 바꾸는 것이다. 이를 위해서는 교육과 종교의 역할에 기대를 걸어야 하지만, 그 성과가 크게 나타날 것으로 보기 어렵다는 것이 문제다.

또 하나는 사익이 공익으로 연결되도록 아니면 적어도 공익을 해치지 못하도록 하는 제도를 두는 것이다. 지나친 사익 추구를 금지하고 처벌하는 것도 하나의 방법이 될 수 있지만, 개인의 이익 추구가 전체의 이익 증진으로 나타나도록 할 수 있다면 최선이다. 스미스가 파악한 시장이 후자의 좋은 예가 되며 이런 경우에는 사유화 대책이 성공할 수 있다.

그러나 여기에서 주의해야 할 점은 사유화가 모든 경우에 효과가 있는 것도 아니고 사유화가 곧 방임을 의미하는 것도 아니라는 사실이다. 우선, 시장은 일정한 조건을 갖출 경우에만 효과가 있을 뿐이다. 그러므로 시장에 맡기기만 하면 해결된다는 맹목적인 믿음은 삼가면서 시장이 공익에 기여하기 위한 조건을 인위적으로 충족시켜야 한다. 또한, 재산권의 성격에 대해서도 적절한 관심이 필요하다. 시장에서 거래되는 재산권이 소유권이어야 하는 것도 아니고 재산권 충돌의 문제를 방지하기 위해 유연성도 확보해야 한다. 따라서 재산권을 설정할 때에는 처음부터 세심한 설계가 필요할 뿐 아니라 일단 재산권을 설정한 후에도 필요한 경우에는 적은 비용으로 재산권을 통합하거나 제한할 수 있는 장치가 필요하다. 즉 시장이든 재산권이든 방임해서는 안 된다는 것이다.

이렇게 본다면 공유지의 비극의 핵심은 '방임의 비극'이다. 공유지의 비극이라는 용어 자체에서 '공유'만 피하면 즉 사유화만 하면 해결될 것 같은 오해가 발생할 수 있다. 그러나 사유화를 방임으로 오해하면 새로운 비극이 뒤따를 수밖에 없다. 앞서도 지적하였듯이 하딘은 공유지의 비극을 관리되지 않는 공유지의 비극이라고 새로이 명명하였는데 '관리되지 않는'이라는 말은 곧 '방임되는'이라는 말과 같다. 하딘이 처음부터 '방임의 비극'이라는 용어를, 아니 더 확실하게는 '방치의 비극'이라는 용어를 사용했더라면 그 대책을 모색하는 데에서도 다른 방향의 영향을 주지 않았을까? 후학에 대한 하딘의 영향력이 컸던 점을 생각하면 아쉬운 대목이다.

참고문헌

김윤상(2009가), 『지공주의: 새로운 토지 패러다임』, 경북대학교출판부.

김윤상(2009나), "버블 비극과 지공주의", 이정전 외, 『위기의 부동산』, 후마니타스.

Andelson, Robert V., ed.(1991), *Commons Without Tragedy: Protecting the Environment from Overpopulation—a New Approach*, London: Shepheard-Walwyn.

Bertrand, Elodie (2006), "The Coasean Analysis of Lighthouse Financing: Myths and Realities," *Cambridge Journal of Economics*, 30(3): 389-402.

Bucnanan, James and Yong J. Yoon(2000), "Symmetric Tragedies: Commons and Anticommons," *Journal of Law and Economics*, 43(1): 1-13.

Coase, Ronald H.(1960), "The Problem of Social Cost," *Journal of Law and Economics*, 3: 1-44.

Coase, Ronald H.(1974), "The Lighthouse in Economics," *Journal of Law and Economics*, 17(2): 357-376.

Coase, Ronald H.(1988), *Firms, Markets, and the Law*, University of Chicago Press. 김일태 · 이상호 역(1998), 『기업, 시장, 그리고 법』, 전남대학교출판부.

Hardin, Garrett(1968), "The Tragedy of the Commons," *Science*, 162: 1243-1248.

Hardin, Garrett(1998), Extensions of "The Tragedy of the Commons," *Science*, 280: 682-683.

Heller, Michael(1998), The Tragedy of the Anticommons, *Harvard Law Review*, 111(3): 621-688.

Heller, Michael(2008), *Gridlock Economy: How Too Much Ownership Wrecks Markets, Stops Innovation, and Cost Lives*. 윤미나 옮김(2009), 『소유의 역습 그리드락』, 웅진 지식하우스.

Krueger, Anne(1974), "The Political Economy of the Rent-Seeking Society," *American Economic Review*, 64(3): 291 – 303.

Ostrom, Elinor(1990), *Governing the Commons: The Evolution of Institutions for Collective Action*, Cambridge University Press. 윤홍근 · 안도경 옮김(2010), 『공유의 비극을 넘어: 공유자원 관리를 위한 제도의 진화』, 랜덤하우스.

Ostrom, Elinor(2005), *Understanding Institutional Diversity*, Princeton: Princeton University Press.

Ostrom, Elinor *et al.*(1999), "Revisiting the Commons: Local Lessons, Global Challenges," *Science*, 284: 278-282.

Roodman, David Malin(1998), *The Natural Wealth of Nations: Harnessing the Market for the Environment*, New York: W.W. Norton.

Rothbard, Murray N.(1982), "Law, Property Rights, and Air Pollution," *Cato Journal*, 2(1): 55-99.

Smith, Adam(1759), *The Theory of Moral Sentiment*.

Smith, Adam(1776), *The Wealth of Nations*.

Smith, Robert J.(1981), "Resolving the Tragedy of the Commons by Creating Private Property Rights in Wildlife," *Cato Journal*, 1(2): 439-468.

Tullock, Gordon(1967), "The Welfare Costs of Tariffs, Monopolies, and Theft," *Western Economic Journal*, 5(3): 224 – 232.

3. 칸트와 토지의 근원적 취득[1]

칸트(Immanuel Kant, 1724~1804)는 『도덕 형이상학』(1797) 중 법이론 부분에서 토지 소유의 문제를 다루고 있다. 법이론은 법을 사법과 공법으로 나누고 그중 사법 편에서는 물권, 대인권, 대물 방식의 대인권으로 분류하는데, 토지 소유의 문제는 물권 부분에서 다룬다. 이 글에서는 물권 부분을 바탕으로 하여 토지 소유에 관한 칸트의 철학을 소개하고, 칸트가 명시적으로 언급한 내용만으로는 근원적으로 공유 상태에 있는 토지를 특정인이 자신의 것으로 취득하는 행위, 즉 근원적 취득을 정당화할 수 없음을 지적한 후, 그 보완 방법을 모색한다.[2]

법이론은 인쇄 과정에서 상당 부분 훼손되었으며 그중에서도 재산권 부분이 가장 심하다는 평가가 있고(이충진, 2000: 48) 그 순서나 내용에 의문이 제기되어 왔다(Gregor, trans., 1996: 355; Gregor, 1988: 761). 그러나 여기에서는 백종현 교수가 『윤리형이상학』(2012)이라는 제목으로 번역한 텍스트에 따라 논의를 진행하며 원문의 번역도 그에 따르기로 한다.

근원적 취득에 관한 칸트의 입장

칸트의 물권과 소유권

칸트는 외적 대상을 자신의 것으로 할 수 있으며[6:246 §2], 외적 대상에는 물건, 타인

1 『칸트연구』 제30집(2012. 12.)에 게재했던 논문을 일부 개고한 글이다.

2 무주물을 최초로 특정인이 취득하는 행위를 우리 민법에서는 원시취득이라고 부르며 타인의 권리를 물려받는 승계취득과 구별한다. 원시취득에는 유실물 습득, 시효(時效) 취득도 포함되지만 칸트가 말하는 근원적 취득은 이 둘을 제외한 원시취득에 상응한다.

의 행위, 타인의 상태라는 세 가지가 있다고 하였다[6:247 §4]. 우리 민법의 용어에 따르면 이 세 가지 대상에 대한 권리는 각각 물권, 채권, 신분권에 해당한다. 물권에도 여러 종류가 있으나, 칸트는 외적인 대상을 "자신의 것"으로 할 수 있는 권리라고 하였으므로 칸트의 물권은 우리 민법의 '소유권'과 같다고 보아도 좋을 것이다.

우리 민법에서 소유권은 소유물을 사용, 수익, 처분할 수 있는 권리로 명시하고 있다(민법 제211조). 이러한 소유권의 내용은 대부분의 현대국가에서 공통적이다. 칸트의 '소유권'에도 이런 권능이 포함될까? 우선 사용권은 포함된다. 물건에 대한 소유권을 가지면서도 사용할 수 없다면 그런 소유권은 무의미하기 때문에 이는 당연하다. 그는 "외적인 나의 것이란, 비록 내가 그것을 점유하고 있지 않을지라도(즉 그 대상의 소지자가 아닐지라도), 그것을 '사용'하는 데서 나를 훼방하는 것이 침해가 되는 그러한 것이다."[6:248-249 §5]라고 했고, 그 밖의 여러 곳에서 권리자가 물건의 사용권을 가진다는 사실을 전제하고 있다.

그렇다면 수익권은 포함되는가? '외적 대상을 사용하여 생긴 결과를 사용자가 가질 수 있는 권리'라는 의미의 수익권은 당연히 사용권과 결합되어야 한다. 사용할 권리는 있으나 그 결과를 가질 수 없다면 그런 사용권은 공허하기 때문이다. 그래서 문헌에 따라서는 사용권과 수익권을 분리하지 않고 사용 · 수익권으로 표현하는 경우도 있다. 다만, 수익권 중에는 이처럼 당연하지 않은 부분도 있는데 이 점은 이 논문에서 매우 중요한 의미를 가지므로 다음에 별도로 검토하기로 한다.

마지막으로 처분권은 어떨까? 다음 표현을 볼 때 칸트는 소유권 속에 처분권도 포함시키는 것으로 보인다. "이 물건에 대한 모든 권리들은 (실체의 우유적인 것들처럼) 그 소유에 내속하는 것이고, 그러므로 소유자는 그것을 임의대로 처분할 수 있다(자기 물건의 처분권)"[6:270 §17].[3] 또 칸트 시대에 독일 지역에 보편화된 실정법에서도 소유권에 처분권이 포함되어 있었다. 조규창의 『독일법사』에는 이렇게 되어 있다(조규창, 2010: 733). "17세기 이래 법학은 자유사상을 기초로 소유자의 처분권을 구체화함으로써 소유권의 권능 중 처분권이 소유권의 본질적 요소임을 강조"하였고 "이와 같이 소유권은 본질적으로 자유가 내재된 개념이며 따라서 재산권의 보호란 곧 자유의 보장을 말하며 이는 동시에 소유자의 인격권의 보호를 의미한다." 이러한 법적 현실에 대해 칸트가 특별히 이견을 제시

3 처분권의 내용은 권리의 대상에 따라 다를 수 있다. 이 논문의 주제인 토지에 관해서는 매각, 임대, 담보 설정 등 법률적 처분권을 의미하며 토지를 폐기 또는 훼손할 수 있는 사실적 처분권은 포함되지 않을 것이다.

하지 않은 것을 볼 때 칸트의 소유권에 사용권, 수익권 외에 처분권이 포함되어 있다고 보아도 좋을 것이다.

물건의 근원적 취득

칸트는 외적인 것은 애초에 근원적 공유(communio mei et tui originaria) 상태였지만 이를 특정인이 취득할 수 있다고 하였다[6:258 §10]. 근원적 공유 상태란 모두가 주인인 상태 또는 주인이 따로 없는 상태를 말하며 이런 상태에서 적절한 조건을 갖추면 특정인이 공유물의 일부 내지 전부를 취득할 수 있다는 것이다. 그는 근원적 공유는 볼프(C. Wolff)의 원초적 공유(communio primaeva)와 구별해야 한다고 강조하였으나(김상봉, 2012), 이 논문에서는 이런 견해차에 대해서는 언급하지 않기로 한다.

그런데 주인 없는 물건이라고 해서 아무나, 그리고 아무렇게나 근원적으로 취득할 수 있는 것은 아니다. 칸트는 외적 취득의 원리로 세 가지를 제시한다.

> 무릇 외적 취득의 원리는 이렇다. 내가 (외적 자유의 법칙에 따라서) 나의 지배력 안에 둔 것, 내가 나의 의사의 객체로서 그것을 (실천이성의 요청에 따라) 사용할 능력을 가진 것, 내가 (가능한 합일 의지의 이념에 맞게) 그것이 나의 것이 되도록 의욕하는 것, 그것은 나의 것이다. [6:258 §10]

위 인용문의 "지배력 안에 둔[다]"는 것은 물리적 점유가 아니라 예지적 점유(叡智的 占有, intelligibler Besitz)를 한다는 뜻이다[6:245]. 예지적 점유란 외부의 물건을 직접 점유하지 않더라도 언제나 나의 점유로 있다고 주장할 수 있는 상황을 말한다[6:247]. 그렇다면, 외적 취득에 필요한 세 가지 원리는 예지적 점유, 사용 능력, 소유의 의사표시라고 할 수 있다.

토지의 근원적 취득

칸트는 자신의 것으로 할 수 있는 외적 대상에서 토지를 특별히 제외하지 않았다. 그러므로 위에서 본 내용, 즉 소유권의 내용과 외적 취득에 대한 칸트의 견해는 토지의 근원적 취득에도 적용된다. "어느 토지든 근원적으로 취득할 수 있다. 이는 실천이성의 요청에 기초"[6:262, 246 §2]하며 "토지에 대한 최초의 점유, 즉 물리적 선점은 외적 자유의 법칙(법의 보편적 원리)과 일치한다."[6:251]라고 분명하게 지적하였다. '외적 자유의 법칙'이란 "행위가 또는 그 행위의 준칙에 따른 각자의 의사의 자유가 보편적 법칙에 따라 어느 누구의 자유와도 공존할 수 있는 각 행위는 정당하다."[6:230 §C]라는 원리를 말한다.

칸트는 또 주인 없는 토지에서 움직이는 물체를 제거하면 토지를 취득해도 타인의 자유를 훼손하지 않는다고 하였다. "무릇 그 토지가 아무에게도 속하지 않는다고 가정해 보라. 그러면 나는 그 위에 있는 모든 움직이는 물건을 완전히 소멸할 때까지 그 자리에서 제거하여 그 토지 자체를 차지할 수 있을 것이다. 그로 인해 지금 바로 그 토지의 소지자가 아닌 어느 타인의 자유에 대한 훼손도 일어나지 않는다."[6:262]라고 하였다. 이 대목으로부터 우리는, 칸트가 토지의 근원적 취득의 정당성에 대해 별다른 의문을 품지 않았음을 알 수 있다. 뿐만 아니라 "물건의 최초 취득은 토지의 취득 이외의 것일 수 없다."[6:261 §12]라고 하여, 토지의 근원적 취득은 정당할 뿐 아니라 모든 물건에 대한 근원적 취득의 선행조건이라고 못 박았다.

물건에 대한 외적 취득의 보편적 원리[6:258-259 §10]는 토지의 근원적 취득에도 적용된다. 즉 주인이 따로 없는 특정한 토지에 대해 예지적 점유, 사용 능력, 소유의 의사표시의 세 조건을 갖추면 토지를 취득할 수 있다. 또 그는 취득할 수 있는 토지 면적에 대해 "선점 가능한 토지의 범위는 자기의 지배력 안에 가질 수 있는 능력이 미치는 데까지, 다시 말해 그렇게 그 토지를 전유하고자 하는 자가 그 토지를 지켜 낼 수 있는 데까지"[6:265 §15]라고 하였다. 타인의 자유와 공존할 수 있다면 지켜 낼 수 있는 토지를 모두 근원적으로 취득할 수 있다는 허용의 뜻이기도 하고, 지켜 낼 수 없을 만큼 많은 토지는 근원적으로 취득할 수 없다는 제한의 뜻이기도 하다.

토지의 근원적 취득의 문제

로크의 단서

칸트는 토지의 근원적 취득이 가능한 범위를 정하는 문제에는 어려움이 있다고 하였다.

"외적으로 취득될 수 있는 객체가 양에서뿐만 아니라 질에서도 불확정적임은 (유일의 근원적인 외적 취득의) 이 과제를 모든 것 중에서도 해결하기 가장 어려운 것으로 만든다." [6:266 §15]라고 하였다. 즉 토지의 근원적 취득이 불가피하지만 토지 취득의 양만이 아니라 질의 문제도 있기 때문에 범위를 정하기 어렵다는 것이다.

그러면서도 그는 이 문제가 어렵다고 해서 포기할 수는 없다고 하였다. "그럼에도 외적인 것의 근원적 취득이 무엇인가 있을 수밖에 없다. 왜냐하면 모든 취득이 도출[파생]된 것일 수는 없기 때문이다. 그래서 사람들은 이 과제를 해결될 수 없는 것으로, 그리고 그 자체 불가능한 것으로 포기할 수는 없다."[6:266 §15]라고 하였다. 그렇지만 칸트는 이 문제에 대해 더 이상 자세히 언급하지 않았다. 더구나 토지의 근원적 취득에 관해서는 양과 질이라는 문제보다 더 큰 본질적인 문제가 있는데도 이에 대해서도 언급하지 않았다.

이 문제를 논의하기 위해 우선 토지의 취득에 관해 오늘날까지 흔히 인용되는 로크(John Locke, 1632~1704)의 견해를 먼저 소개한다. 로크는 "노동은 의문의 여지없이 노동한 사람의 것이므로 일단 노동을 결합시킨 대상물에 대해서는, 적어도 그에 못지않은 질의 충분한 양이 다른 사람에게도 공동의 것으로 남아 있는 경우라면, 그 사람 이외에는 아무 권리도 가질 수 없다."(Locke, 1689 섹션 27)라고 하였다. 즉 동등한 품질의 토지가 충분히 남아 있는 경우에 한하여 토지에 노동을 가미한 사람이 그 토지를 취득할 수 있다는 것이다.

이에 대해 칸트는 "토지의 취득을 위해 토지를 가공(개간, 경작, 관개 등등)하는 일이 필요한가? 아니다!"[6:265 §15]라고 하여 토지의 취득에 노동을 가미하는 행위가 필요하지 않다고 부정하였다. "가공은 점유취득의 외적 표지에 불과하며 사람들은 이러한 표지를 노고가 덜 드는 많은 다른 것들로 대체할 수 있다."[6:265 §15]라고 하였다. 가공이라는 물리적 행위가 있어야 토지를 근원적으로 취득할 수 있는 것은 아니라는 말인데, 이는 근원적 취득의 조건으로 물리적 점유가 아니라 예지적 점유를 든 것과 상통한다.

그러나 칸트는 "동등한 품질의 토지가 충분히 남아 있다."라는 로크의 단서(Lockean proviso)에 대해서는 언급하지 않았다. 토지는 유한하며, 특히 사람들이 경쟁적으로 취득하고 싶어 하는 우수한 품질의 토지는 매우 희소하므로, 누군가 토지를 취득하면 다른 사람이 차지할 수 있는 같은 품질의 토지는 그만큼 줄어들 것이 분명하다. 그렇다면 다른 사정이 없는 한 토지의 근원적 취득은 대부분의 경우 칸트가 말하는 외적 자유의 법칙에 어긋날 수밖에 없다. 그런데도 칸트는 로크의 노동 가미론을 부정하기만 할 뿐 그와 관련된 단서에 대해서는 언급하지 않았다. 또 그 법칙에 부합할 수 있는 '다른 사정'에 대해서도 역시 언급하지 않았다. 그렇다면 칸트가 말하지 않은 것, 토지의 근원적 취득을 정당화할 수 있는 방법은 무엇일까?

공존 가능성과 공개성

이충진(2000)은 이에 대해 이렇게 지적하였다.

> '갑이 토지를 법적으로 획득함'은 동시에 '을이 토지 사용 금지의 의무를 가지게 됨'을 의미하는데, 갑의 무주인 토지의 획득은 을에게 을의 의지와 무관하게 자기 자신만의 행위에 근거하여 하나의 새로운 의무를 갖게 함을 의미한다. 이러한 갑의 강제행위가 정당화될 수 있는 경우는 오직 피책무자인 을이 자신의 의무지워짐에 동의하는 경우 즉 토지사용과 관련해서 갑이 일방적으로 제정한 규칙이 을에 의해 을 자신이 제정한 규칙으로 받아들여지는 경우뿐이다. … 관련 당사자들의 동의 가능성 내지는 자율적 입법 가능성이란 개념은 순수 형식적이어서 그것의 구체적 내용이 드러나 있지 않다. (이충진, 2000: 60)

모든 품질의 토지가 무한하게 존재한다면 갑의 토지 취득이 을을 제약하지 않는다. 그러나 우리가 사는 세계처럼 토지 면적이 한정되어 있는 상황에서 갑이 어떤 토지를 근원적으로 취득하면 을이 근원적으로 취득할 수 있는 해당 품질의 토지 면적은 그만큼 줄어들 수밖에 없다. 그렇다면 "토지사용과 관련해서 갑이 일방적으로 제정한 규칙이 을에 의해 을 자신이 제정한 규칙으로 받아들[이는] 경우"는 좀처럼 나타나기 어렵다는 것이다. 이충진은 이 문제를 예리하게 지적하면서 그 해결책을 칸트의 철학 속에서 찾아 공존 가능성과 공개성이라는 두 원리를 제시하였다.

이충진(2001)에 의하면 공존 가능성이란 "타인의 자유를 침해하지 않는 한에서의 소유의 양과 질을 규정하기 위한 기준"이며 그 내용은 "일인의 소유의 양은 일인의 소유가 타인 자유와 공존할 수 있는 범위를 넘어서는 안 되며, 그것의 내용은 타인의 자유를 폐기하는 내용을 가져서는 안 된다."라는 것이다. 그리고 공개성이란 칸트가 『영원한 평화를 위하여』(1795)에서 제시한 원리로서, 토지 취득의 양과 질을 규정하는 문제와 연관해서는 "나의 현재 소유의 총량과 새로운 취득행위의 내용이 모든 이들에게 고지되고 행위의 합법성 여부가 모든 이들의 판단에 위임된 상태에서도 나의 행위의 법적 귀결이 가능해야 한다. 공개될 수 없는 방식의 소유 증대는 물론이고 공개될 수 없는 소유량 역시 법적으로 정당화될 수 없다."라는 의미라고 한다(이충진, 2001: 194).

이러한 설명은 문제 해결의 가능성을 칸트의 철학 속에서 찾아 제시했다는 점에서 주목할 만하지만, 여기서 제시된 두 원리는 '토지의 근원적 취득이 어떤 경우에 외적 자유의 법칙에 부합할 수 있는가?'라는 우리의 질문에 대한 답은 아니다. 공존 가능성 원리는 토지 소유의 양과 내용이 타인의 자유와 공존해야 한다는 것으로서, 외적 자유의 법칙을 다른 말로 표현했을 뿐이다. 또 공개를 하지 않으면 정당성 여부를 판단할 수가 없다는 점에서 공개성 원리는 토지 취득의 정당성을 판단하기 위한 절차적 전제조건이기는 하지만, 정당성 여부를 판정하는 기준이 공개와는 별도로 필요하다는 점에서 역시 우리의 질문에 대한 답은 아니다.

토지의 근원적 취득의 정당화

칸트의 준칙

칸트는 "보편적 법으로도 타당할 수 있는 준칙에 따라 행위하라."는 것이 도덕론의 최고 원칙이라고 하였다[6:226]. 또 앞서도 인용하였듯이, "행위가 또는 그 행위의 준칙에 따른 각자의 의사의 자유가 보편적 법칙에 따라 어느 누구의 자유와도 공존할 수 있는 각 행위는 정당하다."는 것이 외적 자유의 법칙이자 법의 보편적 원리라고 하였다[6:230 §C]. 여기서 말하는 자유는 "타인의 강요하는 의사로부터의 독립성"으로서 "자유는 모든 타인의 자유와 보편적 법칙에 따라서 공존할 수 있는 한에서, 모든 인간에게 그의 인간성의 힘으로(그가 인간이라는 바로 그 힘으로) 귀속하는 유일하고 근원적인 권리"이다[6:237]. 이를 종합하면 자유는 인간의 유일하고 근원적인 권리이며 타인의 자유와 공존할 수 있는 범위 내의 행위와 의사는 도덕적으로나 법적으로 정당하다는 것이다. 필자는 이를 간단히 '평등한 자유의 원리'라고 부르기로 한다.

그렇다면 토지의 근원적 취득에 적용할 수 있는 준칙, 즉 평등한 자유의 원리에 부합하는 준칙은 어떤 내용이어야 할까? 칸트 자신이 제시한 토지의 근원적 취득을 위한 세 원리인 예지적 점유, 사용 능력, 소유의 의사표시만으로는 이런 준칙이 될 수 없음이 명백하다. 이충진(2000)도 지적하였듯이, 토지의 총면적은 물론이고 특정 품질의 토지 면적도 한정되어 있는 상황에서 갑의 근원적 취득이 있은 후에는 을이 근원적으로 취득할 수 있는 해당 품질의 토지 면적은 그만큼 줄어들 수밖에 없기 때문이다. 이제 우리가 상상력을 발휘하여 보편적 법이 될 수 있을 만한 준칙을 찾아, 칸트가 말하지 않은 내용을 보충해 보자.

먼저 로크의 방식은 어떨까? 앞에서 소개하였듯이 로크는 동등한 품질의 토지가 충분히 남아 있는 경우에 한하여 토지에 노동을 가미한 사람이 그 토지를 취득할 수 있다고 하였다. 로크의 단서를 충족시키는 경우, 즉 사람들이 취득하고 싶어 하는 좋은 품질의 토지가 무한정 존재하는 경우에는 누군가 토지를 취득하더라도 타인에게 전혀 해가 되지 않으므로, 어떠한 토지 취득도 평등한 자유의 원리에 어긋나지 않는다. 그런데 로크의 단서가 성립될 수 없는 현실에서는 갑이 토지를 근원적으로 취득하면 반드시 을이 불리해진다. 그러면 어떻게 하여야 하나? 토지의 근원적 취득을 전면 금지하고 모든 토지를 공동으로 소유하고 사용하는 것도 하나의 방법이 되지만, 토지의 근원적 취득을 긍정하는 칸트는 이런 준칙에 동의하지 않을 것이다.

특권이익의 환수

그렇다면 토지의 근원적 취득과 관련하여 칸트가 수용할 수 있는 준칙은 어떤 내용일까? 그 준칙에는 토지를 근원적으로 취득할 수 있는 기회가 균등해야 한다는 조건이 반드시 들어갈 것이다. 그러나 취득 기회가 균등하기만 하면 충분한가? 하나의 토지를 근원적으로 취득하고 싶은 사람이 여러 명일 때 취득 기회를 균등하게 만드는 한 방법으로 추첨을 들 수 있을 것이다. 공평한 추첨을 통해 갑이 그 땅을 차지하고 을은 그보다 못한 땅을 취득했다고 하자. 이럴 때 갑과 을의 능력이 동일하고 노력도 동일하게 투입하고 운까지 동일하게 작용한다고 해도 갑의 기대 이익은 을보다 크다. 나아가 토지 소유가 장기화

되고 심지어 상속까지 허용한다고 하면 두 사람의 당대는 물론 그 후손에 이르기까지 매우 불평등한 삶이 계속될 것으로 전망된다. 공평한 추첨에 의해 토지 취득이 이루어졌다고 하더라도 이걸 기회균등이라고 볼 수는 없다. 더구나 추첨 당시에 태어나지 않은 후손은 아예 추첨에 참여도 못 했기 때문에 이들에게 기회균등이라는 말은 전혀 어울리지 않는다.

토지의 근원적 취득으로 얻는 권리처럼, 자신의 노력과 무관하게 타인보다 유리해질 수 있는 권리는 '특권'이다. 위의 예에서 보듯이, 특권의 취득 기회가 균등하다고 하더라도 특권으로 인한 유 · 불리를 상쇄할 수 있는 무엇이 준칙에 추가되어야 한다. 가장 쉽게 생각할 수 있는 것은 토지 취득으로 인해 타인보다 유리해지는 만큼을 환수하여 불평등을 해소하는 방안이다. 즉 토지의 근원적 취득을 허용하기 위한 준칙에 취득 기회 균등 외에 특권이익을 환수하고 이를 공평하게 처리한다는 조건을 추가하자는 것이다.

특권이익 환수 조건과 관련해서는, 수많은 토지취득자에게서 얼마를 환수하여야 하는지 판정하기가 어렵고 그 실무도 복잡할 것이라고 염려할 수도 있다. 어쩌면 칸트도 이런 염려 때문에, "외적으로 취득될 수 있는 객체가 양에서뿐만 아니라 질에서도 불확정적임은 (유일의 근원적인 외적 취득의) 이 과제를 모든 것 중에서도 해결하기 가장 어려운 것으로 만든다."[6:266 §15]라고 하면서 세부적인 언급을 피한 것이 아닌지 모르겠다.

리카도의 차액지대설

그러나 이에 대해서는 영국의 경제학자 리카도(David Ricardo, 1772~1823)가 『정치경제학과 조세의 원리』(1817)에서 제시한 지대이론이 해결의 실마리를 제공한다. 이 책은 칸트의 『도덕 형이상학』보다 20년 후에 출간되었는데 칸트가 리카도의 지대이론을 알았더라면 『도덕 형이상학』의 내용도 달라졌을지 모른다. 리카도는, 토지는 인간의 생산물이 아니고 면적과 위치가 일정하며 토질에 차이가 있다는 특징 때문에 토지가치 즉 '지대'는 생산물과 매우 다르게 결정된다고 하였다. 어느 토지의 지대는 인간이 사용하는 농지 중 비옥도가 가장 낮은 토지, 즉 '한계토지'와의 생산성 또는 효용의 차이에 의해 결정된다는 것이다. '차이'에 따라 지대가 결정된다는 뜻에서 리카도의 지대론을 '차액지대설'이라고도 한다. 차액지대설은 오늘날까지 지대 결정 원리로서 여전히 유효하다.

차액지대설을 이해하기 위해 간단한 예를 들어 보자. 동일한 능력을 가진 사람이 동일한 노력을 투입하여 농사를 지어도 토지 비옥도에 따라 수확에서 차이가 나기 마련이다. 토지는 비옥도에 따라 1등급에서 4등급으로 구분되며 각 등급의 토지에서 연평균 100가마, 90가마, 80가마, 70가마의 수확이 이루어진다고 하자. 또 각 등급의 토지가 4필지씩 존재하고 토지 취득 희망자가 10명이라고 하자. 이런 상황에서는 취득 기회가 균등하더라도 아래 표처럼 1등급과 2등급 토지는 각 4명이 취득하고 나머지 2명은 3등급 토지를 취득하게 된다. 이때 한계토지는 3등급 토지가 된다.

이런 경우에 한계토지를 차지하는 사람과 비교할 때, 1등급 토지를 차지하는 사람은 연간 20가마만큼, 2등급 토지를 차지하는 사람은 연간 10가마만큼 유리하다. 즉 1등급, 2등급 토지의 연간 지대는 각각 20가마, 10가마이고 한계토지인 3등급 이하의 토지의 지대는 0이다. 정리하면 다음 표와 같다.

표 9_토지 등급별 기대 수확과 지대

토지 등급	기대 수확(지대)			
1등급	100(20)	100(20)	100(20)	100(20)
2등급	90(10)	90(10)	90(10)	90(10)
3등급	80(0)	80(0)		
4등급				

이런 상황에서, 특권이익 환수 조건에 따라 각 토지 소유자가 지대를 납부한다면 순수확은 사용되는 모든 등급의 토지에서 연간 80가마로 동일해진다.

지대 환수는 취득의 기회균등성을 둘러싼 다툼을 방지하는 효과도 있다. 앞에서도 보았듯이 토지 취득자를 추첨에 의해 결정하더라도 추첨에 참여할 수 없는 사람, 대표적인 예로 추첨 당시에 태어나지 않은 후손은 그런 방식의 기회균등성을 인정하지 않을 것이다. 그렇다면 일단 누군가 취득한 토지를 길지 않은 기간 후에 원 상태로 되돌려 추첨을 반복하여야 하는데, 추첨 때마다 이사를 하고 영업장소를 이전해야 한다는 번거로움 때문에 이런 준칙이 보편화될 가능성은 극히 낮다. 그런데 지대 환수를 조건으로 하면 추첨에 참여하지 못한 사람도 토지를 취득한 사람과 비교하여 불리하지 않으므로 이런 준칙에 동의할 수 있다.

토지 수익권의 재음미

지대 환수 조건을 수용한다면 토지소유권의 내용도 달라져야 한다. 앞에서 필자는, 칸트의 소유권에는 '외적 대상을 사용하여 생긴 결과를 사용자가 가질 수 있는 권리'라는 의미의 수익권이 당연히 포함되지만 다른 의미의 수익권에 대해서는 별도로 검토한다고 하였다. 이 검토를 위해서는 약간의 법학적 설명이 필요하다. 물건에서 생기는 수익에는 천연과실과 법정과실이 있다. 천연과실은 물건의 용법에 의하여 수취하는 산출물이고 법정과실은 물건의 사용대가로 받는 금전 기타의 물건이다. 예를 들어 과수원 소유자가 직접 과수원을 경영하여 수확하는 과일은 천연과실이고 과수원을 임대하여 받는 임대료는 법정과실이다.

그렇다면 지대는 법정과실 상당액에 해당한다. 여기에 '상당액'이라는 수식어를 붙인 이유는, 법학에서는 물건을 임대하지 않는 경우에는 법정과실이 없는 것으로 보지만 임대차 거래가 없는 경우에도 그 임대료 크기의 지대는 존재하기 때문이다. 지대는 토지 소유자가 다른 사람보다 유리한 정도를 나타내는 금액이므로, 토지 소유자가 토지를 직접 사용하건 임대하건 (심지어 토지를 사용하지 않고 방치하더라도) 언제나 환수 대상이다. 이런 의미에서, 지대 환수 조건을 법학적으로 표현하자면 토지 수익권 중 법정과실 상당액의 수익권은 제외된다고 할 수 있다. 자세한 논의는 다른 연구로 미룬다(김윤상, 2009: 40-43 참조).

환수한 지대의 처리 방식도 문제가 될 수 있지만, 모든 주민에 관해 공평하게 처리하기만 하면 평등한 자유의 원리에 어그러지지 않는다. 극단적으로, 환수한 지대를 모두 폐기해도 된다. 그러나 그보다는 환수한 지대를 주민에게 이익이 되도록 활용하는 것이 더 바람직할 텐데 그 방법에는 여러 가지가 있을 수 있다. 대표적인 두 가지만 들자면 하나는 모든 주민에게 똑같이 나누어 주는 방법이다. 위의 예에서 지대 총액은 120가마이므로 일인당 12가마를 나눠 준다. 이렇게 하면 각 주민의 연간 기대 소득은 92가마가 된다.[4]

또 하나의 방법은 환수한 지대를 정부 경비로 활용하는 것이다. 정부의 경비가 모든 국민의 이익을 위해 지출된다면 이 방법도 평등한 자유의 원리에 어긋나지 않는다. 지대

4 인간의 자기소유권을 완전히 인정하면서 토지 등 천연자원에 대해서는 모든 국민이 평등한 방식으로 소유해야 한다는 철학을 좌파자유지상주의(left-libertarianism)라고 부르기도 한다(Vallentyne and Steiner, 2000).

를 최우선적인 정부 수입으로 삼자는 제안은 헨리 조지가 『진보와 빈곤』(*Progress and Poverty*, 1879)에서 제시하여 일약 유명하게 되었는데 그는 이런 방식을 지대조세제 또는 토지가치세제(land value taxation)라고 하였다.[5]

토지 취득에 관한 보편적 준칙

칸트는 공유 상태에 있는 토지를 개인이 근원적으로 취득할 수 있다고 하여 토지사유제를 인정하였고 근원적 취득의 원리로 예지적 점유, 사용 능력, 소유의 의사 표시라는 세 가지를 들었다. 그러나 누군가 취득하면 그만큼 다른 사람의 몫이 줄어드는 유한한 토지의 경우에는 이 세 가지 원리만을 내용으로 하는 준칙은 보편성을 갖기 어렵다.

토지의 근원적 취득에 적용할 수 있는 보편적 준칙의 내용으로 이 글에서는 세 가지를 제시하였다.

(1) 토지 취득 기회를 균등하게 보장한다.
(2) 사회는 토지 소유자에게서 지대를 환수한다.
(3) 환수한 지대는 모든 사람을 위해 공평하게 사용한다.

이러한 준칙을 존중하는 토지사상을 필자는 지공주의(地公主義)라고 부른다. 지공주의의 세부 내용과 그에 관한 각종 논쟁점 등은 필자의 다른 연구로 미룬다(김윤상, 2009).

5 당시에는 지대만 징수해도 정부 재정을 모두 충당할 수 있다고 하여 지대를 징수하는 세금을 토지단일세(single tax)라고 부르기도 하였다

참고문헌

김상봉(2012), 「칸트와 근원적 공유의 문제: 소유권의 근거 문제와 자연 상태에서의 공유」, 『철학』 제110집: 1-25.

김윤상(2009), 『지공주의』, 경북대학교출판부.

이충진(2000), 『이성과 권리: 칸트 법철학 연구』, 철학과현실사.

이충진(2000), 「칸트의 재산권 이론」, 『철학연구』 제48집.

이충진(2001), 「자유와 소유」, 『철학연구』 제53집.

조규창(2010), 『독일법사(상)』, 고려대학교출판부.

George, Henry(1879), *Progress and Poverty*. 김윤상 역(1997), 『진보와 빈곤』, 비봉출판사.

Gregor, Mary, trans. and ed.(1996), *Practical Philosophy* [of Immanuel Kant], Cambridge University Press.

Gregor, Mary(1988), "Kant's Theory of Property," *Review of Metaphysics*, 41(4): 757-787.

Kant, Immanuel(1797), *Die Metaphysik der Sitten*. 백종현 옮김(2012), 『윤리형이상학』, 아카넷.

Locke, John(1689), *Two Treatises of Government*, Second Treatise. 강정인 · 문지영 역(1996), 『통치론』, 까치.

Ricardo, David(1817), *Principles of Political Economy and Taxation*.

Vallentyne, Peter and Hillel Steiner(2000), *Left-Libertarianism and Its Critics: The Contemporary Debate*, New York: Palgrave MacMillan.

Williams, Howard(1977), "Kant's Concept of Property," *The Philosophical Quarterly*, 27: 32-40.

| 제3부 |

헨리 조지의 연설문

일러두기

- 독자의 이해를 돕기 위해 연설문에 간략한 해제, 소제목과 각주를 붙였다.

- 여러 연설문에 걸쳐 등장하는 "구유 속의 개(dogs in the manger)"와 "네메시스(Nemesis)"에는 각주를 붙이지 않았다. 이솝우화를 보면, 소의 구유 속에 들어가 잠을 자는 개에게 소가 여물을 먹든지 비켜 주든지 하라고 하니 개는 풀 따위를 어떻게 먹느냐고 화를 내면서 비켜 주지 않았다는 이야기가 나온다. "구유 속의 개"는 토지를 방치하면서 남도 쓰지 못하게 하는 소유자를 이 우화에 빗대어 표현한 말이다. "네메시스"는 율법, 복수, 인과응보 등을 상징하는데, 그리스 신화에 나오는 여신으로서 상대방을 끈질기게 쫓아다닌다.

- 연설문 곳곳에는 성경 구절이 많이 나오는데 성경 번역은 대한성서공회의 개역개정판에 따랐다. 이 점은 부록의 「독도 문제의 근본 해법」에서도 마찬가지다.

경제학 연구

1877년 3월 9일, 캘리포니아 대학교(현재의 버클리 캠퍼스) 학생과 교수를 대상으로 하여 행한 강연이다. 원제는 「The Study of Political Economy」이다. 당시 'political economy'라는 용어는 오늘날의 '경제학'과 같은 뜻을 지녔다. 강연문은 1880년 3월 『월간 대중과학』(*The Popular Science Monthly*)에 게재된 바 있다. 당시 이 학교에서는 경제 문제에 뛰어난 논객으로 잘 알려진 헨리 조지를 경제학 교수 후보로 고려하여 연사로 초청하였다고 한다. 그러나 학교 측에서는 헨리 조지를 강연에 다시 초청하지 않았고 교수 임명 건도 거론되지 않았다.
헨리 조지는 강연 후, 자신의 강연이 학생들에게는 호응을 얻었지만 학교 당국과 교수진에게는 그렇지 못한 것 같다고 아내에게 전했다고 한다. 기성 경제학계의 통념을 거스르는 새로운 내용과 학계를 무시하는 듯한 표현 때문인 것으로 추측된다. 예를 들면 이런 표현이 있다. "여기에 있는 모든 교수진, 모든 학습 시설만으로는 사람을 교육할 수 없고 단지 스스로 공부하는 데 도움을 줄 수 있을 뿐입니다. 여러분은 여기에서 연구의 도구를 얻을 수는 있습니다. 그렇지만 도구란 쓸 줄 아는 사람에게만 유용한 것입니다. 현미경을 가진 원숭이, 도서관을 채우는 당나귀와 같은 상징이 불행히도 이 사회의 수많은 사람에게 해당됩니다."

이번 강연회의 의도는 연사의 일방적 주장보다는 같이 생각해 볼 만한 의견을 듣는 데 있다고 알고 있습니다. 제 강연의 목적도 여러분이 스스로 생각하도록 유도하는 데 있을 뿐입니다. 저는 경제법칙을 설명하지 않을 것이고 학계에서 논란이 있는 문제라면 제 나름의 확고한 결론이 있다고 해도 언급하지 않겠습니다. 그러나 할 수만 있다면, 흔히 경제학이 복잡하고 불확실한 학문이라고 생각하지만 실은 간단하고 명료한 학문이라는 점을 보여 드리고, 경제학 연구가 어렵지 않다는 점을 지적하는 동시에, 왜 경제학이 관심을 가지고 연구를 할 만한 가치가 있는 학문인지를 말씀드리고 싶습니다.

경제학의 중요성

경제학이 다루는 문제의 중요성에 대해서는 새삼 말씀드릴 필요가 없습니다. 경제학은 생산과 분배에 관한 법칙을 연구하는 학문입니다. 경제는 인간 활동의 10분의 9 이상, 아마 인간의 사고 역시 10분의 9 이상 점하는 문제입니다. 경제학의 연구 대상은 노동과 자본의 대가에 관한 모든 것, 무역에 관한 모든 규제, 통화와 재정에 관한 모든 문제, 그리고 조세와 공공지출까지도 포괄합니다. 즉 한 공동체가 생산할 수 있는 부의 양이나 개인 간의 분배 비율에 영향을 미치는 모든 것을 연구 대상으로 한다는 것입니다. 경제학은 행정학이 아니지만 정부 연구에 필수적입니다. 경제학의 직접적인 고려 대상은 인간의 이기적인 본성이지만, 그 과정에서 모든 고차원적인 인성의 기초를 다루게 됩니다. 경제학이 발견하고자 하는 법칙은 국가의 번영과 쇠퇴에 관한 법칙이고 개인 삶의 안락과 행복과 기회에 관한 법칙입니다. 물질적 조건은 반드시라고는 할 수 없어도 인간 본성의 고귀한 측면의 발달에 심대한 영향을 주기 때문에, 경제학이 추구하는 법칙은 인간의 물질적 상태에 관한 법칙일 뿐 아니라 결국에는 도덕적 · 정신적 상태에 관한 법칙이기도 합니다.

분명히 경제학은 모든 학문 중에서 우리에게 가장 중요한 학문입니다. 대자연의 장관을 보여 주는 학문, 예를 들어 지구의 과거를 알려 주는 학문 또는 인간의 신체와 심리에 관한 법칙을 탐구하는 학문도 유용하고 귀중합니다. 그러나 인간의 모든 활동을 가능하게 해 주는 기본 조건을 다루는 학문과 그 중요성을 비교할 수 있겠습니까? 경제학을 실질적 유용성의 관점에서 다른 학문과 비교해 보십시오. 경제학의 중요성을 생각하면 "악기를 연주할 수는 없어도 작은 마을을 크고 훌륭한 도시로 만드는 법은 알려 줄 수 있다."라고 한 그리스 현인의 말을 이해할 수 있을 것입니다.[1]

그러면 자연스럽게 이런 의문이 생길 것입니다. '그렇게 중요한 경제학이 주목을 받지 못하는 이유는 무엇인가?' 우리나라 법률은 경제학의 기본적인 제일원리를 끊임없이 어기고 있습니다. 이러한 무지함이 교육받지 않은 계층에 한정되어 있지 않다는 사실은, 입법부의 논쟁에서, 법원의 판결에서, 정당 지도자의 연설에서, 그리고 신문의 사설에서 여실히 나타나고 있습니다. 아담 스미스가 『국부론』을 출판한 지 한 세기가 지났고 리카도가 지대이론을 발표한 지 60년이 흘렀지만 경제학은 리카도 이후로 눈에 띄는 발전을 이룩하지 못하였습니다.[2] 뿐만 아니라 다른 학문 분야에서는 수천 가지의 새로운 발견이 활발하게 이루어져 널리 활용되어 왔고 혁명적인 이론이 일상생활에 응용되고 있는데

1 아테네 정치가 테미스토클레스(Themistocles, 기원전 524?~기원전 460?)가 한 말이다. 여기서 말하는 악기는 고대 그리스의 칠현금(七絃琴, lyre)이다. 그는 아테네 해군을 양성하도록 아테네 시민을 설득하였는데, 아테네 해군이 기원전 480년 살라미스 해전에서 크세르크세스(Xerxes) I세가 지배하던 막강한 페르시아를 격파함으로써 아테네는 강성한 도시국가로 성장하였다.

2 아담 스미스(Adam Smith, 1725~1790)와 리카도(David Ricardo, 1772~1823)는 영국의 경제학자.

도 경제학의 진리는 별다른 영향을 미치지 못해 왔습니다. 심지어는 경제학이라는 학문이 도대체 존재하는지, 아니 존재할 가능성이 있는지조차도 확실하지 않은 상태가 되고 말았습니다.

이것은 경제학 문헌이 적기 때문이 아닙니다. 지난 100년 동안 경제학 서적은 큰 도서관을 채울 만큼 많이 저술되었고 저명한 교육기관마다 경제학과가 있으며 경제 원리와 직접 관련된 중요한 사회 문제가 끊임없이 논의되고 있습니다.

중요하기 때문에 오히려 무시된다

제가 보기에, 경제학이 그다지도 주목받지 못하는 이유는 한편으로는 학문 자체의 성격 때문이고 다른 한편으로는 학문을 육성해 온 방식 때문입니다.

첫째로, 경제학이 다루는 주제의 중요성이 오히려 경제학의 장애가 되고 있습니다. 다른 학문의 발견도 기존의 잘못된 견해와 갈등을 일으킬 수 있지만, 경제학의 결론은 금전상의 이해관계를 포함하기 때문에 물욕이라는 예민한 신경을 직접 건드리게 됩니다. 모든 사회제도는 현실에서 크고 작은 여러 계층의 손익에 관계되므로 경제학은 모든 면에서 이해관계와 얽히기 쉽습니다. 과거 에페소스에서 아르테미스 신전의 건축은 쓸데없는 짓이라고 가르치던 사람들이 건축 장식물 업자와 갈등을 일으킨 것과 같습니다.[3] 매콜리는 이렇게 말했습니다.[4] "중력의 법칙을 부정하여 큰 금전상의 이익을 얻을 수 있다면 이 명백한 물리적 사실에 대해서도 반대자가 없지 않을 것이다." 이것이 경제학의 진보를 방해해 온, 그리고 지금도 방해하고 있는 바로 그 어려움입니다. 보호관세로 이익을 보고 있거나 또는 이익을 볼 것으로 기대하는 사람이 있다고 해 봅시다. 이런 사람은 태양의 구조나 종의 진화에 대해서라면 여러분의 교수님들이 무슨 말씀을 하시더라도 받아들일 것입니다. 그러나 무역에 지장을 주는 것은 낭비이고 무익하다는 점을 아무리 명확하게 입증하더라도 동의하지 않을 것입니다. 철도 보조금을 받아서 돈을 벌려고 하는 사람에게, 노동과 자본의 자연스러운 방향을 변화시키는 정책은 득보다 실이 많다는 것을 입증해 봤자 헛된

3 에페소스(Ephesus)는 소아시아 서해안에 자리 잡은 큰 항구였으며, 아르테미스(Artemis, 그리스 신화에 나오는 여신, 로마신화의 디아나[Diana]와 같음.) 신전이 이 도시에 있었다. 신전은 기원전 550년경 건축된 거대하고 사치스러운 건물로, 건설 당시 반대가 많았다. 세계 7대 불가사의의 하나로 알려져 있으나 수차례의 화재를 당한 끝에 262년에 완전히 붕괴되었다.

4 매콜리(Thomas Babington Macaulay, 1800~1859)는 영국의 역사가, 정치가이다. 자유주의 사관에서 17세기 말의 명예혁명을 중심 주제로 한 『영국사』 5권을 편찬하였다.

일일 것입니다. 그렇다면 관세와 보조금, 은행 이익과 국공채, 노동조합과 자본 결합을 다루고 또 조세, 면허, 토지제도를 다루는 학문이 필연적으로 부닥치는 반대는 어느 정도이겠습니까! 무지만이 반대의 이유가 되는 것은 아닙니다. 무지가 이해관계와 결합하고 이것이 욕심에 의해 강화되기 때문입니다.

또 이해관계 이외에, 경제학이 다루는 현상의 복잡성 때문에 별별 엉터리 이론이 행세할 수 있다는 점도 문제입니다. 온갖 종류의 다양한 의견이 경제학이라는 이름 아래 나돌고 있습니다. 그러므로 스스로 생각하는 수고를 하기보다는 다른 사람의 견해에 의지하려고 사람이 자기 입맛에 맞는 이론을 경제학 속에서 찾을 수 있다는 사실은 하등 이상하지 않습니다. 그러나 아는 체하는 엉터리 경제학자가 많다는 사실보다 더 곤란한 사실은, 큰 학자가 가르치는 경제학조차도 많은 부분에서 일관성이 없고 불확실하다는 점입니다. 최상의 교과서에 나오는 경제학마저도, 보기는 좋으나 돌의 한 면만 조각한 부조(浮彫)와 같고, 일부는 뚜렷하지만 다른 곳은 안개가 감돌고 있는 풍경화 같습니다. 이런 문제를 이 강연에서 자세히 다룰 수는 없습니다. 그러나 현대의 두드러진 특징인 경제 불황과 같은 중요하고도 실제적인 문제에 대해 경제학이 분명하고 일관성 있는 답을 내놓지 못하고 있음을 여러분은 잘 아실 것입니다. 최고 수준의 이론서마저도 주의 깊게 읽어 보시면 사고가 제대로 정리되어 있지 않음을 분명하게 아실 것입니다. 사소한 것을 꼬치꼬치 캐고 따지며 부질없는 토론과 말싸움에 힘과 노력을 낭비하고 있으면서도 정작 중요한 부분은 손도 대지 않은 채 남겨 두고 있습니다. 이렇게 해서 실은 단순하면서도 매력적인 이 학문이, 상대하기조차 싫을 정도로 난해하고 불명확한 모습을 갖게 되고 말았습니다.

이해관계를 대변하는 학자

또한, 동일한 원인에서 나온 것으로 생각되는데, 경제학의 육성을 통해 가장 큰 이익을 얻는 자들의 정서와 편견이 경제학 이론에 스며들어 있다는 점도 이유가 됩니다. 노동자들이 임금을 인상하고 노동시간을 단축하려고 애를 쓸 때마다 경제학이라는 이름을 가진 이론이 이에 맞서 왔습니다. 억압하는 자는 불경스러운 경제이론을 억압받는 자에게 설교해 왔습니다. 창조주는 자신의 피조물 중 일부에 대해서는 힘들고 궁핍한 삶을 살도록 하고 또 어떤 일부에 대해서는 세상의 모든 과실과 풍요를 즐기도록 하였다는 따위의 신성모독적인 이론을 경제학이라는 이름으로 노동자들에게 설교해 왔습니다. 이것은 과거에 성직자들이 저주받은 함을 예로 들어 기독교 교리의 이름으로 노예제도를 정당화했던 것과 같습니다.[5] 오늘날의 심각한 사회 문제와 관련해서 대부분의 교수들은, 현존하는 사회체제를 학문적으로 정당화하는 것이 경제학이라고 인식하는 것으로 보입니다. 또 노동자가 어떠한 행동을 하더라도 임금률은 상승할 수 없다는 것이 신의 섭리라는 결론을 수요 · 공급이라는 편리한 공식을 통해 입증하려는 것으로 보입니다. 이런 식으로 경제학의 이름과 용어를 격하시키는 사람은 모르면서 아는 체하는 자만이 아닙니다. 이러한 특성은 현재 통설로서 가르치고 있는 경제학 자체에 워낙 견고하게 자리 잡고 있어서 존 스튜어트 밀과 같은 위대한 경제학자도 헤어나지 못했습니다.[6] 지적인 용기를 가진 사람조차도 거대한 기득권을 위협할 수 있는 원리를 강조하기를 꺼려왔으며, 그보다 덜 양심적인 사람은 기득권을 침해할 수 있는 모든 것을 경제학에서 제거하는 데 자신의 재능을 사용해 왔습니다. 내용도 최상이고 판매도 많이 된 어느 교과서든 보십시오. 자본의 자유를 주장하고, 효용을 근거 삼아 이기적인 탐욕과 끝없는 부의 축적을 정당화하고, 고통의 울부짖음을 외면하는 인색함을 합리화하면서도, 노동자들에게는 아이를 많이 낳지 말라는 말 외에 무슨 희망적인 내용을 담고 있습니까?

빵을 건네주어야 할 손으로 돌을 내민다면 우리는 무엇을 기대할 수 있겠습니까? 일반 대중은 현재의 사회가 정의롭지 못함을 어렴풋이 그러나 예민하게 인식하고 있습니다. 원인은 잘 모르더라도 자신이 속박과 피해를 겪고 있음을 느끼고 있습니다. 이런 상황에서 이들이 편파적인 진리를 어떻게 수용할 수 있겠습니까? 사회의 불의를 정당화하고 효용이라는 개념으로 포장하여 이기심을 찬양하며 뱅상 드 폴이 아닌 헤롯이 인류에게 더 도움이 된다고 하는 학문이 그들에게 제시될 때 어떻게 이를 지지할 수 있겠습니까?[7] 무지한 대중이 보호무역을 해야 한다는 엉터리 주장이나 사회주의라는 이름의 말도 안 되는 이론에 끌리는 것이 무엇이 이상합니까?

5 함(Ham)은 노아(Noah)의 아들이다. 구약 『창세기』 9장에 의하면, 술에 취해 벌거벗고 자고 있는 노아의 모습을 본 함이 다른 형제에게 흉을 보았더니 잠에서 깬 노아가 화가 나서 다른 형제의 종이 되라고 저주하였다.

6 밀(John Stuart Mill, 1806~1873)은 영국의 경제학자로, 토지에서 생기는 불로소득의 환수를 주장하였다.

7 뱅상 드 폴(Vincent De Paul, 1581?~1660?)은 프랑스인으로서 뱅상 수도회의 창립자이며 가톨릭교에서 자선사업의 수호성인으로 추앙받는다. 헤롯(Herod, 기원전 74?~기원후 4)은 예수가 탄생할 당시 유대의 왕으로서 무자비한 철권통치를 행하였다.

상상의 실험

지금까지 일반 사람들이 경제학을 불확실성, 난해성, 이기주의라는 특징을 가진 학문으로 오해하게 된 연유를 말씀드렸습니다. 이런 것은 경제학의 고유한 특징이 아닙니다. 저는 오히려 경제학이 얼마나 단순명확하면서도 유용한 학문인지를 보여 드려서 여러분이 더 열심히 연구하도록 권유하려고 합니다.

경제학의 연구 대상은 다양하고 복잡한 현상이지만 단순한 요소로 분해할 수 있으며, 이런 현상은 우리가 잘 아는 원리에 의해 나타나는 결과에 불과합니다. 경제학 추론의 전제는 우리가 이미 익숙하고 일상적인 생각과 행동의 기초가 되는 진리입니다. 경제학의 이론 전개 과정은 주로 분석을 통해 이루어지는데 이 역시 확실성을 가지고 있습니다. 다만 경제학이 다루는 모든 원인은 항상 서로 영향을 주는 관계에 있기 때문에 그 정확한 결과가 아니라 경향성만을 파악할 수 있다는 한계는 있습니다.

경제학의 연구에서는 자연과학에서 매우 소중하게 이용되는 강력한 방법인 실험, 즉 조건을 인공적으로 조작하는 실험을 할 수는 없습니다. 그러나 이미 실험한 것과 다름없는 다양한 사례가 사회 속에 존재합니다. 또한 화학자의 실험에 비견할 수 있는, '상상의 실험'이라고 부를 수 있는 방법을 사용할 수도 있습니다. 여러 가지 실험 조건을 상상을 통해 분리하고 결합하고 제거할 수 있으며 기존 이론의 타당성도 이런 식으로 검증해 볼 수 있습니다. 저는 이것을 굉장한 경제학 연구방법으로 생각하고 있습니다. 이 방법은, 여러분이 과정을 분석해 보지는 않았겠지만, 아주 익숙한 방법이자 일상생활에서 늘 응용하는 방법입니다. 경제학과 무관한 사례를 들어 설명해 보겠습니다.

저는 어렸을 적에 대양을 가로질러 제가 살던 항구에 들어온 최초의 철제 증기선을 보러 다른 친구와 함께 부두에 나갔습니다. 당시에 철제 증기선이라는 것은 마치 납으로 만든 연이나 나무로 만든 요리 화덕처럼 이상하게 들렸습니다. 그러나 우리가 그 배를 탄 지 얼마 되지 않아서 제 친구는 경멸하는 말투로 말했습니다. "쳇! 나는 저 배가 뜨는 이유를 알겠어. 철판 안쪽을 전부 나무로 발라 놓았잖아. 그래서 뜰 수 있는 거야." 순간 저는 그 친구의 말을 부정할 수 없었지만 그렇다고 만족스럽지도 않았습니다. 그래서 그 친구가 가 버린 후 혼자 부두에 앉아서 머릿속으로 상상의 실험을 시작했습니다. 배가 뜨는 것이 배 내부의 나무 때문이라면 나무가 많을수록 배는 더 떠올라야 할 것입니다. 그래서 상상으로 배에 나무를 채워 보았습니다. 나무토막으로 장난감 배를 많이 만들어 보았기 때문에, 저는 배가 뜨기는커녕 오히려 가라앉을 것임을 쉽게 알 수 있었습니다. 그러고는 장난감 나무배를 파낼 때 하듯이 배 내부의 목재를 들어내 보았습니다. 배가 가벼워져서 떠올라 왔습니다. 또다시 상상을 통해 배에 구멍을 내어 보았더니 배로 물이 들어차서, 마치 용골을 납으로 만들어 놓은 배처럼 가라앉았습니다. 이렇게 해서 저는 실제로 증기선을 가지고 실험을 한 것처럼, 배가 뜨는 원인은 배의 내부에 나무를 둘렀기 때문이 아니라 배속이 우묵하게 파였기 때문임을 알 수 있었습니다. 어른이 된 지금 표현하자면, 배가 물을 밀어내었기 때문이라고 하겠습니다.

이와 같은 사고 작용은 여러분도 분명 매일 하고 있으며 그 과정에서 상상의 실험이 활용되고 있습니다. 이 방법은 경제학 연구에서 매우 유용합니다. 이런 식으로 여러분은 어떤 명제나 현상을 상상 속에서 이리저리 회전시켜서 모든 측면을 관찰할 수 있으며, 분리하고 분석하고 다시 조합할 수 있으며, 상상 속의 확대경을 작동시켜 마치 귀류법을 사용하듯이 그 모순점을 찾아낼 수도 있습니다. 또 하나의 예를 들어 보겠습니다.

자유무역의 예

제가 경제학을 한 줄도 읽어 보지 못했을 때인데, 보호관세를 주장하는 길고 멋진 강연을 우연히 듣게 되었습니다. 그때까지 저는 '국내 산업의 보호'는 좋은 것이라고 생각하고 있었습니다. 이 결론은 제 자신이 숙고하여 내린 것이 아니고 저보다 더 현명하다고 믿었던 많은 사람이 그렇게 말하는 것을 들었기 때문에 받아들였던 것입니다. 그런데 바로 이 강연은 청중 중의 한 사람인 저에게는 역효과를 낳고 말았습니다. 마치 철선의 신비에 관한 제 친구의 설명을 듣고 생각을 하게 되었듯이, 강연을 듣고 이 문제에 대해 생각을 하게 된 것입니다. 저는 스스로에게 이렇게 말했습니다. '관세는 외국에서 재화를 들여오는 비용을 상승시키는 효과를 가진다. 관세가 나라에 도움이 된다면, 외국으로부터 상품을 들여오는 비용을 상승시키는 모든 곤란, 위험, 장애도 똑같이 이익을 가져올 것이다. 이 이론이 옳다면 무역선이 도달하기에 가장 어려운 도시는 가장 유리한 입장에 있게 된다. 해적과 조난 사고는 운송비와 보험료를 상승시킴으로써 나라의 번영에 기여하고, 항해술의 발달이나 철도와 기선의 개량은 해가 된다. 분명히 이것은 모순이다.'

그러고 나서 저는 더 깊이 생각해 보았습니다. 그 강연자는 미국과 같은 큰 나라가 원료를 수출하는 한편 국내에서도 생산할 수 있는 완제품을 수입하는 것은 어리석은 짓이라고 강조하였습니다. 그래서 저는 자문자답해 보았습니다. '원료를 수출하고 완제품을 수입하는 동기는 무엇인가? 그것은 이런 방식을 통해 상품을 더 싸게, 즉 노동력을 더 적게 들이고 획득할 수 있기 때문이다.' 또 저는 국가 사이의 무역에 비유할 수 있는 개인 사이의 거래를 검토하여 보았습니다. 그 예는 아주 많았습니다. 농민은 밀을 팔고 밀가루를 삽니다. 양을 기르는 사람은 양털을 팔고 옷과 모포를 삽니다. 가죽업자도 구두를 직접 만들지 않고 남이 만든 구두를 삽니다. 국가 간의 무역을 분석해 보니 이 역시 개인 간의 거래와 완전히 같은 것임을 알게 되었습니다. 단지 다른 나라에 살고 있을 뿐 결국 개인 간의 거래이며, 최소한의 노동력으로 최대한의 산출을 얻으려는 의도에서 이루어지는 것이고, 거래의 결과 이런 의도가 충족된다는 사실을 알게 되었습니다. 무역이 존재하지 않는 사회는 테라 델 푸에고처럼 철저한 야만사회이며, 분업과 무역이 증가하면 이에 비례하여 국부가 증가하고 문명이 발전한다는 사실을 알았습니다.[8] 이처럼 보호무역론자의 주장을 하나하나 따져보고, 곰곰이 생각해 보고, 분석하고 검증함으로써 저는 제 나름대로의 결론에 이르게 되었고 그 이후 이 결론을 견지하고 있습니다.

경제학에 필요한 연구방법은 이러한 사고 작용이 전부입니다. 결론으로 비약하지 않고 모든 단계를 확인해 가는 신중한 사고 습관이 필요하고, 동시에 이러한 사고 습관만 갖추면 충분합니다. 본질적으로 전혀 다른 것을 단지 겉모습이 닮았다고 해서 같은 것으로 취급하는 것과 같은, 결론으로 비약하는 습관은 온갖 악성 오류의 근원으로서 경제학이 싸워야 하는 대상입니다.

제 생각을 더 쉽게 여러분에게 설명하기 위해 몇 가지 예를 드는 것이 좋겠습니다. 만약 제가 여러분에게 "납 1파운드와 깃털 1파운드 중 어느 것이 더 무겁습니까?"와 같이 어린아이 같은 질문을 던진다면, 여러분은 분명 기분이 상할 것입니다. 그리고 제가 "금 1달러어치와 다른 물건 1달러어치 중 어느 것이 더 가치 있습니까?"라고 진지하게 묻는다면, 여러분은 역시 여러분의 두뇌를 모욕한다고 느낄 것입니다. 그러나 금 1달러어치가 다른 물건 1달러어치보다 값이 더 나간다는 믿음이 널리, 그리고 확고히 퍼져 있습니다. 이런 믿음을 바탕으로 하여 각국에서 정책을 형성해 왔고, 각종 조약을 체결해 왔고, 군대를 양성해 왔고, 군함을 만들어 왔고, 정교하고도 부담스러운 조세제도를 강제하여 왔고, 많은 사

8 테라 델 푸에고(Terra del Fuego)는 불의 땅이라는 뜻으로, 남아메리카 대륙 남단에 위치하며 혹독한 기후 탓으로 당시 원주민은 극도의 원시적인 생활을 하고 있었다.

람을 감옥이나 교수대로 보내 왔습니다. 많은 대학 졸업자, 전문직 종사자, 상하원 의원, 작가, 언론인을 포함하여 미국 국민의 상당수가, 아마도 거의 대부분이, 물건 1달러의 가치는 금 1달러의 가치와 동등하다는 사실을 전혀 이해하지 못하는 것 같습니다. 이런 사람들은, 금을 주고 상품을 구입하는 사회는 손실을 입고 그러한 교환을 막아서 "나라 안에 돈을 묶어 두는 것"은 지혜로운 일이라고 가정하는 가운데 추론하고, 논쟁하고, 입법합니다. 오늘날 미국의 세제도 이러한 불합리한 가정에 기반을 두고 있습니다. 그리고 여러분이 조금만 주의를 기울인다면, 이런 가정이 현재 벌어지고 있는 모든 담론에서 나타나고 있다는 것을 알 수 있을 것입니다. 금은 우리 고장의 특산품의 하나이고, 오랫동안 우리 고장의 유일한 특산품이었습니다. 이런 곳에서조차 똑같은 오류가 활개 치고 있습니다. 중국인 이민 반대 단체는 "돈이 중국으로 빠져 나간다."라고 불평하지만, 밀가루, 밀, 수은, 새우가 빠져 나가는 것에 대해서는 불평할 생각조차 하지 않습니다. 중국인 이민 반대 단체보다 지적으로 훨씬 더 우위에 있다고 자부하는 샌프란시스코의 주요 언론은, 거의 일주일도 빠짐없이 이런저런 물자의 수입을 하지 않게 되어 과거에 외국에 유출되던 돈이 국내에 남게 되었다고 축하하며, 또 국내에서 생산할 수 있는 이런저런 물자를 수입하기 위해 외국에 돈을 내보낸다고 개탄하고 있습니다. 그러나 우리가 포도주, 양모, 과일, 벌꿀을 보낸다는 사실에 대해서는 개탄할 일이라고 결코 생각하지 않습니다. 아니 오히려 그 반대입니다. 이것은 바로 금 1달러어치가 다른 물건 1달러어치보다 훨씬 더 가치 있다고 가정하기 때문이 아닙니까?

논리적 비약

이런 견해를 일반 명제로 만들어서 생각해 보면 그것에 오류가 있음을 더 명백하게 알 수 있습니다. 그럼에도 불구하고, 앞서 제가 지적한 것처럼 결론으로 비약하는 습관 때문에, 스스로 생각하지 않는 사람들은 이런 견해를 매우 자연스럽게 받아들이고 있는 형편입니다. 화폐는 다른 모든 것의 가치를 표현하기 위해 사용하는 기준이자 척도입니다. 우리가 부를 얻을 경우에 '돈을 벌었다'고 하고 부를 잃을 경우에 '돈을 잃었다'고 합니다. 부자에 대해서는 비록 현찰이 얼마 없는 사람이라고 해도 돈 많은 사람이라고 표현합니다. 화폐는 교환을 위한 공통의 매개물이기 때문에, 우리가 자기 물건을 다른 물건과 교환할 때 흔히 자기 물건을 먼저 화폐로 바꾼 다음 그 화폐로 우리가 원하는 물건을 구입합니다.

그리고 물건을 원하는 사람의 총수는 어느 특정의 물건만을 원하는 사람의 수보다 당연히 많기 때문에, 물건을 교환해야 하는 사람에게는 물건을 파는 것이 화폐로 물건을 사기보다 어려울 것입니다. 물건을 팔아서 화폐를 받으려면 그 특정의 물건을 원하는 사람을 만나야 하는 반면, 돈을 주고 상품을 사려고 할 때에는 다른 상품이나 용역을 구입하려는 사람은 누구나 내 돈을 원하기 때문입니다. 부를 화폐로 평가한다든지 부의 득실을 화폐의 득실로 표현하는 이런 습관, 또 개인적으로 교환 과정에서 겪는 어려움을 화폐 취득의 어려움과 연결 짓는 이런 습관 때문에 사람들이 명확한 사고를 하지 못하고 화폐가 다른 것보다 중요하다는 결론으로 비약하고 맙니다. 그러나 조금만 생각해 보면 다음과 같은 사실을 알 수 있습니다. 부는 절대로 화폐로 이루어지는 것이 아닙니다. 개인적인 교환에서 나타나는 어려움은 화폐의 상대적 가치와는 아무런 연관이 없으며, 다수의 개인 간의 교환이 집합적으로 이루어진다고 생각하면, 그런 어려움은 사라집니다. 간단히 말해서 화폐 1달러는 밀이나 옷 1달러어치와 다를 바 없다는 것입니다. 우리가 돈보다 상품을 더 원하지 않는다면 상품을 구입할 리가 없기 때문에, 돈으로 다른 물건을 구입한다는 사실은 나에게 불리한 거래가 아니라 오히려 유리한 거래라는 증거입니다.

다른 예를 하나 들어 보겠습니다. 여러분은 중국인 이민과 관련하여, 저렴한 노동력은 생산비를 감소시킨다는 점에서 노동절약적 기계류와 꼭 같으며 따라서 기계류가 생산력을 높이듯이 저렴한 노동력도 생산력을 높인다는 말을 분명히 여러 번 들었을 것입니다. 이것은 저렴한 노동력이나 노동절약적 기계류나 다 같이 제조업자의 생산비를 줄인다는 사실로부터 비약하여 내린 결론입니다. 이렇게 비약하지 않고 생산비가 각각 어떤 방식으로 절감되는지를 따져본다면 그 결론이 잘못되었음을 알 수 있습니다. 노동절약적 기계류는 노동생산성을 높여서 생산비를 줄이는 반면, 임금 하락은 생산물 중 노동자에게 돌아가는 몫을 낮춤으로써 생산비를 줄입니다. 고용주에게는 두 가지의 효과가 동일하지만 사회 전체의 입장에서 보면 양자는 판이합니다. 전자는 사회 전체의 부를 증가시킵니다. 그러나 후자는 단순히 분배의 변화를 일으킬 뿐이므로 한 계층이 이익을 얻으면 다른 계층은 그만큼 손해를 보게 됩니다. 그러므로 저렴한 노동력의 효과는 기계류 개량의 효과와는 아주 다를 수밖에 없습니다.

이러한 오류와 아주 유사한 것으로서, 사람에 따라서는 너무나 자연스럽게 받아들이는 견해가 또 있습니다. 현재의 사회 구조 속에서 값싼 노동력이 도입되면 일반적인 임금 수준이 하락하는 경향이 있듯이 값싼 상품을 수입해도 같은 결과가 초래된다는 것입니다. 이것 역시 전체와 부분을 혼동하고, 부의 생산과 분배를 구분하지 못하는 사고의 혼란에서 생깁니다. 하지만 이 문제는 여러분 스스로 분석해 보도록 남겨 두겠습니다.

인류를 위한 고귀한 열정으로 연구해야

시간이 허락한다면 하나하나 사례를 제시하면서 경제학 분야에 적용하는 간단한 실험 방법으로 검증하여, 현재 나오고 있는 수많은 견해가 명백한 오류임을 입증할 수 있습니다. 이런 견해 가운데는 방금 제가 든 사례보다 사람들에게 훨씬 더 널리 수용되고 있는 것도 있습니다. 그러나 저의 목적은 여러분에게 결론을 제시하려는 것이 아닙니다. 제가 여러분에게 인식시키고 싶은 것은 단지 일반적으로 난해하다고 알려진 이 학문이 실제로는 매우 단순하며 또 연구가 용이하다는 점입니다. 경제학을 연구하는 데 있어서 특별한 전문지식이나 대규모의 도서관 또는 값비싼 실험실을 갖출 필요가 없습니다. 스스로 생각하기만 하면 교과서나 선생님조차 필요치 않습니다. 단지 조심스러운 태도로 복잡한 현상을 단순한 요소로 축소하고, 본질적인 것과 부수적인 것을 구별하고, 여러분이 이미 잘 알고 있는 인간행동의 단순한 법칙을 적용하기만 하면 됩니다. 누구의 의견도 당연한 것으로 받아들이지 말고 모든 것을 검증 대상으로 삼은 후 그 결과 옳다고 판단되면 당당히 밀고 나가면 됩니다. 이렇게 한다면 타인의 의견은 참고사항이나 좀 더 자세한 설명으로서 자신의 생각을 보충해 줄 수는 있지만, 이렇게 하지 않는다면 타인의 의견이란 마치 사람이 앵무새에게 거는 말과 같습니다.

경제학 연구의 소득으로서 지적인 훈련 이상의 것이 없다고 하더라도 경제학은 깊은 관심을 가질 만한 가치가 있는 학문입니다. 스스로 생각하는 법을 가르치는 학문은 모든 학문 중에서 가장 필요한 학문이기 때문입니다. 교육은 사실을 배우는 것이 아닙니다. 교육은 지적 능력을 계발하고 훈련하는 것입니다. 여기에 있는 모든 교수진, 모든 학습 시설만으로는 사람을 교육할 수 없고 단지 스스로 공부하는 데 도움을 줄 수 있을 뿐입니다. 여러분은 여기에서 연구의 도구를 얻을 수는 있습니다. 그렇지만 도구란 쓸 줄 아는 사람에게만 유용한 것입니다. 현미경을 가진 원숭이, 도서관을 채우는 당나귀와 같은 상징이 불행히도 이 사회의 수많은 사람에게 해당됩니다. 이들은 교육기관을 두루 거치면서 사용할 줄 모르는 지식을 잔뜩 배운 유식한 바보가 됩니다. 이들은 자칭 타칭 교육받은 사람으로서 통하기 때문에 더

욱더 한심하고 경멸스럽고 또 그만큼 더 진정한 발전을 가로막게 됩니다.

경제학을 연구하면 활발한 사고 습관과 지적인 자기 확신에 큰 도움이 됩니다. 경제학을 연구하면 사고를 통해 분석한 것을 일상생활에 적용할 수 있게 되고, 끊임없이 변화하는 현상에서 불변의 법칙의 증거를 찾도록 훈련할 수 있습니다. 외형적인 것에서 그 본질적인 것을 구별할 수 있으며, 이해관계와 욕망과 편견의 소용돌이 밑바닥에 자리 잡고 있는 우리 시대의 거대한 조류를 이해할 수 있게 됩니다. 그렇지만 제가 강조하려는 것은 이런 것이 아니라, 단순한 지식의 추구보다 더 높은 동기이고 권력이나 부의 추구보다 더욱 고귀한 열정입니다.

부를 다루는 학문은, 남을 배려하는 마음의 힘이라든지 다른 사람의 행복을 위해서 애쓰고 투쟁하고 심지어는 죽을 수도 있는 열정의 힘에 관해서는 무관심하며 때로는 의도적으로 배제하기도 합니다. 그럼에도 불구하고 이러한 학문으로 이끌어 주는 강력한 힘은 고차원적인 열정과 고귀한 충동입니다. 경제학의 진정한 효능은 경제학을 통해 내가 이익을 얻는 데 있는 것이 아니라 다른 사람을 위해 도움을 줄 수 있다는 데 있습니다.

여러분은 고결한 소망이 용솟음치는 경험을 했을 것으로 믿습니다. 여러분의 시대와 세대에 유용한 사람이 되고자 하는 욕구가 있었을 것이고, 다음 세대가 여러분보다 어느 면에서든지 조금이라도 더 현명하게 더 선하게 더 행복하게 살기를 바란 때가 있었을 것입니다. 설혹 지금껏 한 번도 이러한 감정을 느끼지 못했다 할지라도 단지 잠재해 있을 뿐, 그에 대한 필요성을 느낄 때에는 그런 감정이 솟구칠 것임을 믿습니다.

여러분이 조금만 관심을 가지면 그 이유를 알게 될 것입니다. 여러분은 소수의 선택받은 자입니다. 여러분은 이런 우수한 대학의 학생이 되었다는 사실만으로도 소수의 사람만이 누릴 수 있는 온갖 행복이 보장되어 있습니다. 그러나 수많은 사람이 운명적으로 겪는 엄혹한 생존 경쟁이 인생을 속박하고 좌절시키고 왜곡한다는 사실, 그러한 생존 경쟁이 고상한 본성을 무디게 만들고 따듯한 심성을 차갑게 식히고 인생의 기쁨과 시를 몰아낸다는 사실, 그러한 경쟁 때문에 사회의 찬탄 대상이 되어야 할 사람이 사회의 병자 내지 기생충으로 전락하고 사회를 풍요롭게 만드는 데 기여해야 할 두뇌와 근육이 사회를 해치는 맹수로 표변한다는 사실을 여러분은 아직 모를 것입니다. 그러나 점차 알게 되겠지요. 지금껏 여러분은 이런 사실에 주목할 계기가 없었을 것입니다. 그러나 여러분이 생각해 본다면 지금 이 시각 이 나라에서도 빈곤과 비참이 심각함을 분명히 알게 될 것이고 그에 대해 슬픔과 연민을 느껴서 특별한 결심을 하게 될 것입니다. 여러분의 마음속에서 커다란 동정심이 피어오를 것이고 악을 물리치려는 분노가 불타게 될 것입니다.

이런 사실을 알게 된다면 여러분은, 고통을 해소하고 무지를 뿌리 뽑고 악을 추방하기 위해 무언가를 기꺼이 하지 않겠습니까? 여러분은 경제학을 공부하여 원인을 알아야 합니다. 그래야만 악한 나무의 뿌리를 도끼로 잘라 낼 수 있습니다. 그렇지 않으면 여러분의 모든 노력은 헛될 것입니다. 사회 문제의 원인에 대한 올바른 이해가 없는 단순한 인류애는 근본적인 치료를 하지 못합니다. 문제를 완화시킬 수도 있겠지만 악화시킬 수도 있습니다. 만약 자선이 빈곤을 추방할 수 있고 설교가 사람을 도덕적으로 만들 수 있고 출판이나 학교 설립으로 무지를 타파할 수 있다면 이러한 문제는 오늘날 남아 있지도 않을 것입니다.

경제학을 공부해야 하는 더 큰 이유가 또 있습니다. 경제학이 다루는 문제가 가까운 미래에 한층 더 심각하고 중요해진다는 점입니다. 여러분은 찬성편이든 반대편이든 이 싸움에 가담하지 않을 수 없게 되는데, 이때 현명하게 대처하려면 경제학을 약간이라도 이해해야 합니다. 그리고 이 싸움을 위해 집결하고 있는 여러 세력을 살펴본다면 앞으로 다가올 싸움은 과거보다 훨씬 더 격렬하고 그 영향도 심대하다는 사실을 분명히 알 수 있을 것입니다.

빈부격차는 사회제도 탓

이 사회에는 안일한 믿음이 있습니다. 우리가 시대의 순풍을 타고 있으며, 우리가 진보라고 부르는 것의 덕택에 모든 악이 스스로 치유될 것이라는 믿음입니다. 이러한 믿음을 검증 없이 받아들이지 마십시오. 지나간 역사는 이 믿음을 뒷받침해 주지 않으며, 현재의 여러 징후도 이를 보증하지 못합니다. 여러분, 이 시대의 흐름을 보십시오. 지식인의 각고의 노력이 필요하지 않습니까?

우리가 살고 있는 이 지역에 대해 한번 생각해 봅시다. 사려 깊은 사람이라면 우리 주 캘리포니아의 발전을 만족하게만 생각할 수 있겠습니까? 현재의 사회제도 하에서는, 바다 건너 있는 샌프란시스코에서 부와 인구가 증가할수록 가난이 심화되고 악이 늘어가며, 고급마차가 많아질수록 거지도 많아진다는 것을 잘 알지 않습니까?[9] 또 부자의 쾌적한 별장

9 이 연설의 장소인 캘리포니아 대학교 버클리 캠퍼스는 샌프란시스코 인근에 위치하고 있다.

이 이쪽 산중턱에 차례차례 들어설수록 도시의 빈민가에는 악취 나는 판잣집이 늘어난다는 것도 잘 알지 않습니까? 저는 샌프란시스코의 발전을 기쁨과 자부심을 가지고 지켜봐왔습니다. 지금도 샌프란시스코가 미래의 위대한 도시, 저 광대한 태평양의 여왕, 아마도 세상에서 가장 훌륭한 도시가 될 것을 상상하면 즐거운 마음이 됩니다. 그러나 그렇게 된다 해도 얻는 것이 무엇입니까? 샌프란시스코의 인구가 30만 명이 된 지금, 도시는 커졌지만 노동으로 살아가는 계층에게는 인구 6만 명일 때가 더 좋았습니다. 현재의 추세가 변하지 않는다면, 30만 명 인구가 100만 명으로 증가될 경우, 서부 출신 주민이 뉴욕에 갔을 때 거리에서 목격하고 충격을 받게 되는 그 비참한 광경을 샌프란시스코에서도 반드시 보게 될 것입니다.

이것이 바로 우리가 자랑해 마지않는 진보라는 것의 어두운 면이고 진보를 끈질기게 쫓아다니는 네메시스입니다. 부가 쌓이는 곳에 가난이 깊어지고 사치가 넘치는 곳에 극심한 빈곤이 밀고 들어갑니다. 나라의 창고 역할을 하는 도시에서 굶어 죽는 사람이 매년 생깁니다. 화려한 교회의 높다란 첨탑이 하늘을 찌르는 곳에 경찰 병력이 상비군처럼 존재해야 하고, 새로운 학교를 지으면서 감옥도 같이 지어야 합니다. 평화의 복음, 선한 의지의 복음을 전할 선교사를 세상 끝까지 보내기 위해 기부금을 많이 걷는 곳에 이교도조차도 놀랄 만한 불결함과 죄악이 있습니다. 공장에서는 엄청난 증기의 힘으로 인간의 생산력을 수백, 수천 배까지 증가시키는 기계를 가동하고 있지만 여기에는 놀이터나 학교에 있어야 할 어린 자녀들이 일하고 있습니다. 극도로 완벽한 교환 장치를 갖춘 곳에 수많은 사람들이 일자리를 찾아 방황합니다.

소위 "물질적 진보"라고 하는 것, 현대 철학이 희망을 가지고 추구해야 할 목표라고 우리에게 가르치고 있는 이 진보라는 것에 따라붙는 검은 그림자는 어디에서 오는 것일까요? 이것은 무엇보다도 중요한 문제입니다. 우리는 이 문제에 답을 해야 합니다. 답을 하지 못하면 과거의 문명이 멸망한 것과 같이 우리도 멸망할 것입니다. 그 어떤 체인도 그중 가장 약한 연결고리보다 강할 수는 없습니다. 현대 문명이라는 찬란한 조각품의 머리는 황금, 어깨는 구리, 발은 진흙으로 되어 있습니다.

이런 문제의 해결책은 경제학만이 제지할 수 있습니다. 그리고 제가 이 강연에서 설명한 방식에 따라 여러분 스스로 부의 생산과 교환에 관한 법칙을 찾는다면, 각종 사회 문제의 원인은 인간의 이기심과 무지의 결합에 의해 형성된 사회제도, 전적으로 우리 자신이 해결할 수 있는 잘못된 사회제도에 있음을 알게 될 것입니다.

또 여러분은 해결방안도 찾게 될 것입니다. 해결방안은 붉은 색의 파괴 행위와 같은 몽상이나, 국가라고 하는 비지성적 추상체에 인간을 예속시키려는 헛된 계획에 있지 않고, 정의에 부합하는 간단한 조치에 있습니다. 여러분은 위대한 해결방안을 빛 속에서, 그리고 자유 속에서 찾을 수 있을 것입니다. 진정한 사회생활의 법칙은 사랑의 법칙이자, 자유의 법칙이며, 개인은 전체를 위하고 전체는 개인을 위하는 법칙임을 알게 될 것입니다. 또한 도덕의 황금률은 곧 경제학의 황금률이며, 고차원의 종교적 진실은 가장 일반적인 경제학 원리를 포함한다는 사실을 알게 될 것입니다.

여러분은 인간의 형제됨에 대한 이해가 점점 더 깊어질 것이고 하나님의 아버지 되심에 대한 믿음이 점점 더 확고해질 것입니다. 이런 것은 도덕적 가르침만으로는 배울 수 없습니다. 여러분이 혹시 궁핍과 비참, 그리고 야만적인 노동이 창조주가 명령한 것이라는, 차라리 무신론보다 더 못한 견해에 동의한 적이 있는지도 모르겠습니다. 또는 이런 견해에 반발하여, 이 세상에서 명백한 것은 맹목적이고 무자비한 운명이 인간의 희망을 꺾고 고통을 외면한다는 사실뿐이라고 느낀 적이 있을지도 모르겠습니다. 그러나 우리 사회의 악과 부조리는 우리가 진정한 법칙을 모르기 때문에 생긴다는 사실을 깨닫게 되면, 또한 인간이 삶을 획기적으로 선하고 행복하게 개선할 수 있음을 이해하게 되면 이런 생각은 사라질 것입니다.

자유 예찬

1877년, 미국 독립기념일인 7월 4일에 샌프란시스코에서 행한 연설이다. 원제는 「Ode to Liberty」이다. 샌프란시스코에서는 독립기념일에 지역의 명사를 초청하여 연설을 듣는 관례가 있었는데, 이 해에는 38세의 언론인이었던 헨리 조지가 초청을 받았다. 그는 이듬해 대표적 명저 『진보와 빈곤』을 탈고하였는데 연설문은 이 책 제10권 제5장에도 실려 있다. 헨리 조지는 토지사유제를 비판했다는 이유로 후대에 사회주의자라고 오해받은 경우도 적지 않으나, 이 연설에서도 알 수 있듯이 자유를 매우 소중하게 여기는 사람이었다. 현대 철학의 분류에 따르면 그의 사상은 넓은 의미의 최대자유주의(libertarianism) 중에서 토지 등 자연에 대해서는 모든 인간이 평등권을 가진다고 보는 좌파 최대자유주의(left-libertarianism)에 가깝다.

우리는 자유를 받듭니다. 그 여신상도 세워 찬양합니다. 그러나 자유를 완전히 신뢰하지 않습니다. 사회가 커지면 자유의 요구도 커집니다. 자유는 완전하게 존중받기를 원합니다!

자유! 이는 신비한 힘을 가진 단어이며 공허하게 귀를 어지럽히는 단어가 아닙니다. 자유는 정의이고 정의는 자연법입니다. 자연법은 건강과 조화와 힘의 법이고 연대와 협동의 법입니다. 세습적 특권이 타파되고 보통선거가 실시되면 자유가 그 소임을 충분히 완수하며 인간의 일상생활에서 그 이상의 의미가 없다고 생각하는 사람이 있다면 그 진정한 위대함을 모르는 사람입니다. 이 사람들에게는 자유를 노래하는 시인이 세상을 모르는 사람처럼 보이며 자유의 순교자가 바보로 보일 뿐입니다. 인간에 있어 자유는 생명과 빛을 베푸는 태양과 같습니다. 구름을 뚫고 만물을 성장시키며 모든 움직임을 도와 차디찬 무생물에서 극도로 다양한 생명과 아름다움을 이끌어내는 햇빛과 같습니다. 사람들이 자유를 위해 노력하고 죽은 것이, 그리고 시대마다 자유의 증인이 일어서고 자유의 순교자가 고통 받은 것이 단지 추상적인 개념을 위해서가 아니었습니다.

모든 진보는 자유가 이룩한 결과

때때로 우리는 자유는 자유이고 미덕, 부, 지식, 발명, 국력, 국가의 독립은 자유와 별개인 것처럼 이야기합니다. 그러나 자유는 이 모든 것의 근원이고 어머니이고 필요조건입니다. 자유와 미덕의 관계는 빛과 색채의 관계와 같습니다. 자유와 부의 관계는 햇빛과 곡식의 관계와 같습니다. 자유와 지식의 관계는 눈과 물체의 관계와 같습니다. 자유는 발명의 천재이고 국력의 근육이며 국가 독립의 정신입니다. 자유가 신장되면 미덕이 자라고 부가 증가하고 지식이 늘어나고 발명이 줄을 이으며, 자유를 누리는 국가는 힘과 정신에서 다른 국가를 능가하게 됩니다. 반면에 자유가 위축되면 미덕은 사라지고 부는 감소하고 지식은 망각되고 발명은 중지됩니다. 한때 무력이나 기술에서 융성했던 강대국이 자유로운 미개인에게 힘없이 멸망당합니다.

자유라는 태양이 아직도 충분히 빛을 비추지 못했지만, 지금까지의 모든 진보는 자유가 이룩한 결과입니다.

이집트의 채찍 아래 굽실거리며 노예생활을 하던 히브리인들에게 자유가 나타나 그들을 속박의 집에서 데리고 나왔습니다.[1] 자유는 이들을 사막에서 단련시켜 정복민족으로 변화시켰습니다. 모세의 율법에 나타난 자유정신에 의해 히브리 사상가들은 높은 경지에 도달하여 유일신을 보았습니다. 히브리 시인들은 자유정신에서 영감을 얻어 그들의 사상을 찬양하는 최상의 시를 남겼습니다. 자유가 페니키아 해안에 나타나자 페니키아인들은 헤라클레스의 기둥을 지나 미지의 바다로 항해하였습니다.[2] 자유가 그리스에 약간의 빛을 비추자 대리석이 최고의 아름다운 형체로 변하고 언어는 오묘한 사상의 도구가 되었습니다. 자유를 누리는 그리스 도시국가의 빈약한 의용군 앞에서 수많은 침략자가 바위 앞의 파도처럼 허물어졌습니다. 이탈리아 농민의 빈약한 땅에도 자유가 빛을 내리자 로마는 힘이 생겨 세계를 정복할 수 있었습니다. 자유의 빛이 게르만 투사의 방패에서 번쩍이자 아우구스투스 황제는 군대를 잃고 눈물을 흘렸습니다. 자유가 한동안 빛을 내지 않다가 다시 자유도시에 나타나자 과거의 학문이 되살아나고 현대문명이 시작되고 새로운 세계가 열렸습니다. 자유가 신장됨에 따라 예술, 부, 힘, 지식, 문화도 신장되었습니다. 모든 나라의 역사에서 동일한 진리가 드러납니다. 영국이 크레시와 아쟁쿠르 지역을 손에 넣을 수 있었던 것은 대헌장에서 태어난 힘 덕분입니다.[3] 엘리자베스 1세 여왕의 치세의 영광은 튜

1 속박의 집(House of Bondage)은 히브리인이 모세의 영도로 탈출한 이집트를 말하며, '종 되었던 집'이라고 한다. "나는 너를 애굽 땅, 종 되었던 집에서 인도하여 낸 네 하나님 여호와니라."(출애굽기 20:2)

2 헤라클레스의 기둥(Pillars of Hercules)은 스페인과 북아프리카 사이의 지브롤터 해협의 양쪽에 있는 바위를 뜻한다.

3 크레시(Crécy)와 아쟁쿠르(Agincourt)는 각각 잉글랜드와 프랑스 사이에 벌어진 백년전쟁 기간에 잉글랜드가 대승리를 거둔 지역이다. 크레시 전투는 1346년, 아쟁쿠르 전투는 1415년에 있었다.

더 왕조의 압제 속에서 자유가 부활했기 때문입니다.[4] 미국이라는 거목의 씨를 뿌린 것은 전제군주를 거부한 자유정신의 덕입니다. 스페인은 자유의 힘이 통합되자 세계 최강국이 되었고, 전제정치가 자유를 억누르자 가장 허약한 나라로 전락하였습니다. 프랑스에서도 지성의 활력이 17세기 전제정치하에서는 죽어갔으나 18세기의 빛나는 자유 속에서 다시 피어났습니다. 대혁명으로 농민이 참정권을 갖게 되면서 프랑스는 우리 시대에 필적할 상대가 없는 막강한 힘을 갖게 되었습니다.

이런데도 자유를 신뢰하지 않을 수 있을까요?

과거에도 그랬듯이 현대에도 숨은 세력이 암약하면서 불평등을 낳고 자유를 파괴합니다. 지평선 저 먼 곳에서는 먹구름이 내려오려고 합니다. 자유는 다시 우리를 부릅니다. 우리는 자유를 따라야 하며 완전히 신뢰하여야 합니다. 우리가 완전히 받아들이지 않으면 자유는 떠나 버립니다. 사람들이 투표권을 갖는다든가 이론상 법 앞에 평등한 것만으로는 충분하지 않습니다. 사람들이 생활의 기회와 수단을 이용할 수 있어야 하고 자연의 혜택을 동등하게 누릴 수 있어야 합니다. 이렇게 하지 않으면 자유는 빛을 거두어 버립니다! 이렇게 하지 않으면 암흑이 찾아오고 진보의 결과로 생긴 힘이 파괴의 힘으로 변질되고 맙니다. 이것은 보편적인 법칙입니다. 이것은 오랜 세월의 교훈입니다. 정의에 기초를 두지 않는 사회구조는 지속되지 못합니다.

토지사유제는 자유의 적

현재 우리 사회의 기본제도는 정의를 부정하고 있습니다. 모든 사람을 위한 생존과 생활의 터전인 토지에 대해 사유를 허용함으로써 사람들이 토지 소유자에게 얽매이도록 하였으며 그 정도는 물질적 진보가 계속됨에 따라 더 심해지고 있습니다. 이러한 제도는 교묘한 연금술과도 같아서 모든 문명국가의 대중이 힘들여 노동한 결과를 슬그머니 빼앗아 갑니다. 고되고 희망 없는 노예생활을 제도화하며 정치적 자유 속에서 전제정치를 초래합니다.

물질적 진보라는 축복은 이러한 사회제도 때문에 저주로 변합니다. 이러한 사회제도 때

4 엘리자베스 1세(1533~1603, 재위 기간: 1558~1603)는 잉글랜드 튜더(Tudor) 왕조의 여왕이며 헨리 8세의 딸이다. 이 무렵 잉글랜드는 왕가와 종교를 둘러싼 극심한 갈등으로 파탄에 이르렀으나, 엘리자베스 1세 이후 강성하고 문화가 꽃피는 나라가 되었다.

문에, 누추한 지하실과 더러운 셋집에 사람들이 우글거리고, 감옥과 창녀촌이 붐비고, 남자는 궁핍과 탐욕에 시달리며, 여자는 우아함과 아름다움을 상실하고, 어린이는 그 또래의 기쁨과 순수를 잃고 맙니다.

이런 상태로는 문명이 오래 갈 수 없습니다. 영원한 우주의 법칙이 이를 금합니다. 이 사실은 멸망한 제국의 폐허가 증명하고 사라진 과거의 인류가 증언합니다. '자비'보다 더 위대하고 '자선'보다 더 존엄한 '정의'는 잘못을 시정하라고 명령합니다. 저울과 칼을 들고 있는 정의는 부정할 수도 없고 제거할 수도 없습니다. 우리가 예배나 기도를 드린다고 해서 정의가 내려치는 칼날을 비껴갈 수 있을까요? 굶주린 어린이가 신음하고 피로에 지친 어머니가 울고 있는데, 교회를 세운다고 해서 저 불변의 법칙이 내리는 명령을 피할 수 있을까요?

빈곤에서 생기는 고통과 야만성을 하나님의 불가사의한 섭리로 돌린다거나 두 손을 모으고 '만물의 아버지' 앞에 가서는 대도시의 궁핍과 범죄의 책임을 미룬다면 형식상으로는 기도일지 모르나 실제로는 신성모독입니다. '영원하신 존재'를 폄훼하는 행위입니다. '정의로우신 분'을 욕되게 하는 행위입니다. 자비심이 있는 사람이라면 차라리 세속의 지배자가 되려고 할 것이고, 정의감이 있는 사람이라면 개미 언덕과 같은 교회를 발로 차 버릴 것입니다! 우리 문명 속에서 곪고 있는 죄악과 비참에 대한 책임은 '전능자'가 아니라 우리에게 있습니다. 창조주는 인간에게 많은 선물을 주셨고 이것으로 충분하고도 남습니다. 그러나 돼지가 먹이를 향해 돌진하듯이 우리는 서로 찢고 뜯으면서 이 선물을 진창 속에 뭉개고 있습니다!

지금 서구문명의 중심에는 궁핍과 고통이 존재하며, 눈을 감는 자나 신경이 무딘 자가 아니라면 가슴 아파하지 않을 수 없는 정도에 이르렀습니다. 우리는 창조주를 향해 해결해 달라고 부탁해야 할까요? 설혹 창조주가 우리의 기도를 듣고 명령한다고 합시다. 태양에 더 큰 힘이 생기고 공기에도 새로운 능력이 생기고 땅에도 신선한 활력이 넘쳐서 현재 자라고 있는 곡물이 두 배로 증가하고 씨앗도 현재의 두 배의 결실을 맺는다고 합시다. 그렇게 되면 과연 빈곤이 줄고 궁핍이 해결될 수 있겠습니까? 분명히 그렇지 않습니다! 혹 이익이 있다고 해도 일시적일 뿐입니다. 물질세계에 흘러 들어가는 새로운 힘은 토지를 통해서만 이용할 수 있습니다. 토지가 사유재산으로 되어 있는 한, 창조주의 하사물을 현재 독점하고 있는 계층이 새로운 하사물마저 독점하게 됩니다. 지대가 상승할 뿐, 임금은 기아선상으로 도로 내려가고 말 것입니다!

이것은 정치경제학 이론에 그치지 않고 경험으로 확인되는 사실입니다. 우리가 직접 보았기 때문에 그 사실을 알고 있습니다. 만물의 위에, 만물의 안에, 만물을 통해 존재하는 큰 힘, 모든 우주가 그 표현이 아닌 것이 없는 큰 힘, 만물을 만들고 만물의 존재를 가능하게 하는 큰 힘은, 인간이 향유할 수 있는 물자를 이 시대 우리의 눈앞에서 증가시켜 주었습니다. 이것은 자연의 증식력이 향상된 것과 다름없습니다. 어떤 사람은 증기를 잘 이용하면 인간에게 큰 도움을 줄 수 있다는 생각을 하게 되었습니다. 어떤 사람은 전기를 이용하여 지구 곳곳에 메시지를 전할 수 있는 비결을 내면의 귀로 듣게 되었습니다. 모든 분야에서 물질의 법칙이 모습을 드러냈습니다. 모든 산업에서 무쇠로 된 팔과 강철로 된 손가락이 생겨서 부의 생산을 증가시켰습니다. 이런 변화는 자연의 증식력이 증가한 것과 같은 효과를 냈습니다. 그런데 결과가 어떠했습니까? 토지 소유자가 모든 이익을 취했을 뿐입니다. 우리 세기의 놀라운 발견과 발명은 임금을 올려 주지도 않았고 힘든 일을 덜어 주지도 않았습니다. 단지 소수를 부유하게 하였고 다수를 무력하게 만들었을 뿐입니다!

자유를 위해 투쟁을

창조주의 선물을 이렇게 착복하는데 벌을 받지 않겠습니까? 노동자가 대가를 빼앗기는 가운데 탐욕스러운 자가 부를 독점하고, 많은 사람이 궁핍 속에서 사는 가운데 소수의 사람만 마음껏 먹는 것이 가벼운 일입니까? 역사에는 페이지마다, 이러한 잘못은 반드시 벌을 받으며 복수의 여신 네메시스는 절대로 머뭇거리거나 졸지 않고 불의를 응징한다는 교훈이 있습니다! 오늘날 주위를 둘러보십시오. 이러한 상태가 계속될 수 있겠습니까? "우리 뒤에야 대홍수가 나든 말든." 하고 넘겨 버릴 수 있겠습니까?[5] 그렇지 않습니다. 지금도 국가의 기둥이 흔들리고 있습니다. 사회의 기초가 요동치며 울분이 들끓고 있습니다. 사회가 소생하느냐 폐허로 주저앉느냐의 투쟁은 이미 시작되었거나 머지않아 시작됩니다.

명령은 떨어졌습니다! 증기와 전기 등 최근의 진보가 낳은 힘과 더불어 어떤 기운이 세상에 나타났습니다. 이 기운은 우리를 더 높은 단계로 발전시키거나 아니면 과거의 여러 국가와 문명을 삼켰듯이 우리를 집어삼킬 것입니다. 문명세계에 열병처럼 번지는 대중적

5 "우리 뒤에야 대홍수가 나든 말든."(After us the deluge!)은 프랑스 루이 15세의 총애를 받던 여인이 했다는 말이다.

불안정을 그저 피상적인 원인에 의해 생기는 일시적 현상으로 여긴다면, 그것은 파멸에 앞서 나타나는 착각입니다. 민주적 이상과 귀족제도 사이에는 서로 화해할 수 없는 갈등이 존재합니다. 미국에서도 유럽처럼 그런 갈등이 일어나고 있습니다. 한편으로 사람들에게 선거권을 부여하면서 다른 한편으로 사람들을 떠돌이로 밀어낼 수는 없습니다. 한편으로 초등학교에서 어린이들을 교육하면서 다른 한편으로 그들에게서 정직하게 생계를 꾸릴 권리를 빼앗아 버릴 수는 없습니다. 한편으로 인간의 양도할 수 없는 권리를 운위하면서 다른 한편으로 창조주의 하사물에 대한 양도할 수 없는 권리를 부정할 수는 없습니다. 지금 낡은 병에는 새로운 술이 익기 시작하며 핵심적인 기운이 함께 모여 투쟁을 전개하려고 합니다!

그러나 아직은 시간 여유가 있는 지금이라도 정의에 복종하고 자유를 믿고 따른다면, 현재 사회를 위협하는 위험은 사라지고 사회에 해를 주는 기운은 발전의 동력으로 변할 것입니다. 오늘날 힘은 낭비되고 있으며, 개척해야 할 지식 분야는 아직도 무한하고, 놀라운 발명도 이제 겨우 시작에 불과합니다. 빈곤이 타파되면, 탐욕이 고결한 열정으로 변하면, 반목을 야기하는 질투와 두려움 대신 평등으로 인해 인류애가 피어나면, 최하층민도 안락과 여가를 누리는 상황이 됩니다. 정신력에 대한 속박이 풀리면 우리 문명이 얼마나 높이 날아오를지 누가 측정할 수 있겠습니까? 언어는 생각에 못 미칩니다! 시인이 노래하고 예언자가 은유로 표현했던 황금시대가 옵니다! 언제나 찬란한 광선과 함께한 그 영광의 비전입니다. 요한이 파트모스 섬에서 황홀경에 빠져 감은 눈으로 보았던 바로 그 세상입니다.[6] 기독교 정신의 극치이며 지상에 실현되는 하나님의 나라입니다. 벽옥 담장과 진주 대문을 가진 세상입니다! 평강의 왕이 다스리는 나라입니다![7]

6 파트모스(Patmos) 섬은 요한이 귀양살이를 하던 섬으로서 '밧모' 섬이라고도 한다. 신약의 요한계시록은 이곳에서 요한이 얻은 계시를 기록한 문서이다.

7 평강(平康)의 왕(Prince of Peace)은 예수를 말한다. 이사야 9:6.

모세

1878년 6월, 샌프란시스코의 히브리 청년 협회(Young Men's Hebrew Association)에서 행한 연설이다. 원제는 「Moses」이다. 청중이 히브리 청년들이었던만큼, 이집트에서 노예생활을 하던 히브리 민족을 탈출시킨 모세의 헌신과 지도력을 찬양하고 율법의 정신을 강조하였다. 헨리 조지의 명저 『진보와 빈곤』이 이듬해인 1879년에 출간되었는데, 이 책에서 읽을 수 있는 열정과 문제의식이 이 연설 곳곳에 배어 있다.

현대 사상은 위대한 역사적 인물을 역사의 동력이 아니라 역사의 결과로 보는 경향이 있습니다. 과거에는 실존인물이 역사를 만들었다고 보았지만 지금은 거꾸로 오랜 세월 추앙받아 온 위인마저 신화로 치부하기도 합니다. 그러나 오늘날까지 영향을 미치고 있는 사회제도의 기원을 추적해 보면 결국에는 특정인에 도달하게 됩니다. '제도가 사람을 만든다'는 것은 사실이지만, '처음에는 사람이 제도를 만든다'는 것도 사실입니다.

유월절 전통의 기원, 모세

매콜리의 유명한 글에는 여러 왕조와 제국을 견뎌온 로마의 성당을 보면서 상상했던 장면이 묘사되어 있습니다.[1] 판테온 신전에서 제사의 연기가 피어오르고 원형경기장에서 맹수가 뛰어다니는 모습입니다. 하지만 우리에게는 이 시대보다 더 오래전부터 대대로 내려온 의식이 있습니다. 해마다 가족들과 함께 길 떠날 채비를 한 채 엄숙한 분위기에서 서둘러 식사하는 날이 돌아옵니다.[2] 이 의식은 로마의 성벽이 건설되기 전부터, 그리고 호머가 시를 짓기 전부터 시작되었으며, 의식이 상징하는 사건은 그보다도 수백 년 전에 있었던 일입니다.

다방면에서 두드러진 이스라엘 민족이 이 사건을 계기로 역사의 무대에 등장하게 됩니다. 이스라엘 민족은 거대한 제국을 세우지도 대도시를 건설하지도 않았지만 수많은 인류에게 광범위하고 지속적인 영향을 주어 왔습니다. 거의 2천 년 동안이나 국가 조직을 갖추지 못했지만 수많은 세월의 흐름과 운명의 부침 속에서 정체성과 신앙을 지켜 왔습니다.

1 매콜리(Thomas B. Macaulay, 1800~1859)는 영국의 역사학자, 정치인이다.

2 유월절의 세데르(seder) 식사를 가리킨다.

무너지고 짓밟히고 쫓겨나고 먼지처럼 사방팔방 흩어졌지만 아직도 여전히 생명력을 가지고 있습니다. 왕조가 무너지고 나라가 멸망하고 신앙이 변질되고 모국어조차 소멸했지만 여전히 활력을 갖춘 채 존재하고 있습니다. 이스라엘 민족은 조화되기 어려운 모순을 통합한 민족입니다. 그러나 영광스러운 역사를 가진 이스라엘 민족이 지금은 수치와 고난의 심연에 머물러 있습니다.

이스라엘 민족의 출현은 세계사에서 획기적인 일입니다. 하지만 제가 말씀드리려는 것은 민족의 출현에 대해서가 아니라, 전통 의식의 핵심에 있는 위대한 인물, 모세에 대해서입니다.

출애굽의 지도자 모세는 세 가지 종교에서 인간이 오를 수 있는 가장 높은 위치의 존재로 추앙받고 있습니다. 모세는 유대교뿐 아니라 기독교와 이슬람교에서 하나님의 대변자이자 율법을 가져다준 인물로 봅니다. 그는 초자연적인 권능을 덧입은 중보자였으며 하나님은 그를 통해 뜻을 말씀하셨습니다. 그러나 모세를 누구와도 비교할 수 없는 위치로 받들어 올린다면 그의 진정한 위대함을 보지 못할 수 있습니다. 사울도 이스라엘 사람 중에서 키 크고 잘 생긴 청년이었을 뿐입니다.[3]

반면에 최근 성경 비평가들은 모세가 기록하고 제정했다고 알려진 성경과 율법이 사실은 선지자 시대 이후에 이루어진 작품이라고 주장합니다.[4] 비평가들은 모세를 어렴풋하고 희미한 모습으로 이해할 뿐 그의 참모습을 제대로 알려 주지 못합니다. 하지만 그들도 수 세기 후 유대 율법서에서 꽃피운 것과 같은 인간에 대한 사랑, 그리고 보편적이고 영원하고 전능하신 유일신이자 아버지라는 개념의 기원을 바로 모세에서 찾습니다. 이 개념은 더 높은 차원으로 발전하여 유대 땅 베들레헴의 마구간에 머물렀던 신령한 별에서 절정을 맞습니다.

그러나 모세에 대한 입장이 어떠하든, 모든 종파가 인정하는 공통분모와 히브리의 기록이나 전승에 나타나는 핵심 내용을 바탕으로 삼으면서 우리가 알고 있는 역사와 인간 본성에 비추어 모세를 생각해 보는 것도 의미가 있다고 생각합니다. 모세의 경우는 성경의

3 사울은 선지자 사무엘에 의해 이스라엘 왕으로 뽑혔다. 키 크고 잘 생겼다는 표현은 「사무엘기」 9장 2절에 나온다.

4 모세 5경, 즉 구약성서의 맨 앞에 있는 「창세기」, 「출애굽기」, 「레위기」, 「민수기」, 「신명기」를 말한다. 본래 모세가 쓴 것으로 보아 '모세 5경'이라고 불렸으나, 현재의 연구에서는 거의 600년이라는 긴 역사의 흐름 속에서 단계적으로 기록되고 기원전 400년경에야 결집이 완성된 것으로 보고 있다.

역사를 세속의 역사와 같은 방식으로 다루더라도 신앙심을 훼손하지 않습니다. 극단적인 비평가라고 하더라도 모세를 신화로 만들어 버릴 수는 없습니다. 출애굽 사건은 모세와 같은 지도자가 없이는 불가능했기 때문입니다.

오랫동안 전제정치에 짓밟혀 온 한 민족에게 자유를 찾아 주기 위해서는 정치가, 애국자, 철학자, 행정가의 자질을 최상의 방식으로 조합한 위대한 품성이 필요합니다. 그래야만 대규모 군중을 훈련시켜 강력한 적군을 겁박하고 견고한 성채를 무너뜨리는 용맹한 전사로 만들 수 있고, 불만과 시기와 반란을 잠재우면서 성급한 불꽃처럼 타오르는 열정을 하나의 확고한 목적에 이바지하도록 만들 수 있습니다.

이집트 사상과 관습의 영향

히브리 전통 의식은 그러한 품성을 단순하면서도 분명한 모습으로 보여 줍니다. 이집트의 지혜 위에 지극히 온유한 자의 사심 없는 헌신이 더해진 품성입니다. 어떤 경우를 보더라도 이 품성은 시종일관 내적 모순을 일으키지 않으며 모세가 이룩한 위대한 업적에도 잘 어울립니다. 현실적인 상황 속에서 제한된 힘과 자원을 활용하여 커다란 성취를 이룩한 것은 바로 이런 품성 덕이었습니다. 위대한 행동 뒤에는 그보다 더 위대한 사상이 있고, 높은 성과 뒤에는 사상보다 훨씬 높은 이상이 있습니다.

이집트는 히브리 민족의 근거요 터전이었습니다. 처음에는 가족 규모 혹은 기껏해야 부족 규모였던 히브리 인구가, 독립선언서를 발표할 당시의 미국 인구 규모로 성장하였습니다. 히브리 전승에 따르면, 유목 생활을 하던 한 가족이 이집트에 이주한 후 사백 년 동안, 즉 아메리카 대륙이 유럽에 알려진 것보다 더 오랜 기간 동안, 고도로 발달된 이집트 고대 문명의 영향 아래 놓여 있었습니다. 이 문명이 얼마나 융성했는지는 그 유적이 산처럼 오래 존속해 왔다는 사실에서 상징적으로 드러납니다. 지금도 남아 있는 피라미드는 아브라함 시대보다 수 세기 전에 세워진 것입니다.

소년 노예 출신 총리의 초청으로 이집트에 들어간 히브리 가족의 후손이 민족의 독자성과 자유로운 삶의 전통을 분명하게 유지하려고 했더라도 틀림없이 이집트 문명의 강한 영향을 받았을 것입니다. 오늘날의 히브리인들이 폴란드에서는 폴란드인 같고, 독일에서는 독일인 같고, 미국에서는 미국인 같은 것과 마찬가지로, 아니 그보다 훨씬 더, 출애굽 당시의 히브리인들은 본질적으로 이집트인 같았을 것입니다.

그러므로 고대 히브리 제도가 여러 면에서 이집트의 사상과 관습에서 영향을 받았다는 것은 놀랄 일이 아닙니다. 둘 사이에 차이가 있다면 그것이 오히려 놀랄 일입니다. 한 민족이 오랫동안 억압 속에서 살던 지역을 탈출할 때 그 지역의 사상과 제도를 포기하는 것이 당연하다고 여기는 사람도 있을지 모르겠습니다. 그러나 역사학자나 정치학자는 그것이 극히 부자연스러운 일이라는 것을 잘 압니다. 생각의 습관은 몸의 습관보다 훨씬 더 버리기 어렵습니다. 생각의 습관은 대중 속에 정신적 분위기를 만들어 내며, 물질적 환경에서처럼 정신적 분위기에서도 벗어날 수 없습니다. 오랫동안 독재에 시달려 온 사람들은 독재자에 항거하여 봉기하기도 합니다. 독재자의 법령을 철폐하거나 독재자가 좋아했던 것을 비하하고 독재자가 싫어했던 것을 찬양하는 정도까지 나아갈 수도 있습니다. 하지만 머지않아 이전의 독재자 대신에 다른 독재자를 세우게 될 것입니다. 미신에 물들어 있던 사람들이 순수한 신앙을 가진다고 해도 새로운 신앙을 예전의 미신 수준으로 타락시켜 버릴 것입니다. 핍박에 시달려 온 사람들이 핍박을 피해 도망가더라도 자기들이 권력을 잡았을 때에는 다른 사람들을 핍박하게 됩니다.

이런 일들은 바로 '제도가 사람을 만들기' 때문에 생깁니다. 그래서 어떤 한 제도에 익숙한 사람들 가운데서 정반대의 제도가 갑자기 생겨난다면, 그 배후에는 틀림없이 적극적이고 주도적인 세력이 있다고 보아야 합니다.

출애굽 사건에서 바로 이런 일이 있었습니다. 이집트 정치와 히브리 정치 간의 엄청난 차이는 형식이 아니라 본질에 관한 것입니다. 이집트 정치의 기조는 억압과 구속이지만, 히브리 정치의 기조는 개인의 자유입니다. 이 얼마나 이상한 일입니까? 고대 세계의 가장 강력하고 번성했던 전제정치로부터 가장 자유로운 나라가 나왔습니다. 스핑크스 석상의 발 사이에서 자유의 정신이 나오고 출애굽의 나팔에서 담대한 인권선언이 울려 퍼졌습니다.

출애굽 사건의 교훈

이집트가 어떤 나라였는지 생각해 보십시오. 수백 년, 아니 수천 년 내려온 이집트의 장엄한 유물은 우리에게 "너희는 어린애들이야!"라고 말하는 것 같습니다. 당시 이집트 제사장들도 거만한 그리스인에게 그렇게 말했다고 합니다. 이런 유물은 당시 국민이 노예 상태에 놓여 있었고 이집트 사회 조직이 대중에게 엄청난 압박을 가했다는 움직일 수 없는 증거입니다. 예술과 과학의 발상지인 나일 강 유역은 인간 정신의 가장 위대한 승리를 연상시키지만 동시에 가장 절망적인 노예 상태를 연상시키기도 합니다. 이집트의 영화가 계속되던 오랜 세월 동안 신비종교의 비호 속에서 무소불위의 세속 권력을 휘둘렀던 왕은 지상의 신과 같은 존재였습니다. 왕의 지위에 걸맞은 무덤을 만들기 위해 수십만 명의 백성이 죽도록 노동하였습니다. 왕 바로 밑의 계층은 사치스러운 문명의 온갖 감각적인 기쁨과 고상한 지적 즐거움을 누렸습니다. 사원은 신비성을 내세워 대중의 접근을 차단하면서 이들에게 지적인 쾌락을 제공하였습니다. 그러나 사회계층의 저변에 놓여 있던 수백만의 사람들에게는 채찍과 우상만이 기다리고 있었을 뿐입니다. 먼 옛날부터 오늘날까지 이집트 하층민은 상위 계층의 고상한 삶을 위해 굶주리면서 일해 왔습니다. 이들은 저항하지 않았습니다. 제도에 억매인 이집트 하층민은 이미 오래전에 저항 정신을 상실한 채 고통을 겪다가 죽는 것밖에 모르게 되었습니다.

인간의 정신까지 말살하는 전제정치로부터, 더구나 고도로 훈련된 수십만 명의 군대가 지키는 전제정치로부터 민족을 탈출시키려면, 여건이 아무리 유리한 경우라고 하더라도 이들을 조직하고 이끌어 나갈 수 있는 탁월한 천재적 리더십이 필요합니다. 또 이집트 탈출 자체도 물론 엄청난 일이지만 그것만으로는 출애굽 지도자의 위대함을 다 표현할 수 없습니다. 히브리 국가의 기초를 놓은 건설적인 정치 리더십이 더 중요합니다. 위대한 지도자 없는 출애굽을 상상할 수 없듯이, 위대한 정치인이 없는 히브리 국가도 설명할 수 없습니다. 모세는 지적으로만이 아니라 도덕적으로 위대했습니다. 사심 없는 애국심에 불탔기 때문에, 스스로 왕위에 오르는 것도 왕조를 세우는 것도 거부했던 정치가였습니다.

근대사가 주는 교훈과 우리 주변에서 드러나는 인간 본성에 비추어 볼 때, 히브리 정치가 이집트 정치와 본질적인 차이를 보이는 것은 위대한 인물의 영향 때문임을 알 수 있습니다. 그러나 히브리 역사를 보면 위인의 영향에도 불구하고 대중의 마음속에는 자신이 길들여진 온갖 잡다한 생각이 끊이지 않고 나타납니다. 대중의 마음은 자꾸자꾸 이반합니다. 모세가 자리를 비우면 대중은 "이스라엘아, 이는 너희를 애굽 땅에서 인도하여 낸 너희의 신이로다." 하고 외치면서 금송아지 우상을 받듭니다.[5] 위대한 지도자의 오랜 영향력이 약해지는 기미가 보이면 곧바로 왕이 지배하는 전제적인 군주체제로 돌아갑니다.

성경 중 모세가 쓴 것으로 알려진 부분을 실제로 누가 언제 썼는지는 중요하지 않습니

5 출애굽기 32:4.

다. 또 그 속에 기술된 율법 가운데 옛날부터 있었던 부분이 어느 정도이고 나중에 추가된 부분이 어느 정도인지도 중요하지 않습니다. 그 내용 속에는 대중과 시대를 훨씬 앞서 갔던 지도자, 결과의 배후에 있는 원인을 추구했던 지도자, 시대의 물결에 표류하지 않고 확고한 목적을 향해 나아갔던 지도자의 흔적이 있습니다. 기록을 통해 어느 정도 알 수 있는 모세라는 인물은 모든 면에서 이 사실과 일치합니다. 모세 이야기는 히브리 성경이 읽히는 곳이라면 어디서나 생생한 그림으로 표현되어 상상력을 자극합니다. 사람의 인생을 알면 그의 활동을 이해할 수 있고, 활동을 알면 그의 인생을 이해할 수 있습니다.

모세 율법의 목적은 인간성 보호

모세가 세우고자 했던 것은 제국이 아니었습니다. 이집트에서 고도로 발달했고 주변 지역에서도 초보적이고 가부장적인 형태로나마 존재하던 그런 제국이 아니었습니다. 또 노예제 위에서 시민이 자유를 누리거나 국가를 위해 개인이 희생하는 공화국가도 아니었습니다. 그것은 개인에 기반을 두는 공동체였습니다. 공동체의 이상은 모든 사람이 학대 받지 않고 두려움에서 벗어나 각각이 자기 포도나무 아래와 자기 무화과나무 아래에 앉는 것입니다.[6] 공동체에서는 어느 누구도 끊임없는 노역에 시달리는 운명에 처해지지 않습니다. 하층민도 희망을 가질 수 있습니다. 가축에게도 안식이 있습니다. 개인의 독립성에서 유래하는 덕목이 민족성으로 발전합니다. 모든 국민이 서로를 가족처럼 사랑하고 사회의 각 부분이 강철보다 강한 관계로 연결되어 생동하는 전체를 이룹니다.

모세 율법의 목적은 재산 보호가 아니라 인간성 보호에 있으며, 강자가 부를 축적할 수 있도록 보장하는 것이 아니라 약자가 궁지에 몰리지 않도록 하는 데 있습니다. 모세 율법은 모든 면에서 이기적 욕심을 제어할 장치를 만들어 놓고 있습니다. 인간의 이기적 욕심이 제어되지 않으면 반드시 지주와 소작인, 자본가와 노동자, 백만장자와 부랑자, 지배자와 피지배자로 갈라지게 됩니다. 안식일과 안식년은 최하층 사람들에게까지 휴식과 여유를 보장합니다. 희년의 나팔 소리가 울려 퍼지면 노예는 해방되고 갚을 수 없는 채무는 탕감되며, 토지 무르기를 통해 극빈층 사람들이 창조주의 하사품에 대한 자신의 정당한 몫을 되찾게 됩니다. 추수하는 농민은 빈곤한 사람이 주울 수 있도록 이삭을 어느 정도 남겨

6 "각 사람이 자기 포도나무 아래와 자기 무화과나무 아래에 앉을 것이라."라는 표현은 평화롭게 사는 모습을 말한다. 미가 4:4.

두어야 합니다. 소도 탈곡기를 돌릴 때는 그 입에 망을 씌워서는 안 됩니다. 율법의 곳곳에 우리에게 친숙한 다음 구호의 의미가 배어 있습니다. "자신도 살고 남도 살게 하라!"

이러한 율법을 지닌 히브리 종교에는, 인간의 형제 됨과 하나님의 아버지 되심이라는 혈연적 특징이 있습니다. 형식은 이집트를 닮았지만 정신은 이집트와 다릅니다. 제사장의 세습 제도가 유지되지만 율법은 모든 사람에게 동등하게 적용됩니다. 이집트의 할례 의식이 행해지고 이집트의 여러 상징이 예배에 등장하지만, 상징을 실재로 오인하는 것은 엄격하게 금지됩니다. 황소, 매, 고양이 등의 상징이 남아 있기 때문에 "너희를 위하여 어떤 형상도 만들지 말라."라는 계명이 나온 것입니다.[7]

갖가지 형식과 상징과 계명의 배경을 자세히 들여다보면, 히브리 종교 사상은 실용성, 즉 하나님의 법과 인간의 삶을 연계시키는 특성을 가짐을 알 수 있습니다. 이것은 히브리 종교의 중요한 특징이며 이집트 종교와 분명하게 구별되는 점입니다. 히브리 종교에서 말하는 하나님은 머나먼 과거나 아득한 미래에 통치하는 하나님이 아닙니다. 인간 세상 저 너머에 존재하는 하나님이 아닙니다. 엄정한 법을 통해 지금 여기 계시는 하나님이며 죽은 자와 산 자 모두의 하나님입니다. 성전의 하나님일 뿐 아니라 시장터의 하나님입니다. 그분의 심판은 다른 세상에서 행해지는 것이 아닙니다. 그분의 불변의 법을 지키는 사람은 이 세상에서 복을 받고 무시하는 사람은 이 세상에서 재앙을 받습니다. 고결했던 종교가 이집트에서 화석화되어 타락해 버린 가운데, 그리고 하나님의 공의가 졸고 있던 사회질서 속에서, 모세가 깨달은 진리는 바로 '스스로 있는 자'였습니다.[8] 모세가 사막에서 자연의 변화와 조화를 묵상하고, 생명이 죽음을 낳고 죽음에서 생명이 나오는 이치와 항상 소모되면서도 결코 소진되지는 않는 자연을 사색할 때, 그의 마음의 귀에 들려온 메시지도 '스스로 있는 자'였습니다.

모세의 율법이 실천적이고 실용적인 이유

모세 5경에는 내세의 삶에 대한 언급이 전혀 없는데, 이것은 그의 뛰어난 사상을 감안해

7 「출애굽기」 20장 4절에 이런 표현이 있다. "너를 위하여 새긴 우상을 만들지 말고 또 위로 하늘에 있는 것이나 아래로 땅에 있는 것이나 땅 아래 물속에 있는 것의 어떤 형상도 만들지 말며"

8 '스스로 있는 자'는 여호와 하나님을 가리킨다. 「출애굽기」 3장 14절에서 하나님은 자신의 이름을 묻는 모세에게 "나는 스스로 있는 자."라고 대답하였다.

야 이해할 수 있습니다. 출애굽 당시의 히브리인은 영혼 불멸이라는 개념에 아주 익숙했습니다. 영혼이 사후에도 존재하며 심판을 통해 내세에 보상과 처벌을 받는다는 것은 이집트 사상과 예술의 일상적인 주제였습니다. 그러나 하나의 진리는 새로운 진리의 강도에 따라 가려지거나 뒤로 밀리는 수가 있습니다. 영혼 불멸에 대한 믿음은 인간 본성의 심연에서 솟아나며 지적인 수준이 높아지고 정서가 순화될수록 더 강해집니다. 하지만 그런 믿음이 타락하여 미신으로 전락할 수도 있고, 술수와 욕심이 작용하여 노예제를 정당화하고 인간의 본성에 어긋나는 범죄 행위를 합리화하는 강력한 수단으로 악용될 수도 있습니다. 그래서 진지한 사회개혁가들에게 영혼불멸설은 지성을 속박하고 진정한 진보를 방해하는 억압의 수단이자 간교한 자가 순진한 사람을 속이는 도구로 보일 수 있습니다.

영혼 불멸에 대한 믿음은 히브리 대중 속에 뚜렷하게 존속해 왔을 것입니다. 그러나 모세가 강조하고 주목했던 진리는 그와 다릅니다. 모세의 진리는 영혼불멸설 때문에 뒷전으로 밀리기도 했고 때로는 지나치게 강조되기도 하였습니다. 모세의 진리는 인간 행동의 결과는 이 세상에서 돌려받는다는 것입니다. 사소한 개인 생활에서는 악한 행위가 벌 대신 상을 받는 것처럼 보이는 수도 있지만, 복수의 여신 네메시스는 엄연히 살아서 지치지 않는 발과 냉혹한 팔로 민족의 죄를 남김없이 추적하고 아비의 죄를 자식에게 묻습니다. 개인과 사회는 반드시 서로 영향을 주고받습니다. 사회는 개인의 죄로 인해 고통받고 개인도 사회 상황에 의해 영향을 받게 됩니다.

이 진리를 분명하게 이해하면 모세 율법이 그처럼 실천적이고 실용적인 성격을 가지는 이유를 알 수 있습니다. 추상적 사변으로 헛되이 헤매거나 형식에 집착하여 미신에 빠지지 않고, 이 지구상에서 인간의 행복과 재앙을 결정하는 법칙에 주목한다는 점에서 모세 율법은 비범하다고 하겠습니다. 모세의 교훈은 금욕적 경향을 드러낸 적이 결코 없습니다. 금욕주의는 본질적으로 자기중심적입니다. 금욕주의는 브라만교와 불교에서 두드러지며, 기독교와 이슬람교 역시 금욕주의에서 완전히 자유롭지는 못합니다. 금욕주의는 "세상은 그대로 두고 너는 네 자신의 영혼을 구원하라."라고 하지만, 모세 율법은 반대로 "이 세상에서 너의 의무를 행하여 너 자신이 행복해지고 세상이 좋아지도록 하라."라고 합니다. 모세 율법은 신체 건강을 지키기 위한 위생을 가벼이 여기지 않습니다. 평화와 풍요와 장수, 그리고 튼튼한 아들과 예쁜 딸을 약속합니다.

내세의 삶에 관한 모세의 태도를 스토아학파의 말로 표현해 보면, "그것은 주피터(Jupiter)의 일이지 내 일은 아니다."가 될 것 같습니다. 모세의 태도는 종교의 본질에 충실했던 한 인물이 기성 종교의 형식과 표현에 저항하였던, 근대의 종교개혁과도 본질에서 일맥상통합니다. 종교개혁 당시 기성 종교는 형식과 표현에서 전제정치의 버팀목이자 보루의 역할을 하였습니다. '목수의 아들' 예수의 이름과 가르침조차 사회의 불의를 합리화하는 도구로 전락시키면서, 권력을 옹호하고 부자를 합리화하는 데 동원하였습니다.

모세는 위대한 사상에서 기쁨을 느끼고 세상에 대한 큰 근심으로 고통받고 엄청난 좌절의 쓰라림을 느꼈던 인물이었습니다. 그러므로 내세에 대한 모세의 태도가 그랬다고 해서 그가 더 높은 소망을 포기한 것은 아니라고 생각합니다. 모세는 육체의 죽음은 영혼의 해방일 뿐이며, 물질이 파괴되고 세상이 멸망하더라도 분명히 의지할 수 있는 힘이 존재한다는 확고한 믿음을 가졌을 것입니다. 그러나 더 큰 관심은 눈앞의 의무, 즉 빈곤과 궁핍의 악화를 막는 사회제도의 기초를 다지고 그리하여 인간이 저급한 생존 경쟁에서 해방되어 지적 · 도덕적 발전을 추구할 수 있도록 하는 데 있었습니다.

모세의 위대함은 바로 여기에 있습니다. 모세는 후일 건설할 나라에서 나타날 수 있는 문제를 막기 위해 사막에서 고뇌하며 놀라운 지혜와 선견지명을 보여 주었습니다. 그런데 현재 우리 상태는 어떻습니까?

찬란한 현대 문명 속의 빈곤

지금 19세기의 문명은 찬란합니다. 이집트 현인이 꿈도 꾸지 못했던 것이 지금은 어린 학생들의 상식이 되어 있습니다. 세계 지도를 완성하고 별의 무게를 측정하며 증기와 전기를 활용하고 과학은 계속해서 자연의 비밀을 밝혀내고 있습니다. 이런 시대에 삼천 년 전 모세의 지혜를 회고하는 일은 어른이 어릴 적 학교에서 배운 것을 되돌아보는 것처럼 무의미하게 여겨질 수도 있습니다.

이처럼 지식이 놀랍게 증가하고 생산력이 엄청나게 향상되었지만, 문명 세계 가운데 궁핍과 고통이 없는 나라는 없습니다. 어느 나라에서나 대중은 쉴 틈 없이 고역에 시달리고 모든 계층이 이익을 향해 질주하며 모두들 재물을 추구하는 천박한 싸움을 벌이고 있습니다. 모세 이후 사회가 삼천 년 동안이나 발전한 지금에도 아직도 신음소리가 높습니다. "어려운 노동으로 그들의 생활을 괴롭게 하니, 곧 흙 이기기와 벽돌 굽기와 농사의 여러 가지 일이라 그 시키는 일이 모두 엄하였더라!"[9] 삼천 년이 지난 지금에도 어린이의 애처로운 신음소리가 들립니다!

이곳 샌프란시스코는 최고 수준의 현대 사상이 자유롭게 피어나는 곳입니다. 새로 생긴 나라의 새로 형성된 대도시입니다. 유럽에서 출발하여 지구를 돌면서 이루어진 개척이 대양에 도달하여 마감된 서부의 경계이며 바다 건너에는 동양의 세계가 펼쳐지는 곳입니다. 그러나 시원한 그늘과 달콤한 물이 있다고 하여 사람들을 끌어들였던 이 약속의 땅이 이제는 한심한 신기루로 변하고 있습니다.

시리아 사막보다 더 광활하고 더 황량한 바다를 건너 우리는 약속의 땅을 찾아왔습니다. 산과 바다 사이의 좁은 지역을 떠나 넓은 미개척의 대륙을 찾아왔습니다. 지금은 3천 년 전보다 더 많은 자유, 더 방대한 지식, 더 풍부한 경험을 갖춘 상태에서 현대적 발전을 선도하는 나라를 건설하고 있습니다.

그러나 우리가 인간의 권리에 대해 온갖 이야기를 하고 있지만 가장 기본적인 자연권조차 누리지 못하는 수많은 국민이 있습니다. 이들은 자신의 삶을 자기 힘으로 꾸려 나갈 권리를 얻지 못한 채 구차하게 자선에 매달리지 않으면 굶는 지경에 처해 있습니다.

우리는 만인이 법 앞에 평등하다고 자랑합니다. 그러나 정의의 여신은 가난한 자의 호소에 귀를 막고 가진 자의 죄에 눈을 감습니다. 우리는 의무교육을 실시한다고 자랑하지만 아이들이 학교를 졸업한 후 어떻게 살아갈지 암담합니다. 대학까지 세워 교육하고 있지만 그 그늘에서는 아이들이 범죄 속에서 자라고 있습니다. 가정의 빈곤이 모든 교육 효과를 몰아내고 있기 때문입니다.

우리는 보통선거를 지향합니다. 그러나 이런 상태에서 대중의 손에 권력이 들어가면 결국 소수 정치꾼이 공공문제를 좌우하게 됩니다. 정부는 단지 대중을 착취하는 도구가 될 뿐입니다.

우리는 신분의 세습을 금지하고 귀족 제도를 철폐하였습니다. 그러나 재산에 의한 신종 귀족은 과거의 어떤 귀족보다 강하고 무자비한 권력을 휘두릅니다.

사회는 진보하고 또 진보합니다. 철도가 대륙을 횡단하고 전선이 도시를 그물처럼 수놓습니다. 매일 새로운 발명품이 등장합니다. 매년 새로운 발전이 이룩됩니다. 그리하여 생

9 히브리인들이 이집트에서 힘들게 살던 모습을 나타낸다. 출애굽기 1:14.

산력이 증가하고 교환의 통로가 개척되고 확대됩니다. 그러나 못 살겠다는 소리는 날로 높아지고 있습니다. 곳곳마다 사람들이 근심에 차 있고 빈곤에 대한 두려움에 떨고 있습니다. 인간의 욕구를 충족시키는 노동의 힘은 빠르게, 꾸준하게, 힘차게 발전하고 확대됩니다. 그러나 단순 생존을 위한 싸움은 더욱더 치열해지고 있으며 인간의 노동은 싸구려 상품이 되고 있습니다. 물자로 가득 찬 창고 옆에서 사람들은 굶주리면서 추위에 떨고 있습니다. 교회의 그늘에는 빈곤으로 인한 죄악이 자라고 있습니다.

우리 문명의 발전이 일방적이고 불안정하게 이루어지는 원인을 그 뿌리까지 추적해 보십시오. 풍요 속에서 빈곤을, 지식 속에서 무지를, 민주제도 속에서 특권층을, 굳건함 속에서 허약함을 만들어 내는 원인을 찾아보십시오. 그러면 히브리 지도자 모세가 삼천 년 전에 인식하고 해결하려고 애썼던 것과 동일한 문제가 나타날 것입니다. 모세는 이집트 대중이 노예 상태에서 허덕이는 진정한 이유는 모든 사람의 삶의 터전인 토지를 특정 계층이 장악하였기 때문임을 알았습니다. 이것은 노예제도가 생기는 원인이기도 합니다. 노동 생산물에 대해 부여하는 권리처럼 제약 없는 사적 소유권을 토지에 대해서도 허용하면 불가피하게 빈부의 양극화가 발생하고 노동자의 노예화가 초래된다는 사실을 모세는 알았습니다. 그렇게 하면 정치체제가 어떻든 극소수의 지배자가 다수를 장악하게 되고 종교가 무엇이든 죄악과 타락을 야기한다는 사실을 알았습니다.

토지는 모든 피조물을 위한 창조주의 선물

모세는 눈앞의 문제 해결이 아니라 모든 미래를 위해 법을 만드는 철인 정치가이면서도 현실에 맞는 방식으로 개혁하려고 하였습니다. 모세의 제도에서 토지는 항상 창조주가 피조물 모두에게 주신 선물로 간주되며 누구도 토지를 독점할 권리가 없습니다. 토지는 어느 개인의 사유물이 아니며 매입이나 정복으로 소유할 수 있는 대상이 아닙니다. 토지는 "네 하나님 여호와께서 네게 기업으로 주신 땅", 즉 하나님이 빌려 주신 땅일 뿐입니다.[10] 모세는 최고의 강제력을 가진 실용적인 법률과 규정을 마련하여, 고대 문명을 전제정치로 전락시킨 불의를 방지하고자 했습니다. 이런 불의는 로마의 심장을 집어삼켰고, 폴란드의 야만적인 농노제를 출현시켰으며, 아일랜드에서 끔찍한 불행을 야기했습니다. 이런 불의

10 신명기 15:4.

는 미국의 도시를 부랑자로 가득하게 만들고, 개간되지 않은 땅이 즐비한데도 수많은 실업자가 일자리를 찾아 헤매도록 하고 있습니다. 모세는 토지를 공정하게 분배하고 7년마다 공동의 땅으로 활용하도록 하는 규정을 제정했을 뿐 아니라, 50년마다 토지를 재분배하는 희년 제도를 두어 토지 독점의 가능성을 차단하였습니다.

이 제도가 궁극적인 목적을 달성하기 위한 최선의 방안이라는 말씀은 아닙니다. 또 당시 상황에 적합했던 형식이 모든 시대와 사람들에게 적합하다는 말씀은 더욱 아닙니다. 형식을 따르자는 것이 아니고 그 정신을 존중하면 됩니다.

하지만 형식을 숭배하면서 정신을 부정하는 일이 얼마나 흔한지요. 모세의 제도가 하나님이 말씀하신 그대로라고 믿으면서도 그 정신을 현대에 적용하는 것은 비종교적이고 심지어 "공산주의적"이라고 비난하는 사람들이 많습니다. 그러나 오늘날 우리는 모세의 제도에 얼마나 많은 신세를 지고 있는지 모릅니다. 그 영향이 없었다면, 현재와 같은 상황에서는 노동 계급은 일주일에 7일 일한다 해도 지금 6일 일해서 버는 것보다 많이 벌지 못할 것이며, 노동시간을 지금처럼 줄이기도 힘들었을 것입니다. 이것은 정치경제학의 분명한 진리입니다.

안식일이 사람을 위해 만들어진 것이 아니고 사람이 안식일을 위해 만들어졌다고 생각하는 것은 잘못입니다. 일주일 중에 노동자가 자기 시간을 가질 수 있는 날, 즉 해머가 쉬고 기계가 노는 하루가 존재하게 된 것은 시나이 사막에서 공포된 율법이 유대교에서 시작되어 기독교를 통해 내려온 덕분입니다.[11] 또 안식일 뿐 아니라 안식년이라는 멋진 제도까지 도입했거나 그 정신을 오늘의 변화된 상황에 맞는 방식으로 살려서 노동시간을 감축했다면, 사회는 지금보다 더 행복하고 더 부유할 것입니다. 생산력의 낭비에 관해 진지하게 생각해 본 사람이라면 아무도 이 사실을 의심하지 않을 것입니다.

모세 율법의 이러한 특징 속에서 우리는 환경과 시대를 앞선 위대한 인물의 모습을 읽을 수 있습니다. 마치 거대한 유물의 일부를 통해 그 유물을 남긴 위인의 모습을 읽을 수 있는 것과 마찬가지라고 할까요. 모세는 거리가 멀어도 약해지지 않고 오히려 근본 진리의 광채로 빛나는 별, 제도와 언어와 신조가 달라도 변치 않고 빛을 발하는 별과 같은 영혼을 가진 사람이었습니다. 모세의 머릿속에 있던 사상은 제도로 나타난 형식보다 분명히

11 시나이(Sinai) 사막은 이스라엘 백성이 이집트를 나와 40년간 머문 곳이며 그 지역의 시나이 산에서 모세가 십계명을 받았다. '시내'라고도 한다.

위대했을 것입니다. 하지만 드러난 형식만으로도 이 세상에 큰 영향을 주었습니다.

히브리인이 오랜 세월 흩어져서 핍박받으면서도 강인한 민족성을 지킬 수 있었던 것은 바로 모세 율법의 자유정신 덕분입니다. 엄청나게 불리한 여건 속에서도 유대인들이 간직해 온 독립심은 여기에서 나온 것입니다. 마카비 가문의 불타는 애국심도, 유대 농민이 헬라 군인의 칼과 용맹한 로마 군단의 공격 앞에서 가슴을 드러냈던 애국심도 여기에서 나왔습니다.[12] 유랑과 고난 속에서 신앙을 지킬 수 있었던 유대인들의 불굴의 용기도 마찬가지입니다. 모세 율법의 영향을 받은 히브리 선지자와 시인은 고결한 사상을 우리에게 남겨 주었습니다. 모세 율법은 지적 열정을 불러일으켜서 마른 나무에서 싹이 트고 꽃이 피게 하였습니다. 뿐만 아니라 모세 율법은 이스라엘 민족 외에도 히브리 성경이 영향력을 미치는 곳이라면 어디서든 힘을 발휘했습니다. 왕정을 타도하였고 계급제도를 철폐하였습니다. 시련을 겪었던 스코틀랜드의 종교개혁가에게 용기를 주고 낯선 땅에서 고난에 처했던 청교도를 격려하기도 했습니다. 네이스비에서 크롬웰의 철기대를 움직이는 힘이 되었고 벙커힐 전투의 동력이 되기도 했습니다.[13]

백성의 지도자이자 종이었던 모세

모세와 같은 인물은 성취도 대단했지만 인생 그 자체가 모범이 되어 우리에게 용기를 줍니다. 그의 생애는 인간의 본성을 고귀하게 하고 인간의 노력을 영광되게 하기 위해 애쓰는 사람에게 희망과 믿음을 줍니다. 대다수 인류의 빈곤과 고통은 하나님의 불가사의한 섭리이므로 한탄할 수는 있어도 이의를 제기하거나 이를 치유할 수는 없다는 사람이 있습니다. 그러나 모세의 생애와 그의 제도는 이런 편견을 깨부숩니다. 이런 신성모독적인 편견은 삼천 년 전인 당시나 지금이나 흔하게 존재하며 기독교 강단에서 설교되는 일도 드물지 않습니다. 이런 편견이 옳다고 생각하는 사람이나 현대 문명의 중심지에 널려 있는 누추하고 잔인한 모습은 자기가 알 바 아니라고 하는 사람은 모세의 생애를 모범으로 삼아야 합니다. 보려고 하는 자의 눈에는 떨기나무가 불타는 모습이 보이고, 들으려고 하는

12 마카비 가문(Maccabees)은 기원전 2세기와 1세기에 시리아의 학정과 헬라의 영향에 대한 이스라엘 민족의 저항 운동을 이끌었던 애국자 가문이다.

13 네이스비(Naseby)는 영국 청교도혁명 당시 크롬웰(Oliver Cromwell)이 이끈 의회파 군대가 왕당파 군대에게 결정적인 승리를 거둔 곳(1645년)이며, 벙커힐(Bunker Hill)은 미국 보스턴 근교의 언덕으로, 미국 독립전쟁 초기에 독립군에게 자신감을 안겨준 전투가 일어난 곳이다.

자에게는 "백성이 고통을 받고 있으니 누가 인도하겠느냐?"라는 말이 들릴 것이기 때문입니다.[14]

모세는 지상의 신으로 군림하던 이집트 왕의 직계 가족으로 입양되어 사회 피라미드의 정점에 섰습니다. 피라미드의 저변에서는 수백만 명의 백성이 노역에 시달리고 있었습니다. 왕족과 제사장이 모든 즐거움을 누릴 수 있었던 나라에서 그는 제사장 겸 왕자가 되었습니다. 감각의 쾌락이든 학식의 기쁨이든 무엇이나 얻을 수 있는 위치에 있었습니다.

무자비한 상전의 채찍을 맞으며 뜨거운 태양 아래 노역에 시달리고 있던 사람들의 울음소리가 모세에게 무슨 의미가 있었겠습니까? 화려한 궁궐과 쾌적한 정원에서 듣는 백성의 울음소리는 그저 부드럽고 단조로운 음악 같았을 것입니다. 그런 그가 왜 운명의 스핑크스에 의문을 가졌으며, 높은 신들이 정해 놓은 숙명과 맞서 싸웠을까요? 사회의 모습이 오랜 세월 동안 항상 그랬다면 앞으로도 틀림없이 그럴 텐데 말입니다. 참새는 메뚜기를 잡아먹고 매는 참새를 잡아먹습니다. 생명은 죽음과 시체에서 나오고 상급 생물의 쾌락은 하급 생물의 고통에서 나옵니다. 인간계가 냉혹한 자연계보다 나을까요? 나일 강은 차분하고 평온하게 흐르지만 그 조용한 수면 아래에서는 물고기들이 잔인한 싸움을 벌이면서 강자가 약자를 잡아먹습니다. 별의 비밀을 탐구하는 관찰자가 발아래 기어가는 벌레 한 마리를 살리기 위해 걸음을 멈출까요?

백성이 가혹한 공사장에서 힘들여 불멸의 건축물을 완성하면 모세는 휘황찬란한 깃발과 문장에 둘러싸인 채 장엄한 음악과 노래를 들으며 높은 자리에 앉아 영광의 행진을 하면 그만입니다. 백성은 험한 음식으로 연명하더라도 모세는 기름진 성찬을 즐기면 그만이었습니다. 그런 그가 왜 지긋지긋한 속박에 대해 생각했을까요? 모세는 꽃마차가 항상 대기하고 있고, 언제라도 승마를 즐길 수 있고, 음악을 들으며 나일 강을 유람할 수 있었습니다. 그런 그가 모험이 가져다주는 희열을 맛보고 싶었던 걸까요? 모세는 사슴보다 더 빠른 말을 타고서 개처럼 잘 훈련된 사자와 함께 사막에서 사냥을 할 수 있었습니다. 그런 그가 휴식과 안락이 필요했던 걸까요? 모세는 감미롭고 부드러운 음악과 원무를 추는 무희의 율동을 즐길 수 있었습니다. 그런 그가 지적인 생활을 하고 싶었던 걸까요? 모세는 오랜 세월 동안 축적된 지식을 비밀의 사원을 통해 접할 수 있었습니다. 사람의 정신을 매료시

14 모세가 하나님으로부터 이스라엘 백성을 이집트에서 데리고 나가라는 임무를 받는 장면이다. 출애굽기 3:1~15.

키는 문제를 토론하는 상류 사회의 일원이었으며, 그리스 철학을 어린 아이들의 지껄이는 소리로 취급할 정도의 지적 자부심을 공유하고 있었습니다.

모세가 이 모든 것을 포기하고, 지배층으로서 획득한 힘과 지식을 평생 억눌려 사는 백성을 섬기는 데 사용하게 된 것은 단순한 일시적 열정의 발로가 아닙니다. 자신의 지위를 잊고 이집트 사람을 쳐 죽인 일은 그의 전 생애를 통틀어 볼 때 빛나는 사건입니다.[15] 히브리 민족성을 형성한 제도이자 오늘날에도 힘들게 일하는 수많은 사람들을 조금이나마 편하게 해 주는 제도 속에서 그 고귀한 목적을 볼 수 있습니다.

히브리 전승에 나타난 모세의 일생은 그와 같은 위대한 열정을 보여 줍니다. 인류가 더 좋아지고 더 행복하고 더 귀하게 살기를 바라는 이타적인 소망으로 가득한 열정입니다. 그의 죽음도 삶만큼이나 훌륭합니다. 모세는 왕이 되려고 했다면 쉽게 뜻을 이룰 수 있었을 텐데 왕조 건설이라는 자연적인 욕망을 백성을 위해 억누릅니다. 모세는 혈족 대신 가장 적합한 인물을 지도자로 세웁니다. 모세는 묘지를 아주 중요하게 생각하고 사후의 육체 보존을 열망하는 나라 출신입니다. 당시 위대한 조상 요셉의 유골을 그의 선조 곁에 묻기 위해 가지고 가는 중이기도 했습니다. 하지만 그런 상황에서도 그는 자연적 욕망을 극복하고 사람들의 시선과 위로를 뒤로 한 채, 아무도 없는 곳에서 홀로 죽었습니다. 모세는 백성들이 기회만 있으면 우상을 숭배하는 것을 만류하곤 했는데, 사후에 자신을 미신처럼 숭배할까 염려했기 때문입니다. "오늘까지 그의 묻힌 곳을 아는 자가 없느니라."[16] 도굴 당한 파라오의 무덤은 무덤 주인의 허영심을 비웃고 있지만, 파라오의 전제정치에 저항하고 자기 민족의 해방을 위해 노력한 이 히브리인의 이름은 아직도 전 세계의 횃불로 남아 있습니다.

백성의 지도자이자 종이었던 사람! 율법을 만든 사람이자 은혜를 베푼 사람! 오직 믿음의 눈으로만 볼 수 있는 약속의 땅을 향해 힘써 나아갔던 사람! 모든 시대의 영웅과 순교자를 이 세상에 배출한 고결한 영혼의 전형! 행동은 민족의 소중한 자산이 되고 기억은 인류의 신성한 유산이 되는 영혼의 전형! 수많은 제국의 건설자 중 누구를 그와 비교할 수 있겠습니까?

이런 위인의 영감을 의심한다면 하나님의 말씀을 의심하는 것과 같을 것입니다. 이런

15 모세가 장성한 후에, 고되게 노동하는 이스라엘인을 때리는 이집트 사람을 쳐 죽이고 모래에 묻었다. 출애굽기 2:11~12.
16 신명기 34:6.

위인은 보이지 않는 깊은 곳에서 힘을 이끌어내며 순수한 마음의 샘에서 지혜를 얻습니다. 이런 위인의 삶은 물질보다 더 확실하고 별보다 더 높은 무엇이 존재한다는 증거입니다. 태양이 사라져 어둠이 내릴 때에도 존재하는 빛과 물질적 우주가 단지 그 일시적인 단계에 지나지 않는 어떤 큰 목적이 존재한다는 증거입니다.

스코틀랜드여, 일어나라

1884년 2월 18일, 스코틀랜드의 글래스고(Glasgow) 시청에서 행한 연설이다. 원제는 「Scotland and Scotsman」이다. 생활 속의 여러 가지 사례를 들어 청중을 설득하고 이제는 행동이 필요하다고 호소하는 연설이다.

헨리 조지는 1883년 12월 말일에 영국에 도착하여 잉글랜드의 런던, 리버풀 등 여러 곳에서 연설하였고, 이어 스코틀랜드로 가서 글래스고, 에든버러 등 여러 곳에서 연설하였다. 이 연설 후 헨리 조지가 제안한 대로 글래스고에서 스코틀랜드 토지 회복 연맹(Scotland Land Restoration League)이 결성되었고 연맹의 지부가 여러 도시로 재빨리 확산되었다. 그는 다시 잉글랜드로 가서 리즈, 옥스퍼드, 캠브리지 등에서 강연하였는데 옥스퍼드 강연 시 마샬(Alfred Marshall, 1842~1924)과 날선 논쟁을 벌인 사건은 유명하며, 연설문 「정의는 목적, 과세는 수단」에서도 이를 언급하고 있다.

그는 1881년 특파원으로 아일랜드에 체재할 때도 글래스고를 방문하여 연설을 한 적이 있다.

제가 글래스고 시청에서 연설하는 특권을 누리는 것이 이번이 두 번째입니다. 스코틀랜드를 처음 방문했을 때는 글래스고에만 왔었습니다. 당시 저는 전날 밤에 침대열차를 타고 왔다가 연설 후 다시 밤에 침대열차를 타고 갔었기 때문에, 이 지역을 살펴볼 수 없었습니다. 그날은 성 패트릭의 날 밤이었고 청중은 아일랜드인이었습니다.[1] 그런데 오늘 청중은 대부분 스코틀랜드인이신 것으로 생각됩니다.

저는 요즘 욕을 많이 먹고 있습니다. 신문을 보니 저에 대한 온갖 이야기가 실려 있는데, 저를 잘 모르는 분이 기사를 읽는다면 저를 도둑과 바보의 중간쯤 되는 사람으로 생각할 것입니다. 저는 이런 데 신경을 쓰지 않지만, 그중 한 가지, 제가 스코틀랜드인에게 아부한다는 지적에 대해서는 말씀을 드리고 싶습니다.

제가 스코틀랜드에 도착한 후 던디(Dundee)에서 첫 강연을 했고 스코틀랜드 청중을 만나 마음이 즐거웠습니다. 미국에서도 저는 다수의 스코틀랜드인과 알고 지내며, 저를 지지해 주는 스코틀랜드인도 많습니다. 이분들은 언제나 이렇게 말씀하십니다. "스코틀랜드 청중은 대단해요. 이런 문제를 스스로 생각할 때까지 기다리세요. 그러면 스스로 논리적

1 성 패트릭의 날(St. Parick's Day)은 아일랜드의 큰 명절이자 축제일로 3월 17일이다.

인 결론을 낼 겁니다."

제가 던디에서 강연할 때 이런 친구들의 말을 전했고 또 어느 재미있는 스코틀랜드 분으로부터 받은 편지에 대해서도 말씀드렸습니다. 편지 내용은 이렇습니다. "잉글랜드 사람들에게 시간을 낭비하지 마세요. 그 사람들은 맥주에 빠져 있습니다. 맥주는 이해력을 흐리게 하지요. 스코틀랜드 사람들은 논리적이고 명석하기 때문에 거기 가시는 게 훨씬 나을 겁니다. 스코틀랜드 사람들은 술을 마신다고 해도 위스키인데, 정신을 흐릿하게 하지 않거든요."

강연에서 이런 말씀을 드렸더니 다음 날 조간신문에 비난 기사가 났습니다. 제가 스코틀랜드인에게 아부를 해서 덕을 보려고 했다는 내용입니다. 저를 겨냥한 여러 기사가 많았겠지만, 스코틀랜드 청중에게 아부했다는 이런 비판은 저를 아는 분이라면 수긍하시지 않을 것이고, 또 아부가 통하지도 않겠지요.

제가 캘리포니아에서 살다가 뉴욕으로 이사했을 때 어느 스코틀랜드인 은행가 한 분이 저를 찾아와서는 이렇게 말했습니다. "제가 내기를 했는데요, 개인적인 질문을 하나 드리고 싶습니다. 미국에서 출생하셨나요?" 그래서 저는 대답했습니다. "그렇습니다." "그럼, 혈통이 스코틀랜드와 관련 있나요?" "제 외할아버지가 글래스고 출신입니다." 그러자 그가 좋아 했습니다. "제가 내기에 이겼습니다. 댁의 재능은 외가 쪽에서 온 것이로군요." 그분은 그때나 지금이나 세상의 위인은 모두 스코틀랜드 출신이고 두세 가지 예외는 있지만 그건 실수로 그렇게 된 것이라는 믿음을 갖고 있습니다. 이제 농담을 접고 말씀드리지만, 저는 누구에게든 아부할 생각이 없습니다. 스코틀랜드인이 아부를 싫어하신다면 오늘 밤 제가 드리는 말씀이 불편한 진실이고 칭송과는 거리가 있더라도 양해해 주시겠지요?

제 혈통은 이 지역과 연결이 됩니다. 그러나 제가 조상을 추적해 올라가 확인할 수 있는 범위가 그렇다는 말씀일 뿐입니다. 제 친척이 현재 글래스고에 사는지는 모르겠습니다만, 저의 혈통은 이 지역과 연관이 있습니다. 그러나 저는 이걸 자랑스럽게 생각하지는 않습니다. 제가 지금 글래스고에 살고 있다고 해도 자랑스럽게 생각하지 않을 겁니다.

부자 도시의 빈곤은 수치

글래스고는 크고 부유한 도시이지만, 이 도시 속의 절망적인 빈곤은 이교도마저 놀랄 정도입니다. 길거리에서는 어떤 야만족도 정상이라고 생각하지 않을 광경을 쉽게 볼 수 있습니다. 거대하고 자랑스러운 이 도시의 모토는 "글래스고여, 하나님 말씀의 선포로 번성하라."입니다.[2] 그런데 글래스고의 하나님 말씀은 어떤 내용입니까? 또 내용이 무엇이건 실상은 어떻습니까? 지금과 같은 빈곤, 절망, 타락, 퇴폐가 말씀의 결과입니까? 이 도시를 기독교 공동체라고 부른다면 기독교에 대한 모독이 아닐까요?

저임금, 빈곤, 타락, 퇴폐, 이런 것은 기독교의 열매가 아닙니다. 기독교의 핵심 원리를 무시하고 부정하는 데서 오는 결과입니다. 글래스고 시민은 교회를 많이 세우고 선교사 파견을 위해 헌금도 합니다. 그러나 저로서는 오히려 이교도들이 좀 더 부유해서 글래스고와 같은 기독교 사회에 선교사를 보내기 위해 헌금하기를 바랄 정도입니다. 이곳에서는 한쪽에서는 사치와 부를 과시하고 다른 쪽에서는 아녀자들이 헐벗고 굶주립니다. 사람들의 신체와 마음이 제대로 발육하지 못하고 있습니다. 기적이 아니고서는 정화시킬 수 없는 환경에서 어린이들이 자랍니다! 이런 유쾌하지 못한 장면을 떠올리시도록 하여 죄송합니다. 그러나 가슴에 심장이 뛰고 있는 사람이라면 반드시 생각해야 할 장면이 아닐까요?

1883년 존 브라이트가 글래스고 대학교에서 연설한 적이 있습니다.[3] 스코틀랜드 센서스를 인용하여, 글래스고 가구의 41%는 단칸방에서 살고 37%는 방 둘짜리 집에서 산다고 지적하였습니다. 이들을 합하면 78%, 즉 총인구의 거의 5분의 4가 방 둘 이하의 집에서 산다는 것입니다. 스코틀랜드 전체로는 인구의 거의 3분의 1이 단칸방에서 살고 3분의 2가 넘는 70%가 방 둘 이하의 집에 산다고 하였습니다. 실망스러운 일입니다. 19세기 문명이 활짝 피어난 1884년의 스코틀랜드, 기독교 국가인 스코틀랜드의 대도시가 이 정도밖에 안 되다니요! 이 통계가 무엇을 의미하는지 생각해 보십시오. 성인 남녀와 자녀들이 이런 집에서 같이 산다는 것입니다. 극도의 빈곤과 결핍 상태가 아니면 이렇게 비좁게 살 리 없습니다. 이 통계는 심각한 빈곤과 고통, 그리고 끔직한 타락을 의미합니다. 스코틀랜드인은 누구나 부끄러워해야 합니다.

지역 석간신문 하나를 우연히 보았더니 피터스버러(Peterborough)에서 어떤 기혼여성의 사체를 검시했다는 단순한 기사가 실렸습니다. 사망한 여인의 집에는 가구도 없고 네 자녀는 반쯤 굶고 지냈다고 합니다. 먹을 음식도, 밤에 추위를 막을 땔감도 거의 없었다고 합니다. 사체는 부스럼투성이였고 왼팔은 쪼그라들어 있었다고 합니다. 딸의 말에 의하

2 인용문은 당시 글래스고 시의 모토로, 원문은 "Let Glasgow flourish by the preaching of the word."이다.

3 존 브라이트(John Bright, 1811~1889)는 영국의 개혁적인 정치인이다.

면, 먹을 게 생기면 아버지가 먼저 한 입 먹은 후 나머지 식구가 돌아가며 먹었다고 합니다. 죽어가는 엄마가 빵 한 조각을 먹고 싶어 해도 그마저도 마련할 수가 없었다고 합니다.

재판의 배심원은 신체 마비와 만성 부스럼과 과로로 인한 자연사로 판정하면서 남편에게는 처자식에 대한 중대하고 용서할 수 없는 방치를 이유로 유죄 평결을 내렸다고 합니다. 아내를 빈민구호소에 데리고 가지 않았다는 것이 근거인 듯합니다. 한편 남편은, 그러려고 했지만 부부가 같이 입소하지 않으면 안 된다고 거절당했다고 말했답니다. 남편이 게으르거나 주정뱅이라는 내용은 없었습니다. 평범한 노동자로서 일자리를 찾아 열심히 노력한 듯합니다. 그러나 매일 밤 별 소득 없이 돌아와 썩은 지푸라기 위에 앓아누운 불쌍한 아내 옆에서 잠을 청했다고 합니다.

우리는 사실을 직시해야 합니다. 전 세계 어느 미개부족에도 평화 시라면 이런 일은 없지 않을까요? 지구 위에서 가장 불운한 미개부족으로 "최하의 인류"라고 불리기도 하는 티에라 델 푸에고 족(Tierra del Fuegians), 오스트레일리아의 원주민인 블랙펠로 족(Black-fellows), 캘리포니아의 원주민인 디거 족(Digger Indians)을 꼽는다고 합니다. 그런데 제가 오늘 밤 생사의 기로에 놓여 있다고 하면, 이 고도로 문명화된 기독교 공동체이면서도 수천 명이 막다른 골목에 몰려 있는 이곳보다는 차라리 미개족 사회에 있기를 바랍니다.

남편이 유죄라는 평결! 이 사건에 관해서는 저는 신문에 난 기사밖에 모릅니다. 그러나 공무원이나 성직자처럼 지위와 진정성을 갖춘 분들의 증언을 통해 이런 일이 모든 나라에서 매일같이 발생하고 있으며, 주정뱅이만이 아니라 정직하고 건실하고 부지런한 사람에게 일어나고 있다는 사실을 압니다.

도대체 왜, 이 거대하고 부유한 도시에서 수많은 사람들이 일자리를 못 찾고 있는 걸까요? 얼마 전 이곳 기술자의 임금이 삭감되었고 벨파스트(Belfast)에서도 같은 일이 있었습니다. 그러나 기술자들은 저항하지 못했습니다. 일자리 없는 기술자가 넘치는 상황에서 파업은 어렵다고 보았겠지요. 이것이 문명세계 전체의 실상이 아닙니까? 이런 상황에 대해서는 여러분이 부끄러워하셔야 합니다. 제가 사는 미국에는 이런 일이 없다는 말씀이 아닙니다. 거기에도 같은 상황입니다. 우리가 이런 사실에 눈을 감은 채 전능하신 아버지에게 감사하고 찬양하는 것은 최악의 위선이 아닐까요?

하나님에 대한 의무와 이웃에 대한 의무가 별개일까요? 설교하고 기도하는 사람이 동시에 우리 사회의 이런 참상을 당연한 것으로 여기고 그 책임을 자연법과 인간의 본성과 창조주의 명령에 떠넘기고 있습니다. 이것이야말로 최악의 위선이자 신성모독이 아닙니까? 이 세상을 누가 창조하셨기에 피조물 중 소수는 안락하게 살면서 대다수는 굶주림을 면하기 위해 일생동안 온 힘을 쏟지 않으면 안 됩니까?

빈곤의 원인은 토지사유제

이건 하나님의 잘못이 아닙니다! 이건 인간의 이기심과 무지 때문입니다. 이렇게 된 이유를 묻고 탐구하신다면, 모든 인류의 삶의 터전인 토지가 일부 인간의 사유재산이 되었기 때문이라는 결론에 도달하실 것으로 믿습니다. 이것이 유일한 해답입니다. 인간은 토지의 동물입니다. 인간이 사용하는 모든 물자는 토지로부터 나옵니다. 토지 없이는, 토지에서 구한 원료 없이는, 인간은 하늘의 새도 바다의 물고기도 잡을 수 없습니다. 인간의 몸 자체도 토지에서 나온 것입니다. 토지에 속하는 모든 것을 제거한다면 인간은 육체 없는 영혼으로 남을 것입니다. 토지는 인류의 생존에 절대로 필요하고 모든 부의 원천이며 모든 인간이 살아야 하는 터전입니다. 그러므로 토지를 장악하는 자는 인간을 장악하게 됩니다.

이번에는 사실관계를 반대 방향으로 생각해 보겠습니다. 글래스고 주택 문제의 원인은 무엇일까요? 사람들이 살아야 할 토지를 구유 속의 개가 차지하고 있기 때문입니다. 어느 지역 신문에서 최근 알게 된 사실이 있습니다. 글래스고에 버뱅크(Burbank)라는 공터가 있는데 면적 14에이커의 값은 9만 파운드라고 합니다. 주변이 주택이기 때문에 여기도 건물부지로 적합한 곳입니다. 그렇지만 소유자는 지역의 땅 사정이 악화되어 값이 더 오를 때까지 기다립니다. 그런데 당국은 세금을 물리지 않습니다. 세금은 오히려 주택에 물립니다.

그 기사에서는, 이 공터에 집을 짓는다면 세금이 연간 7천 파운드 이상이 될 것이라고 합니다. 집을 지어 살 곳을 마련해 주는 사람에게는 이처럼 벌금을 매기고, 땅을 사용하지 않은 채 그냥 갖고 있는 특권자에게는 한 푼도 매기지 않습니다. 주택 문제의 원인이 바로 여기에 있지 않습니까? 임금이 이렇게 낮다는 사실에 대해서도 생각해 보십시오. 일자리 경쟁이 너무나 치열해서 임금이 기아선상으로 내려갑니다. 왜 그럴까요? 일을 할 자연의 기회를 얻을 수 없기 때문입니다.

글래스고에는 아일랜드와 하일랜드에서 이주해 온 사람들도 많습니다. 2년 전 제가 아일랜드에 갔을 때 그들이 이주하는 광경을 목격했습니다. 붉은 코트의 군인들이 있어 따라가 보았더니, 아일랜드에 발도 들여놓은 적이 없는 부재지주의 요구에 따라 대영제국의 군인이 가난한 사람들을 오두막에서 내쫓고 조상 대대로 살아온 땅을 떠나도록 강제하고 있었습니다. 이들이 어디로 가겠습니까? 도시로 몰려가서 보수가 얼마든 일자리를 구할 것입니다.

이 연단에서 연설한 적도 있는 훌륭한 마이클 대빗도 이주민 중의 하나였습니다.[4] 살던 집에서 쫓겨난 어머니는 빈민구호소로 가지 않고 어린 대빗을 데리고서 구걸을 하며 살았습니다. 대빗은 한창 뛰어놀아야 할 어린 나이에, 학교에서 공부해야 할 할 나이에, 이곳으로 와 공장에 취직하였습니다. 그의 오른 쪽 소매가 비어 있는 것은 가혹한 현실의 상징입니다. 지역의 노동시장에 공급이 넘치는 것은 이 때문입니다. 일하지 않으면 굶을 수밖에 없는 사람, 농지가 없어서 일을 할 수 없는 사람, 임금이 많건 적건 경쟁해서 일자리를 찾아야 하는 사람들이 많기 때문입니다.

하일랜드 사람도 마찬가지입니다. 역시 비슷한 과정을 거쳐 여기에 오게 되었습니다. 이것이 바로 해답입니다. 발명과 기술개선 덕에 노동생산력이 놀랍도록 증가한 이 19세기에, 노동조합이 힘으로 밀어붙여 손톱만큼 인상할 수 있었던 경우를 제외하고는, 임금이 전혀 오르지 않은 이유입니다.

스코틀랜드의 토지 상황

제가 스코틀랜드에 와서 얼마간 관찰한 바를 솔직하게 말씀드리자면, 스코틀랜드인에 대해 전보다 더 후하게 평가하기 어렵습니다. 제가 여러분에게 아부한다는 소리를 들었고 여러분은 스스로 불편한 진실을 직시할 수 있다고 하시니 솔직하게 말씀드리겠습니다. 저는 아일랜드인에 대한 존경심이 훨씬 더 큽니다. 아일랜드 사람들은 이런 지옥 같은 체제를 타파하기 위해 무언가를 했습니다. 그런데 여러분은 지금까지 하신 일이 없습니다.

제 친구 말처럼 스코틀랜드인은 논리적입니다. 저는 이 말을 부정하지 않겠습니다. 그러나 논리의 중요한 전제가 아주 잘못되어 있습니다. 제가 스코틀랜드에 온 후부터, 여러

4 마이클 대빗(Michael Davitt, 1846~1906)은 아일랜드 토지 개혁가이자 정치인이다. 11세 때 공장에서 오른팔을 잃었으며 후일 아일랜드토지연맹(Irish National Land League)을 창설하였다.

분이 무언가 혼동을 하고 계신 게 아닌가 하는 의문을 갖게 되었습니다. 스코틀랜드인은 성경을 읽는 국민입니다. 그런데 "태초에 하나님이 천지를 창조하셨다."라는 구절을 "태초에 지주가 천지를 창조하였다."라고 바꿔 읽으시는 듯합니다. 지주는 분명히 스코틀랜드의 모든 것을 가지고 있습니다. 토지, 그리고 지상의 모든 것이 지주 소유입니다. 지하의 모든 것도 지주 소유입니다. 강과 호수의 물고기도, 하늘의 새도, 바다의 연어도 지주 소유입니다. 심지어 해안에 널려있는 해초도, 일정 길이를 넘는 고래도, 떠다니는 나뭇조각까지도 지주 소유입니다. 물과 공기도 지주 소유입니다.

던디(Dundee)에서는 어느 호수의 물을 사용하는 대가로 에어라이 백작(Earl Airlie)에게 2만 5천 파운드를 낸답니다. 그저 물값만 그렇습니다. 물고기는 여전히 백작 소유입니다. 하늘에서 내려오는 빗물마저도 에어라이 지주의 것이 됩니다! 어떻게 이런 일이 있을 수 있는지 생각해 보십시오! 모세가 이스라엘 백성을 인도하여 광야를 지나다가 백성이 목이 말랐을 때 바위를 쳐서 마실 물이 터져 나오게 하였습니다. 그런데 바위가 사유재산이라면 무슨 소용이 있겠습니까? 에어라이 백작 같은 사람이 이렇게 요구할 겁니다. "2만 5천 파운드를 내지 않으면 물 한 모금도 못 마신다." 더구나 에어라이 백작 같은 지주는 스코틀랜드에 살지도 않습니다. 적어도 던디에는 살지 않습니다! 백작은 그 물을 한 모금도 안 마실 사람입니다. 어떻게 이런 일이 있을 수 있는지 생각해 보십시오. 심한 가뭄에 사람들이 기도하여 선한 하나님이 비를 내려 주셨다고 합시다. 그러나 빗물은 백작 소유가 됩니다!

그러나 공기는 스코틀랜드인의 소유입니다. 길거리 아무 데서나 공기를 마실 수 있습니다! 던디에는 볼게이(Balgay)라는 야산이 있습니다. 개간되지 않은 땅으로서, 장점이라면 맑은 공기와 멋진 경관입니다. 야산의 소유자는 에든버러(Edinburgh)에 사는 스콧(Scott)이라는 부재지주입니다. 던디 시민들은 산책 삼아 이 산에 올라가고 싶어 하는데 그런 권리를 얻으려면 어떻게 해야 할까요? 에이커당 14파운드 지대를 내야 합니다! 이건 터부입니다!

우리는 남양군도에 선교사를 보내고 있습니다. 술과 질병으로 사람들이 죽어가고 있는 섬인데 여기에는 미신이 많다고 합니다. 이곳에 터부라는 관습이 있다는 사실을 아십니까? 그들이 살아 있는 신처럼 모시는 추장이 어떤 대상에 대해 "터부"라고 하면 누구도 그걸 만지거나 사용하지 못합니다. 어떤 길이 터부로 지정되면 멀어도 돌아 다녀야 하고, 어떤 샘이 터부로 지정되면 목이 타도 물을 마시지 못합니다. 어떤 나무가 터부로 지정되면 배고파도 그 열매를 따 먹지 못하고 눈앞에서 썩어도 그냥 두어야 합니다. 그러나 이 나라에서도 꼭 같은 일이 벌어지고 있습니다. 드넓은 스코틀랜드, 여러분이 조국이라고 부르는 스코틀랜드, 유사시에는 목숨 바쳐 지켜야 하는 스코틀랜드에, 많은 땅이 방치된 채 일반 국민이 발도 못 붙입니다.

윌리엄스라는 어느 미국인이 러시아에서 돈을 많이 벌어 스코틀랜드로 왔는데, 넓디넓은 땅을 차지하고는 아무런 개발도 하지 않고 야생동물만 살도록 하고 있습니다. 여러분 같은 스코틀랜드인은 아무도 이 땅에 들어갈 수 없습니다. 전국에 이런 예는 많습니다. 여러분이 이방인이고 야만인이라도 해도 상당수는 이보다 훨씬 더 나은 처지일 것입니다.

시내에는 물고기가 비늘을 번득이고 들에는 사냥감이 지천인데 사람들이 오트밀이나 감자로 연명하고 있습니다. 물고기는 아무나 잡을 수 없습니다. 제가 호기심에서 『스코틀랜드의 강과 호수』라는 책을 찾아본 적이 있습니다. 물은 미역 감을 만한 정도만 되어도 아무나 사용할 수 없습니다. 아무개 경, 아무개 백작, 그런 사람들의 소유라고 합니다. 메추라기도 마찬가지입니다! 성경 이야기로 다시 돌아가자면, 굶주린 이스라엘 백성을 구하기 위해 하늘에서 메추라기를 내려 주셨습니다.[5] 그런데 메추라기를 스코틀랜드에 내려 주셨다면 여러분 같은 평범한 스코틀랜드 사람은 손댈 엄두도 못 낼 것입니다. 메추라기를 아무나 먹을 수 없다는 것입니다. 제가 다녀본 곳곳에서 평범한 스코틀랜드 노동자는 감자를 먹고 재수 좋으면 자반 청어나 오트밀을 먹습니다. 그러다가 감자 돌림병이라도 생기면 1848년 아일랜드와 같은 대기근이 발생합니다. 실제로 그해에 스카이 섬(Island of Skye)에는 자선기관 또는 구호기금을 내는 기부자들이 제공한 감자밖에 먹을 것이 없었습니다. 감자 종자도 그렇게 마련되었습니다.

매일 양껏 식사하면서 편안하게 사는 계층도 있고, 봉급을 많이 받는 대학 교수도 있고, 안정적인 수입과 연금을 받는 젠틀맨도 있습니다.[6] 이런 사람들은 이렇게 말합니다. "세상이 잘 돌아가고 있어. 노동계층의 생활도 좋아지고 있지." 그리고는 빈곤이 진보와 동행한다는 지적을 강력히 부인하면서 기다란 통계표로 증명하려고 합니다. 저는 가는 곳마다

5 이스라엘 백성이 이집트를 탈출한 후 굶주릴 때 하나님이 이들에게 만나와 메추라기를 내려 주었다는 이야기가 있다. 출애굽기 16:13.

6 젠틀맨(gentleman)은 기사(knight)의 아래, 자유농민(yeoman)보다 위의 신분이었다.

노동자들의 생각을 물어 보았습니다. 어디서든 그들의 의견은 이와 정반대였습니다. 이 나라 여기저기를 다녀본 결과, 진보와 문명은 노동계층을 밑바닥 쪽으로 더 몰아넣은 것이 확실합니다. 반쯤은 이교도이고 미개인이었던 수백 년 전의 생활이 차라리 더 나았습니다. 그러나 이제는 비옥한 토지를 경작하던 사람이 열등한 토지로 밀려났습니다. 농지 규모도 줄고 가축 수도 줄었습니다. 소작료는 오르고 또 올라, 지출을 줄이고 가축을 파는 방법밖에 없게 되었습니다. 이들이 고기를 잡던 곳은 황량하게 되어 이제는 고깃배가 없습니다. 말을 기르던 곳에도 말이 없습니다. 그리고 여인들이, 스코틀랜드 여인들이, 가축이나 하던 일을 하고 있습니다! 오늘도 여인들이 거름을 지고 다니는 모습을 어디서든 볼 수 있습니다.

하일랜드의 빈곤

스코틀랜드 북부의 하일랜드(The Highlands)에 가 보시면 산업 수준이 몇 세기 전 그대로임을 아실 것입니다. 옛날식 삽으로 땅을 파고 낫으로 수확하여 도리깨로 타작합니다. 문명의 영향이라곤 살기 힘들어진 것 빼고는 없습니다. 대다수 주민은 감당하기 어려운 소작료를 뭅니다. 소작료 낼 돈을 구하기 위해 어쩔 수 없이 물고기를 잡거나 로우랜드(Lowlands)로 내려와서 일자리를 찾습니다. 이들은 소작료나 토질에 대해서라기보다 차라리 숨 쉴 공간, 단순한 생존 공간에 대해 돈을 문다고 해야 맞습니다.

그런데 이렇게 사는 사람들을 게으르다고 비난하다니요! 저는, 소작인이 게으르다고 욕하는 부유층 누구든 거기 가서 일주일만이라도 그런 일을 해 보라고 하고 싶습니다. 거기서 옛날식 삽으로 땅을 파고 거친 바다에 가서 고깃배를 타 보라고 하고 싶습니다. 우아한 귀부인 누구든 하일랜드로 가서 그곳 여인네처럼 등짐을 지고 땔감을 날라 보라고 하고 싶습니다. 제가 본 바로는, 오두막 중간에 난로 하나 피울 땔감을 마련하는 데 한 사람의 노동이 꼬박 들어갑니다. 또 제가 스코틀랜드에 온 이후로 그들의 초라한 오두막 집 주변 어디에서도 꽃을 본 적이 없습니다. 글렌데일(Glendale)의 한 소작인에게 과일은 안 먹느냐고 물었더니 그 사람이 이렇게 답하더군요. "글쎄요, 양배추 같은 건 있었지요."

저는 일전에 존 오그로트(John o'Groat's) 관광지에 간 적이 있는데, 그곳에서 활기찬 두 사람이 해변에서 돌을 주워 나르고 있었습니다. 저는 지역 명물인 조개를 찾고 있었는데 한 사람이 저를 돕기 위해 제 곁에 왔기에 서로 대화를 나누게 되었습니다. 그 사람은 집을 지을 작정이라고 했습니다. 옆에 있던 제 일행 중 한 분이, 지주의 구두 허락 외에 집 짓기를 보장하는 무슨 문서가 있느냐고 물었습니다. 그 사람 대답이, 자기네 지주는 선량한 사람이랍니다. 제가 물었습니다. "수입이 얼마나 되세요?" 그는 5파운드라고 답한 것으로 기억합니다. 그 사람의 부친도 거기서 살았고 형제도 둘 있다고 하였습니다. 다시 물었습니다. "그 수입으로 무얼 할 수 있나요?" "먹는 것을 해결하지요." "지대도 낼 수 있나요?" "아뇨, 그건 따로 벌어야 합니다. 저는 고기잡이를 나가고 제 동생은 노동하러 갑니다. 벌이가 충분한 경우도 있지만 보통은 그렇지 못합니다." 그래서 제가 말했습니다. "댁의 지주가 선량한데도 이 정도군요. 자기네 땅에 살 수 있게 해 주고는 댁의 수입 중 겨우 생존할 만한 정도만 남기고 전부 가져가는군요." 그 사람이 대답했습니다. "바로 그래요. 그래도 저희 지주는 다른 지주보다 정말 괜찮은 편입니다." 괜찮은 편이랍니다. 그럼, 어떤 지주는 산 채로 사람의 껍데기를 벗긴다는 말이군요.

소작인은 그래도 나은 편입니다. 택스맨에 고용된 코터는 더 심합니다.[7] 소작인은 1년에 한 번씩 바꿀 수 있지만 코터는 48시간 전에만 통지하면 쫓아낼 수 있습니다. 코터는 택스맨의 절대적인 노예입니다. 이건 인간의 육신을 매매하는 노예제와 다름없는, 사실상의 노예제입니다.

왕립위원회의 조사 때 있었던 증언에 대해 말씀드리겠습니다. 모르시는 분을 위해 소개하자면 왕립위원회는 늑대가 양의 사정을 조사하는 것 같은 기구입니다. 노동자 대표가 이런 위원회에 참여하면 좋겠습니다만. 아무튼 게일(Gaels) 지역 출신의 어느 증인이 자기가 쓰는 땅이라곤 오두막 부지와 소를 먹일 목초지뿐이라고 하였습니다. 네이피어 경(Lord Napier)이 지대가 얼마냐고 물었더니 5파운드라고 답하였습니다. 위원회는 믿을 수가 없어 이렇게 물었습니다. "그 많은 돈을 어떻게 낼 수 있는가?" 증인이 답했습니다. "1년에 100일간 하루 1실링을 받고 일을 해 줍니다."[8] 주변 농촌의 임금이 이렇게 낮다면 글래스고의 임금도 높을 수 없지 않겠습니까?

빈곤과 절망! 이런 말을 들으시면 마음이 편치 않으실 것입니다. 하일랜드의 은행원 한

7 택스맨(tacksman)은 하일랜드 지역의 대지주와 소작인(crofter)의 중간쯤 되는 중간 지주이며, 코터(cottar)는 택스맨 밑에서 일하는 농민이다.

8 1파운드는 20실링이다.

분이 제게 이렇게 말했습니다. 자기가 알기로 매우 정직하고 건실하고 부지런하지만 신분이 코터인 청년 한 사람이 지난 주에 자기에게 왔는데 2파운드만 대출해 달라고 했답니다. 그래서 은행원은 "규정상으로는 당신에게 대출이 곤란합니다만, 무슨 일인데요?" 청년은 이렇게 답했답니다. "먹을 걸 구할 수가 없습니다. 아내와 네 자식이 두 달이 넘도록 감자밖에 못 먹었고 그나마 양이 부족했습니다. 이제 집에는 음식이 하나도 안 남았습니다. 제가 가진 것이라고는 어미 소와 송아지 한 마리씩뿐인데 지금 이걸 팔면 너무 손해입니다. 돈을 빌려주시면 만기일에 송아지를 팔아서 갚겠습니다." 그래서 은행원이 이렇게 말했답니다. "그럼, 내가 먹을 만큼 음식을 줄 테니 송아지를 팔면 갚으세요." 그러자 그 청년은 무릎을 꿇고 엉엉 울더라는 겁니다. 은행원이 제게 말했습니다. "평생 이렇게 난감한 적이 없었습니다. 같은 인간이 이런 곤경에 몰리다니. 그 청년이 이렇게 말하더군요. 제가 얼마나 괴로웠는지 모르실 겁니다. 매일 아침마다 학교 가는 자식을 보면서 허기로 길에서 쓰러질까 걱정했습니다."

빈민은 노예와 다름없습니다

가진 것이 하나도 없는 빈민에 대한 현재의 대책은 엉터리입니다. 재원이 너무 부족합니다! 이 지역 교구에는 병약한 빈민이 월 2실링을 받는 곳 또는 2주일에 식품 14파운드를 받는 곳이 있다는 사실을 아십니까? 그래서 제가 여러 차례 캐물었습니다. "이 사람들이 어떻게 살 수 있습니까? 그것 받아서는 생활이 안 될 텐데요." 이들은 서민이 내는 자선금에 의지하여 살아갑니다. 부유한 지주들은 자신들의 탐욕이 만들어 낸 빈민을 위한 비용을, 고된 일을 하면서 겨우 굶주림을 면하는 노동자들에게 떠넘기고 있습니다.

런던의 어느 신문은 저를 조롱하면서, 제가 지주의 전 재산을 빼앗아 가려고 한다고 하였습니다. 그들은 제가 지주들을 빈민구호소로 보내자고 제안한다고 생각하는 모양입니다. 저는 지주에 대해 악감정이 없습니다만, 지배층의 인사들을 빈민구호소에 보낼 수 있다면 좋겠습니다. 공작이다 백작이다 하는 분 중 몇몇이라도 빈민처럼 취급되는 경험을 해 본다면, 그 끔직한 사악성과 야만성을 소위 기독교인이라고 하는 그 사람들이 분명하게 알 것이라고 생각합니다.

이건 완전한 노예제입니다! 어떤 사람이 이렇게 말했습니다. "저희는 전능하신 하나님보다 지주가 더 무섭고, 지주보다 관리인이 더 무섭고, 관리인보다 마름이 더 무섭습니다."[9] 사람들은 절대적으로 지주의 권력에 종속되어 있습니다.

이런 일도 있습니다. 자기네 관리인은 생선 장수인데 물고기를 자신에게만 팔도록 강요하면서 다른 사람에게 팔면 1파운드 벌금을 매겼답니다. 또 전문직에 종사하는 어떤 분이 제게 이런 이야기를 해 주었습니다. 일주일 전에 관리인 한 사람과 지역을 다녔는데, 관리인은 이 지역 출신 의회 의원의 재산을 담당하는 사람이었답니다. 관리인이 주민 한 사람을 만나자 이렇게 말했습니다. "이보게, 자네 자식이 어제 학교에 안 갔다지?" 주민은 위축되어 답을 제대로 못 했습니다. 그러자 관리인이 말했습니다. "다음에는 그런 일이 없도록 애들 학교에 꼭 보내게." "예, 나으리." 후에 관리인에게 물었답니다. "도대체 그런 식으로 말해도 되나요?" 관리인의 답은 이랬습니다. "그 사람들에게 뭐든 시킬 수 있습니다. 제게 권한이 많거든요." 이 관리인은 스카이 섬(Island of Skye)에서는 교구 목사 외의 누구에게든 명령할 수 있습니다.

며칠 전 저녁에 포트리(Portree)에서 있었던 일입니다. 제게 주민 몇 분이 니고데모처럼 제게 찾아와서 "강연을 꼭 해 주고 가십시오." 하고 간청하였습니다.[10] 저는, 제가 나설 형편은 아닙니다만, 공회당을 주선해 주면 하겠다고 답하였습니다. 이분들이 갔다가 얼마 후 다시 와서는 이렇게 알려 주었습니다. "공회당 사용을 주선할 만한 용기를 가진 사람이 우리 중에는 없습니다." 그래서 제가 말했습니다. "그럼, 제가 주선해 보겠습니다. 필요하면 제가 직접 사례도 하겠습니다." 그래서 저는, 아마 여러분도 아시는 맥도널드(McDonald) 씨라는 관리인에게 편지를 썼습니다. 이 관리인은 막강한 권한을 가지고 있으며 지역에 하나밖에 없는 공회당도 관리하고 있었습니다. 주민이 토지 문제에 대해 강연해 달라고 한다는 내용을 정중하게 전했습니다. 그가 답을 보내왔는데, 공회당을 대여할 수 없다고 하였습니다. 모든 지주의 동의 없이는 자기가 그런 결정을 할 수 없다는 겁니다. 다행히 우리는 학교를 빌릴 수 있었습니다. 성직자 한 분이 학교 이사회장인데, 이런 저런 견제와 협박에도 불구하고 학교를 사용하게 해 주었습니다.

몇 년 전에 나온 영국 책에서 이런 이야기를 보았습니다. 어느 폴란드 귀족이 영국 여행자를 자기네 땅에 데려가서 초라해 보이는 사람들을 가리키면서 내키는 대로 걷어차도 좋다고 했습니다. 오늘날 스코틀랜드의 모습도 아주 비슷합니다. 이 나라의 귀족은 모든 것

9 관리인은 대지주의 재산을 관리하는 사람이며, 마름은 관리인 밑에서 소작인을 직접 상대하는 사람이다.

10 니고데모(Nicodemus)는 바리새인으로서 밤에 남모르게 예수를 찾아갔다. 요한복음 3:1 이하 참조.

에 자부심을 느낍니다. 하일랜드를 낭만적으로 보이려고 합니다. 깃털 모자와 킬트, 이런 것 말입니다. 생각해 보시면, 하일랜드 사람들은 귀족이 지배하기 딱 좋은 사람들입니다. 하일랜드 사람들은 외국과는 사자처럼 싸웁니다. 이들을 외국에 파견하여 약탈과 파괴와 살상을 자행하도록 하는 자는 바로 이들을 압박하는 귀족입니다. 그런데 이들은 본국에서는 양처럼 순합니다. 그렇다면 스코틀랜드 국가 문장 속의 사자 옆에 양을 그려 넣어야만 하지 않겠습니까?

제 마음에 아주 거슬리는 일이 하나 있습니다. 아일랜드에서 본 경찰대입니다. 아일랜드 왕립 경찰대 말씀입니다. 이곳 스코틀랜드도 별로 다르지 않습니다. 아일랜드 경찰처럼 스카이(Skye)에서도 경찰이 일도 없이 건들거리고 다닙니다. 가옥이 예닐곱 채를 넘지 않는 던베건(Dunvegan)이라는 작은 마을에 경찰이 두 명 있더군요. 둘 다 정복을 차려 입고요. 인버니스 카운티(County of Inverness)에서는 지주들이 불안해하기 때문에 지방세 3천 파운드, 국가 부담 3천 파운드를 들여 경찰을 50명 증원했습니다.

전력을 기울여 싸워야 합니다

지금까지 빈곤의 참상에 대해 말씀을 드렸는데, 그렇다면 어떻게 해결해야 할까요?

어중간한 방법으로는 불가능합니다. 귀족층의 입맛에 맞는 방법으로는 절대로 해결할 수 없습니다. 그 악명 높은 영국법에 따라 지주가 된 자들이 하일랜드에 양 목장을 조성하기 위해 자기 땅에서 동족을 몰아냈습니다. 그 결과 빈곤자가 양산되자 이를 해결하기 위해 사용된 초기 방법 중 하나가 하일랜드인으로 군대를 결성하는 것이었습니다. 미국 독립전쟁 무렵 결성되었는데, 상당수가 미국에 파견되어 미국군과 싸웠습니다. 이런 방법으로는 빈곤을 해결할 수 없습니다.

금세기 초 서덜랜드(Sutherland) 공작과 같은 부류가 야만적인 전쟁보다 잔인한 방법으로 사람들을 쫓아낼 때 빈곤자를 구제하기 위한 조치가 있었습니다.[11] 도로 건설입니다. 26만 7천 파운드의 예산과 연 5천 파운드의 공공기금이 수년 간 하일랜드의 도로 건설에 지출되었습니다. 그러나 이 사업은 중단되었는데, 도로 건설이 하일랜드 지주의 지대 수입만 증가시켰기 때문입니다. 이런 조치로는 빈곤을 구제할 수 없습니다.

11 서덜랜드 공작(Duke of Surtherland)은 1833년 윌리엄 4세로부터 공작 작위를 수여받았는데, 대규모로 양을 기르기 위해 하일랜드 지역의 수많은 농민을 몰아내었다.

글래스고의 도시개선신탁(City Improvement Trust)에서 사용했던 조치로도 빈곤을 없앨 수 없습니다. 다수 시민에게 더 무겁게 과세하였지만 결국 부패만 조장하였고 투기꾼과 대지주의 주머니를 두둑하게 했고 일반 토지 소유자의 재산 가치를 올렸을 뿐, 결국 주택 문제와 빈곤을 해소하지는 못했습니다. 단지 병의 위치를 옮겼을 뿐입니다. 종양을 고친다면서 반창고를 붙인 다음 다른 위치로 밀어내는 것과 같습니다. 이런 방식으로는 고질병을 고칠 수 없습니다. 뿌리를 과감하고 확실하게 제거해야 합니다.

적당주의에 귀를 기울여서는 안 됩니다. 필요한 것은 적당주의가 아니라 종교적인 분노입니다. 단호히 맞서야 합니다. 야수의 목을 틀어쥐어야 합니다. 스코틀랜드에서 태어나는 모든 사람은 스코틀랜드 땅에 대한 양도할 수 없는 평등권을 가지고 있다는 위대한 진리를 선포하십시오. 이 권리는 어떤 법으로도 부정할 수 없습니다. 인류를 위해 세상을 창조하시고 우리 인간을 세상에 보내신 창조주로부터 직접 받은 권리입니다.

토지 분할은 평등권을 보장할 수 없습니다. 고대 이스라엘에서는 모세의 법에 따라 토지를 분할하는 방법도 가능했겠지만 복잡한 현대 문명에서는 안 됩니다. 토지에서 나오는 이익을 분할할 수 있다면 토지를 분할할 필요가 없습니다. 토지에서 생기는 수입을 징수하여 공공 용도에 쓰면 됩니다. 이것은 급진적 방법이 아닙니다. 매우 보수적인 제안입니다.

글래스고의 캐머런 박사가 과거 이 강당에서 행하신 강연을 읽었는데, 본질적으로 저와 같은 의견이었습니다.[12] 캐머런 박사나 저나 이런 면에서 같은 입장을 취하고 있다는 점에서 마음이 흡족합니다. 지주들이 과거의 토지세를 철폐하고 국민 대중에게 조세 부담을 떠넘겨 버렸는데 이걸 바로잡아야 한다는 것이 캐머런 박사의 말씀입니다. 동시에 저의 주장이기도 합니다. 이런 목표에 추가하여 저는 조금 더 나아갑니다. 캐머런 박사도 자기 의견의 연장선에 있는 제 의견에 분명히 동의하실 것입니다. 캐머런 박사의 제안이 실현되려면 힘든 싸움이 필요합니다. 국민이 자신의 의무를 다하면 지주는 분명히 쓰러집니다. 전력을 기울여 싸워야 합니다.

토지세의 장점

현재의 제도는 경제적인 기준으로 보아도 좋지 않습니다. 글래스고의 버뱅크(Burbank)

12 캐머런(Charles Cameron, 1841~1924)은 글래스고 출신의 의사, 정치인, 개혁가이다.

들판을 생각해 보십시오. 지주는 땅을 놀리고 세금을 안 냅니다. 그러나 거기에 집을 짓는다면 세금으로 연 7천 파운드를 물게 됩니다. 글래스고에 집이 충분합니까? 왜 토지가 아니라 주택에 과세를 해야 합니까? 집을 짓는 것은 공익에 보탬이 됩니다. 집에 세금을 많이 부과할수록 집이 적어집니다. 그런데 토지가치로 파운드당 20실링을 징수해도 토지는 한 뼘도 줄어들지 않습니다.[13]

과거에 글래스고 땅은 대부분 여러분의 것이었으나 캠벨(Campbell)이라는 이름을 가진 프로보스트 경(Lord Provost)이 땅을 사들였습니다. 그 내막을 잘은 모르지만 카디프(Cardiff)에서 들었던 이야기가 있습니다. 부트 후작(Marquis of Bute)의 선조가 지역의 공유지 상당 부분을 취득한 이야기입니다. 이곳은 현재 지역에서 가장 비싼 땅이 되었습니다. 부트 경의 어느 조상이 매년 주민을 불러 식사 대접을 하자, 주민들은 마음이 풀려서 그만 부트 경이 공유지를 취득하도록 결정하고 말았습니다. 그 다음부터는 식사 대접이 사라졌습니다. 프로보스트 경이 땅을 취득한 경위를 잘은 모르지만 1천500파운드를 지불했다는 말을 들었습니다. 현재 그 후손인 아치볼드 캠벨 경(Sir Archibald Campbell)은 매년 지세로 3만 파운드를 받고 있으면서 재산세는 한 푼도 내지 않습니다. 3만 파운드 전부를 세금으로 징수하고 다른 주민의 세금을 면제하는 게 옳지 않겠습니까? 이렇게 하면 공공 목적을 위한 기금이 엄청나게 조성될 수 있습니다.

토지세의 가장 중요한 장점은 구유 속의 개를 못 견디게 할 수 있다는 점입니다. 이들 지주는 현재 사용하지도 않는 땅을 차지하고 있으며, 집 지을 땅을 사슴이나 노는 숲으로 방치하고 있습니다. 이들은, 수많은 주민이 4층짜리 집에 밀집하여 가족이 단칸방에서 지내는데도 시내 곳곳에 건축 부지를 방치한 채 서민의 삶을 위협하고 있습니다.

산업에, 자본 투자에, 모든 분야의 생산에 부담을 주고 있는 세금을 제거하면 경제에 큰 자극을 줄 수 있습니다. 지주에 돌아가는 몫을 징수하여 공공 용도에 배정하면 도서관, 박물과, 공원, 녹지, 대중목욕탕을 모든 지역에 건설할 수 있습니다. 해안 곳곳에 어민을 위해 안전한 항구 시설을 건설할 수 있고 노년에 안락하게 살 수 있도록 연금도 넉넉히 지급할 수 있습니다.

엉뚱하다고 생각되십니까? 예, 그러실 것입니다. 서민을 위한 모든 일이 그렇겠지요. 남

13 1파운드는 20실링이었으므로, 지대를 모두 세금으로 징수한다는 뜻이다.

에게 공으로 베푸는 것은 받는 사람의 사기를 꺾는다고들 합니다. 수천 파운드 연금 소문을 못 들으신 모양입니다. 스코틀랜드 의회는 아무 대가 없이 젊은 왕자에게 연간 2만 5천 파운드 연금을 지급하기로 의결했습니다. 판사, 공무원 같은 사람들도 상당액을 퇴직연금으로 받습니다. 그래도 이 사람들에게 해롭다거나 사기를 꺾는다는 말은 없습니다!

또 다른 비용도 크게 줄여 줍니다. 오늘 어느 사무실에서 국가 경비를 나타내는 차트를 보았습니다. 차트에 의하면, 지출의 거의 전부가 전쟁을 수행하거나 준비하기 위한 직간접 비용이었습니다. 현재 세제에 의하면 국민 일인당 16파운드 9실링을 전쟁을 위한 세금으로 내고 3파운드 3실링을 다른 비용으로 냅니다. 이런 비용을 왜 여러분이 부담할까요? 지주 귀족이 지배하는 나라이기 때문입니다. 군대가 젊은 남자의 양호한 직장이 되어 있고, 전쟁을 원하고 전쟁으로 이익을 챙기는 계층이 지배하는 나라이기 때문입니다. 국민이 지배하는 나라가 되면 이런 일이 없을 것입니다.

스코틀랜드는 누구를 위한 나라입니까?

이 세상에는 우리 모두에게 충분한 물자가 존재합니다. 우리가 가난해야 한다거나 고되게 일해야 할 자연적인 이유는 없습니다. 인류가 서로 싸우고 짓밟는 일만 없으면 이미 이루어진 발명과 발견에 따른 물질적 혜택만으로도 우리는 여유 있게 살 수 있습니다. 인간에게 기회가 주어지고 정신이 피어날 수 있게 해 주면 생산력은 과거에 꿈도 꾸지 못했던 속도로 증가할 것입니다. 임금이 가장 높은 곳에는 노동 생산성도 가장 높고, 발명도 가장 활발합니다. 이제 무언가를 해야 합니다.

자녀를 둔 사람이 집을 떠나 있다가 돌아와서 보니 큰자식이 어린 동생을 바깥에 내보내 추위에 떨게 한다면, 그래서 무지와 가난과 질병 속에 살게 한다면 어떻게 하시겠습니까? 정의의 법칙이 이를 벌하지 않을 수 있다고 생각하십니까? 아닙니다. 세계의 역사를 보면, 개인의 인생이나 행위라는 좁은 차원에서는 불의가 때때로 승리하기도 합니다만, 국가라는 큰 차원에서는 처벌은 반드시 이루어집니다. 하나님이 살아계심이 분명한 만큼 이런 국가에 대한 처벌은 반드시 이루어집니다. 짓눌려 사는 국민의 원성이 높아지면 결국에는 처벌이 내립니다.

세계무대에서 커다란 역할을 했던 중요 국가인 로마제국을 회고해 봅시다. 그 운명이 어떠했습니까? 지금의 상태에 이르는 과정에서 운명을 볼 수 있습니다. 로마가 세계를 정복할 무렵, 본국인 이탈리아는 건실하고 독립적인 시민의 나라였습니다. 그러나 국운이 일어남과 함께 이들은 전쟁에 징발되거나 추방당했고, 그 결과 이탈리아는 양과 가축과 대장원의 나라가 되고 말았습니다. 이와 꼭 같은 일이 지금 영국에서 벌어지고 있습니다.

스코틀랜드는 누구를 위한 나라입니까? 땅은 누구를 위한 것입니까? 모든 사람을 위한 것이 아닙니까? 인간이 하늘의 새와 땅에 움직이는 모든 생물을 다스리도록 되어 있지 않습니까? 땅을 정복하는 것이 인간의 의무가 아닙니까? 세상의 가장 존귀한 존재가 인간이 아닙니까? 그런데 여기에서는, 이 스코틀랜드에서는, 사람을 밀어내고 짐승에게 땅을 내주고 있습니다. 처벌이 다가오고 있습니다.

우리는 우주의 법칙을 다 아는 것은 아니지만 전혀 무지하지도 않습니다. 신생국에는 신기한 일이 일어납니다. 인간의 존재 그 자체가 자연에 영향을 주는 것 같습니다. 미국 대륙에서는 개척자를 따라서 벌이 대륙을 이동합니다. 사람들이 마을을 이루면 비가 더 풍족하게 내리고 심지 않아도 새로운 꽃이 피며 땅에서는 수확이 더 많이 납니다. 그러나 인구가 줄면 자연은 험하게 변하는 것 같습니다. 이탈리아의 비옥했던 지역에서 인구가 줄어들자 열병이 창궐하게 되었고 북아프리카의 불모지도 과거에는 인구가 많았다는 사실을 보십시오.

이와 꼭 같은 일이 스코틀랜드에서 일어나고 있습니다. 인구 축출로 인한 저주가 여기도 내리고 있습니다. 최상의 농지에서 사람들을 쫓아내고 그 집터와 농지에서 양을 기르고 있습니다. 사람들이 살던 곳의 목초는 질이 좋았습니다만, 제가 알기로는 이런 상황이 변하고 있습니다. 믿을 만한 당국자에 의하면, 20년 내지 30년 전에는 천 마리 양을 기르던 곳에서 사람들이 쫓겨나자 이제는 700마리가 고작이라고 합니다.

땅에는 곰팡이, 이끼가 번지고, 스코틀랜드는 야만 상태로 돌아가고 있습니다. 양을 사육하는 곳마저 점차로 적막한 사슴 숲이나 꿩 사냥터로 변하고 있습니다. 스코틀랜드를 사랑하는 여러분, 이런 모습을 두고만 보실 것입니까?

빈곤은 사회의 범죄

1885년 4월 1일, 아이오와 주의 소도시 벌링턴(Burlington)의 오페라 하우스에서 행한 연설이다. 원제는 「The Crime of Poverty」이다. 헨리 조지의 사상을 잘 모르는 청중도 이해할 수 있도록 쉬운 내용을 담았고 최신 통계와 흥미로운 사례도 소개하고 있다.
행사는 '노동의 기사(Knights of Labor)'라는 단체가 주관했는데, 이 단체는 1880년대 미국에서 가장 크고 영향력이 있었던 노동단체로서 한때는 회원 수가 80만 명에 달했다. 그 후 이 단체에서는 연설문 5만 부를 인쇄하여 각지에 배부하였다. 입장료 50센트에 400명 정도의 청중이 모였고, 세계 각지에서 대규모 청중을 상대해 온 헨리 조지에게는 다소 실망스러운 규모였다고 한다. 그러나 다음 날 회중교회에서 대규모 청중이 운집한 가운데, 이 책에도 나오는 「모세」를 연설하였다.
헨리 조지는 한 해 전인 1884년에 두 번째 영국 강연 여행을 하고 돌아왔으며 이듬해인 1886년에는 165개 노동조합으로 구성된 연합노동당(United Labor Party)의 추대로 뉴욕 시장에 출마했다가 낙선하기도 하였다.

신사 숙녀 여러분, 오늘 저녁 빈곤이라는 범죄에 대해 말씀드리려고 합니다. 짧은 시간에 여러분을 충분히 설득할 수 있을지 모르겠습니다만, 제 말씀의 요점은 빈곤은 범죄라는 사실입니다. 가난이 죄라는 뜻은 아닙니다. 살인이 범죄이지만 피살되는 것은 범죄가 아니듯이 가난한 사람을 죄인이라고 보지 않습니다. 빈자는 오히려 우리 모두가 책임이 있는 범죄의 희생자일 뿐입니다. 빈곤은 저주이고 가장 쓰라린 저주임을 우리는 잘 알고 있습니다. 칼라일은 영국인이 가장 두려워하는 지옥은 빈곤의 지옥이라고 했습니다.[1] 이건 영국인에 국한 되지 않고 국적이 어디든 문명세계의 모든 사람에게 다 해당됩니다. 우리는 이 지옥을 벗어나기 위해 애쓰고 발버둥 칩니다. 일할 필요가 없어지더라도 맹목적인 습관 때문에 계속 일을 하는 수도 많습니다.

빈곤은 무지의 어머니이자 범죄의 온상

빈곤으로 인한 저주는 가난한 사람에게만 내리는 게 아닙니다. 모든 계층, 심지어 부유층까지도 고통을 받습니다. 사회가 고통에 빠지면 어느 계층도 완전히 헤어날 수 없기 때

1 칼라일(Thomas Carlyle, 1795~1881)은 영국의 철학자, 역사학자이다.

문입니다. 빈곤으로 인해 생기는 죄악과 범죄와 무지와 천박함은, 비유하자면, 부자나 빈자나 다 같이 숨 쉬는 공기에 독을 뿌립니다.

빈곤은 무지의 어머니이자 범죄의 온상입니다. 저는 오늘 아침 이 도시의 길을 걷다가 쇠사슬에 묶인 채 끌려가는 세 남자를 보았습니다. 저는 그들이 부자가 아니라고 확신합니다. 그들이 무슨 죄를 지었는지 몰라도 사연을 따져 올라가다 보면 결국 빈곤 때문임이 드러날 것이라고 분명히 말씀드릴 수 있습니다. 인간이 비참한 지경에 빠지는 원인을 찾아보면 9할은 빈곤 때문일 것으로 생각합니다. 스스로 가난을 선택하여 혼자서만 힘들게 지내는 사람은 가난한 게 죄가 되지 않습니다. 그러나 부양가족이 있고 처자식을 돌보아야 하는 사람이 빈곤을 선택한다면 그것은 범죄입니다. 남자가 누군가를 부양하지 않고 혼자서만 산다면 대부분의 경우 자신의 의무를 회피하는 것입니다. 여인은 세상에 나와 남자를 짝으로 맞이하게 되어 있는데, 남자가 독신으로 살면서 자신만을 돌본다면 자연적인 부양자를 찾지 못하는 여인이 생기기 마련입니다. 혼자서 빈곤을 자원하는 사람을 범죄자라고 할 수는 없지만, 남을 빈곤에 몰아넣는 행위는 분명히 범죄입니다. 제가 보기에 빈곤에 시달리는 사람의 절대다수는 자신의 잘못 때문이 아니라 사회가 조성하는 상황 때문임이 분명합니다. 그래서 빈곤은 범죄이고, 개인의 범죄가 아니라 사회의 범죄이며, 부자든 가난하든 우리 모두가 책임이 있는 범죄라고 말씀드리는 것입니다.

몇 주 전 어느 일요일 저녁에 저는 브루클린에 있는 유명한 목사의 교회에 갔습니다. 생키 씨가 찬송을 하는 부흥회 비슷한 모임이 열리고 있었습니다.[2] 목사가 부흥회와 관련하여 설교하면서 사람들이 기독교인이 되지 못하는 몇 가지 이유를 들었는데, 그중 한 사례를 듣고 제가 충격을 받았습니다. 집회 장소의 바깥에서 어떤 남자가 매일 밤마다 귀를 기울이면서 조금씩 앞으로 나오더랍니다. 어느 날 목사가 그 남자에게, "형제여, 기독교인이 될 준비가 되지 않았나요?" 하고 물었더니 이 사람이 준비가 안 되었다고 대답하였는데, 거부하는 태도가 아니고 서글픈 태도였다고 합니다. "왜, 집회에서 듣는 말씀이 진실이라고 믿지 못하나요?" "아닙니다, 모두 진실이라고 믿습니다." "그렇다면 왜 기독교인이 될 수 없다고 하시는 거지요?" "제 장사를 포기하지 않으면 교회에 나갈 수 없고 처자식을 먹여 살리려면 장사를 해야 합니다. 장사를 그만두면 살아갈 길이 막막합니다. 이 장사를

2 생키(Ira D. Sankey, 1840~1908)는 미국의 복음성가 가수이다.

시작하기 전에 정말 힘들게 살았기 때문에 장사를 그만둘 수 없습니다. 그런데 장사를 치우지 않으면 기독교인이 될 수 없습니다." 그래서 목사가 물었습니다. "밀주 장사를 하나요?" 그런데 그게 아니었습니다. 목사는 이 사람의 장사가 도대체 무엇인지 짐작도 할 수 없었습니다. 기독교인이 될 수 없는 장사란 밀주 장사밖에 없다고 생각했기 때문입니다. 그래서 물었습니다. "무슨 장사를 하세요?" 이 사람은 비누 장사였습니다. "비누! 비누를 판다고요?" 목사는 놀랐습니다. "비누를 파는데 왜 기독교인이 될 수 없다는 말입니까?" 그 사람은 이렇게 설명했습니다. "제가 파는 비누는 빨래의 때를 신속하게 제거하면서 해로운 성분이 전혀 없다고 엄청나게 선전하는 그 특허 비누입니다. 비누마다 포장지에는 유해한 화학물질이 없다고 찍혀 있지만 실제로는 그렇지 않습니다. 빨래의 때를 신속하게 제거하기는 하지만 시간이 지나면 천을 완전히 못 쓰게 만듭니다. 제가 이렇게 먹고살기 때문에, 비누를 팔면서 기독교인이 될 수는 없다는 생각을 하게 됩니다." 이런 이야기 끝에 목사는 이렇게 설교하였습니다. "이 사람은 비누 때문에 영혼을 잃어버렸습니다."

그러니 이 사림이 영혼을 잃었다면 그게 자신만의 잘못일까요? 양심과 생계 중 하나를 선택할 수밖에 없는 사회 상황은 누구의 잘못입니까? 사회의 잘못이고 우리 모두의 잘못이라고 저는 생각합니다. 전염병은 저주입니다. 우리나라에 콜레라를 들여와 퍼뜨리거나 예방 임무를 담당하는 기관이 아무런 조치를 취하지 않는다면 범죄가 됩니다. 빈곤은 콜레라보다 더 악성입니다. 사회 사정이 좋을 때에도 전염병보다 인명을 더 많이 희생시킵니다. 우리 도시의 사망 통계를 보십시오. 어린이가 파리처럼 죽어 가는 곳이 어디입니까? 도시의 빈민가입니다. 빈곤이라는 전염병에 주목하지 않고 이를 퇴치하기 위해 애쓰지 않는 사람은 유죄입니다.

빈곤이 인간을 초월하는 힘에 의해 예정된 것이라면 범죄가 아닙니다. 그러나 빈곤이 불가피한 것이 아니라면 그것은 범죄이고 사회가 책임져야 하며 고통을 분담해야 합니다.

빈곤은 부자연스러운 일

이런 현실을 직시하지 않으면 빈곤은 불가피한 것이 아니라는 사실을 이해하지 못합니다. 전염병보다 더 악성인 빈곤이 우리 문명을 유린하여 결핍과 시련과 타락을 초래하고 신체와 정신을 함께 파괴하는 재앙은 전능자의 명령에 의해서가 아니라 우리 인간의 불의와 이기심과 무지에 의해 생깁니다. 지금 찬란한 문명이 꽃피고 있는 19세기의 세상을 둘러보십시오. 태양 아래 모든 문명국가에는 야만인보다 못한 생활을 하는 사람이 있습니다. 어떤 야만인도 이들과 처지를 바꾸려고 하지 않을 것입니다. 새롭게 성장하는 이 도시에는 아직도 경작되지 않은 토지가 있는데도 금년 겨울에 빈곤구제 단체를 결성하고 있습니다. 이 도시의 도로에는 부랑자가 한꺼번에 열다섯 명씩이나 하나의 움막집에서 생활하고 있다고 들었습니다. 이곳만이 아니라 어디나 마찬가지입니다. 부가 가장 번성하는 곳에 빈곤도 가장 깊습니다.

이보다 더 부자연스러운 일이 어디 있습니까? 자연에는 오늘날 우리를 옥죄는 이런 빈곤이 존재하지 않습니다. 자연에는 먹이사슬이 있어 하나의 종이 다른 종을 잡아먹습니다. 그러나 자신과 같은 종을 잡아먹는 짐승은 거의 없습니다. 어떤 종의 먹잇감이 많으면 같은 종에 속하는 모든 개체가 같이 혜택을 받습니다. 버팔로 떼 중에 소수는 살지고 다수가 마른 경우를 못 보셨을 것입니다. 새 무리 중에 몇 마리만 기름진 몸체로 헤엄치고 대다수 다른 새는 뼈와 가죽만 남은 경우도 못 보셨을 것입니다. 야만인 사회에도 현재 우리 문명 속에서 곪아 터지는 이런 빈곤은 없습니다.

미개 사회에서 물자가 부족하거나 굶주리는 사람이 생기는 경우란, 토양에 문제가 생겼거나 비가 제대로 오지 않았거나 적군이 땅을 휩쓸고 지나갔을 경우뿐입니다. 즉 총량이 부족할 때뿐입니다. 그러나 우리 빈곤의 특징은 부가 풍족한 곳에서 더 심하다는 점입니다.

오늘날 문명세계 전반에서 고통과 빈곤이 넘치고 신음소리가 높은 이유는 무엇입니까? 이 어려운 시기의 원인을 지금 무엇이라고들 하고 있습니까? 과잉생산 때문이랍니다! 옷이 너무 많아서 사람들이 헐벗고 다니고, 석탄이 너무 많아서 추운 겨울에 떨면서 지내고, 식량이 넘쳐서 사람들이 굶어 죽는답니다! 과잉생산 때문에 부족하답니다! 이보다 더 어처구니없는 말이 또 있을까요? 모두에게 충분한 물자가 없는데 어떻게 과잉생산이 될 수 있습니까? 원인은 과잉생산이 아니라 정의롭지 못한 분배에 있습니다.

빈곤은 불가피하다고 합니다! 인간의 두뇌에 잠재되어 있는 엄청난 힘을 생각해 보십시오! 한 사람의 힘으로 발명을 하면 얼마 전까지만 해도 수천 명의 힘으로도 할 수 없었던 것을 할 수 있게 됩니다. 영국 한 나라의 증기기관에서 나오는 힘은 전 세계 인구가 모두 성인이라고 하더라도 그 육체적 힘을 모두 합한 것보다 더 큽니다. 그러나 발명과 발견은 이제 시작일 뿐입니다. 또 이미 발명·발견된 것도 다 사용하지 못하고 있습니다. 그리고 지구의 힘을 보십시오. 아직도 인간이 손도 대지 못한 부분이 많습니다. 새로운 자원이 여기저기서 발굴되고 있습니다. 부를 생산하는 인간의 능력은 거의 무한해 보여서 한계를 정할 수 없습니다. 이 도시를 흐르는 미시시피 강의 수력을 활용한다면 엄청날 것입니다. 이처럼 우리가 사용하지 않는 힘은 도처에 많습니다. 우리가 손대지 않고 있는 자원도 많습니다. 그런데도 남자들이 단순한 동물적 욕구를 충족시키기 위해 온갖 애를 씁니다. 여자들도 일하고 또 일하면서 인생을 헛되이 보내며, 그런 힘든 일 때문에 절망 속에서 여성의 매력을 포기하는 경우가 너무 많습니다.

만일 짐승에도 이성이 있다면 우리를 어떻게 생각하겠습니까? 거센 바람과 험한 파도를 헤치며 대서양을 항해하는 거대한 증기선을 보십시오. 배 위를 맴도는 갈매기에 사고력이 있다면 이런 항해 장치를 발명할 수 있는 동물이 실제로는 음식을 충분히 먹지도 못한다고 상상이나 할 수 있을까요? 그러나 이건 사실입니다. 우리 중 가장 안락한 삶을 누리는 사람조차도 합당한 삶을 사는 사람이 얼마나 됩니까? 생각해 보십시오. 인간에게 삶은 단 한 번밖에 없다고 믿는 쪽에서 보면, 그저 생존하기 위해 발버둥 치면서 인생을 허비하는 사람은 아무리 좋게 보아도 바보가 아닙니까? 그런데 여러분이나 저나 지금의 생은 마지막이 아니라 다른 생으로 나아가는 하나의 삶이라고 믿습니다. 그런데 열 명 중 아홉 명은, 아니 제가 알기로는 100명 중 99명은 단순한 생계를 위해 또는 도저히 다음 생으로 가지고 가지 못할 재물을 축적하느라고 자신의 생명력을 소비하고 있습니다. 보통 노동자의 삶을 보십시오. 인간의 두뇌와 심장이 기껏 이런 삶을 위해 만들어졌을까요? 나라 전역에 즐비한 공장을 보십시오. 이건 감옥이나 다름없습니다.

빈곤의 참상

얼마 전 저는 뉴욕의 신문에서 이런 기사를 보았습니다. 용커스(Yonkers) 지역의 공장에서 여공들이 파업을 하였는데 그들 자신이 파업한 이유를 모르는 것 같았고 그저 재미로 한 것이 분명하다고 보도하였습니다. 그 후 여공 측의 사정도 보도되었는데 파업의 원인이 직장의 엄격한 규칙 때문이었다고 합니다. 옆 사람에게 말을 하면 벌금을 물리고 웃으면 벌금 액수가 더 많아집니다. 1분만 지각을 해도 무거운 벌금을 물립니다. 제가 필라델피아에 갔을 때 현장 감독을 하는 어떤 여자 분에게 물어 보았습니다. "이런 규칙이 실제로 있을 수 있나요?" 그분 말씀이, 옆 사람에게 말을 걸어도 벌금, 웃어도 벌금을 물린다고 하였습니다. 또 자기가 일하는 곳의 여공들은, 한겨울의 바람을 맞으며 수 마일을 걸어서 출근하는데 1분 지각에 10센트를 물린다고 하였습니다. 어떤 여공은 일주일에 3달러 50센트를 벌었는데 벌금이 5달러 25센트였던 적도 있다고 합니다. 말도 안 됩니다. 정말 말도 안 됩니다. 정말로 비통하고 부끄러운 일입니다.

이보다는 나은 사람의 경우에도 사정은 크게 다르지 않습니다. 매일매일, 그리고 온종일 같은 일을 되풀이하는 사람이 있는데 도대체 왜 그럴까요? 그저 살기 위해서입니다! 하루에 열 시간 일하고 여덟 시간 취침하며, 기진맥진한 채 그저 두세 시간 정도 자기 시간을 가질 수 있습니다. 이건 합당한 생활이 아닙니다. 뛰어난 능력을 가진 인간이라는 존재에게 어울리는 삶이 아닙니다. 누구든 이 점을 잘 알고 있을 것입니다. 제가 처음 취직했을 때 인간이 단지 살기 위해 이렇게 하루 종일 일을 하도록 창조되었나 하는 회의가 생겼습니다. 저는 『미국과학』(*Scientific American*)이라는 잡지를 계속 보았는데, 여기에는 온갖 발명이 줄지어 소개되었습니다. 그래서 제가 어른이 되면 그다지 힘들게 일하지 않아도 될 것으로 생각했었습니다. 그러나 웬걸, 생존 경쟁은 더욱 치열해졌습니다. 온갖 통계를 들이대며 이걸 부정하고 노동계층의 생활이 개선되었다고 주장하는 사람도 있기는 합니다. 그러나 기묘한 통계를 통해서 입증한다지만, 그 개선은 내용이 없습니다. 실제로 개선된 것이 없습니다.

개선이라니요! 어제 제가 디트로이트 신문에서 보니 최근 미시간 주의 노동통계국에서 발표한 자료에 의하면 모든 산업의 평균 임금은 하루 1.77달러이고 낭비되는 시간을 제하면 1.4달러라고 합니다. 이건 하루 6달러에서 7달러를 받는 고임금 직종을 포함한 평균입니다. 미시간 주에서조차 하루 1.4달러로 어떻게 가족을 먹여 살릴 수 있을지를 생각하신다면 여러분은 노동계층의 상태가 별로 개선되지 않았다는 결론을 내리실 것입니다.

이 문제를 연구한 사람들이, 예를 들면 핼럼 씨나 5세기 전의 가격에 대해 연구한 로저스 교수 같은 이들이 공통적으로 찾아낸 분명한 사실이 하나 있습니다.[3] 모든 생산기술의 수준이 매우 낮았던 시대, 요즘 우리가 먹는 채소 중 우수 품종이 재배되기 전의 시대, 가축도 몸집이 작고 빈약하던 시대, 도로나 교통이 매우 불편했던 시대, 모든 제조업이 수공업이었던 시대, 이런 미발달 시대에 영국 노동자의 상태가 지금보다 훨씬 나았다는 사실입니다. 실제로 흉년이 닥치고 교통이 미비하여 풍년이 든 다른 지역의 물자를 실어 나를

3 핼럼(Henry Hallam, 1777~1859)은 영국의 역사학자이며, 로저스(Thorold Rogers, 1823~1890)는 영국의 경제학자이다.

수 없을 경우가 아니라면, 궁핍을 걱정하는 사람이 없었습니다. 예외적인 경우 외에는 궁핍을 걱정하지 않았다는 말씀입니다. 요즘 우리가 보는 정도의 극빈자는 전혀 없었습니다. 신체장애를 가진 사람이 아니라면 누구나 생계를 꾸려 나갈 수 있었고 가장 가난한 사람도 그럭저럭 여유 있게 살 수 있었습니다. 그러나 이런 연구가 밝혀 주는 가장 놀라운 사실은, 우리가 암흑시대라고 부르는 당시의 사회 상황에서 하루 노동시간은 단지 8시간이었다는 점입니다. 온갖 발명과 개선이 이루어지고 있는 이 시대의 노동계층은 탄원과 투쟁을 하면서도 노동시간을 8시간으로 줄이지 못하고 있습니다.

이런 현실이 개선입니까? 미발달 사회, 원시적인 사회에서는 성인 남성 한 사람이 일해서 자신과 부양가족의 생계를 넉넉히 꾸릴 수 있었습니다. 그런데 온갖 발명이 이루어지고 있는 이 시대에 그렇지 못한 사람이 부지기수로 존재합니다. 우리 문명에서 이보다 더 놀라운 일이 있습니까? 인디언 수족(Sioux) 추장들을 서부에서 동부의 공업도시로 데려왔는데 추장들이 무엇을 보고 제일 놀랐는지 아십니까? 살아 있는 것처럼 작동하는 멋진 기계장치의 발명도 아니고, 엄청난 도시 성장도 아니고, 쏜살같은 기차의 속도도 아니고, 전보나 전화도 아니었습니다. 생산력의 엄청난 발전에도 불구하고 어린이들이 일을 한다는 사실이었습니다. 이건 우리에게도 놀라운 일이어야 합니다. 정말로 경악할 일입니다!

어쩔 수 없이 일터로 나가야 하는 여성과 아동의 비율이 늘고 있는데 개선이라고 합니다. 이 도시에도 열서너 살 되는 아이들이 공장에 일하러 간다고 들었습니다. 미시간 주 노동통계국의 자료에 의하면 디트로이트에서는 취학연령 아동의 반이 학교를 못 간다고 합니다. 뉴저지 주 의회보고서에서도 극도의 참상과 무지가 드러납니다. 거기 아이들은 놀이를 해야 할 나이에 단조로운 노동에 동원되다 보니 놀 줄을 모릅니다. 너무 오래 일만 하다가 거기에 익숙해져 버렸습니다. 뉴저지가 어느 나라 땅인 줄도 모르고 조지 워싱턴이 누군지도 모릅니다. 어떤 아이들은 유럽이 뉴욕의 일부라고 생각합니다. 한심한 일입니다. 이것은 미국의 기초가 무너지는 것을 의미합니다. 위험인물이란 불만을 부채질하는 자가 아니라 이 모든 것을 정상이라고 우기는 자입니다. 이런 상태가 계속되어서는 안 됩니다. 지금 나타나고 있는 이런 추세가 계속되면 결국 모든 것이 무너지고 맙니다.

빈곤에는 공통의 원인이 있습니다

이런 상태에서 야기되는 모든 빈곤과 무지는 불가피한 것이 아닙니다. 모든 사람이 부자가 되지 못할 이유가 자연에는 존재하지 않습니다. 제가 말씀드리는 부자는 남보다 부유하다는 뜻이 아니라 물질적 필요를 완전히 충족시킬 수 있다는 뜻이며 물자가 충분하여 인간의 능력을 충분히 발휘할 수 있는 여유로운 삶을 산다는 뜻입니다. 부가 풍족하지 않을 이유는 존재하지 않으며 자연의 의도와는 달리 어린이가 노동을 한다든지 부녀자가 힘든 일을 하다는 것은 생각조차 할 수 없습니다. 세상의 부는 아주 풍족해서 빈곤을 두려워할 필요가 없습니다. 그런데도 빈곤과 거리가 먼 사람마저 두려움을 느끼고 있습니다. 자신이 병이 들거나 사망하여 자신보다 더 사랑하는 가족이 자선에 의지하여 살게 된다고 생각하면 우리 누구나 두려움을 느낍니다. 들의 백합이 어떻게 자라는지 생각해 보십시오. 백합은 고되게 노동하지 않습니다. 진정한 기독교 사회, 예수의 가르침을 말로서가 아니라 행동으로 받드는 사회에서는, 그 누구도 들의 백합처럼 물질에 대한 걱정을 하지 않을 것으로 저는 믿습니다. 물자는 충분하고도 남습니다. 그런데 문제는 이 미친 경쟁사회에서 우리 모두를 위해 충분히 마련되어 있는 것을 우리 스스로 진창에 처넣고 짓밟아 버린다는 데 있습니다. 서로를 갈기갈기 찢으면서 진창에 처넣고 짓밟아 버린다는 데 있습니다.

이런 빈곤에는 원인이 있습니다. 원인을 추적해 보신다면 그 뿌리에 하나의 근원적인 불의가 있음을 발견하실 것입니다. 오늘날 세계를 살펴보면 도처에 빈곤이 널려 있습니다. 여기에는 분명히 공통의 원인이 있을 것입니다. 관세 때문이라는 주장도 있고, 정부 형태의 잘못이라고도 하고, 나라마다 다른 이런저런 사정을 들기도 합니다. 그러나 극심한 빈곤은 공통 현상이기 때문에 그 원인도 공통이어야 합니다. 공통의 원인이 무엇이겠습니까? 모든 국가에 공통되는 커다란 원인이 하나 있습니다. 모든 사람의 삶의 터전인 자연의 일부를 사유재산으로 만들었다는 점입니다.

제가 조금 전에 말씀드렸듯이 5세기 전 생산기술이 저급했던 암흑시대보다 지금이 더 살기 힘들다고 하는 이 기막힌 사실을 여러분은 어떻게 설명하시겠습니까? 그 원인을 찾는 것은 어렵지 않습니다. 영국의 역사를 보면 그 이유를 알 수 있습니다. 그 어떤 문명국의 역사를 보더라도 마찬가지이지만 우리에게 가장 익숙하기 때문에 영국의 예를 들겠습니다. 귀족과 자본가가 지배하는 의회는 수 세기에 걸쳐 임금을 줄이는 내용의 입법을 했지만 효과가 없었습니다. 임금은 생존만 할 수 있는 낮은 수준으로 내려가지 않았습니다. 그 이유는 자연의 하사물인 토지가 어느 정도 개방되어 있었기 때문입니다. 모든 인간이 평등한 토지권을 가진다는 진리를 어느 정도는 인정하고 있었기 때문입니다. 개인이 토지를 차지한 경우에도 그 권리는 국가로부터 나온 것이고 국가에 지대를 납부한다는 조건이 붙어 있었습니다. 교회 토지는 예배, 수도원의 유지, 빈민 구제에 드는 비용을 충당하였습니다. 왕실 토지는 왕실 비용을 충당하였습니다. 전국 토지의 3분의 1은 국방비를 조달하는 토지였습니다. 당시 영국엔 국가 채무가 없었습니다. 수백 년 동안 전쟁을 치르면서도 그 비용은 토지 소유자가 부담하였습니다.

더 중요한 사실은 곳곳에 공동토지가 있었다는 것입니다. 공동토지는 인근 주민이 대가 없이 사용할 수 있는 땅으로서, 지금도 오래된 영국 도시에서 그 흔적을 볼 수 있습니다. 그런데 각종의 토지가 특정인에 의해 종획되고, 공동토지가 점차로 사유화되고, 교회 토지가 탐욕스러운 간신배의 먹잇감이 되고, 왕실 토지가 총신의 절대적 사유재산으로 불하되고, 군대 토지 사용자들이 지대를 제대로 납부하지 않고 자신들이 부담하기로 했던 국방비를 국가에 떠넘기고, 국가는 국민의 근면과 절약에 짐을 지우는 세금으로 충당하게 되면서부터 영국에는 빈곤이 깊어지고 부랑자가 길거리에 등장하였습니다. 바로 이런 부랑자가 지금 미국에도 등장하고 있습니다.

빈곤의 원인은 토지 독점

자, 생각해 보십시오. 토지 독점은 빈곤을 설명하는 충분한 이유가 되지 않습니까? 인간이란 무엇입니까? 무엇보다 인간은 동물이며 토지 없으면 살 수 없는 토지의 동물입니다. 인간의 모든 생산물은 토지에서 나옵니다. 모든 생산 노동은 결국 토지에 노력을 가하는 것이고 생산물은 토지를 원료로 삼아 인간의 욕구를 충족시키기 위해 변형한 것입니다. 인간의 육체도 흙에서 나오지 않습니까? 우리는 흙의 자손이며 흙에서 태어났다가 흙으로 돌아갑니다. 인간에게서 토지에 속하는 모든 것을 제거한다면 육체 없는 영혼 외에 무엇이 남겠습니까? 그러므로 다른 사람이 살아가야 하는 토지를 소유하는 자는 상전이 되고 다른 사람은 노예가 됩니다. 제가 살아야 할 땅을 소유하는 사람은 저에게 생사의 명령을 내릴 수 있으므로 저는 노예와 다름없습니다. 노예제가 철폐되었나요? 아닙니다. 우리는 단순한 형태의 노예제를 철폐했을 뿐입니다. 더 깊고 더 교활한 형태의 노예제, 더 악독한 형태의 노예제는 철폐되지 않았습니다. 이러한 산업 노예제에서는 겉으로는 자유를 부여한다고 하면서도 인간을 사실상의 노예로 만듭니다. 빈곤! 가난! 채찍처럼 쓰라립니다.

노예제! 공포를 낳습니다. 그러나 오늘날 우리 문명사회에서는 더 심한 공포가 존재합니다. 노예 생활이 아무리 힘들다고 해도 어머니가 제 자식을 살해할 정도는 아닙니다. 그런데 영국에 뿌리를 내리고 있고 현재 미국의 동부 지역에 전해지고 있는 어린이 보험 회사에서 내놓은 보고서를 보면, 어린이 사망률이 대단히 높아지고 있습니다. 이것은 무엇을 의미합니까?

아시다시피 로빈슨 크루소는 식인종으로부터 프라이데이를 구출하여 노예로 삼았고 프라이데이는 크루소를 섬기는 처지가 되었습니다. 그런데 크루소가 이렇게 했다고 생각해 보십시오. "형제여, 그대를 만나 반갑기 그지없소. 섬에 온 걸 환영하며 그대는 자유롭고 독립된 주민이 되길 바라오. 다만, 이 섬은 내 소유이며 내 소유물은 내 마음대로 관리하겠소. 그대는 내 허락 없이는 이 섬을 사용할 수 없소." 그러면 프라이데이는 명칭이 무엇이건 크루소의 노예가 되고 맙니다. 프라이데이가 물고기가 아닌 이상 바다에서 헤엄치며 살 수도 없고, 새가 아닌 이상 공중을 날며 살 수도 없습니다. 생존을 위해서는 섬 위에 머물 수밖에 없습니다. 그런데 섬이 크루소의 소유라면 크루소는 프라이데이의 생사를 쥔 상전이 됩니다.

얼마 전 제 친구 두 사람이 이런 이야기를 했습니다. 한 친구는 저와 생각이 같고 다른 친구는 그린백 당원으로서 토지 문제에는 별 관심이 없습니다.[4] 그린백 당원 친구가 이렇게 말했습니다. "그래그래, 토지 문제는 중요하지. 대단히 중요한 문제라고 인정한다. 그러나 다른 중요한 문제도 있거든. 이 문제, 저 문제, 온갖 문제가 있고, 화폐문제도 있다. 화폐문제는 대단히 중요하고 토지 문제보다 더 중요하다. 그럼, 돈은 다 내게 주고 토지는 다 네가 가져라." 이 말을 들은 다른 친구가 말했습니다. "좋아. 이 세상의 모든 돈은 네 것이고 모든 토지는 내 것이라고 하자. 그럼, 내가 너에게 내 땅에서 퇴거하라고 하면 어떻게 할래?"

사람들은 대체로 토지가 무엇인지 잘 모르는 것 같습니다. 학교에 다니면서 지리 등 여러 과목을 배운 어떤 여자애가 하루는 제게 말했습니다. "학교에서 지구의 표면에 대해 배웠는데 지구의 표면이 어떻게 생겼는지 궁금해요." 그래서 제가 일러주었습니다. "마당을 보아라. 저게 지구의 표면이란다." 그러자 이렇게 답했습니다. "저게 지구의 표면이라고

4 그린백 당(Greenback Party)은 미국의 농민들이 1874년 결성한 정당으로, "돈을 찍어 가족을 구하자."라는 구호를 내걸고 창당하였다.

요? 우리 집 마당이 지구의 표면이라고요? 그걸 몰랐네요!" 어른도 다르지 않습니다. 신문 편집인 같은 유식한 사람도 역시 그렇습니다. 토지라고 하면 농지만 생각하는 것 같습니다. 토지 문제라고 하면 농업 외의 다른 용도는 없다는 듯이 농민과만 연결시킵니다. 토지를 사용하지 않고 어떻게 신문을 발행할 수 있는지 저는 알고 싶습니다. 줄에 매달려 기구를 타고 공중에 올라가 일을 한다고 하더라도 토지는 있어야 합니다. 공중에 떠 있는 기구를 붙잡아 두려면 무엇이 필요합니까? 땅입니다. 지구의 표면입니다. 지구가 없다면 기구는 어떻게 됩니까? 기구는 공기가 떠받치고 공기는 토지가 떠받칩니다. 즉 인간이 무슨 행위를 하건 토지가 있어야 합니다. 지구 표면 아래 삼천 피트 지하에서 일을 하건, 뉴욕 시내의 높디높은 빌딩 꼭대기에서 일을 하건, 흙을 파서 농사를 짓건, 대양을 가로질러 항해를 하건 그 사람은 토지를 사용하는 겁니다.

토지! 땅 한 필지를 소유한다는 것은 무슨 의미입니까? 법률가는 지구의 중심으로부터 공중까지 소유한다고 말할 것입니다. 사람이 사용할 수 있는 공간을 모두 소유하게 됩니다. 뉴욕에서는 13층, 14층 높이의 건물을 짓습니다. 고층에 입주하는 사람은 무엇에 대해 돈을 지불합니까? 제 친구 한 사람이 거기에 사무실을 갖고 있는데 자신이 차지하는 공중의 부피에 따라 임대료를 낸다고 생각합니다. 그렇지요. 지구의 표면을 소유하는 사람이 공중까지 임대하는 것입니다. 건물을 다른 위치로 옮기더라도 마찬가지입니다.

이처럼 근본적인 문제는 토지 문제입니다. 인간은 토지의 동물입니다. 주택을 건축해도 대지 없이 어떻게 집을 짓습니까? 건축 재료는 어떻습니까? 석재, 모르타르, 목재, 철재 등 모든 것이 토지에서 나옵니다. 우리가 원하는 모든 부, 우리가 가지려고 애쓰는 모든 것은 어디에서 나옵니까? 토지에서 나옵니다. 그러니까 토지 문제는 가장 근본적인 문제입니다. 또 토지 문제는 바로 노동 문제입니다. 모든 부가 나오는 근원이자 모든 인간이 삶의 터전을 소유하는 자는 일하지 않아도 살 수 있는 권력을 가집니다. 그 때문에 일하는 자의 노동 소득이 줄어듭니다.

문명 세계의 빈곤

모든 문명세계에서 일하는 계층이 가장 빈곤하다는 어처구니없고 이상한 일을 생각해 보신 적이 있습니까? 세계의 어느 도시든 가서 택시를 잡아 노동자들이 사는 지역으로 가자고 해 보십시오. 고급 주택이 있는 지역이 아니라 빈민가 뒷골목으로 안내할 것입니다.

이게 얼마나 괴이한 일인지 생각해 보신 적이 있습니까? 지구에 한번도 와 본 적이 없는 어떤 지적인 생물체가 지구에 왔다고 가정하고 우리가 지구의 생활에 대해 설명한다고 생각해 보십시오. 주택, 식품, 의류 등 인간에게 필요한 물자는 모두 노동으로 생산한다고 설명하면 그 생물체는 노동자 계층이 가장 좋은 집에 살면서 노동 생산물의 대부분을 소유할 것이라고 생각하지 않겠습니까? 그런데 이 생물체를 런던이나 파리나 뉴욕이나 이곳 벌링톤에 안내한다면 노동자라고 불리는 계층이 가장 초라한 집에 산다는 사실을 알게 되겠지요.

생각해 보십시오. 정말 이상한 일이 아닙니까? 우리가 가난한 사람을 낮춰보는 것은 자연스럽고 당연한 일입니다. 가난이 대체로 당사자의 잘못 때문에 생긴다는 말씀이 아닙니다. 오히려 저는 그런 주장을 비판하며, 가난은 자신의 탓 외에는 생겨서는 안 된다는 입장입니다. 선량한 사람이 세상을 창조한다면, 게으르거나 사악한 사람이 아니면 가난하지 않은 세상이 될 것입니다. 우리의 세상은 바로 이런 것입니다. 창조주가 만드신 세상은 바로 이런 것입니다. 자연은 노동에게 베풀며 노동에게만 베풉니다. 부가 생산되려면 먼저 사람이 일을 해야 합니다. 정직하게 노동하는 사람이 부자가 되고 일하지 않는 사람이 가난해지는 것이 자연스러운 질서입니다. 이러한 자연의 질서가 완전히 뒤집어졌기 때문에 우리는 오히려 노동자가 가난하다는 생각에 익숙해지고 말았습니다.

이렇게 된 경위를 추적해 보신다면, 일을 하려면 다른 사람에게 돈을 내고 허가를 받아야 한다는 것이 근원적인 원인이라는 사실을 아실 것으로 믿습니다. 코트, 말, 집을 살 경우에는 상대방이 투입한 노력이나 생산한 결과나 다른 생산자에게서 구입한 것의 대가를 지불합니다. 그러나 토지의 경우에 지불하는 것은 무엇에 대한 대가입니까? 아무도 생산하지 않은 것에 대한 대가입니다. 인간이 존재하기 전부터 있었던 것에 대한 대가입니다. 상대방 개인이 아니라 우리 모두가 속한 사회가 만들어낸 가치에 대한 대가입니다. 오늘 밤 우리가 모여 있는 이곳 땅값이 25년 전보다 값이 더 나가는 이유가 무엇입니까? 뉴욕의 중심지 땅은 과거에는 위스키 한 사발이면 여러 마일도 살 수 있었지만 지금은 땅에 금을 깐다고 해도 당하지 못할 금액이 된 이유가 무엇입니까? 인구 증가 때문이 아닙니까? 인구를 다른 곳으로 이동시킨다고 하면 땅값이 어떻게 되겠습니까? 스스로 생각해 보십시오.

그 원인을 과잉생산에서 찾는 사람도 있습니다. 한쪽에서는 물자 부족에 시달리고 있는

데 어떻게 과잉생산이 있을 수 있습니까? 생산물이 왜 원하는 사람들에게 돌아가지 않는 걸까요? 물자가 필요하지 않기 때문이 아니라 살 돈이 없기 때문입니다. 왜 돈이 없는 걸까요? 소득이 적기 때문입니다. 다수의 사람들이 하루 평균 1.4달러를 버는 상태에서는 상품이 판매되지 못하는 게 전혀 이상하지 않습니다.

그럼, 왜 이런 낮은 임금을 받고 일하는 걸까요? 임금을 더 달라고 하면 그를 대신할 다른 실업자가 많기 때문입니다. 임금을 최저 생존 수준으로 밀어내리는 엄혹한 경쟁이 벌어지는 것은 실업자가 많기 때문입니다. 그럼, 왜 이렇게 실업자가 많을까요? 사람이 일자리를 찾지 못한다는 건 이상한 일이라고 생각해 보시지 않았습니까? 아담은 일자리를 찾는 데 어려움이 없었습니다. 로빈슨 크루소도 마찬가지였습니다. 일자리는 전혀 걱정이 없었습니다.

고용해 줄 사람이 없으면 왜 자가노동을 하지 않을까요? 노동을 투입할 대상으로부터 소외되었기 때문입니다. 사람들이 고용주가 주는 임금을 얻기 위해 경쟁을 벌이는 것은 자가노동을 할 수 있는 자연의 기회를 빼앗겼기 때문입니다. 하나님이 주신 세상의 땅 한 조각을 사용하는 권리를 얻기 위해서 자신의 생산물을 남에게 주지 않으면 안 되기 때문입니다.

토지제도가 모든 사회 문제의 기본

이런 근본적인 부정의를 바로잡은 후에도 해결해야 할 것이 많다는 점을 부인하지 않습니다. 그러나 저는 토지제도가 모든 사회 문제의 기본이라는 말씀을 드리는 것입니다. 어떤 다른 개혁을 하더라도 인간의 삶의 터전이 누군가의 사유재산이 되어 있는 한 광범위한 빈곤을 해소할 수 없다는 말씀을 드리는 것입니다. 그건 절대로 불가능합니다. 개혁적인 정부가 세금을 낮추고 도로를 건설하고 협동조합을 보급하고 심지어 노사 간에 이윤을 나눈다고 합시다. 그럼, 그 결과는 어떻겠습니까? 그저 땅값이 오를 뿐입니다. 이런 사례는 많습니다. 모든 개선이 땅값을 올려서 삶의 터전을 사용하기 위해 더 많은 대가를 지불해야 합니다.

이 문제를 생각해 보십시오. 하나의 진리에 대한 분명한 인식을 여러분의 마음에 심어드리고 싶어서 경외심을 갖고 말씀드립니다. 빈곤이 하나님의 법에 따른 것이라면 하나님만이 빈곤을 해결하실 수 있습니다. 인간은 어쩔 수 없습니다. 생각해 보시면 아실 것입니다. 인간은 전능자에게 빈곤을 해결해 달라고 기도합니다. 그러나 빈곤은 하나님의 법에서 나온 것이 아닙니다. 이를 부정한다면 최악의 신성모독입니다. 빈곤은 인간이 같은 인간에 대해 저지르는 불의에서 생기는 것입니다. 전능자가 우리 기도를 들으신다고 해도 하나님의 법에 어긋나는 간청을 어떻게 들어 주실 수 있겠습니까?

생각해 보십시오. 전능자는 부에 속하는 것은 우리에게 주시지 않습니다. 그분은 단지 원료를 주실 뿐, 인간이 이를 활용하여 부를 생산해야 합니다. 하나님이 주신 원료는 충분하지 않습니까? 그렇다면 원료를 더 주신다고 해서 빈곤을 구제하실 수는 없습니다. 하나님이 기도에 응하시어 햇빛을 더 많이 주시고 토질을 더 높이신다고 해 봅시다. 식물이 결실을 더 맺고 동물이 새끼를 더 많이 낳도록 해 주신다고 해 봅시다. 그 혜택은 누구에게 돌아갈까요? 현재의 대부분 문명국처럼 토지가 완전히 독점된 나라라면 그 혜택이 누구에게 돌아갈까요? 토지 소유자에게 돌아갈 뿐입니다. 하나님이 기도에 응하시어 인간이 원하는 것을 하늘에서 내려 주신다고 해도 그 혜택이 누구에게 돌아가겠습니까?

구약에 의하면, 이스라엘 백성이 광야에 이르러 굶주릴 때 하나님은 하늘에서 만나를 내려 주셨습니다.[5] 그 양은 모든 사람에게 충분하였고 모두 그걸 먹고살 수 있었습니다. 그런데 영국 땅처럼, 아니 신생국인 미국에서도 그렇듯이, 광야가 사유재산이었다고 가정해 보십시오. 어떤 사람은 1평방 마일을, 어떤 사람은 20평방 마일을, 어떤 사람은 100평방 마일을 소유하고 대다수 이스라엘 백성은 발 디딜 만큼의 땅도 소유하지 않았다고 하면 만나는 어떻게 되었을까요? 대다수 백성에게 만나가 도움이 되었을까요? 아무 도움도 안 되었을 것입니다. 하나님이 모든 백성에게 충분한 만나를 내려 주셨지만 만나는 토지 소유자의 재산이 되었을 것입니다. 이들이 다른 사람을 시켜 만나를 끌어모아 자기가 차지하고는 배고픈 동족에게 팔았을 것입니다. 생각해 보십시오. 만나의 거래가 계속되어 대다수 백성은 자신의 모든 것을 내놓게 되었을 것이고 입고 있던 옷까지 벗었을 것입니다. 그 다음은? 백성들이 만나를 사기 위해 모든 걸 다 내놓고 난 후에는 만나가 더미로 쌓인 채 남아 있었을 겁니다. 그리고 토지 소유자는 만나가 과잉생산되었다고 불평할 것입니다. 만나가 아무리 많아도 굶는 백성이 생겼을 텐데, 오늘날 우리가 보고 있는 바로 그 모습입니다.

5 출애굽기 16:31 참조.

토지사유제는 극히 부조리한 제도

드리고 싶은 말씀을 이 자리에서 모두 할 수는 없으므로, 여러분은 토지사유제는 극히 부조리한 제도라는 점에 집중해 주시기를 부탁드립니다. 사람이 어떻게 인간 존재의 어머니인 땅을 팔 수 있습니까? 누구도 생산하지 않은 것을 팔고 자손 대대로 물려줍니다. 이건 정말로 부조리한 제도입니다. 여러분은 생각해 보셨습니까? 사망한 사람이 토지에 대해 무슨 권리가 있습니까? 지구가 창조된 것은 누구를 위해서입니까? 산 자를 위해서이지 죽은 자를 위해서가 아닙니다. 그런데 우리는 죽은 자를 위해 창조된 것 같은 제도를 가지고 있습니다. 토지 소유의 권원(權原, title)은 어디서 나옵니까? 대부분 이미 이승을 떠난 사람에게서 나옵니다. 이 지역에서는 첫 소유자와의 시대 차이가 얼마 안 되겠지만 토지의 사유가 시작된 지 오래인 동부 지역에서나 대서양 건너 유럽에서는 토지소유권에서 나오는 힘을 분명하게 보실 수 있습니다.

토지를 소유하는 사람은 그 땅에 살 수밖에 없는 사람의 상전이 됩니다. 근대의 사례를 하나 들겠습니다. 스코틀랜드 교회사에 익숙하신 분은 아시겠지만, 1840년대에 영국 교회가 분리되었습니다. 휴 밀러(Hugh Miller)의 『벳시의 항해』(*The Cruise of Betsey*)에도 나오는 이야기입니다. 차머스 박사(Dr. Chalmers)가 다수의 신도들과 함께 영국 국교회를 나와 비국교파 교회를 세우려고 했습니다. 국교파 교회 쪽에는 지주들이 많았습니다. 그중 버클루 공작(Duke of Buccleugh) 같은 이들은 엄청난 땅을 가지고 있었고 평범한 스코틀랜드 사람들은 공작의 허가 없이는 그 땅에 발도 들여놓지 못했습니다. 지주들은 비국교파가 교회 부지를 마련하지 못하도록 거부했을 뿐 아니라 자기네 땅에 서서 예배하는 것조차 허용하지 않았습니다. 『벳시의 항해』를 읽으신 분은 아시겠지만, 어느 목사는 땅을 구할 수 없어서 바다에 띄운 배에 가정을 마련할 수밖에 없었습니다. 바닷물이 무릎까지 올라오는 곳에서 종교의식을 행한 경우도 많았고, 비나 눈이 오는데 길에서 예배를 하다가 목숨을 잃는 사람도 많았습니다. 그들은 지주의 땅에서 하나님에게 예배를 올릴 수 없었기 때문에 길에 나선 것입니다. 버클루 공작은 7년이나 고집을 피우며 길에서 예배를 보도록 하다가 나중에는 다소 누그러져서 자갈밭에서 예배를 하도록 허용했습니다. 신도들은 여기서 하나님의 은총에 감사하는 결의안을 통과시켰습니다.

그러나 제가 드리고 싶은 말씀은 이게 아닙니다. 제가 놀란 것은 다음과 같은 사실입니다. 교회 분리가 이루어지자 유능한 인사가 많이 소속되어 있었던 비국교파 교회는 즉각 대표단을 지주들에게 파견하여 스코틀랜드 사람들이 자기 나라에서 자기 방식에 따라 예배를 드릴 수 있도록 허가해 달라고 요청했습니다. 대표단은 허가를 받으려고 런던으로 출발하였습니다. 스코틀랜드 사람이 자기 나라에서 예배를 올리는 허가를 받기 위해 잉글랜드의 런던으로 갔다는 말씀입니다!

더 몰상식한 일도 있습니다. 선 채로 예배 올리는 것마저 거부했던 그 땅의 지주가 사망하고 재산이 신탁되었을 때 신탁관리자는 이렇게 답했습니다. 교회를 세워 하나님에게 예배를 올릴 수 있게 허락하고 싶지만 그렇게 하면 고인의 심기가 불편할 걸 알기 때문에 양심상 그렇게 할 수 없다고. 고인은 이 세상을 떠나 천국으로 갔는데(그랬기를 희망합니다.) 고인의 심기가 불편할까봐 산 사람이 하나님에게 예배도 못 올린답니다. 이보다 더 몰상식한 일이 어디 있겠습니까?

스코틀랜드 사람들은 참으로 몰상식하다고 생각하실지 모르겠습니다. 그러나 우리도 그들과 다르지 않습니다. 얼마 전 저는 롱아일랜드 어부가 고기를 잡는 대가로 어획량의 일부를 납부한다는 기사를 보았습니다. 그들은 제임스 2세의 명령에 따라 납부하는 것이라고 믿었습니다. 제임스 2세는 물론 오래전에 왕위가 박탈된 후 고인이 되었고 미국 땅에는 발을 들여놓은 적도 없는 사람입니다. 그들이 위원회를 조직하여 기록을 조사해 보았더니, 제임스 2세가 어획량의 일부를 납부해야 한다는 명령을 내렸다는 기록은 어디에도 없어, 그 후 납부를 거부하였습니다. 그러나 명령을 내린 기록이 있었다면 아마도 계속 납부했을 것입니다. 이보다 더 몰상식한 일이 있습니까? 또 뉴욕에는 스타이베산트 광장(Stuyvesant Square)이 있는데, 매일 저녁 여섯 시만 되면 출입이 통제됩니다. 해가 긴 여름에도 그렇게 합니다. 왜 문을 닫는 걸까요? 왜 그 시간 후에는 어린아이들이 놀 수 없게 하는 걸까요? 고인이 된 스타이베산트 씨가 오래전에 그런 유언을 남겼답니다. 이보다 더 몰상식한 일이 있습니까? 후에 사람들이 이에 항의하자 여섯 시 이후까지 개방했다고 합니다.

그러나 토지 소유의 권원도 이와 다름없습니다. 그런 권원은 어디서 나온 것입니까? 이미 고인이 된 사람들에게서 나온 것 아닙니까? 여기서 기차를 타고 시카고 같은 곳으로 여행한다고 생각해 보십시오. 어떤 승객이 자기 짐을 이 자리 저 자리에 흩어 놓았을 때 이런 대화가 오고갈 것입니다. "이 자리 좀 양보해 주실 수 있을까요?" "안 됩니다. 제가 샀거든요." "자리를 사셨다고요? 도대체 누구한테서요?" "앞 정거장에서 내린 사람에게서 샀습니다." 이게 지금 우리의 토지제도입니다.

"토지는 살아 있는 자가 사용권을 가진다."라는 토마스 제퍼슨의 말처럼, 고인이 되어 토지를 남긴 사람은 토지의 처리 방식에 대해 아무런 권한이 없다는 것은 자명한 진리가 아닐까요? 토지 소유의 권원이라니요! 인간이 토지를 자기 재산을 삼을 권리가 도대체 어디서 생깁니까? 신성한 재산권이란 자연법, 즉 하나님의 법이자 사회 질서와 문명을 위해 필요한 법이 인정하는 권리입니다. 인간의 노동으로 생산한 물자에 대해서는 이런 권리가 성립됩니다. 이 권리는 인간의 자기 자신에 대한 권리에 근거를 둡니다. 인간이 생산한 것은 누구에게나 내 것이라고 할 수 있습니다. 또 증여하든 말든, 임대하든 매각하든 상속하든 마음대로 할 수 있습니다. 그러나 그 자신이 태어나기 전부터 존재하던 토지에 대해 어떻게 이런 권리를 가질 수 있습니까? 개인의 토지소유권은 그저 선점에 의해 생긴 권리일 뿐입니다. 이미 보신 분이 있겠지만, 제가 잡지 『19세기』(*Nineteenth Century*) 최근호를 보았더니 호주의 전 수상이 쓴 기사에 이런 이야기가 나옵니다. 일찍이 갈라하드(Galahard)라는 이름을 가진 사람이 비옥한 서부 호주의 어느 산의 꼭대기에 올라가서 이렇게 선언했답니다. "여기서 보이는 모든 땅은 내 것이고 보이지 않는 모든 땅은 내 아들 존의 것이다."

이런 일은 세계 어느 곳에서나 일어나고 있습니다. 어느 지역에서든 토지 소유의 권원은 이와 같은 선점에서 비롯됩니다. 특수한 상황에서는 선점에 의해 권리가 생길 수 있습니다. 여러분이 저를 포함해서 손님을 저녁 식사에 초대하시어 앉으라고 권하셨다고 합시다. 그래서 저는 어느 의자에 앉았습니다. 이런 경우에는 선점에 의해 권리가 생겨서 당분간 제 의자가 되는 것입니다. 만일 다른 손님이 내게 와서는 "비켜 주세요. 제가 그 자리에 앉고 싶습니다!"라고 한다면 이건 너무나 예의에 어긋나고 일입니다. 그러나 이런 점유의 권리는 당분간, 그리고 의자에 대해서만 적용되는 권리일 뿐이며 내 앞의 식탁 위에 놓인 모든 것을 차지할 수 있는 권리는 아닙니다. 자신이 사용할 수 있는 만큼의 자연 요소를 선점할 수 있는 권리를 가진다고 해도 그 이상을 차지할 권리는 없습니다. 초대된 손님이 필요하지도 않는 의자를 차지하고 다른 손님을 세워 둘 권리가 있겠습니까? 그러나 이게 현실입니다.

이 나라를 보십시오. 이 도시든 어느 도시든 보십시오. 인간이 스스로 사용할 만큼만 소유한다면 모든 사람에게 충분히 돌아갑니다. 그러나 사람들은 자신이 전혀 사용하지도 않을 것을 차지하고 있습니다. 영국 사람들이 미국으로 많이 건너와서 넓은 토지를 차지하고 있습니다. 그 토지를 어디에 쓰려는 걸까요? 쓸 일이 전혀 없습니다. 그들이 원하는 것은 토지가 아닙니다. 그들에게는 미국 땅이 필요 없습니다. 그들이 바라는 것은 시간이 지나면서 토지에서 생길 소득입니다. 그 소득은 어디서 생깁니까? 노동에서 생깁니다. 미국 국민의 노동에서 생깁니다. 우리가 영국인에게 파는 것은 땅이 아니라 우리의 자손입니다.

빈곤의 원인은 명백합니다

빈곤! 이제 빈곤의 원인은 명백하지 않습니까? 서부 아일랜드나 스코틀랜드 북부의 산악지대와 같은 오지로 가 보십시오. 이런 지역은 그야말로 원시적이고, 오트밀이나 감자로 연명하다가 때로는 굶기도 하는 진짜 가난한 사람들이 삽니다. 그들의 비참한 생활에 대해서는 이만 생략하겠습니다. 스코틀랜드 어느 의사 말이, 이런 식사를 하는 주민들은 요즘 이탈리아에서 창궐하는 펠라그라 피부병 같은 병에 걸린다고 합니다. 제가 말했습니다. "물고기가 많은데 잡아먹으면 되지 않나요? 사냥감도 많고요. 위법인 것은 알고 있습니다만 남모르게 잡으면 되지 않을까요?" 그러니까 의사는 이렇게 답했습니다. "이 사람들은 그런 생각을 아예 못합니다. 송어든 꿩이든 맛을 봤다고 의심을 받으면 즉각 추방되니까요."

이 사람들을 가난하게 만드는 원인을 찾는 것은 어렵지 않습니다. 자연이 제공하는 것에 대한 권리가 없기 때문입니다. 목숨을 부지하는 정도 이상의 물자는 모두 지주에게 바쳐야 합니다. 사용하는 토지만이 아니라 바다에서 나는 해초나 습지에서 자라는 풀 따위에도 돈을 내야 합니다. 이 사람들은 토지를 개량할 생각을 아예 하지 않습니다. 토질이 좋아지면 소작료 인상의 구실이 되니까요. 이 사람들은 짐승 우리 같은 곳에서 사는데, 일도 하지 않는 지주는, 아, 런던이나 파리의 호화 주택에서 삽니다. 놀고먹는 지주들이 사용하는 사냥 막사조차도 일하는 주민이 사는 집에 비하면 고대광실입니다. 빈곤의 원인에 대해 무슨 의문이 있습니까?

도시로 가 보십시오. 무슨 일이 벌어지고 있습니까? 토지 독점이 빚어내는 최악의 모습을 보시려면 코네마라(Connemara), 스카이(Skye), 킨티러(Kintire)와 같은 오지가 아니라 더블린, 글래스고, 런던과 같은 대도시에 가시면 됩니다. 거기에는 물질적 빈곤이나 굶주림 이상의 일이 벌어지고 있습니다. 정신의 타락과 영혼의 죽음, 바로 이런 일이 벌어지고 있습니다.

그 원인이 무엇이겠습니까? 너무나 분명합니다. 농촌에서 쫓겨난 사람들이 도시의 슬럼으로 몰려들기 때문입니다. 토지를 잃은 사람이 늘어나면 생산물에 대한 도시 노동자의 수요가 줄어듭니다. 자신과 처자식을 먹여 살리려면 남자들은 겨우 입에 풀칠이나 할 정도의 조건으로도 경쟁을 벌일 수밖에 없고 그래서 임금이 내려갑니다. 일자리를 얻지 못하면 굶주리게 됩니다. 일자리를 얻지 못하면 남자로서의 자존심이 있는 한 죽음보다 더 싫은 짓, 즉 빈민구호소로 가는 것을 택해야 합니다. 영국의 대도시에 사람이 넘쳐나는 이유는 바로 이것입니다. 잠겨 있는 토지, 지주가 구유 속의 개처럼 차지하는 토지, 자신이 사용하지 않으면서 남도 사용하지 못하게 하는 토지를 개방하면 거리에 부랑자도 없고 과잉생산이라는 말도 나오지 않을 것입니다.

도시 문제의 뿌리에도 토지독점이

토지사유제는 정말로 몰상식한 제도입니다! 좋은 점은 하나도 없습니다. 혹 있는지 한번 찾아보십시오. 첫 눈에 띄는 곳도 좋고 세계 자본의 심장부라고 하는 런던도 좋으니 어디든 가보십시오. 어디서든 눈만 뜨면 불평등과 몰상식을 보시게 될 것입니다. 이곳 벌링턴을 벗어날 필요도 없습니다. 벌링턴은 아주 아름다운 도시이지만 그 가능성에 비하면 초라하고 뒤처진 도시입니다. 오늘 어느 신사분이 길가에 있는 커다란 구덩이를 제게 보여 주셨습니다. 주변은 다 흙으로 채워져 있는데 이 구덩이만 그대로였습니다. 보기도 안 좋고 쓸모도 없었습니다. 구덩이가 왜 그대로 있을까요? 땅 주인이 따로 있기 때문입니다. 안내해 준 신사 분 말씀이, 그 땅 소유자가 다른 토지의 평탄 작업을 하는데 거기서 퍼낸 흙을 부릴 곳이 필요해서 구덩이를 매입했다고 합니다. 벌링턴 시가 구덩이를 메워 버리면 모두를 위해 좋은 결과가 됩니다. 도시 미관도 좋아지고 어두운 밤에 빠질 염려도 없습니다. 또 물이 고여 있는 다른 웅덩이를 보여 주면서 어린이가 둘이나 익사했다고 말해 주었습니다. 몇 년 전에는 취객이 이런 웅덩이에 빠져 시를 상대로 소송을 제기하였는데, 시가 세금으로 1만 1천 달러를 배상해 주었다고 합니다. 이런 웅덩이는 메워 버리는 것이 당연히 시민에게 이익입니다. 어떤 이가 300달러를 내면서 그 웅덩이를 메우겠다고 하였는데 소유자가 그 제안을 거절하고 1천 달러를 내면 응하겠다고 했답니다. 그때까지 그 위험한 웅덩이는 그대로 남아 있을 수밖에 없습니다. 이것은 토지사유제의 사소한 예에 불과

합니다.

이런 예는 미국 도처에 있습니다. 농촌에서 도로와 주민에게 토지사유제가 미치는 악영향을 보시지요. 사람들이 자기가 필요한 땅, 사용할 수 있는 땅만 소유하는 게 아니라 취득할 수 있는 땅은 죄다 취득합니다. 그 결과 뒤에 이주하는 사람은 더 멀리 가야 하고 이웃이 쓸데없이 멀리 떨어져서 살게 됩니다. 생산에도 어려움이 가중되고 이웃이 없어 외로움을 느끼게 됩니다. 도로를 더 만들어야 하고 그 유지도 어렵습니다. 같은 생산을 하는 데도 일을 더해야 합니다. 삶이 여러 모로 더 힘들어집니다.

도시에서도 방식만 좀 다를 뿐 사정은 같습니다. 농촌에는 사람들이 너무 분산되어 있지만 대도시에는 너무 밀집되어 있습니다. 뉴욕 같은 곳에 가면 상자 속의 정어리처럼 사람들이 빽빽하게 몰려서 삽니다. 이런 삶은 자연스럽지도 건강하지도 않습니다. 빈민가 판잣집에서 어떻게 올바른 가정을 이룰 수 있으며 놀 곳도 없는 동네에서 어떻게 어린이들이 제대로 자랄 수 있습니까? 두세 주 전에 뉴욕의 어느 판사가 어린이 둘에게 길거리에서 돌차기를 했다는 이유로 5달러 벌금을 매겼다는 기사를 읽었습니다. 애들이 그럼, 어디에서 논다는 말입니까? 토지사유제가 애들이 놀 땅을 빼앗아 간 것입니다. 어느 금주운동가가 빈곤 문제를 연구했는데, 런던의 싸구려 술집에 긍정적인 면이 있다고 했을 정도입니다. 어둡고 누추한 방에 사는 사람들로서는 약간이라도 밝은 술집 덕에 정신이 완전히 돌지 않을 수 있다는 겁니다.

도시 주택 사정이 나쁜 이유가 무엇입니까? 자연적인 이유는 없습니다. 뉴욕의 경우를 보면, 도시의 반이 공지입니다. 그럼, 왜 사람들이 지금처럼 과밀하게 사는 걸까요? 토지사유제 때문입니다. 집을 지을 땅은 충분합니다. 그렇지만 누구라도 집을 지으려면 구유 속의 개에게 막대한 가격을 지불해야 합니다. 집 짓는 비용보다 대지를 구입하는 비용이 더 많은 경우가 비일비재합니다. 그럼, 이런 막대한 가격을 치르고 집을 짓는 사람은 어떻게 될까요? 새로 지은 집 때문에 세금을 물어야 합니다.

미국 전체가 이런 식입니다. 토지를 개량하는 사람이, 황무지를 옥토로 바꾸고 사막을 정원으로 바꾸는 사람이, 도시를 아름답게 가꾸는 사람이, 자신의 행위 때문에 벌금이나 다름없는 세금을 뭅니다. 뉴욕 시민에겐 분명히 집이 더 필요합니다. 아마도 이곳 벌링턴에도 집이 더 많으면 좋을 것입니다. 그런데 왜 집 짓는 사람에게 벌금을 물립니까? 미국 전역에서 세금의 상당 부분이 토지를 개량하는 사람에게 부과됩니다. 건물을 짓고 공장을 세우고 농장을 가꾸는 사람에게 부과됩니다. 그뿐이 아닙니다. 열 중 아홉은, 구유 속의 개처럼, 자신은 물론 다른 사람도 사용하지 못하게 하는 투기꾼의 유휴토지보다 사용되는 토지에 대한 세금이 더 무겁습니다.

토지독점에서 벗어나는 법

제 말씀이 너무 길어졌습니다. 그러나 토지독점에서 벗어나는 방법, 살기 위해 절대적으로 필요한 요소에 대한 모든 인간의 권리를 보장하는 방법에 대해 몇 가지 말씀드리고 싶습니다. 토지의 균등 분배는 좋은 방법이 아닙니다. 고대 이스라엘과 같은 미발달 사회에서는 모든 가족에게 땅을 나누어 주고 이를 팔아 치울 수 없도록 하면 평등권이 어느 정도 보장됩니다. 그러나 복잡한 문명사회에서는 충분하지 않습니다. 그러나 땅을 나눌 필요 없이 땅의 가치를 나누면 그걸로 충분합니다. 이렇게 하면 절대적 평등권이 보장됩니다. 이런 원리를 적용하면 급격한 변화가 몰고 올 충격도 막을 수 있습니다. 현재 자본, 노동, 토지 개량물에 부과되는 세금을 철폐하고 토지가치에 과세하여 정부 재정을 모두 충당하면 점진적이고 손쉽게 도입할 수 있습니다. 이 방식에 대해 생각해 보실수록 모든 면에서 사회에 도움이 된다는 사실을 아시게 될 것입니다.

자, 모든 직접세와 간접세를 철폐하는 대신 토지가치에 대한 세금을 도입한다면 어떤 효과가 나겠습니까? 제일 먼저, 토지의 투기가격이 사라집니다. 세금이 미국의 새로운 개척 지역에서 줄어들고 부유한 지역에서 늘어납니다. 개척지에 감세하고 대도시에 증세한다는 것입니다. 현재 노력과 경제활동, 자본과 노동에 부과되는 모든 부담을 덜어 줍니다. 생산에 미치는 영향은 놀랄 정도가 될 것입니다! 둘째로, 토지가치로는 현재의 정부 비용을 모두 충당하는 정도가 아니라 훨씬 더 많은 일을 할 수 있습니다. 샌프란시스코의 제임스 릭(James Lick)이라는 분이 토지 몇 블록을 공공 용도를 위해 기증하였습니다. 그 땅에서 나오는 엄청난 지대 수입으로 세계 최대의 망원경, 대규모 목욕탕 같은 대중용 시설처럼 비용이 많이 드는 여러 사업을 할 예정입니다. 몇 블록이 아니라 도시 토지의 모든 가치를 샌프란시스코 시가 활용한다면 무슨 일인들 못하겠습니까?

이곳 벌링턴은 작은 도시여서 토지가치가 시카고나 샌프란시스코처럼 높지 않지만, 현재 개인의 수중으로 들어가는 토지가치를 공공 용도로 돌린다면 공익과 도시 발전을 위해 많은 것을 할 수 있습니다. 거대한 무료 도서관을 지을 수 있고, 미술관을 운영할 수 있습니다. 굉장한 공원도 건설할 수 있습니다. 여행을 많이 해 본 제가 보기에 벌링턴은 아름다운 도시가 될 수 있는 최적의 자연조건을 갖추고 있습니다. 여러분은 이곳을 살고 싶은 도시로 만드실 수 있습니다. 그러나 지금 상태로는 안 됩니다. 전혀 안 됩니다. 멋진 경관을 조망할 수 있는 땅은 누군가가 더욱 굳게 움켜쥐고는 비싼 값을 부를 것입니다. 뉴욕 주에서 일반인이 나이아가라 폭포를 잘 볼 수 있는 땅을 매입하려고 하는데, 그 가격이 엄청납니다! 모든 대도시를 보십시오. 일례로 필라델피아를 보면 시청을 짓기 위해서 시내에 둘밖에 없는 넓은 도로를 막아야 했습니다. 어느 곳이나 토지사유제는 공공이건 개인이건 토지 개량을 방해합니다.

더 자세하게 말씀드릴 시간이 없으므로 여러분 스스로 생각해 보시도록 부탁드립니다. 그러면 제가 말씀드린 대책이 바람직하다는 걸 더 이해하실 것입니다. 어느 영국인 친구가 이렇게 말했습니다. "세금을 없애고 모든 국민에게 연금을." 이게 안 될 이유가 어디 있습니까? 공공 목적으로 토지가치를 징수하는 것은 과세가 아니라 사회가 창출한 가치를 공공 목적으로 환수하는 것입니다. 우리 모두의 공동 재산인 토지에서 발생하는 기금을 활용하면 누구에게도 굴욕감을 주지 않는 가운데, 보호자를 잃거나 사고를 당한 사람, 그리고 노년에 이르러 일을 할 수 없는 사람들의 빈곤을 막아 줄 수 있는 재원을 충분히 확보할 수 있습니다. 일부에서는 스스로 벌지 않은 것을 베풀면 받는 사람에게 해가 된다면서 반대하는데, 이건 속임수입니다. 자존심을 꺾거나 굴욕감을 주는 것이 해가 된다는 말은 진리입니다. 그러나 모든 국민이 당연히 가져야 하는 권리를 돌려받는 것은 굴욕이 아닙니다. 자선학교는 취학 어린이에게 굴욕감을 주지만 공립학교는 그렇지 않습니다.

이상과 같은 여러 가지 장점은, 그 자체로 크기는 하지만 그래도 부수적일 뿐입니다. 정말 중요한 장점은 제가 제안하는 개혁으로 인해 노동의 기회가 개방되어 사람들이 자가노동을 할 수 있게 된다는 점입니다. 이것이야말로 커다란 이점입니다. 전국에서 낭비되고 있는 엄청난 생산력, 언제라도 일할 자세가 되어 있는 유휴 노동이 힘을 발휘하게 됩니다. 토지 독점이 사라지면 임금이 상승하게 됩니다. 물론 땅이 개방된다고 해서 모두가 농사를 짓거나 집을 짓는 것은 아닙니다. 그러나 많은 사람이 마음만 먹으면 그렇게 할 수 있기 때문에 노동시장의 압력이 제거되고 다른 사람에게도 취업 기회를 열어 줍니다. 임금이 상승하면 생산력도 증가합니다. 임금이 높은 나라일수록 생산력이 높습니다. 임금이 제일 높은 나라에서 발명이 가장 활발하게 이루어지고 노동력의 수준이 높고 노동 투입

대비 산출이 가장 높습니다. 이 문제에 대해 생각하면 할수록 제 말씀이 옳다는 걸 더 이해하실 수 있을 것입니다. 한두 시간 내에 제가 여러분을 다 설득할 수는 없으므로 스스로 답을 찾으시도록 안내하는 정도로 만족하려고 합니다.

스스로 생각하고 자신에게 질문하십시오, 광범위하게 번져 있는 빈곤이 범죄가 아닌지. 빈곤 퇴치에 사회의 관심을 모으기 위해 할 수 있는 일을 하지 않으면 그것은 범죄입니다. 이 범죄에 대해서는 우리 모두가 남녀를 불문하고 책임져야 합니다.

도둑질하지 말라

1887년 5월 8일, 뉴욕의 음악원(Academy of Music)에서 열린 빈곤추방협회(Anti-Poverty Society) 제2차 집회에서 행한 연설이다. 원제는 「Thou Shalt Not Steal」이다. "Thou Shalt Not Steal."는 모세의 십계명 중의 하나다. 빈곤추방협회는 1887년 3월 26일에 결성되어 맥글린(Edward McGlynn, 1837~1900) 신부가 회장직을, 헨리 조지는 부회장직을 맡았다.

맥글린 신부는 헨리 조지의 토지사상을 적극 지지한 "빈민의 목회자"였으며 이런 활동을 못하게 한 뉴욕의 코리건(Michael Corrigan) 대주교와 갈등을 겪고 있었다. 빈곤추방협회 창설로 인해 갈등이 더욱 깊어지다가 급기야 교황청에 의해 파문되기도 하였다. 그 후 교황 레오 13세가 노동자의 빈곤에 깊은 관심을 표명하는 『노동 회칙』을 발표하였고, 헨리 조지는 이 회칙 중 토지 문제에 관해 자신의 견해를 해명하는 공개서한을 보냈다. 그러자 얼마 후 맥글린 신부의 파문이 취소되었는데, 바티칸에서 맥글린 신부의 활동이 교리에 위배되지 않는다고 판단한 것으로 추측된다.

빈곤추방협회 최초의 집회는 이 연설이 있기 1주일 전인 5월 1일에 뉴욕의 치커링홀(Chickering Hall)에서 열렸었는데, 청중이 너무 많이 몰려들었기 때문에 건물주가 그 이후에는 안전상의 이유를 들어 협회의 집회 장소로 임대하지 않았다고 한다.

맥글린 박사님은 지난 일요일 밤 치커링홀에서 열린 집회를 역사적 사건이라고 표현하였습니다. 옳은 말씀입니다. 기독교 목회자가 일요일 밤에 성별 · 신념 · 종교를 초월한 수많은 청중을 상대로 빈곤 추방의 십자군을 부르짖고, 하나님의 왕국을 이 땅 위에 구현하기 위해 다 같이 참여하고 노력하자고 호소한 대중 집회는 정말로 중요한 사건이었습니다. 위대한 사회개혁은, 과거에나 미래에나, 위대한 종교운동의 발현이라고 마치니가 말한 바 있습니다.[1] 민주주의가 승화하여 종교와 합치되는 날, 그날이 되어야 비로소 민주주의의 승리가 시작될 것입니다. 지난 일요일 밤 집회의 깊은 뜻이자 우리가 뭉쳐서 출범시킨 이 빈곤추방협회의 의의는 모든 감성 중에서 이 세상을 개조할 수 있는 힘을 가진 유일한 감성인 종교적 감성을 민주주의에 도입한다는 데 있습니다.

1 마치니(Giuseppe Mazzini, 1805~1872)는 이탈리아 통일을 위해 노력한 정치가, 혁명가이다.

빈곤은 없앨 수 있습니다

지난 일요일 밤 집회와 우리 협회에 대해 여러 의견이 있었습니다. 우선, 신문에서는 부가 충분하지 않기 때문에 빈곤의 추방은 불가능하다고 하였습니다. 미국의 부를 사람 수로 나눈다면 일인당 800달러 정도밖에 안 된다는 것입니다. 아니, 정말로 그렇다면, 개인이 수백, 수천만, 심지어 수억 달러를 차지하는 오늘날의 사회는 더욱 불공평한 사회입니다. 부의 총액이 정말로 그렇게 적다면 억대 재산은 더욱 정의롭지 못하다는 말씀입니다. 그러나 우리가 기존의 부를 나누어 가지거나 부의 총량을 증가시키는 방법으로 빈곤을 추방하자고 하는 게 아닙니다. 우리는 작년 현재 백만 명으로 추정되는 우리나라 실업자 군단의 일자리를 마련함으로써 빈곤을 추방하자는 것입니다. 이 방대한 실업자 군단은 부를 창출하려고 애를 쓰지만, 하나님이 주신 이 세상을 구유 속의 개가 독점할 수 있는 사회체제 때문에, 일할 기회를 얻지 못하고 있습니다.

또 빈곤은 항상 존재해 왔기 때문에 없앨 수 없다는 말도 있었습니다. 아니, 빈곤이 항상 존재해 왔다면 이를 추방해야 할 필요성은 그만큼 더 크다고 할 것입니다. 빈곤은 너무나 오래 지속되어 왔습니다. 우리는 빈곤에 지쳐 있습니다. 이제 빈곤에서 벗어나야 합니다. 그러나 저는 오늘날 우리가 겪고 있는 이런 빈곤이 항상 존재해 왔다고 생각하지 않습니다. 오늘날과 같이 부가 풍성하고 부의 생산력이 높았던 시대는 역사상 없었습니다. 이 사실은 너무나 명백합니다. 빈곤 추방이 불가능하다고 말하는 사람마저도 숨도 돌리지 않은 채 빈곤의 원인은 과잉생산에 있다고 합니다. 인류가 부를 너무 많이 생산하기 때문에 가난하다는 것입니다. 인간이 원하는 물자가 이미 너무 많이 생산되어 있기 때문에 남자들은 일자리를 찾지 못하고 여자들은 살림을 제대로 꾸려 나가지 못한다는 것입니다. 과잉생산을 원인으로 하는 빈곤, 풍요 속의 빈곤, 문명 세상의 빈곤, 증기와 전기 기타 수많은 노동절약적 발명품이 인간을 보조하고 있는 이 시대의 빈곤, 이런 빈곤은 세상에 존재한 적이 없습니다. 이런 빈곤은 합당한 존재 이유가 없으며 이제 우리가 빈곤 추방을 위해 무언가를 해야 할 때가 되었습니다.

자선기관은 그 수요를 감당할 만큼 충분하지 못하며 앞으로도 다 감당하는 것은 불가능해 보입니다. 그러나 누구나 생각해 보면 자선만으로는 빈곤을 뿌리 뽑을 수 없음을 알 수 있고, 병의 근원을 찾아보는 사람이라면 이 사회에 필요한 것은 자선이 아니라 정의임을 아실 것입니다. 인간의 제도를 영원불변의 권리법칙에 맞추어야 한다는 말씀입니다. 그런데 우리가 빈곤은 하나님의 법칙을 위반하기 때문에 생긴다고 하면 전능자의 설계에 대해 인간이 알아야 할 한계 이상을 아는 체한다고 사람들이 비웃습니다. 그 사람들은 하나님이 빈곤을 좋아하신다고 자기 좋을 대로 단정합니다. 빈곤이 존재해야만 부자들이 자신의 선함과 자비로움을 보일 기회가 있다는 것입니다. 그들은 또 빈곤은 하나님이 의도하시는 바라고 합니다.

이에 대해 우리는, 빈곤은 하나님이 의도하시기 때문이 아니라 인간이 순종하지 않기 때문에 생긴다고 응답합니다. 하나님은 지상에 빈곤이 존재하지 않기를 바라시며, 우리는 이것을 자연 현상에 대해서처럼 알 수 있다고 대답합니다. 자연법칙이건 사회법칙이건 우주의 법칙은 하나님의 법칙이며, 모든 것의 창조주이신 그분은 우리 모두에게 존재할 공간을 주셨고 우리 모두에게 일자리를 주셨고 우리 모두에게 풍요로움을 주셨습니다. 오늘날 곳에 따라서는 너무 혼잡한 경우도 있어 이 세상이 인구과잉 상태인 것처럼 보입니다. 많은 사람이 일하고 싶어도 일할 기회를 찾지 못하고 있습니다. 일자리를 찾는 경쟁이 치열하여 임금을 기아선으로 밀어 내리고 있습니다. 부가 풍성한 이 시대에 인류문명의 중심지에는 다른 시대의 야만인보다도 못 사는 사람이 있습니다. 이런 문제는 창조주가 인색하시기 때문이 아니라 우리 자신이 만들어 낸 부정의 때문에 생깁니다. 남에게 대접을 받고자 하는 대로 남을 대접하라는 원리를 우리 법제에 반영하지 못했기 때문에 생깁니다.

빈곤추방협회라고 해서 뾰족한 빈곤 해결 대책이 있는 것은 아닙니다. 우리가 무슨 새로운 방안을 제시하는 것도 아닙니다. 단지 정의를 실천에 옮기자는 것뿐입니다. 우리가 법제화하려는 것은 황금률의 원칙 그 이상도 이하도 아닙니다.[2] 남에게 대접을 받고자 하는 대로 남을 대접한다는 그 최상의 대책으로 빈곤을 추방하자는 것입니다. 모든 이에게 정당한 권리를 갖게 해 주자는 것입니다. 세상에 태어나는 모든 하나님의 자녀에게 인류 공동의 유산에 대한 완전하고 평등한 권리를 보장하는 데에서 시작하자는 것입니다.

빈곤의 원인

인구가 너무 많다니요! 소수의 사람들이 도저히 사용할 수 없을 정도의 넓은 토지를 차지하고는 땅값이 엄청나게 오를 때까지 버티고 있는 상태에서, 뉴욕 같은 도시에 사람들

2 황금률(the golden rule)은 "무엇이든지 남에게 대접을 받고자 하는 대로 너희도 남을 대접하라."(마태복음 7:12)이다.

이 빽빽하게 들어찬 것이 어디가 이상합니까? 이 강연장의 문을 열자마자 처음 입장한 몇몇 사람들이 주위의 모든 좌석을 차지하고는, 동등한 입장권을 가지고 들어오는 후속 입장객에게 자릿값을 요구한다면 어떻게 되겠습니까? 우리가 이 대륙에서 실시하는 법은 바로 이와 같습니다. 이것이 바로 사람들이 빈민촌에 내몰리는 이유이며, 일자리를 얻기 어려운 이유이며, 경제사정이 좋은 시기에도 노동력이 남아도는 이유이며, 경제사정이 나쁜 산업 불황기에는 전국에 수십만, 수백만 명의 실업자가 일자리를 구하지 못한 채 이리저리 방황하는 이유입니다.

일자리가 부족하다니요! 아니, 일이란 무엇입니까? 생산적인 일이란 단지 인간의 노동력을 토지에 투입하는 것이고, 창조주가 세상에 부여하신 천연 물자를 인간의 욕구에 맞는 형태로 변형하는 것입니다. 우리나라에 일할 기회는 충분하지 않습니까? 실업자가 들끓고 곳곳의 경제가 어렵고 일자리가 부족한 지금, 하늘나라의 법정에 대표단을 파견하여 지상의 인간이 겪는 고통과 빈곤을 호소한다고 가정해 봅시다. 우리가 들을 수 있는 대답은 무엇이겠습니까? "그대들은 모든 토지를 사용하고 있는가? 광산도 모두 활용하고 있는가? 노동을 투입할 수 있는 자연의 기회가 소진되었는가?" 우리는 이미 이 세상에 충분히 존재하고 있는 것 이외에 무엇을 창조주에게 달라고 하겠습니까? 그분은 천연자원을 활용할 수 있는 능력을 우리에게 주셨습니다. 결핍과 빈곤이 있고, 일자리를 찾지 못하는 사람이 있고, 풍요 속에서 굶는 사람이 있다면, 이는 창조주가 모든 사람에게 부여하신 것을 소수가 독차지해 왔기 때문이 아닙니까?

노동을 투입할 수 있는 자연의 기회를 노동이 활용하는 것을 거부하는, 이와 같이 거대한 악에 맞서는 행동은 곧 빈곤의 원인에 맞서는 행동이 됩니다. 우리는 악을 추방하고 악의 뿌리를 뽑아 버리고 모든 사람이 자연을 자유롭고 풍요롭게 사용할 수 있게 하자고 제안합니다. 우리는 정당한 재산권을 침해하지 말자고 제안합니다. 맥글린 박사님이 지난 일요일 밤에 말씀하셨듯이 우리는 신성한 재산권을 수호하고 지지하는 사람입니다. 재산권이란 노동에 의해 생산한 모든 것에 대한 정당한 권리이고 모든 사람에게 자신이 생산한 것을 소유하는 정당한 권리입니다. 이 권리는 물자에 관해 증여, 매각, 상속, 그리고 다른 사람을 해롭게 하지 않는 한 무엇이든 할 수 있는 권리입니다. 우리는 이러한 권리가 필요하다고 보며 누가 뭐래도 이런 권리를 지지할 것입니다. 가옥이든, 옷이든, 책이든 노동에 의해 생산된 것에는 명백한 소유의 권원(權原, title)이 존재하고 이러한 권원은 처음 생산한 사람에게서 유래하는 것입니다. 정당하고 신성한 소유권의 근거는 바로 여기에 있습니다. 이는 각자 자신의 능력을 사용할 수 있는 권리, 노력의 결과를 취할 수 있는 권리에 기초를 두고 있습니다.

그런데 토지에 대해 이런 권리를 가진 자가 어디 있습니까? 토지에 대한 절대적 소유권의 권원이 처음 만든 사람으로부터 유래된 것이라고 주장할 수 있는 사람이 누가 있습니까? 지구상의 한 필지의 땅이라도 그 배타적 소유권이 지구를 만든 조물주로부터 유래된 것임을 입증하지 못한다면, 이 도시의 땅 한 조각이든 농촌의 넓은 농토든 탄광이든 유전이든, 창조주가 특정인을 위해 만드신 것이라는 증명서를 받아오지 못한다면, 토지는 우리 모두에게 주어진 것이라고 주장할 권리가 우리에게 있습니다.

평등한 토지권

자연종교든 계시종교든 모두 이렇게 가르치고 있습니다. 하나님은 사람을 차별하지 않으시고, 하나님은 특정인을 위해 지구를 창조하신 것이 아니고, 하나님은 특정 세대에게 지구를 주신 것이 아니고, 하나님의 섭리에 의해 이 세상에 태어나는 모든 사람이 평생토록 사용하라고 지구를 만드셨다고 가르치고 있습니다. 이런 가르침이 옳다면 이 도시의 땅에 대해서는 오늘 밤 뉴욕의 허름한 빈민가 판잣집에서 출생한 아기도 애스터 가문이나 라인랜더 가문의 누구와도 동등한 권리를 가지고 태어난 것입니다.[3]

전능자가 빈곤에 반대하신다는 것, 빈곤의 존재는 그분의 뜻과 일치하지 않는다는 것을 우리는 어떻게 알 수 있을까요? 전능자가 "도둑질하지 말라."라고 선포하셨기 때문입니다. 오늘날 엄청난 부 속에 존재하는 빈곤은 도둑질을 합법화하는 제도의 결과라는 것을 진리로 알고 있기 때문입니다.

수천 명의 소녀가 하루에 열세 시간, 열네 시간, 열여섯 시간까지 허리를 구부리고 바느질과 재봉 일에 매달려 있습니다. 남편을 여읜 과부가 자녀를 기르기 위해 온갖 고초를 겪고 있습니다. 자녀들은 빈민가에서 못 입고 못 먹고 교육도 제대로 못 받고 이 도시에서 뛰어놀 곳도 없이 자라고 있습니다. 교도소나 창녀촌을 예약한 것과 다름없는 이런 환경에서 자녀들이 순수하게 자란다면 기적입니다. 자녀들이 고통받고 죽어 가는 이유는, 이

3 애스터(John J. Astor, 1763~1848)는 생전에 미국 최대의 부자였으며, 라인랜더(Rhinelander)는 뉴욕의 땅 부자였다.

세상에 태어나는 대다수 아이들을 배제하는 제도를 통해 자녀들이 도둑맞는 것을, 생래의 권리를 도둑맞는 것을, 우리가 용인하기 때문입니다. 이 세상에는 물자가 충분하며 이들에게 돌아갈 물자도 있습니다. 창조주가 주신 토지에 대해 이들이 동등한 권리를 가진다면 어린 소녀가 여자로서 벅찬 일에 내몰려 근근이 살아가는 일이 없을 것입니다. 과부가 어린 자녀에게 먹일 빵을 구하려고 이처럼 쓰라리게 발버둥 치지 않을 것입니다. 미국 최대인 이 도시의 빈곤과 타락이, 오늘날과 같은 문명사회의 가장 크고 부유한 중심지에서 오히려 더 심각하게 나타나는 빈곤과 타락이 사라질 것입니다.

이런 문제는 합법화된 절도의 결과이고 "도둑질하지 말라."라는 계명을 부정하기 때문에 생긴 것입니다. 오늘날 복음을 설교한다는 사람조차 이 위대한 계명을 어떻게 해석하는지 아십니까? "도둑질하지 말라." 그들의 해석에 의하면 이 계명은 "교도소에 가지 말라."일 뿐입니다. 많이 훔친다면 훔쳐도 좋다. 잡히지 않는다면 교회의 앞자리를 차지해도 좋다. 푼돈은 훔치지 마라. 위험하다. 그러나 수백만 달러를 훔쳐 꿀꺽한다면 일등국민이 된다.

"도둑질하지 말라." 이 계명은 하나님의 법입니다. 이 계명의 의미는 무엇일까요? 단순히 소매치기를 해서는 안 된다는 뜻만은 아닙니다! 단순히 도둑질이나 노상강도질을 하지 말라는 뜻만은 아닙니다! 이 계명이 금하고 있는 다른 모습의 도둑질이 또 있습니다. 이 계명은, 정당하게 소유할 수 없는 것을, 다른 사람을 불리하게 해 가면서 차지해서는 안 된다는 의미를 가지고 있습니다.

어느 사막을 질러서 대상(隊商)이 이동하고 있다고 생각해 봅시다. 이때 도둑떼가 나타났습니다. "저기 물건을 많이 실은 대상이 가는군. 저 녀석들 좀 털어야겠어. 필요하다면 몇 놈쯤 죽여 버리고, 물건이랑 낙타랑 말을 빼앗아 달아나자." 그런데 그중 한 명이 이렇게 말합니다. "그럴 필요가 없어. 그건 위험한 짓이야. 더구나 도둑질이잖아! 그러지 말고 이 사막에서 대상들이 물을 구할 수 있는 유일한 곳인 샘으로 가자. 샘 주위에 담을 쌓고 우리 것이라고 하면 돼. 대상이 샘에 도착하면, 물건을 다 줄 때까지는 물을 주지 않는 거야." 이 방법은 훨씬 신사답고 점잖고 고상한 방법이지만, 그렇다고 해서 절도가 아니라고 할 수 있습니까?

다른 사람보다 먼저 자신이 사용하지도 않을 땅을 차지하는 행위, 나중에 사람들이 도착하고 인구가 증가할 때 이들이 엄청난 가격을 내지 않으면 땅을 사용하지 못하게 하는 행위, 이것이 절도가 아니고 무엇입니까? 이것은 바로 우리 선조가 이 땅에 자리 잡을 때 범했던 절도입니다. 오늘날의 거짓된 도덕률 아래에서 이런 행위를 해 보십시오. 그러면 사람들은 여러분의 선견지명과 노력을 칭찬해 주고, 능력이 뛰어난 사람이니까 돈을 벌었다고 말해 주고, 누구든 부지런히 일하면 돈을 벌 수 있다고 말해 줄 것입니다! 그러나 이는 분명히 다른 사람의 주머니에서 돈을 빼내는 것처럼 "도둑질하지 말라."라는 계명을 어긴 행위가 아닙니까?

기독교의 사회적 책무

"도둑질하지 말라." 이것은 물론 남의 것을 훔치지 말라는 뜻입니다. 그러나 이것은 다른 사람이 내 것을 훔칠 때 막을 수 있는데도 당해서는 안 된다는 의미도 될 수 있지 않을까요? "도둑질하지 말라." 이것은 "너 자신이나 다른 사람이 도둑맞는 것을 방관해서는 안 된다."라는 뜻도 되지 않겠습니까? 그렇다면 부자든 빈자든, 빈곤을 만들어 내는 이 사회적 범죄행위에 다 같이 책임이 있습니다. 땅을 독차지하는 자의 책임이 누구보다 크지만 땅을 독차지하도록 해 주는 우리 자신도 절도의 공범입니다. 이러한 사회적 책무를 무시하는 기독교는 진실로 그리스도의 가르침을 망각하는 종교입니다.

복음서에는 그분이 심판에 대해 말씀하시면서, 인간에게 묻는 질문은 "네가 나를 찬양하였느냐?" "네가 나에게 기도하였느냐?" "네가 이것을 믿었느냐, 저것을 믿었느냐?"와 같은 것이 아니라고 하셨습니다. 질문은 단지 이것입니다. "네가 고난을 해소하고 빈곤을 추방하기 위해 무엇을 하였느냐?" 나쁜 판결을 받은 자에게 하신 말씀은 이러합니다. "너는 내가 주릴 때 먹을 것을 주지 않았고 목마를 때 마시게 하지 않았고 병들었을 때 돌보지 않았고 옥에 갇혔을 때 와서 보지 않았다." 그러면 판결받은 이들이 말합니다. "주여, 주여, 언제 저희가 주께 이런 일을 하지 않았나이까?" 그 대답은 이러합니다. "지극히 작은 자 하나에게 하지 아니한 것이 곧 내게 하지 아니한 것이니라. 마귀와 그 사자들을 위하여 예비된 영원한 불에 들어가라." 반면, 축복 받은 자에게는 이렇게 말씀하십니다. "내가 주릴 때에 너희가 먹을 것을 주었고 목마를 때에 마시게 하였고 나그네 되었을 때에 영접하였고 헐벗었을 때에 옷을 입혔고 병들었을 때에 돌보았고 옥에 갇혔을 때에 와서 보았느니라." 그러자 그들이 말합니다. "주여, 우리가 어느 때에 주께서 주리신 것을 보고 음식을 대접하였으며 목마르신 것을 보고 마시게 하였나이까?" 그 대답은 이러합니다. "너희가 여기 내 형제 중에 지극히 작은 자 하나에게 한 것이 곧 내게 한 것이니라."[4]

여기에 기독교의 정수가 있습니다. 기독교 가르침의 핵심은 "너만의 몸을 위하고 너만의 영혼을 구제하라."가 아니라 "모두가 더 잘 사는 세상을 만들기 위해 네가 할 수 있는 일을 하라."입니다. 이는 "각자는 자기만을 위해, 꼴찌는 악마에게"라는 태도를 경계하는 가르침입니다. 하나님이 모두의 아버지 되심과 인간이 서로 형제 됨의 선언입니다. 부유하고 힘센 자, 지위 높은 성직자와 통치자가 기독교를 불과 칼로 박해한 이유입니다. 이교도 로마의 박해를 받았던 종교로서 오늘날의 그 많은 교회에서 종교라고 부르는 것과 다른 점입니다. 인권의 평등을 부르짖는 가르침입니다. 이것을 오늘날 그 많은 교회에서 "사회주의, 공산주의"라고 몰아붙이고 있습니다.

오늘날의 남자와 여자가 하늘의 무서운 심판대에 나아가, 이 저주스러운 사회체제 때문에 범죄에 빠졌던 사람이나 신체와 정신이 함께 굶주렸던 사람이나 뉴욕에서 태어나자마자 사라져 버린 수천 명의 어린이 영혼을 만난다고 생각해 봅시다. 이들은 온갖 질병이 들끓는 빈민가 판잣집에서 바글거리면 살았고 음식도 공기도 햇빛도 부족하였습니다. 이들 영혼이 생전에 지상에서 겪은 고초에 대해 우리가 어떤 변명을 할 수 있겠습니까? 마태복음의 비유에서처럼, 재판관석에서 무슨 말이 나올 것 같습니까? "나는 이 사람 모두에게 충분한 물자를 마련해 두었다. 내가 만든 지구는 이 사람들 모두가 살 수 있을 만큼 넓고 지구의 원료는 이 사람들이 필요한 모든 물자를 충족시킬 수 있다. 내가 모두를 위해 마련한 것에 대해서는 이 사람들도 정당한 몫을 가지고 있는데, 그것을 강탈하는 악에 대항하여 너는 목청을 어느 정도 높였는가?"

"도둑질하지 말라." 우리 가운데 빈곤과 질병과 악과 범죄가 생기는 원인은 이러한 절도, 강도 행위입니다. 이 범죄의 주범은 우리가 지키는 법제도이지만 이 범죄에 대해 목청을 높이지 않는 자도 종범(從犯)입니다. 이제 기준이 설정되었고 새로운 십자군이 드디어 선포되었습니다. 우리 중 일부, 아니 상당수는, 악을 파헤치고 추방할 때까지 목숨과 힘을 가지고 있는 한 결코 쉬지 않겠다고 마음으로 다짐을 하였습니다. 우리는 전쟁을 선포하였습니다. 우리와 함께하지 않는 자는 우리의 적으로 간주합시다. 우리에게는 끝까지 주저함이 없고 타협이 없고 후퇴가 없습니다.

4 마태복음 25:31.

가난해야 할 이유가 없습니다

이 세상과 우리 문명에 빈곤이 존재할 이유는 없습니다. 힘없는 자에게 원하는 것을 모두 주고 모든 사회적 목적에 충당하고도 남을 만큼을 베풀어 줄 수 있는 하나님의 법이 있습니다. 살아갈 공간과 신선한 공기가 부족하여 과밀한 뒷골목에서 죽어 가는 가엾은 아이들은 거대한 유산을 박탈당한 자입니다.

사회가 진보하고 인구가 증가하고 문명이 발전함에 따라 가치가 증가하는 유일한 것은 토지라는 중요한 사실의 완전한 의미를 생각해 보신 적이 있습니까? 전국에 널려 있는 투기꾼들은 그 의미를 잘 압니다. 인구가 몰릴 가능성이 있는 곳, 철도가 교차하여 도시가 형성될 만한 곳, 창조주가 베푸신 풍부한 석탄이나 철이나 석유나 천연가스가 새로 발견될 가능성이 높은 곳, 이런 곳에는 반드시 투기꾼이 뛰어들고 땅값이 뛰어오르면서 굉장한 붐이 조성됩니다. 부를 생산하는 데 아무런 기여를 하지 않으면서도 엄청난 부자가 되는 사람이 생깁니다.

자연법칙에 의해, 인구가 증가하고 발명이 진전되면서 토지가치도 꾸준히 상승합니다. 우리가 사용하도록 창조주가 마련하신 지구의 천연자원이 새로이 발견될 때 상승하는 것도 다름 아닌 토지가치입니다. 이러한 자연스러운 사실은 자연법칙의 결과입니다. 이 법칙은 중력법칙과 마찬가지로 창조주의 법칙입니다. 이 법칙의 의도는 무엇이겠습니까? 사회에 필요한 일에 쓰라는 의도가 아닐까요? 사회가 성장하여 공동으로 대응해야 할 일이 늘어날수록 토지가치가 상승한다는 사실에는 사회적 필요에 충당하라는 의도가 담긴 게 아닐까요? 이것은 버림받은 과부와 고아를 돌보고 공공교육을 제공하고 정부 경비에 충당하기 위한 사회 전체의 기금이 아닐까요? 사회의 문명이 발달할수록 사회가 개인을 대신해서 해야 할 일이 늘어나는데, 이런 여러 가지 일을 처리하는 비용에 충당할 기금이 아닐까요?

오늘날 뉴욕 시의 연간 토지가치는 수억 달러가 넘습니다. 누가 이 가치를 만들었습니까? 소수의 토지 소유자가 여기에 살고 있기 때문에 연간 수억 달러가 넘을까요? 뉴욕에 살고 있는 모든 인구 때문이 아닙니까? 이 거대한 도시가 대륙의 상당 부분에 해당하는 지역에서 교환의 중심지가 되어 있기 때문이 아닙니까? 세상에 태어나는 모든 어린이, 뉴욕 시에 이주해오는 모든 사람, 이들로 인해 토지가치가 더 상승하는 게 아닙니까? 그러므로 이들이 혜택의 일부를 차지해야 옳지 않습니까? 토지가치가 이런 목적에 쓰이지 않고 특혜 받은 일부 개인에게 돌아가도록 허용한다면 이 사람들에게 불공정하지 않습니까?

토지가치를 거둡시다

이 방대한 기금을 거두면 공동의 필요비용에 충당할 수 있습니다. 그 기금으로 지금껏 세상에 존재하지 않았던 도시를 건설할 수 있습니다. 넓고 깨끗하고 건전하고 아름다운 도시, 공원으로 가득한 도시, 빈민가가 없는 도시를 만들 수 있습니다. 자체의 통신수단을 갖출 수 있고, 시청에서 3~40마일 떨어진 곳을 30분에 연결하는 철도를 큰 빌딩의 승강기처럼 무료로 운행할 수 있으며, 굉장한 박물관과 도서관과 체육관과 시민회관을 부자들의 기부금이 아니라 이 공동기금으로 운영할 수 있습니다. 과부와 고아는 권리로서 이 방대한 기금을 활용할 수 있습니다. 이 도시의 모든 시민은 자신이 사망하더라도 미망인과 자녀가 곤궁에 빠지거나 자선에 기대어 살아가지 않을 것이라는 확신을 가질 수 있습니다. 거대한 부동산을 상속받은 사람처럼 이 부유한 공동체의 일원으로서 권리를 가지고 있기 때문입니다. 우리는 생산물에 조세를 부과하지 않습니다. 우리는 정당한 재산권에 간섭하지 않습니다. 아니, 지금보다 재산권을 더 확실하게 보장하고 현재 생산에 부담을 주는 조세를 완전히 폐지하면서 모든 사회적 필요를 해결할 수 있습니다. 우리는 단지 인간의 생산 활동에 부과하는 조세를 벗어 던지기만 하면 됩니다. 집을 짓거나 사회에 부를 보태는 사람에게 벌금을 물리지 말고, 외국에서 물자를 들여오거나 국내에서 물자를 생산하는 사람에게서 세금을 징수하지 말고, 그 대신 모든 세금을 토지가치에 부과하면 됩니다. 사회의 성장으로 생기는 거대한 수입을 징수하여 이를 창출한 사회의 이익을 위해 사용하면 됩니다.

미스의 주교인 널티 박사님은 교구의 교직자와 평신도에게 보낸 교서에서, 사회의 성장에 따라 토지가치가 증가하는 것은 하나님의 섭리이며 이는 사회원리 중 가장 아름다운 것으로 생각한다고 하셨습니다.[5] 제 생각으로도, 창조주의 자비와 지혜가 이러한 섭리를 통해 분명하게 드러납니다. 이와 같은 섭리로 인하여 문명의 발달은 평등한 정의의 법 아래에서 평등을 향해 나아갈 수 있습니다. 그런데도 현실은 점점 더 괴물스러운 불평등으로 진행되고 있습니다. 널티 박사님의 교서에는 이런 말씀도 있습니다. "그러므로 모든 나

5 널티(Thomas Nulty) 박사는 아일랜드 미스(Meath) 교구의 천주교 주교였으며, 토지에 대한 인간 공동의 권리를 주장하는 내용의 주교 교서를 발표하여 바티칸과 불편한 관계를 조성하였다.

라의 토지는 그 나라 온 국민의 공동 재산입니다. 토지를 만드신 진짜 주인이신 창조주가 모든 국민에게 하사하셨기 때문입니다. 그래서 '땅은 사람에게 주셨도다.'라고 하는 것입니다.[6] 모든 인간은 하나님의 피조물이자 자녀이며, 모든 피조물은 하나님이 보시기에 평등합니다. 그러므로 어느 나라든 공동의 유산에서 보잘것없는 사람들을 배제하는 토지제도를 취하면 당하는 사람들에게 몹쓸 짓을 하는 데 그치지 않고 창조주의 자비로우신 의도를 거스르는 불경한 짓을 하는 것이 됩니다." 널티 주교님은 또 토지에 대한 평등권을 확보하려면 토지를 균등하게 분할해서는 안 되고 토지에서 발생하는 가치를 징수하여 공공의 목적으로 사용하면 된다고 하였습니다. 우리 빈곤추방협회에서 제안하는 방법도 바로 이것입니다. 이런 생각이 이 도시 언론인의 머릿속에 들어가면 좋겠습니다. 우리는 토지 분할을 원하는 것이 아닙니다. 우리가 제안하는 것은 토지에서 발생하는 지대를 분할하자는 것입니다. 이 일은 아주 쉽습니다.

우리는 누구의 토지 소유도 방해할 필요가 없습니다. 어느 누구의 건축이나 토지 개량에도 간섭할 필요가 없습니다. 모든 개량물, 모든 형태의 부에 대한 조세를 없애고 개량물을 제외한 토지만의 가치에 과세하여, 나대지를 소유하는 구유 속의 개도 자기 토지에 건물이 있을 경우와 동일한 세금을 물도록 하면 됩니다. 이런 방식을 통해 우리는 이 도시의 모든 토지를 모든 사람의 공동토지로 만들 수 있습니다. 예를 들어, 스태튼 아일랜드에 조성한 스넉 하버는 그다지 넓지 않은 토지에서 나오는 수입으로 멋진 시설을 유지하고 있으며 그 덕에 퇴역 선원이 안락하게 지낼 수 있습니다. 이처럼 우리도 뉴욕 전체를 커다란 스넉 하버로 만들 수 있습니다.[7]

이런 일이라면 뉴욕 시민도 사기업이나 가족처럼 자신의 토지를 잘 관리할 수 있습니다. 그러나 뉴욕 시민이 토지를 되찾아 자기 소유지처럼 취급하기 위해서라면 굳이 관리 문제에까지 신경을 쓸 필요가 없습니다. 어느 토지 소유자에게든 "이 토지는 이제 당신의 것이 아니라 우리 것이오."라고 할 필요가 없습니다. 우리가 원하는 것은 매년 토지가치를 징수하자는 것뿐입니다. 분명히 해 두지만, 소유자가 창조한 가치, 토지 개량에 의해 추가된 가치는 포함되지 않고 단지 우리 모두가 이곳에 존재한다는 이유만으로 나대지에

6 시편 115:16.

7 스너그 하버(Snug Harbor)는 뉴욕 시의 일부인 스태튼 아일랜드(Staten Island)에 1830년대부터 퇴역 선원을 위해 건설된 자족적 마을이다.

서도 발생하는 가치, 단지 이 거대한 지역사회의 성장으로 인해 발생하는 토지가치만 포함됩니다.

토지가치 환수의 효과

이 가치를 징수하게 되면 토지를 독점하려는 유인은 사라집니다. 이 도시 토지의 절반을 소유한 채 땅을 놀리고 있는 일부 부유층은 고액의 세금이 부과되면, 스스로 일을 하거나 건축을 하거나 땅을 팔게 될 것이고, 혹 땅을 팔지 못하게 되면 집을 지을 사람에게 땅을 줘 버리기라도 할 것입니다.

전국에 걸쳐 이런 현상이 생길 것입니다. 펜실베이니아에는 최고 품질의 석탄이 엄청나게 매장되어 있는 땅이 끝없이 펼쳐져 있지만 소유주인 회사나 개인은 제대로 활용하지 않습니다. 그런데 일반 미국시민은 석탄을 캐려고 하여도 이 넓은 지역에서 땅을 매입하지 못함은 물론 임차할 수도 없습니다. 광부들은 그저 회사의 사택에 거주할 수 있을 뿐이며, 그것도 5일 전에 통보하면 사택을 비워 준다는 조건을 붙인 문서에 서명까지 하고서야 머물 수 있습니다. 이런 회사끼리 서로 연합하기 때문에 뉴욕에서는 석탄이 인위적으로 귀해지고 펜실베이니아에서는 일자리가 인위적으로 귀해집니다. 광부들은 하루에 반나절밖에 일을 못하고 있는데도, 스스로 탄광을 파고 내려가서 석탄을 캐지 못하는 이유는 무엇일까요? 석탄은 누가 만들었습니까? 그 대답은 단 하나뿐입니다. 하나님이 만드신 것입니다. 그분은 누구를 위해 만드셨습니까? 어린아이도 바보도 다 대답할 것입니다. 하나님은 이 지구상에 태어날 모든 사람을 위해 만드셨다고. 그러나 펜실베이니아의 법은 뉴욕의 법처럼 하나님은 특정 회사와 개인을 위해 만드셨다고 되어 있습니다. 그 때문에 소수의 사람이 광부의 일자리를 박탈하고 인위적으로 석탄 품귀 상태를 만드는 것입니다.

몇 주일 전에 저는 일리노이를 여행하였는데, 어느 탄광촌에서 젊은이 한 사람이 차를 타기에 제가 말을 걸었습니다. 젊은이는 일자리를 구하러 다른 도시로 간다고 하면서 광부의 생활에 대해 이야기를 해 주었습니다. 광부들은 생계를 꾸리기 어려운데, 임금이 낮고 그나마 일을 반밖에 할 수 없다는 것입니다. 그래서 제가 물었습니다. "땅속에 석탄이 많은데 스스로 채광하면 안 됩니까?" 젊은이는 대답하였습니다. "저희가 협동조합 형태의 회사를 꾸려서 탄광 소유자와 교섭을 했었지요. 그런데 탄광 속에 들어가서 석탄을 파내는 데 연간 7,500달러를 내라는 것입니다. 저희는 그런 금액을 마련할 수 없었지요." 토지가치를 완전히 징수한다면 이런 구유 속의 개가 이 사람들을 탄광에서 배제한 채 얼마나 버틸 수 있겠습니까? 일하려고 하는 사람이 스스로 일자리를 마련할 수 있다면 미국에 수백만의 아니 수천의 실업자도 없을 것입니다.

사용자와 노동자의 관계는 단지 편의상의 관계일 뿐, 자연 질서에 의해 설정된 것은 아닙니다. 사람은 스스로 일자리를 만들 수 있는 힘을 가지고 세상에 태어났으며 일을 할 수 있는 자연의 기회로부터 배제되지 않는 한 스스로 일자리를 만들 수 있습니다. 누구도 다른 사람의 고용을 요구할 수 있는 자연권이 없는 반면, 스스로 일자리를 만들 기회를 요구할 수 있는 자연적인 권리, 양도할 수 없는 권리, 창조주로부터 받은 권리를 가지고 있습니다. 이런 권리가 인정되어 일하고 싶은 사람마다 일의 대상이 되는 자연의 기회를 얻을 수 있다면, 노동자를 고용하려고 하는 사용자들도 일자리를 구하는 사람들과 마찬가지로 경쟁을 해야 합니다. 임금은 모든 업종에서 진정한 임금, 즉 노동에 대한 완전하고 정직한 대가의 수준으로 상승할 것입니다. 한편으로는 임금이 이렇게 오르고 다른 편으로는 사회기금이 꾸준히 증가하면, 마치 지금 우리가 노예제도를 어둡고 무지했던 시절의 유물로 인식하기 시작하듯이 빈곤에 대해서도 그렇게 인식하는 시대가 멀지 않아 올 것입니다.

인간 노예제도는 철폐되었지만

제가 기억하기로, 아니, (제임스 레드패스 씨를 돌아보면서) 인간노예제도의 잔학성을 북부 사람의 가슴과 양심에 호소하신 여기 이분이 저보다 훨씬 더 잘 기억하실 것입니다.[8] 제가 기억하고 이분이 아시고 또 청중 여러분 가운데 연세 드신 분은 다 기억하실 것입니다. 인간의 살과 피를 소유하는 제도가 지금의 토지사유제도처럼 옹호되었다는 사실, 그리고 인간 노예제도에 항의하던 사람들이 지금 산업 노예제도를 철폐하려는 사람들처럼 비난받았다는 사실을 기억하실 것입니다. 종교계의 지도층과 부유한 교인들의 여론이, 인간의 살과 피는 정당한 사유재산이 될 수 없다고 감히 일어서서 하나님의 진리를 역설한 사람들을 과격파로, 심지어 종교를 모욕하는 자로 낙인찍은 사실도 우리는 기억하고 있습니다.

이런 연유로, 다른 형태의 노예제인 현재의 이런 체제에 항의하는 사람은 날강도라고

8 제임스 레드패스(James Redpath, 1833~1872)는 스코틀랜드 출신의 언론인으로서 헨리 조지 지지자였다. 그는 노예제도 철폐와 아일랜드 독립을 위해 노력하였다.

몰리고 있습니다. 이리하여 "도둑질하지 말라."라는 계명은 "도둑질에 반대하지 말라."라는 계명이 되고 말았습니다. 우리가 우리 것을 되찾자고 제안하면, 세상에 태어나는 모든 자녀에게 자연권을 보장해 주자고 제안하면, 사람들은 우리가 사유재산을 몰수하자고 한다고 비난하며, 사유재산권을 부정하는 자라고 우리를 몰아붙입니다. 그러나 사실 우리는 정당한 재산권을 보호하면서 절도를 막자고 주장할 뿐입니다.

노예제는 최악의 제도화된 도둑질이었습니다. 인간을 사유 대상으로 하는 제도, 한 사람이 다른 사람을 팔아치우는 것을 용인하는 제도, 한 사람이 다른 사람의 노동 결과를 가로챌 수 있는 제도, 아기를 어머니로부터 떼어 놓는 제도, 폭군 같은 주인을 피해 달아나는 자를 피에 굶주린 사냥개를 동원하여 사냥하는 제도, 이런 형태의 노예제도는 철폐되었습니다. 이런 측면에서는 "도둑질하지 말라."라는 계명은 실천되었습니다. 그러나 다른 형태의 노예제도는 아직 남아 있습니다.

길고도 험한 싸움이 기다리고 있습니다

현재 미국에서는 영국 귀족과 자본가에게 땅을 대규모로 매각하고 있습니다. 그들은 이곳에 와서 영국이나 아일랜드에 있는 최대의 토지보다 더 넓은 토지를 사들이고 있습니다. 우리는 토지를 팔고 그들은 삽니다. 그런데 여러분은 그 사람들에게는 이 토지가 필요 없다는 생각을 해 보셨습니까? 그 사람들에게는 미국에 있는 땅은 아무 소용도 없습니다. 미국에 건너와서 그 땅에 살려는 게 아닙니다. 그렇다고 그 땅을 자기네들 사는 곳으로 가져갈 수도 없는 노릇입니다. 그들이 원하는 것은 땅이 아닙니다. 그들이 원하는 바는 땅에서 나오는 소득입니다. 그들 스스로 땅을 사용하려고 매입한 것이 아닙니다. 가까운 장래에 인구가 증가하여 미국 사람 중에서 그 땅을 사용하려는 사람이 생길 때 "땅을 사용하여 얻는 소득의 절반을 내게 준다면 사용해도 좋소."라고 말하려고 그 땅을 매입한 것입니다. 우리가 외국 귀족에게 매각하는 것은 사실 땅이 아닙니다. 미국인의 노동을 매각하고 있는 것입니다. 우리 자녀가 힘들여 일해 얻는 소득을 아무런 대가 없이 차지할 수 있는 특권을 그들에게 매각하고 있는 것입니다.

앞으로 여러분은 뉴욕 신문에서 땅값이 오르고 있다는 기사를 매일 읽게 될 것입니다. 뉴욕의 땅값이 치솟아 아무개가 일 년 사이에 수십만 달러를 벌었다는 식의 기사입니다. 이것이 무엇을 의미합니까? 아무개라는 사람이 그만큼 코트, 담배, 포도주, 직물, 마차, 집,

음식을 취득할 수 있는 힘을 가진다는 걸 의미합니다. 그러나 그가 무슨 일을 하였습니까? 아무 일도 하지 않았습니다. 유럽이나 서부 지역으로 여행을 갔을 수도 있고 집에서 편히 쉬었을 수도 있겠지요. 그가 소득의 증가를 위해 한 일이 없다면 그 소득은 어디서 났습니까? 제가 열거한 갖가지 물자는 모두 인간 노동의 산물입니다. 누군가 일을 했기 때문에 생산된 것입니다. 아무런 일도 하지 않고 물자를 얻는 자가 있다면 반드시 누군가 물자 생산을 위해 일을 하면서도 자기 몫을 제대로 찾아가지 못하는 사람이 있기 마련입니다.

빈곤추방협회는 이런 제도와 싸우기 위해 결성된 것입니다. 여러분도 이 싸움에 동참하시어 군사를 늘여 주십시오. 이것은 인간이 헌신할 수 있는 가장 고귀한 목표입니다. 인생에 있어서 이보다 더 귀한 투쟁이 어디 있겠습니까? 이곳에 모이신 여러분은 물론이고, 다른 어떤 사람에게도 절대적으로 확실한 단 한 가지 사실이 있습니다. 그것은 죽음입니다. 어차피 길지 않은 인생인데 얼마를 더 사는가 하는 것이 우리에게 무슨 이익이 있겠습니까? 우리가 불의와 싸우고, 여론을 계몽하고, 수많은 사람을 타락과 참담 속으로 몰아넣는 저주받은 제도를 깨뜨리기 위해 모든 노력을 다하며, 그리하여 후손이 더 안락하고 행복하게 살 수 있도록 무언가를 한다면, 이것이야말로 인생을 가장 고귀하고 훌륭하게 활용하는 것이 아닙니까?

우리 앞에는 길고도 험한 싸움이 기다리고 있습니다. 우리 중에는 이 싸움의 성공을 보지 못하는 사람도 많을 것입니다. 그러나 그게 무슨 문제가 됩니까? 이런 투쟁에 동참하는 것만으로도 특권입니다. 이 투쟁은 모든 시대의 정의롭고 선한 사람들이 세계 곳곳에서 오랜 세월 동안 동참해 온 위대한 투쟁의 일부임을 우리는 압니다. 이 투쟁에 참여하면 이 땅 위에 하나님 나라를 구현하기 위해, 그리고 우리 후손과 천국에서 승리할 사람들의 삶을 개선하기 위해 미력이나마 기여한다는 사실을 우리는 압니다.

나라가 임하시오며

1889년 4월 28일, 스코틀랜드의 글래스고 시청에서 행한 연설로, 원제는 「Thy Kingdom Come」이다. 하나님 나라를 이 땅에 임하도록 해 달라는 유명한 주기도문을 주제로 삼아 개혁의 당위성을 역설하였다. 천국에서도 토지의 사유를 허용하면 날개를 저당 잡히고 버림받는 서글픈 떠돌이 천사들이 넘칠 것이라는 재미있는 예화도 들었다. 헨리 조지는 1886년 뉴욕 시장에 출마하여 낙선한 후 1887년에는 주간지 『스탠더드』(*Standard*)를 창간하는 등 바쁘게 활동하였으나, 1888년 대통령 선거에서 그가 지지한 민주당 클리블랜드(Grover Cleveland) 후보가 재선에 실패하여 의기소침해 있었다. 이때 강연 여행 초청을 받고 5년 만에 다시 영국에 가서 열렬한 환영을 받았다. 이 연설과 연설 「토지를 국민에게」는 당시 행한 것이다.

우리는 방금 모든 기도 가운데 가장 경건하고 가장 신성하며 가장 보편적인 기도, 곧 "하늘에 계신 우리 아버지여!"로 시작되는 기도를 드렸습니다. 어릴 적에 배운 이 기도는 감미롭고도 부드러운 감동을 불러일으킵니다. 우리는 때로는 마음을 실어서, 때로는 건성으로 주기도문을 수없이 암송해 왔습니다. 오랜 세월 날마다 시간마다 이 기도를 드려 왔습니다. "나라가 임하시오며!"[1] 그러나 과연 그 나라가 임하셨습니까? "하나님 말씀의 선포로 번성하는"[2] 기독교 도시인 글래스고가 대답하기 바랍니다.

"나라가 임하시오며!" 수 세기 동안 날마다 주일마다 이 기도를 올려 왔습니다. 그런데 당국의 통계에 의하면, 기독교 도시라고 불리는 글래스고에서 12만 5천 명이나 되는 하나님 자녀가 단칸방에서 살아가고 있습니다.

기도만으로는 안 됩니다

"나라가 임하시오며!" 우리는 기도하고 또 기도해 왔지만, 그 나라는 아직 임하시지 않았습니다. 너무 오랫동안 지체되어서 많은 사람들이 그 나라는 결코 임하시지 않을 것이라고 생각하게 되었습니다. 오늘날 기독교라고 불리는 종교와 고대 세계에 전파되었던 기독교 사이의 결정적인 차이점이 여기에 있습니다. 고대 기독교는 부패한 구 문명 속에 새

1 주기도문의 일부. 마태복음 6:10.

2 당시 글래스고 시의 모토. 원문은 "Let Glasgow flourish by the preaching of the word."이다.

롭고 고귀한 문명의 씨앗을 심었습니다. 그런데 오늘날 우리는 하나님 나라가 이 세상을 위해 예정된 것이 아니라는 생각에 익숙해져 버렸습니다. 이 세상은 마귀의 세상이며, 하나님 나라는 선한 사람들이 죽으면 하나님이 데리고 가실 다른 어떤 영역이라고 생각합니다. 미국에서는 착한 미국인이 죽으면 프랑스 파리로 간다고들 말하는데, 이와 비슷합니다. 그렇다면 하나님 나라가 임하시도록 기도하는 것이 무슨 소용이 있겠습니까? 그리스도인의 하나님은, 그리스도가 증거하신 전능한 사랑의 아버지이시고 이 세상을 권능으로 붙들고 계신 그분은, 이 세상의 고통과 불행을 보시면서도, 능력을 가진 사람이 좌절하고 생명의 위협을 느끼고 마음의 상처를 입는 걸 보시면서도, 평화와 사랑과 풍요와 행복의 나라를 가져다주지 않으려는 괴물 같은 신일까요? 하나님은, 좋은 일을 해 주십사 빌고 구슬려야 하는 제멋대로인 독재자일까요?

그러나 생각해 보십시오. 경외심을 가지고 말씀드리는데, 하나님은 전능하시지만 당신의 나라를 혼자서 구현해 주시는 분이 아닙니다. 하나님 나라, 그리스도가 기도하라고 가르치신 나라는 도대체 무엇입니까? 자동인형도 아니고 충동에 의해서 움직이는 동물도 아닌 인간, 하나님의 형상을 따라 만들어져 자유의지를 갖고 있는 지성적인 존재이자 선과 악을 구별할 줄 하는 지성적인 존재인 인간이 하나님의 뜻을 행하는 나라가 아닙니까? 스베덴보리는, 하나님은 누구도 지옥에 보내신 적이 없으며 마귀들이 지옥으로 가는 것은 천국보다 지옥을 좋아하기 때문이라고 말했습니다.[3] 그가 한 말 가운데 이만큼 심오하고 진실하며 기독교 철학과 합치되는 말은 없습니다. 악한 영들은 선한 영이 다스리는 곳에서는 불행할 것입니다. 악한 영은 불의를 고집하고 사랑하기 때문에, 정의가 법인 곳에서는 비참해질 것입니다. 하나님도 지성적인 존재인 인간의 자유의지를 깨뜨리지 않고서는 인간에게 선행을 강제할 수 없습니다. 결코! 절대로 없습니다.

"나라가 임하시오며!" 그리스도가 이 기도를 가르치실 때, 그 구절을 그저 암송하는 것이 아니라 나라가 임하시도록 기도하는 동시에 노력해야 함을 말씀하시고자 했습니다.

기도! 기도란 무엇인지 생각해 보십시오. 적절한 옛날이야기가 하나 있습니다. 어떤 마차꾼이 마차가 진흙탕 속에 빠져 움직일 수 없게 되자 무릎을 꿇고 기도를 했습니다. 신에게 마차를 끌어내 달라고 최후의 심판 때까지 기도했다고 하더라도 마차는 그곳에 그대로

3 스베덴보리(Emanuel Swedenborg, 1688~1772)는 스웨덴의 과학자이자 종교 사상가이다. 그를 따르는 사람들이 새 예루살렘 교회(the Church of the New Jerusalem)를 세웠다.

있었을 것입니다. 하나님이 베푸신 이 세상은 기도를 반복한다고 해서 진흙탕에서 마차를 끌어내고 빈민가에서 빈곤을 끌어낼 수 있는 그런 세상이 아닙니다. 기도해서 결과를 얻고자 하는 사람은 노력하지 않으면 안 됩니다!

모든 인간은 하나님의 자녀

"하늘에 계신 우리 아버지"는 강압적인 명령으로 다스리는 폭군이 아니라 사랑이 넘치는 아버지, 우리의 아버지, 우리 모두의 아버지이십니다. 그리스도가 전하려 하신 메시지는 바로 이것입니다. 그분은 우리 아버지이시고 우리는 그분의 자녀라는 사실입니다. 그러나 기독교 국가에서 인간의 삶을 가득 채우고 있는 고통과 불의를 보고는 "하늘에 아버지는 계시지 않으며 하나님이 존재하실 리가 없다. 하나님이 존재하신다면 이런 일을 허용하시지 않을 것이다."라고 말하는 사람들이 있습니다. 이건 너무나 피상적인 생각입니다!

우리는 아버지로서 자식을 위해 어떻게 합니까? 자녀가 악을 행하지 못하도록 하고 고통을 겪지 않도록 하기 위해 자식을 경호원으로 둘러싸려고 하겠습니까? 이 세상과 인생의 법칙을 알고 있는 아버지라면 그렇게 하지 않을 것입니다. 그런 방식으로 키운다면 자녀가 어떤 사람이 되겠습니까? 자립적인 인간이 아니라 응석받이가 되지 않겠습니까? 우리는 진정 하나님의 자녀입니다. 하나님의 자녀 중 한 사람이 물에 빠졌다고 합시다. 수영을 배우지 않았다면 익사하고 말 것입니다. 육지에서 너무 먼 바다에 빠졌다면, 근처에 배와 같은 탈 것이 없는 한, 수영을 할 수 있건 없건 익사할 수밖에 없을 것입니다.

창조주 하나님은 인간을 물고기처럼 헤엄칠 수 있도록 창조하실 수 있었을 것입니다. 하지만 하나님의 지성이 의도하시는 목적에 맞도록 인간의 신체를 훌륭하게 만드신 터에, 우리를 물고기처럼 헤엄치게 만드실 필요가 있었겠습니까? 하나님은 물고기도 새도 창조하실 수 있습니다. 그러나 하나님의 법에 비추어 볼 때, 물고기처럼 헤엄치면서 동시에 새처럼 나는 동물을 창조하실 이유가 있겠습니까? 자연계의 배후에 존재하는 어떤 지성이 전능하다고 해도, 지성 자체와 모순되고 자신의 법을 무력화하는 조치를 취할 이유가 있을까요? 아닙니다. 우리는 하나님의 자녀입니다. 하나님이 어떤 분인지 누가 말할 수 있을까요? 그러나 우리 눈에 보이는 것 뒤에는 틀림없이 하나의 커다란 힘이 존재한다는 사실, 그리고 우리가 아는 것 뒤에는 인간의 지성보다 훨씬 위대한 지성이 존재한다는 사실을 모든 사람이 알고 있습니다. 인간의 지성은 극히 조금이기는 하지만, 그 위대한 지성을 닮았습니다.

그렇습니다. 우리는 그분의 자녀입니다. 그분이 우주를 창조하시는 데 활용한 그 능력 즉 사물을 적응시키는 능력을 우리도 어느 정도는 가지고 있습니다. 세계적인 선박 도시 글래스고 항에 정박해 있는 저 거대한 선박들을 생각해 보십시오. 움브리아 호, 에트루리아 호, 뉴욕 호, 파리 호 등, 대양을 오가는 거대한 기선들을 생각해 보십시오. 이런 배가 물살을 가르며 항해하는 바다에는 고래를 비롯한 각종 물고기가 살고 있습니다. 이런 물고기는 시저가 영국으로 건너올 때도 있었고 고대 브리튼 사람이 처음으로 가죽배를 띄우기 전에도 있었고 오늘날에도 있습니다. 현대인은 당시 사람보다 수영을 잘하지 못합니다. 그러나 어떤 물고기보다 빠른 속도로 대양을 횡단하고 있습니다. 사람이 지성을 사용하여 얼마나 높은 수준으로 발전해 왔는지 또 물건을 제작하는 사람의 능력이 얼마나 발달해 왔는지 생각해 보십시오. 거대한 기선이 하루에 4백 마일씩, 사나운 돌풍을 헤치며 대서양을 횡단하는 것을 생각해 보십시오. 기선이라는 기계장치는, 하나님의 능력으로 창조되어 바다 밑에서 헤엄치고 있는 물고기와 어느 정도 유사하지 않습니까? 여기에 인간과 동물의 차이점, 건너갈 수 없는 넓은 간격이 존재합니다. 모든 동물 중에서 인간만이 제작의 능력을 갖고 있습니다. 모든 동물 중에서 인간만이 목적에 수단을 적응시키는 하나님의 능력을 보유하고 있습니다.

그런데 목적에 수단을 적응시켜 대서양을 엿새 만에 횡단할 수 있는 능력을 가진 인간이, 단칸방에서 북적대는 수많은 가구가 존재하는 상황을 타파할 수 있는 능력을 갖지 못하고 있다는 것이 말이 됩니까? 인간이 성취한 업적을 생각하고 난 다음, 오늘날 부의 한 복판에 참담한 빈곤이 존재하고 고도의 현대 문명 속에 무지, 약점, 불의가 존재하는 모습을 바라볼 때, 우리는 그것이 하나님의 잘못이 아니라 인간의 잘못임을 확실히 알게 될 것입니다. 하나님이 자녀들에게 주신 바로 그 능력, 즉 더 높이 상승할 수 있는 능력은 필연적으로 바닥으로 추락하는 능력과 관련이 있다는 사실을 우리가 어떻게 모를 수 있겠습니까?

땅은 모든 인류에게 주신 선물

"우리 아버지! 우리 아버지!" 누구의 아버지라고요? 나의 아버지가 아닙니다. 나의 아버지라고 한다면 그것은 주기도문이 아닙니다. "우리 아버지"입니다. 특정 종파나 특정 계층의 아버지가 아니라 모든 사람의 아버지입니다. 모두의 아버지, 공평하신 아버지, 사랑의 아버지입니다. 우리는 그 아버지에게 나라가 임하시게 해 달라고 간구합니다. 그렇습니다. 우리의 입술로 그렇게 간구합니다! 무릎을 꿇고 그분에게 기도할 때, 그분을 "우리 아버지", 모두의 아버지, 우주의 아버지라고 부릅니다. 그러나 우리의 제도는 그분이 모든 사람의 아버지라는 사실을 부정합니다. 그분은 세상을 만드신 우리 모두의 아버지, 인간을 자신의 형상대로 창조하여 땅 위에 두시고 땅으로부터 생존 물자를 얻도록 하신 아버지입니다. 인간의 필요를 충족시킬 모든 물자, 인간의 노동을 투입하여 가공할 모든 원료를 땅에서 구할 수 있게 하신 모든 사람의 아버지입니다. 그분이 모든 사람의 아버지라면, 모든 사람, 창조주의 모든 자녀는 그분의 하사품에 대해 동등한 사용권을 가져야 하지 않을까요? 그러나 우리 법률에는 땅이 하나님의 모든 자녀가 아니라 오로지 소수의 특권층이 사용하기 위해서 존재한다고 되어 있습니다.

얼마 전에 미국 서부 지방에서 대화체 작품이 하나 출판되었습니다. 여러분들도 작품을 보셨는지 모르겠습니다만, 소년과 아버지가 벽돌 공장을 방문했을 때 나눈 대화입니다. 소년은 벽돌을 만들고 있는 사람들을 보고는, 그 흙투성이 사람들이 누구인지, 왜 흙을 주무르는지, 왜 그런 일을 하는지 묻습니다. 아버지의 대답을 듣고 난 소년이 이번에는 벽돌 공장의 주인에 관해 묻자 아버지는 이렇게 대답합니다. "주인은 벽돌을 직접 만들지 않고 직공들을 시켜 소득을 얻는단다." 그러자 소년은 공장 주인이 공장 소유권을 어떻게 취득했는지 알고 싶어 합니다. 주인이 공장 터를 만들었는지 묻자 아버지는 "아니야, 공장 터는 주인이 만든 게 아니고 하나님이 만드셨어."라고 대답합니다. 소년이 "하나님이 주인을 위해 공장 터를 만드셨나요?"라고 묻자 아버지는 그런 질문을 해서는 안 된다고 하면서, 어쨌든 주인이 공장 터의 소유권을 갖는 것은 정당하고 하나님의 법에 전적으로 부합한다고 답합니다. 그러자 당연히 주일학교 학생으로 교회에 다니던 소년은 "하나님이 세상을 이처럼 사랑하사 독생자를 주셨으니."라는 성경 말씀을 바꾸어 "하나님이 벽돌 공장 주인을 이처럼 사랑하사 독생자뿐만 아니라 공장 터까지 주셨으니."로 바꾸어 중얼거렸습니다.

이런 이야기는 불경스러워 보이지만 제가 경솔하게 꺼내는 말씀이 아닙니다. 신성한 주제를 경솔하게 다루어서는 안 되겠지요. 그러나 가끔은 충격을 통해 깊이 있는 생각을 해 보는 것도 좋은 일입니다. 기독교의 교훈을 생각해 보십시오. 세상에 오시어 인류를 위해 목숨을 내놓으신 그분의 삶과 죽음에 대해 생각해 보십시오. 인간은 모두 전능하신 아버지, 편애하지 않으시는 하나님의 동등한 자녀라고 하는 예수의 가르침을 생각해 보십시오. 그리고 이 합법화된 불의, 하나님 자녀가 가장 중요하고 근본적인 권리를 부정당하고 있는 이 현실에 대해 생각해 보십시오. 기독교를 가르치는 바로 그 사람들 중 다수가 이런 불의를 지지하며, 심지어는 불경스럽게도 그것이 창조주의 계획과 의도라고 주장합니다.

입으로는 하나님의 선하심과 아버지 되심을 말하면서, 창조주의 명령에 의해 날마다 세상에 태어나는 수백만의 사람에게 제공할 땅은 이 세상에 없다고 합니다. 이런 자칭 그리스도인보다는 차라리 하나님이 없다고 하는 무신론자가 더 낫다고 생각합니다. 그렇습니다! 가난한 사람은 부자가 자선을 베푸는 자기만족을 갖도록 할 목적으로 하나님의 법에 따라 창조되었다고 자칭 그리스도인들이 말합니다. 글래스고 외에도 대서양 양쪽의 대도시에서는 날마다 수십만 명의 어린이가 사망하여 하나님 세상에서 추방되고 있습니다. 그런데 이들은 하나님 자녀들이 하나님의 명령에 따라 세상에 왔지만 땅이 충분하지 않고 공기와 음식도 충분하지 않기 때문에 이런 일이 발생한다고 말합니다. 신이 이런 존재라면 저는 절대로 신을 믿지 않을 것입니다. 설혹 두려움 때문에 그 앞에 무릎을 꿇는다 할지라도 마음속으로 신을 증오할 것입니다. 어린이를 위한 충분한 땅이 없다니요! 문명 세계의 어느 나라든지 둘러보십시오. 땅이 충분하고도 남아돌지 않습니까? 식량이 충분하지 않다고요? 실업 상태의 노동과 놀고 있는 땅을 보십시오. 세계 도처에서 자연 자원이 낭비되고 있는 것을 보십시오. 아! 인간의 불의로 생겨나는 죄악과 불의와 고통과 타락을 창조주의 탓으로 돌리는 기독교는 무신론보다 훨씬 나쁩니다. 이것이야말로 신성모독이며 성령을 거스르는 용서받지 못할 죄에 해당합니다.

"오늘날 우리에게 일용할 양식을 주시옵고"라는 구절을 생각해 보십시오. 제가 지난주에 묵었던 한 호텔에는 백 명 이상의 손님들이 식탁에 앉아 있었습니다. 식사를 시작하기 전에 한 사람이 일어나 하나님에게 감사드리면서 우리 모두가 하나님의 하사품에 대해 감사하도록 해 달라고 간구했습니다. 모든 식사 시간에는 잘 차려진 음식에 대해 감사하는 순서가 있습니다. 이것은 무엇을 의미합니까?

만일 아담이 에덴동산에서 쫓겨났을 때 먹을 것을 구하려고 일하지 않고 앉아서 기도를 시작했다면, 그는 아무것도 얻지 못한 채 지금까지 기도하고 있을지 모릅니다. 물론 식량은 하나님의 하사품입니다. 그러나 하나님은 고기를 요리해 주시지 않으며 야채를 손질해 주시지도 않습니다. 또 접시를 놓거나 식탁보를 깔아 주시지도 않습니다. 하나님이 주시는 것은, 노동을 통해 생산하고 물자를 조달할 수 있는 기회입니다. 성경에도 씌어 있고 자연의 모든 현상에서도 드러나는 하나님의 명령은, 우리가 노동을 통해 구해야 한다는 것입니다. 자연은 노동 외에는 어떤 것에도 선물을 주지 않습니다. 하나님이 주시는 것은 노동에 필수불가결한 천연자원입니다. 하나님은 주시는 천연자원은 한 사람에게만, 혹은 몇 사람에게만, 혹은 한 세대의 사람들에게만 주시는 것이 아닙니다. 천연자원은 하나님이 전 인류에게 주시는 선물이자 하사품입니다.

그러나 오늘날 모든 문명국가에서는 어떤 일이 일어나고 있습니까? 소수가 하사품을 독차지하고서는 자기들만의 것이라고 주장하고 있습니다. 반면에 대다수는 하나님의 하사품에 자신의 노동을 투입하여 원하는 것을 얻을 수 있는 법적 권리를 전혀 갖고 있지 않습니다. 그리하여 모든 문명 세계에서는 '노동 계급'이라고 불리는 사람들은 빈곤층이 되는 반면, 스스로 정직한 노동을 한 적이 없는 사람과 자신처럼 정직한 노동을 하지 않은 조상을 두었다는 사실을 뽐내는 사람들이 노동 생산물을 차지하면서 홍청거리는 기막힌 현상이 나타나고 있습니다.

천국과 토지사유제

뉴욕의 정통 장로교 신자인 애브너 토머스(Abner Thomas) 씨는 얼마 전에 『꿈』이라는 우화를 썼습니다. 그는 필라델피아의 한 장로교 교회의 목사이자 지금도 권위 있는 저작으로 평가되는 성경 주석서의 저자인 그 유명한 토머스 박사의 아들입니다. 그는 의자에 앉아 꾸벅꾸벅 졸면서 자신이 죽음의 강을 건너가는 꿈을 꾸었습니다. 그는 좁은 일직선 길을 따라가서 마침내 황금의 도시에 이르렀습니다. 잘 생긴 노신사 모습의 천사가 쪽문을 열고 이름을 묻고는 안으로 들어오라고 했습니다. 그러면서 그 천사는 천국에서 친구를 선택하려면 평판이 나쁜 천사들과는 어울리지 않는 것이 좋을 것이라고 충고했습니다.

"뭐라고요! 여기는 천국이 아닌가요?" 신참자인 토머스 씨가 꿈속에서 물었습니다.

"천국 맞습니다." 문을 열어 준 천사가 대답했습니다. "그렇지만 지금 이곳에는 떠돌이 천사가 많습니다."

"어떻게 그런 일이 있을 수 있지요?" 토머스 씨가 말했습니다. "천국에서는 모든 사람이 풍족하게 사는 줄 알았는데요."

"얼마 전까지는 그랬지요." 문지기 천사가 말했습니다. "그래서 만일 하프에 광택을 내고 날개에 빗질을 하려면 누구든 스스로 해야만 했습니다. 하지만 지구 문명국가들이 채

택하고 있는 것과 같은 사유재산제를 채택한 이후 사태는 변해 버렸습니다. 이것은 적어도 상류층에게는 큰 발전이라고 할 수 있겠지요."

그런 후에 문지기 천사는 토머스 씨에게 숙소를 정하는 것이 좋을 것이라고 일러 주었습니다.

"저는 숙소를 정하고 싶지 않습니다." 토머스 씨가 말했습니다. "그보다는 저 아름다운 푸른 언덕에 올라가 눕고 싶습니다."

"권하고 싶지 않네요." 문지기 천사가 말했습니다. "그 언덕을 소유하는 천사는 무단침입을 좋아하지 않거든요. 제가 말했듯이 수 세기 전에 천국에서 토지사유제를 도입했습니다. 그래서 토지를 모두 나누어 가졌지요. 이제 토지는 모두 사유재산입니다."

"토지 분배에서 저같이 뒤에 올 사람도 배려하셨나요?" 토머스 씨가 물었습니다.

"아니오." 문지기 천사가 대답했습니다. "배려하지 않았습니다. 하지만 일을 해서 저축을 한다면, 2, 3백 년 내로는 좋은 땅을 구입할 수 있을 겁니다. 천국에 들어올 때 공짜로 받은 날개를 저당 잡히면 일자리를 얻을 때까지 며칠간 숙식비는 어렵지 않게 마련할 수 있을 것입니다. 하지만 그런 일은 빨리 추진하라고 충고합니다. 왜냐하면 천국의 인구가 계속 늘어나면서 많은 잉여 노동이 존재하기 때문입니다. 떠돌이 천사 문제는 정말 골칫거리가 되고 있습니다."

"일을 하려면 어디로 가야 할까요?" 토머스 씨가 물었습니다.

문지기 천사가 대답했습니다. "천국에서 주요한 산업은 하프와 왕관을 만들고 꽃을 가꾸는 일입니다. 하지만 개인 서비스 분야에 취업 기회는 많습니다."

"저는 꽃을 사랑합니다." 토머스 씨가 말했습니다. "꽃을 가꾸는 일을 하러 가겠습니다. 저 건너편에는 아무도 사용하고 있지 않는 것 같은 아름다운 땅이 있군요. 저는 저기로 가서 일을 하겠습니다."

"안 됩니다." 문지기 천사가 말했습니다. "그 땅은 천리안을 가진 다른 천사의 소유입니다. 토지가치가 상승해서 큰 부자가 된 천사입니다. 그 천사는 토지가치 상승을 노리고 저 땅을 보유하고 있습니다. 당신이 저기서 일을 하려면 그 땅을 사든지 빌리든지 해야 합니다."

이 이야기는 계속되어서, 날개를 저당 잡히고 천국에서조차 버림받는 서글픈 떠돌이 천사들이 천국과 새 예루살렘의 거리를 메우는 상황을 묘사합니다.

여러분들은 웃으실 것입니다. 사실 이 이야기는 우스꽝스럽습니다. 그러나 그 속에는 깊이 생각해야 할 교훈이 들어 있습니다. 정작 우스꽝스러운 점은, 하나님의 뜻이 하늘에서 이루어진 것처럼 땅에서도 이루어지도록 기도하면서도 도리어 땅에서 채택하고 있는 토지제도를 하나님의 천국에 적용하는 데 있지 않습니까?

한번 생각해 보십시오. 이 땅의 토지제도가 하늘나라에 적용된다면, 천국의 공기가 아무리 상쾌하고 천국을 가득 채운 빛이 아무리 밝고 천국의 채소가 아무리 잘 자란다고 해도, 우리가 땅을 분할한 것처럼 천국이 분할된다면 천국에서도 빈곤과 고통과 양극화가 분명히 나타날 것입니다. 이와 달리, 우리가 상상해 온 천국의 주민처럼 우리가 서로를 대한다면 이 땅이 바로 천국이 되지 않겠습니까?

정의와 평등의 나라를

"나라가 임하시오며." 이 기도가 간구하는 나라를 생각해 본 사람이라면 누구나 정의와 평등의 나라, 결과가 평등한 것이 아니라 기회가 평등한 나라임을 느끼게 될 것입니다. 또 사람들이 정의 실현을 위해 노력한다면 하나님 나라가 이 땅 위에 임할 수 있다는 것을 알게 될 것입니다. 사람들이 남에게 대접을 받고자 하는 대로 남을 대접해야 한다는 기독교의 기본 원리와 이 땅 위의 우리 모두는 같은 아버지의 동등한 자녀라는 사실을 인정하기만 한다면, 하나님 나라가 이 땅 위에 임할 수 있습니다. 우리 모두가 하나님의 동등한 자녀라는 것은, 우리 개개인이 그분의 하사품을 함께 누릴 동등한 자격이 있음을 의미합니다. 또 우리가 생존하고 자질을 발휘하기 위해 하나님이 제공하신 원료에 노동을 투입할 동등한 자격이 있음을 의미합니다. 그렇습니다! 이 사실을 알면 하나님 나라의 도래에 대한 희망이 생겨나게 됩니다. 이 희망이 로마의 거리와 이교도의 땅에 복음을 전파시켰으며 혹독한 박해에 맞서서 기독교를 세상의 지배적인 종교로 만들었습니다.

초대 기독교에서 임하시도록 해 달라고 기도했던 하나님 나라는 하늘이 아닌 지상의 나라였습니다. 만일 그리스도가 다른 세계에 관해 설교하셨다면 제사장과 바리새인이 핍박하지 않았을 것이며 로마 군사들이 그분의 손을 십자가에 못 박지도 않았을 것입니다. 기독교가 왜 핍박당했습니까? 초대 교인들이 왜 맹수에 내던져지고 폭군에 의해 화형을 당했습니까? 왜 박해와 고문을 당했으며 온갖 극악무도한 방법으로 처형당해야 했습니까? 기독교가 내세를 이야기하는 새로운 종교였기 때문일까요? 아닙니다. 로마는 모든 종교에 대해 관대했습니다. 로마의 판테온 신전에서 온갖 신을 모시고 있다는 사실과 로마가

피정복민의 종교에 아무런 간섭도 하지 않는다는 사실을 로마는 자랑하였습니다. 핍박의 이유는 기독교가 정의와 복음을 위한 커다란 사회개혁 운동이었기 때문이었습니다. 평범한 어부들이 이 복음을 받아들였고 노동자와 노예가 이를 로마에 전파하였습니다. 기독교 교리는 인간의 평등함과 하나님의 아버지 되심과 인간의 형제 됨입니다. 이 교리는 당시에 문명 세계를 억압하고 있던 포악한 전제정치의 기초에 타격을 주었고, 포로의 족쇄와 노예의 굴레에 타격을 주었습니다. 다른 사람이 노동하여 생산한 것으로 홍청거리는 계층이 있는가 하면 정작 노동자 자신은 궁핍하게 살 수밖에 없는 엄청난 불의에도 타격을 주었습니다. 이것이야말로 초대 기독교가 핍박을 받았던 이유입니다. 그러다가 로마 특권층이 더 이상 기독교를 억압할 수 없게 되자 그들은 새로운 신앙을 왜곡하여 받아들였습니다. 그런데 정작 기독교가 승리했을 때는, 초기의 순수한 기독교가 아니라 특권층을 섬기는 기독교가 되어 버렸습니다. 기독교의 고위 성직자들은 하나님의 아버지 되심과 인류의 형제 됨이라는 본질적인 교리를 설교하지 않았습니다. 모두의 아버지인 하나님이 인간을 편애하시는 분이며 수많은 인간을 대가 없는 노역에 빠뜨리는 저 엄청난 불의는 하나님의 뜻과 명령에 의한 것이라는 신성모독적인 교리를 순수한 진리인 복음에 접목시켰습니다. 기독교가 실패한 것이 아니라, 그들이 설교한 잘못된 기독교가 실패한 것입니다.

우리 모두가 하나님 아버지의 자녀라면 우리 모두는 마땅히 그분의 하사품을 사용할 권리가 있습니다. 누구도 이 권리를 부정할 수 없습니다. 현 제도에 반대하는 사람들조차 "아, 예! 그 권리는 당연합니다. 하지만 실천에 옮기는 것은 불가능하지요."라고 말합니다. 이 말이 무엇을 의미하는지 생각해 보십시오. 이 세상은 하나님의 세상이지만, 하나님의 정의와 뜻을 실천에 옮길 수 없는 세상이라는 뜻입니다. 이 얼마나 불합리하며 터무니없는 신성모독입니까? 만일 자애로우신 하나님이 통치하신다면, 그리고 하나님의 법이 단지 물질세계만이 아니라 도덕세계까지 지배하는 법이라면, 하나님의 뜻을 실천할 수 있는 방법, 즉 모든 피조물에게 평등한 정의를 베풀 방법이 틀림없이 존재할 것입니다.

평등한 토지권을 보장하는 방법

그렇습니다. 실천 방법은 존재합니다. 모든 사람이 창조주 하나님의 동등한 자녀라는 원리를 실천하는 것은 불가능하다고 전제하는 사람들은 단순명료한 방법이 있는데도 이를 외면하고 맙니다. 물론 현대 문명사회에서 토지를 동일한 크기로 분할한다는 것은 불가능한 일입니다. 원시 사회에서는 가능하지만 현대 사회에서는 불가능합니다. 우리 문명은 이미 그런 단순한 방법을 적용하기 어려운 단계로 진보했습니다. 그러나 하나님의 섭리를 뛰어넘을 정도로 진보한 것은 아니며 또 그럴 수도 없습니다. 모든 사람에게 평등한 권리를 보장하는 방법은 존재합니다. 그 방법은 토지를 동일한 크기로 분할하는 것이 아니라, 토지에서 발생하는 가치를 징수하여 모든 사람이 같이 사용하는 것입니다. 토지가치는 개인의 노동과 무관하게 인구가 증가하고 사회가 개선되기 때문에 발생하므로 토지가치를 환수하여 공동으로 사용하면 모든 국민에게 토지에 대해 평등권을 부여할 수 있습니다. 남보다 더 가치 있는 토지를 차지하는 사람은 더 많은 세금을 내면 됩니다. 토지를 직접 차지하지 않는 사람도 여전히 토지세 수입을 평등하게 누리는 수혜자가 됩니다. 참으로 간단한 방법입니다. 그렇습니다! 이 방법의 아름다움을 이해하면 전능하신 하나님의 섭리가 얼마나 자비로운지 분명하게 깨닫게 될 것입니다.

우리가 자연을 꿰뚫어 볼 수는 없다고 생각합니다. 그러나 우리가 망원경으로 별을 관측하든, 현미경으로 물방울을 관찰하든, 인체 구조나 동물 세계의 생태를 고찰하든, 어떤 분야의 물질세계를 연구하든, 우리는 거기에 창안자와 조정자가 존재하며 어떤 의도가 존재한다는 사실을 발견하게 됩니다. 이런 느낌은 너무도 강력하고 자연스러워서, 창조주의 지혜를 부정하는 사람들조차도 어떤 의도 내지 목적의 존재에 대해 이야기하곤 합니다. 예를 들면 어떤 동물의 발톱은 기어오를 수 있도록, 그리고 물고기의 지느러미는 물속을 헤엄칠 수 있도록 만들어졌다고 말합니다. 자연계의 법칙을 관찰하면 그 안에 어떤 지성이 존재한다는 사실을 알 수는 있지만 자비를 찾아보기는 그렇게 쉽지 않습니다. 하지만 인구가 증가하고 개선이 이루어지고 문명이 진보하는 곳에서 가치가 상승하는 유일한 요소가 토지라고 하는 우리 사회의 엄연한 사실은 창조주의 자비의 증거입니다.

이것이 무엇을 의미하는지 생각해 보십시오! 사회법칙과 인간 진보의 조화를 의미합니다! 공공 경비가 필요 없었던 원시사회에서는 토지에 아무런 가치도 붙지 않고 노동 생산물만 가치를 가집니다. 그러나 문명이 발전하고 분업이 발생하고 사람들이 중심지로 모여들면서부터는 공공 서비스가 필요해지고 공공 수입이 필요하게 됩니다. 이런 단계에서는 공공 서비스 대비책이 토지가치에, 개인의 활동과 무관하게 사회의 성장에 인해 발생하는 토지가치에 들어 있습니다. 사회가 성장함에 따라 공공 수요가 증가하는 동시에 토지에서 발생하는 가치도 증가하여 공공 수요를 충족시킬 수 있는 기금이 마련됩니다. 소유권을 침해하거나 생산자에게 부담을 주거나 근면과 절약에 대한 자연적 보상을 줄이지 않으면서 공적으로 징수할 수 있는 가치가 존재합니다. 뿐만 아니라 이것은 모든 독점 가운데 가장 악독한 독점을 막기 위해 반드시 징수해야 하는 가치입니다. 이런 사실은 무엇을 의미합니까? 창조주의 의도에 따라 문명이 자연적으로 진보하면 불평등이 아니라 평등이 점점 더 커짐을 의미합니다.

"나라가 임하시오며!" 우리는 나라가 임하시는 모습을 못 볼 수도 있습니다. 그러나 그 실현을 믿는 사람이나 실현을 위해 일하는 것이 자신의 임무라고 생각하는 사람에게는 엄청난 보상이 있습니다. 우리 자신의 능력은 미약하더라도, 하나님 나라가 임하시도록 무엇인가를 하고, 전 우주에서 드러나는 선한 권능의 편에서 무엇인가를 하며, 이 세상을 마귀의 손아귀에서 빼앗아 정의의 나라로 만들기 위해 무엇인가를 한다고 느끼는 것이 바로 보상입니다. 그렇습니다. 하나님 나라가 이 땅에 임하시지 않는다고 하더라도 그 나라가 어딘가에는 틀림없이 존재하고 있음을 우리는 마음속 깊은 곳에서 알고 있습니다. 그 나라의 도래를 위해 최선을 다해 노력하는 사람들은 언젠가 어디선가는 그 나라의 환영을 받을 것이며 왕이신 하나님이 이렇게 말씀해 주실 것을 알고 있습니다. "잘하였도다. 착하고 충성된 종아, 네 주인의 즐거움에 참여할지어다."[4]

4 마태복음 25:21.

토지를 국민에게

1889년에 영국 각 지역을 여행하던 가운데, 7월 11일 아일랜드의 데리 카운티(County Derry)의 소도시 툼브리지(Toomebridge)에서 행한 연설이다. 원제는 「The Land for the People」이다. 극심한 토지 문제에 시달리던 아일랜드 현지에서 간략하면서도 감동적으로 자신의 토지사상을 전달한 명연설이다. 데리 카운티는 북아일랜드에 속한 지방으로서 런던데리(Londonderry)라고도 알려져 있다.
아일랜드는 부재지주가 대부분의 토지를 차지하고 소작인은 고율의 소작료에 시달리는 등 토지 문제가 유럽에서 가장 심각했으며 이런 상황에서 헨리 조지의 방문은 비상한 관심을 끌었다. 당시 아일랜드에서는 파넬이 '아일랜드 전국 토지연맹'(Irish National Land League)을 결성하여 전투적 토지개혁을 추진하고 있었고 미스(Meath) 교구의 주교인 널티 박사는 헨리 조지와 같은 내용의 개혁안을 제시하고 있었다.[1]
이 시기의 또 하나의 유명한 연설이 글래스고에서 행한 "나라가 임하시오며"이다.

토지 문제는 농지 소작인과 지주 사이의 문제만이 아닙니다. 토지 문제는 모든 남자, 모든 여자, 모든 어린이의 문제입니다. 토지 문제는 심각한 노동 문제의 또 다른 이름입니다. 토지 문제를 고작 소작인과 연결시키는 사람은 토지가 무엇인지를 망각한 사람입니다.

토지가 무엇인지를 이해하시려면 인간이 토지 없이 어떻게 될지 생각해 보시면 됩니다. 토지가 없다면 인간이 어떻게 존재할 수 있겠습니까? 토지는 소나 양을 기르고 옥수수나 양배추를 재배하는 농지에 그치지 않습니다. 토지는 모든 인간의 생존에 필수적인 요소입니다. 우리는 모두 토지의 동물입니다. 우리의 육체도 토지에서 나왔다가 토지로 돌아갑니다. 도시에 살든 농촌에 살든, 농민이든 노동자든 기술자든 제조업자든 군인이든 토지는 생존에 절대로 필요합니다. 직종이 무엇이든, 생산 노동이란 토지에 인간의 노력을 투입하는 행위이며 천연물자의 장소와 형태를 변경하는 행위입니다.

소유권의 근거는 생산

생산적인 작업이라는 표현도 씁니다. 그런데 생산적인 작업이란 무엇입니까? 물건을 만

1 파넬(Charles Stewart Parnell, 1846~1891)은 아일랜드 토지개혁가였고, 널티 박사(Dr. Rhomas Nulty)는 아일랜드 미스(Meath) 교구의 주교로서 역시 토지개혁에 적극적이었다.

든다고 할 때 우리가 어떤 식으로 만듭니까? 인간은 물건을 창조하지 않습니다. 인간은 무에서 유를 창조할 수 없습니다. 우리가 만든다고 하는 말은 생산한다, 끌어낸다는 뜻이지 창조한다는 뜻이 아닙니다.

인간은 지하에 내려가 캔 석탄을 지상으로 가져오는 방식으로 석탄을 생산합니다. 호수나 강이나 바다로 가서 잡아 내는 방식으로 물고기를 생산합니다. 목재와 석재와 철재로 집 모양을 갖추는 방식으로 주택을 생산합니다. 양털을 깎고 식물의 섬유를 뽑아내서 서로 연결하는 방식으로 직물을 생산합니다. 흙을 파고 씨를 뿌린 다음 자연의 발아력을 이용하는 방식으로 곡식을 생산합니다. 이처럼 생산은 언제나 창조가 아니라 끌어내는 행위입니다. 사람이 생명을 유지하기 위해 필요한 물자를 끌어내기 위해서는 반드시 토지에 투입하는 인간의 노력인 노동이 있어야 합니다. 토지와 노동은 부의 생산을 위한 필수적인 두 요소입니다.

이제 소유권, 즉 어떤 사람이 "이건 내 것이고 내 재산이다."라고 할 때 근거가 될 수 있는 원칙에 대해 말씀드리겠습니다. 소유권은 어디에서 생깁니까? 생산물에 대한 생산자의 권리에서 생깁니다. 자신의 생산물을 자기 소유라고 하는 것은 정당합니다. 자신의 힘을 사용하여 자연이라는 원천으로부터 무언가를 취해서 인간의 욕구를 충족시킬 수 있는 형태로 변형하면 그것은 자신의 것입니다. 그런 물자에 대해서는 정당하고 신성한 재산권이 발생합니다. 이것의 근거는 자신의 삶을 향상시킬 권리, 자신의 힘을 향유하고 노력의 결실을 차지할 권리입니다. 이것은 신성한 권리이며, 이 권리를 침해하면 "도둑질하지 말라."라는 신성한 계명을 위반하게 됩니다. 소유권은 바로 이런 것입니다. 이것은 하나님의 법인 자연법에 의한 권리로서, 노력하여 생산한 자에게 생산물을 주고 집을 지은 자에게 집을 주고 곡식을 재배한 자에게 곡식을 주고 가축을 기른 자에게 가축을 줍니다. 이런 권리가 생산의 원료인 자연에 대해 성립될 수 있겠습니까? 이런 권리가 토지 그 자체에 대해 성립될 수 있겠습니까?

우리는 명백하고 자명한 두 개의 원칙에서 출발합니다. 하나는, 인간이 만든 것은 만든 사람에게 속하며 만든 사람의 마음대로 증여하거나 매각할 수 있다는 원칙입니다. 다른 하나는, 인간이 지구에 등장하기 전부터 존재했던 것, 인간이 생산하지 않고 하나님이 창조하신 것은 모든 인간에게 똑같이 속한다는 원칙입니다. 아무도 토지를 만들지 않았으므로 아무도 토지소유권을 주장할 수 없습니다. 토지는 하나님이 만드셨습니다. 창조주이신 하나님은 인간을 편애하지 않으시며 그분의 눈에는 모든 인간이 평등합니다. 이런 사실은 우리가 자연스럽게 인지할 수 있을 뿐 아니라 종교의 교리에도 나와 있습니다. 모든 인간이 이 세상에서 평등하게 살 수 있도록 하나님이 지구를 만드셨다는 사실을 우리는 압니다. 모든 인간은 창조주의 평등한 허락을 받아 이 세상에 존재하며, 평등한 토지 사용을 명한 하나님의 법에 따라 이 세상에 존재합니다. 누거나 평등한 생존권을 갖고 이 세상에 존재하기 때문에 하나님의 하사물을 향유할 권리도 평등합니다. 우리는 이러한 명백한 원칙을 갖고 출발합니다.

아일랜드만이 아니라 세계 어느 나라에서도 국토는 특정 계층의 것일 수 없습니다. 계층의 크기와는 상관없습니다. 아일랜드만이 아니라 세계 어느 나라도 그 나라의 모든 국민에게 국토의 평등한 사용권을 부여해야 합니다. 어느 누구, 어느 계층도 토지를 차지하고 다른 사람과 평등하게 공유하지 않을 권리가 없습니다.

평등한 토지권을 보장하는 법

아일랜드만이 아니라 잉글랜드나 스코틀랜드의 사회 문제이자, 미국에서도 커지고 있는 사회 문제가 있습니다. 임금이 낮고, 일자리가 부족하고, 부를 생산하는 노동계층이 가난하다는 문제입니다. 이런 문제는 모두 하나의 커다란 잘못에 원인이 있습니다. 모든 사람에게 필요하고 모든 사람이 사용하도록 창조주가 만드신 자연의 요소를 소수가 소유한다는 잘못입니다. 모든 문명국가에서 다수의 국민으로부터 창조주의 하사물을 박탈하는 잘못입니다.

우리의 목표는 토지를 소유하는 특권층의 규모를 늘리자는 것이 아닙니다. 토지 소유자를 수천 명 수준에서 수만 명 수준으로 키우자는 것이 아닙니다. 우리의 목표는 하나님이 주신 자연권을 사회의 약자에게 보장해 주자는 것입니다. 아일랜드에서, 아니 어느 나라에서든, 태어난 모든 어린이에게 조국의 토지를 평등하게 사용할 수 있는 자연권을 보장하자는 것입니다.

평등한 토지권을 어떻게 하면 보장할 수 있을까요? 토지를 균등하게 분할하여 개인이나 가족에게 한 필지씩 나누는 방식으로는 보장할 수 없습니다. 모세의 율법에 나오듯이 원래 소유한 가족이 토지를 매각하더라도 영영 상실하는 일이 없도록 하는 방식은 고대의 공동체에서는 적합했을 수도 있습니다.[2] 그러나 현대 문명에서는 산업이 다양하고 토지가

2 「레위기」 25장에 의하면, 50년마다 돌아오는 희년이 되면 토지가 원래의 소유자에게 조건 없이 되돌아간다.

치가 위치에 따라 천차만별일 뿐 아니라 시간에 따라 끊임없이 변화하기 때문에 토지의 균등분할 방식은 평등성을 보장하지 못합니다.

평등한 토지권을 보장하는 방법은 간단합니다. 토지 분할은 그 방법이 아닙니다. 특별한 이익이 생기는 토지를 소유하는 사람이, 자기 자신을 포함하는 모든 국민이 속하는 전체 공동체에 그 특권의 대가인 지대를 납부하도록 하고, 그렇게 조성된 기금을 모든 국민을 위해 사용하면 됩니다. 전체 국민이 공동의 지주가 되고, 토지 사용 대가로 납부하는 모든 지대를 개별 지주가 아니라 전체 공동체의 수입으로 삼고, 그 수입을 공동의 이익을 위해 사용하면 됩니다.

지대는 자연스러운 것이고 정당한 가치입니다. 우리가 어느 새로운 나라에 가서 평등하게 살기로 했다고 생각해 보십시오. 한때만이 아니라 지속적으로 평등을 유지하려면 토지를 어떻게 나누어야 할까요? 동일한 면적으로 분할하자는 의견도 있겠지만, 토지의 특성을 감안하지 않는 방식이라는 반대가 있을 것입니다. 가치가 높은 땅을 갖는 사람도 있고 그렇지 못한 사람도 있습니다. 또 시간이 흐르면서 가치는 토지마다 다르게 변화할 것입니다. 더구나 분할된 토지에 절대적 소유권을 설정한다면 다음 세대에서 불평등이 발생하게 됩니다. 첫 이주자 중에는 낭비하는 사람도 있고 아끼고 노력하는 사람도 있을 것입니다. 운이 좋은 사람도 있고 불운한 사람도 있을 것입니다. 그리하여 얼마 안 지나서 이들 중 상당수가 자신의 토지를 남에게 넘길 것인데, 그러면 그 자녀는 세상에 태어나도 사용할 땅이 없게 됩니다.

평등을 보장하는 공정한 방법은 있습니다. 다른 사람이 사용하려고 하지 않는 땅이 있으면 누구나 자유롭게 차지할 수 있도록 합니다. 두 사람 이상이 같은 땅을 사용하려고 하면 사용권을 갖게 되는 사람이 프리미엄을 공동기금에 납부하고 그 기금을 모든 사람의 이익을 위해 사용합니다. 이렇게 하면 모든 사람이 평등하게 됩니다. 이것이 새로운 나라에서 토지를 나누는 이상적인 방법입니다.

최선의 방법은 토지단일세

문제는 이 방법을 기존의 나라에 어떻게 적용할 것인가에 있습니다. 세계의 모든 문명국가에서는 특정 계층이 국토를 독차지하면서 현재의 소유 상태를 유지하려고 한다는 것이 엄연한 사실입니다. 이에 대해, 아일랜드의 저명한 지도자인 파넬 씨는 몇 해 전에 토지를 국민에게 돌려주는 방법에는 오직 두 가지가 있다고 하였습니다. 하나는 매입이고 다른 하나는 투쟁이라고 합니다. 저는 이 대책을 지지하지 않습니다. 파넬 씨는 가장 중요한 방법, 우리가 지지하는 제3의 방법을 간과하였습니다.

우리는 토지단일세라고 부르는 제3의 방법을 제안합니다. 정부 수입을 마련하기 위해 현재 부과하는 모든 세금을 철폐하고, 그 대신 토지가치에 대한 세금 하나만 부과하자고 합니다. 토지가치에 대한 세금일 뿐 토지 개량물에 대한 세금이 아니라는 점에 주목해 주십시오. 노동을 투입하여 만든 토지 개량물의 가치는 토지가치를 올리더라도 개인의 것일 뿐 과세 대상이 아닙니다. 과세 대상은 개량물과 무관한 토지 자체의 가치입니다. 따라서 개량물이 없는 나대지도 개량된 토지와 같은 금액의 세금을 부과합니다. 도시의 경우 주택을 짓지 않은 택지도 주택이 있는 택지와 같은 세금을 부과합니다.

지대는 자연스러운 것이라고 방금 말씀드렸습니다. 그렇습니다. 모든 사람이 평등한데 누군가 다른 사람의 토지보다 품질이 더 우등한 토지를 소유한다면 소유자가 품질의 차이만큼을 내놓아야 공평하게 됩니다. 여러 사람이 원하는 토지를 한 사람만 소유하도록 하면 특혜를 주는 셈이므로 그 사람은 공동체가 자신에게 부여한 특권의 가치를 공동기금에 납부하는 것이 공평합니다. 특권의 가치, 이것이 경제지대입니다. 우리의 제안대로 하면, 토지 소유자는 자신의 특권에 해당하는 토지가치를 매년 특별기금에 납부합니다. 별다른 가치가 없는 땅을 소유하는 사람은 납부할 것이 없습니다. 공동체에 납부하는 지대는 그 사람이 공동체로부터 누리는 특권의 가치에 상응합니다.

그런데 토지 독점이 있으면 지주는 경제지대를 넘는 지대, 즉 독점지대를 우려낼 수 있습니다. 우리가 어느 섬으로 이주했다고 가정할 때 섬 전체의 소유권을 제가 취득하도록 하신다면 저는 독점지대를 징수할 수 있게 됩니다. 저는 여러분에게서 생존에 필요한 정도 이상의 모든 금액을 징수할 수 있습니다. 그 이상으로 짜내지 않는 이유는 그렇게 하면 여러분이 사망하기 때문입니다.

독점지대를 짜내는 권력은 토지를 유휴화시킬 수 있는 힘, 즉 토지에서 노동을 배제할 수 있는 힘에서 나옵니다. 그러나 토지가치를 모두 징수하면 그런 권력은 사라집니다. 아무리 부유한 토지 소유자라고 하더라도 비싼 땅을 유휴화시킨 채 버틸 재간이 없습니다. 이런 단순한 처방을 실행하면, 소유자는 자기 토지를 스스로 사용하든지 아니면 사용할 다른 사람에게 매각할 수밖에 없습니다. 그러므로 토지 지대는 진정한 경제지대 수준으로 하락하게 됩니다. 그리고 토지 특권의 가치는 개인이 아닌 전체 공동체에 귀속되고 전체 공동체의 이익을 위해 사용될 것입니다.

아일랜드의 널티 주교님의 의견

여기서, 제 주장을 모르는 가운데 같은 원리를 제시하신 아일랜드의 명사에 대해 언급하지 않을 수 없습니다. 한 분의 성함만 말씀드린다면 여러분도 잘 아시는 미스(Meath) 교구의 주교인 널티 박사입니다.

제가 아일랜드를 처음 방문하기 전이자 널티 박사가 저에 대해 알지 못했던 1881년의 일입니다. 널티 박사는 미스 교구의 교직자와 평신도에게 보낸 토지 문제에 관한 서한에서, 제가 이 자리에서 여러분께 간략하게 말씀드린 그 원리를 정확하게 제시하였습니다. 노동과 생산에서 소유권이 발생한다는 것, 모든 인간의 노동 의무는 자연법이자 하나님의 법이라는 것, 사람이 노동으로 생산한 것은 생산자의 소유라는 것, 모든 물자의 원천인 토지 자체는 누구의 소유도 될 수 없다는 것, 바람직한 토지제도는 토지 사용권을 보장하되 그런 특권을 가진 사람이 그 대가를 모든 사람을 위한 공동기금에 납부하는 제도라는 것입니다.

이에 더하여 널티 박사는, 이 주제를 연구한 사람이라면 누구나 동의할 만한 말씀도 하였습니다. 지대의 자연법에 따라, 인구가 증가하면 특정 지역의 지대가 계속 상승하며 도시가 성장하면 토지가치가 더욱 올라간다고 하였습니다. 널티 박사는 이것이 창조주의 뛰어난 설계와 무한한 자비를 증명한다고 하였습니다. 인간이 하나님의 정의법을 따르고 남에게서 대접받고 싶은 대로 남에게 행하라는 기독교의 근본원리를 따르기만 하면 이룩할 수 있는 자연스러운 질서라고 하였습니다. 그리고 이런 질서가 이룩되면, 문명이 발전할수록, 지금과는 전혀 달리, 사람들이 더욱더 평등해진다고 하였습니다.

우리가 쟁취하려고 하는 것은 이런 평범하고 단순한 원리입니다. 모든 나라의 모든 인간에게 평등한 토지권을 회복시키기 위해 우리가 제시하는 실천수단도 단순합니다. 모든 세금을 철폐하는 대신 개량물과 무관한 토지가치에만 과세하자는 것이고 이런 세금을 가능한 한 신속하게 인상하여 토지가치를 전부 징수하자는 것입니다. 이렇게 하면 토지 독점을 완전히 제거할 수 있고 사회기금을 조성하여 전체 공동체를 위해 사용할 수 있습니다. 이처럼 쉬운 길을 통해 지금의 불의한 상황을 벗어나 완전히 정의로운 상황으로 이행할 수 있습니다. 이처럼 토지를 환수하여 전 국민의 이익을 위해 사용하자고 하면 지주들에게 보상해야 한다는 요구에 당장 부닥칠 것입니다. 그러나 세금을 부과하면서 보상하는 예는 어디에도 없습니다.

이처럼 쉬운 방법으로 세련되고 점진적인 과정을 거쳐 토지는 다시 전 국민의 공동재산이 될 수 있습니다.

무지와 고정관념을 버리고

오늘 저녁 여러분께 요청드립니다. 각자 형편대로 이 큰 운동에 동참하시어 추진해 나가자는 말씀입니다. 토지 문제는 일부 지역의 문제가 아니라 세계의 문제입니다. 아일랜드나 잉글랜드나 스코틀랜드와 같은 특정 국가에만 해당하는 문제가 아니라 전 세계에 해당하는 문제입니다. 우리가 쟁취하려는 것은 인류의 자유입니다. 우리가 추구하는 것은 과거의 노예제처럼 인간을 얽어매고 있는 산업노예제의 철폐입니다. 싸움에 이기기 위해 칼을 들 필요는 없습니다. 칼보다 훨씬 더 강한 힘을 가진 여론이 있습니다. 다수가 문제의 원인을 알고 해결책을 알고 무엇을 요구할지를 알고 요구를 어떻게 반영할지를 알면 원하는 것을 얻어낼 수 있습니다. 세상의 어느 권력도 그들을 막을 수 없습니다.

어디서나 인간을 노예로 만드는 것은 무지와 고정관념입니다. 앞에서 상상해 본 그 섬에 이주하여 제가 섬 전체토지의 소유권을 취득하도록 허락하였다고 가정하면 저는 여러분의 상전이 되고 여러분은 저의 노예가 됩니다. 제가 여러분의 몸을 소유하는 것과 다름없게 됩니다. 여러분은 완전하고 확실하게 제 노예가 됩니다. 제가 여러분의 생존을 부정하려면 "내 땅을 떠나라."라고만 하면 됩니다. 이것이 전 세계에 존재하는 산업노예제의 원인이고 저임금의 원인이며 실업의 원인입니다.

이 문제를 어떻게 하면 해결할 수 있을까요? 오직 제일원리로 돌아가는 방법뿐입니다. 오직 인간의 자연권을 회복하는 방법뿐입니다. 아일랜드에서 더러 나오는 주장처럼 지주에게서 토지를 매수하여 소작농민에게 되파는 등의 방법으로는 결코 해결할 수 없습니다. 이런 방법이 노동자에게 무슨 도움이 됩니까? 도시의 기술자에게 무슨 도움이 됩니까? 또 장기적으로 농민에게조차 무슨 도움이 됩니까? 인생은 변화무쌍하고 운도 천차만별이며 사람마다 사정이 다르기 때문에 시간이 지남에 따라 토지를 팔아치우거나 저당 잡히는 사람, 부자가 되거나 가난하게 되는 사람이 생기면 다시 과거의 상태로 되돌아갈 것입니다.

아일랜드는 현재도 그렇고 미래에도 그럴 것이고, 미국에서도 역시 그랬습니다. 또 이 방법은 어떤 기준으로 보더라도 정의롭지 않습니다. 소작인이 다른 국민보다 특별한 대우를 받아야 할 권리가 어디 있습니까? 소작인을 위해 농지를 매입한다면 기술자를 위해 연장을, 사무원을 위해 사무실을, 어민을 위해 어선을 매입해 주어야 하지 않습니까? 정부가 개입하여 모든 국민에게 자본을 공급해 주어야 하지 않겠습니까? 토지 매입 방식에는 다른 맹점도 있습니다. 도대체 왜 돈을 주고 사야 합니까? 무엇을 사 준다는 말입니까? 다른 국민을 착취하는 자들의 특권을 돈을 주고 매입해야 할까요? 모든 국민의 것인 토지를 가로챈 자들의 특권을 돈을 주고 매수해야 할까요? 이것은 정의가 아닙니다. 국민이 자신의 권리를 되찾을 때, 보상은 과거의 불의에 의해 고통받은 사람들이 받아야지, 고통을 야기하고 이익을 얻은 자가 받아서는 안 됩니다.

정의는 목적, 과세는 수단

1890년 2월 4일, 샌프란시스코의 메트로폴리탄 홀에서 행한 연설이다. 원제는 「Justice the Object—Taxation the Means」이다. 헨리 조지는 필라델피아에서 출생하였으나 16세부터 선원이 되는 등 각지를 전전하다가 23세부터 19년간 샌프란시스코에서 살았고 40세 되던 해인 1879년에 그의 대표적 명저 『진보와 빈곤』을 출간하였다. 그는 이 책으로 세계적인 주목을 받는 가운데 1881년에 뉴욕으로 이사하였다. 이 연설은 헨리 조지가 호주와 뉴질랜드에 강연 여행을 가던 도중 제2의 고향인 샌프란시스코에 들러 자신의 토지 사상과 개혁 운동에 대해 보고하는 내용이다. 호주는 아내의 출신국이기도 하다.

연단에 올라오니 지난 일이 생각납니다. 12년 전 저는 연설이 유창하지 못했고, 청중을 대하는 일은 대포에 맞서는 것만큼이나 많은 용기가 필요했습니다. 그때도 지금과 똑같은 주제를 가지고 연설하기 위해 이 연단에 섰습니다. 오늘 밤은 이렇게 많은 청중이 저를 환영해 주시지만, 그때는 여기저기 빈 의자가 저를 기다리고 있었습니다. 그 후 여러 차례 미국과 유럽에서 이보다 훨씬 더 많은 청중 앞에 서기도 했습니다. 전에는 저를 전혀 알지 못했던 많은 분들이 환영해 주시었고 마치 사랑하는 오랜 친구처럼 맞아 주었습니다. 그러나 그 어느 때보다 오늘 밤 여기서 더 큰 기쁨을 느낍니다.

해마다 저는 샌프란시스코에 다시 오리라 다짐해 왔습니다. 그런데 대서양을 다섯 번이나 건넌 후에야 소원을 이루어졌습니다. 며칠 후에는 지구의 반대편인 호주와 뉴질랜드로 떠날 예정입니다. 돌아올 수 없을지도 모릅니다. 누가 앞날을 알겠습니까? 그러나 제가 살아 있다면 이곳에 다시 올 것입니다. 제가 다시 캘리포니아에 와서 살기는 어려울 것입니다. 어쩌다 보니 캘리포니아가 지평선 너머에 존재하는 지역으로만 인식되는 머나먼 곳(뉴욕-번역자)에서 지내고 있습니다. 그러나 마음은 항상 젊은 날의 고향이자 제가 자란 곳, 수많은 정다운 친구들을 만난 곳, 결혼하고 아이들이 태어난 이곳 샌프란시스코로 향해 있었고 앞으로도 항상 그럴 것입니다. 저는 언제나 이곳을 고향처럼 생각할 것입니다. 오랫동안 떠나 있다가 돌아온 저를 이처럼 환영해 주시니 너무나 좋습니다.

샌프란시스코에서 싹튼 진리

믿음직한 옛 친구들이여, 여러분은 회원 수를 손가락으로 셀 수 있었던 초기 단계에 우리 운동에 참여하였습니다. 저는 오늘 여러분께 "우리의 승리는 시간문제"라고 말씀드리기 위해, 사상사에서 어떤 운동이 이만큼 빨리 이만큼 순조롭게 부각된 적이 없다고 말씀드리기 위해 여기에 돌아왔습니다. 10년 전 이곳을 떠날 때 저는 아무런 희망도 가질 수 없었습니다. 당시에는 제가 살아 있는 동안에 이 위대한 투쟁이 출발이나 할 수 있을지도 감히 기대할 수 없었습니다. 이 운동에 참여하는 다른 분들도 그러시겠지만 저는 꼭 성과를 기대한 것은 아니었습니다. 우리는 "그것은 주피터(Jupiter)의 일이지 우리의 일은 아니다."라고 했던 위대한 스토아학파 황제와 같은 심정이었습니다. 우리의 역할은 할 수 있는 데까지 해 보는 것, 즉 씨를 뿌리는 일이었습니다.

그러나 지금 이 운동은 잘 진행되고 있습니다. 여러 나라에서 강력한 지지자들이 많이 활동하면서 상당한 성과를 낳고 있어, 이제 운동의 사활이나 속도는 별로 문제가 되지 않는 단계가 되었습니다. 시대의 조류는 우리에게 유리한 방향으로 흐르고 있습니다. 어린이는 누구나 다른 사람과 동등한 권리를 갖고 이 세상에 태어난다는 위대한 진리가 공인될 것이라고 확실하게 말할 수 있습니다. 이런 변화는 영어권 세계에서 먼저 일어나겠지만 얼마 후에는 다른 문명 세계에서도 일어날 것입니다.

오늘 밤 저는 제 친구들에게 연설하고 있습니다. 저와 다름없이 헌신적이고 우리 운동에 대해 잘 알고 계신 분들에게 연설하고 있습니다. 그러나 이 자리에는 이 운동에 대해 분명하게 알지 못하는 분도 더러 계실 것이고 또 마침 제가 샌프란시스코에 온 만큼 제 사상이 여기에서 시작된 경위를 말씀드릴까 합니다.

제가 샌프란시스코에 온 때는 젊은 시절이었습니다. 당시 저는 정치경제학에 관해 아무것도 알지 못했고 사회 문제에 관해서 생각해 본 적도 없었습니다. 제가 기억하기에 처음 그런 주제에 관심을 가진 것은 이곳으로 온 지 얼마 되지 않은 18세가량 되었을 때입니다. 저는 광부 몇 사람과 함께 프레이저 강으로 가는 배의 갑판에 앉아서 중국인 광부에 대한 이야기를 나누었습니다. 배에 탄 사람들은 중국인이 낮은 임금으로 광산 일을 하면 우리에게 해가 된다고 하였는데 제가 당돌하게도 그 이유를 물었습니다. 한 나이 많은 광부가 제 쪽을 보면서 말했습니다. "지금은 아무 해가 없지만, 캘리포니아의 임금이 지금처럼 항상 높을 수는 없단다. 이 지역이 성장하고 사람들이 많이 이주해 올수록 임금은 떨어질 것이고, 결국에 백인도 지금 중국인이 받는 낮은 노임을 받고 광산 일을 하게 될 것이야." 우리의 기대대로 캘리포니아가 성장하더라도, 그럴수록 노동으로 생계를 벌어야 하는 사람들의 상태는 오히려 나빠진다는 생각이 제게 얼마나 강한 인상을 주었는지 모릅니다.

제가 광산 일에 손을 떼고 시내로 이주한 후 크리스마스 이브에 전통 있는 아메리카 극장에 간 적이 있습니다. 극장 꼭대기 싸구려 좌석에 앉아 있는데 두루마리 현수막 하나가 내려왔습니다. 우리는 모두 벌떡 일어났습니다. 현수막에는 먼 미래의 꿈이었던 대륙 횡단 기차가 샌프란시스코로 들어오는 그림이 그려져 있었기 때문입니다. 목이 쉬도록 환호하고 난 후 이것이 저처럼 노동 외에는 아무것도 갖지 않은 사람들에게 무슨 소용이 있을까 하는 생각이 들기 시작했습니다. 이 생각은 자꾸자꾸 자라났습니다. 우리 모두, 부유하든 가난하든, 캘리포니아의 발전을 바라고 있었고 장차 이곳이 위대한 지역이 되는 데 대해 자랑스럽게 생각하고 있었습니다. 그리고 샌프란시스코가 세계적인 대도시가 되고 캘리포니아의 인구가 수백만을 헤아리게 될 때를 기대하고 있었습니다. 그러나 저는 "대중은 어떻게 될 것인가?"라는 광부의 말이 떠올랐습니다.

시간이 흘러 제가 대륙을 횡단하여 뉴욕으로 간 적이 있었습니다. 그때는 대륙 횡단 철도가 완성되기 전이었습니다. 뉴욕의 거리에서 처음으로, 부와 가난이 극심한 대조를 이루고 있다는 사실을 깨달았습니다. 이러한 대조는 실은 어느 대도시에서든 쉽게 발견할 수 있는 모습입니다. 서부 지역에서 온 저 같은 사람이 보기에는 소름끼치도록 두려운 광경을 목격하기도 했습니다. 그러자 저는 이 문제에 점점 더 마음을 쏟게 되었습니다. 제 자신에게 말했습니다. '여기에는 틀림없이 무엇인가 이유가 있다. 이것을 고칠 수 있는 방법도 틀림없이 존재한다. 그 이유를 찾고 그 방법을 발견하기까지 나는 쉬지 않을 것이다.' 그 후 마침내 밤하늘의 빛나는 별처럼 모든 것이 분명해졌습니다. 저는 무엇이 원인인지, 또 무엇이 치유책인지 알게 되었습니다. 그러나 제가 알게 된 것에 새로운 내용은 없었습니다.

새로운 진리가 아닙니다

제가 옥스퍼드 대학에서 처음 강연했을 때 그 명문대학의 정치경제학 교수 한 사람이 제 견해에 반대하면서 이렇게 말했습니다.[1] "조지 씨의 책을 처음부터 끝까지 다 읽어 보았습니다만 이 말을 하지 않을 수 없습니다. 그 책에는 새로우면서도 진리인 것은 전혀 없습니다. 진리인 것은 새롭지 않고 새로운 것은 진리가 아닙니다." 저는 대답했습니다. "당

1 1884년 영국 옥스퍼드 대학에서 강연할 때 마샬(Alfred Marshall, 1842~1924)과 논쟁한 사실을 의미한다.

신의 말씀을 인정합니다. 옳은 비판을 하셨습니다. 사회의 진리는 결코 새롭지 않으며 새로울 수도 없습니다. 우리가 지지하는 진리는 오래된 진리입니다. 이것은 어디서나 발견되는 진리이며, 모든 사람이 금방 알 수 있는 진리입니다. 다만 근대에 들어와서 폭력과 사기에 의해 가려지고 흐려졌을 뿐입니다."

사실이 그렇습니다. 또 어떤 신문에서는 저를 사도로, 동지들을 제자로 표현한다고도 합니다. 이것은 사실과 다릅니다. 저는 누구에게도 하나님의 별을 가리키는 것 이상으로 한 일이 없습니다. 누구라도 하늘의 별을 볼 수 있습니다. 별은 제가 보는 것과 꼭 같은 모습으로 수백만 년 동안 존재해 왔습니다. 보려고 하는 사람이라면 누구나 볼 수 있습니다.

제가 처음 아일랜드에 갔을 때 일입니다. 아일랜드에서 가장 존경받는, 워터포드(Waterford)의 주교인 더건 박사(Dr. Dougan)님으로부터, 이야기 좀 나누자는 쪽지를 받았습니다. 제가 가자, 백발에 붉은 볼을 가진 노 주교님이 계셨습니다. 그분은 주교이신데도 여전히 아일랜드 농부의 신선하고 진실한 마음을 간직하고 계셨습니다. 연세 드신 주교님은 하나하나 캐묻기 시작하셨습니다. "세간에서 당신이 제시했다고 하는 새로운 이론은 어떤 것입니까? 모든 사람이 토지에 대해 동등한 권리를 갖는다고 하지만 모든 사람이 다 토지를 차지할 수는 없을 텐데요. 어떻게 분할한다는 말인가요?" 그러고 나서 그분은 마음속에 떠오를 수 있는 갖가지 의문과 반론, 널리 알려진 반론을 제기하셨습니다. 이런 의문과 반론은 아마도 여기 계신 많은 분들의 마음속에도 떠오른 적이 있을 것입니다. 사실 그것들은 누구의 마음속에도 떠오를 수 있습니다. 저는 그 모든 질문에 대해 대답했습니다. 마침내 노 주교님은 아무 말 없이 일어나 손을 내밀었습니다. "젊은이여, 하나님이 당신을 축복하시기를 빕니다. 내가 당신을 초청한 것은 여러 의문에 대해 충분히 해명할 수 있는지 알고 싶었기 때문입니다. 계속 전진하십시오. 당신이 나에게 한 말은 전혀 새로운 것이 아닙니다. 그것은 우리나라 사람들이 박해와 폭력에 짓밟히면서도 항상 간직해 온 오래된 진리입니다. 당신이 말하는 것은 적어도 나에게는 새롭지 않습니다. 나는 어린 소년 시절에 서부 아일랜드의 난롯가에서 영어를 한마디도 못하는 사람들로부터 꼭 같은 진리를 들었습니다. 계속 전진하십시오. 때가 왔습니다. 노인으로서 당신에게 이야기할 수 있습니다. 지구상에 이 운동을 막을 수 있는 힘은 존재하지 않는다고 말입니다." 세월은 존경하는 더건 주교님이 옳았다는 것을 보여 주었습니다.

눈부신 발전 속의 극심한 빈곤

우리 사회는 발명에 발명을 거듭해 왔고 개선에 개선을 거듭해 왔지만, 오늘날 부가 충분하지 않다는 것은 분명한 사실입니다. 미국에는 평균보다 훨씬 부유한 사람도 일부 있지만 대다수는 그렇지 않습니다. 문명이 발달한 19세기 말에 사는 미국인이라면 당연히 지금보다 더 풍족하게 살아야 합니다. 그러나 대다수는 고된 일을 하면서 간신히 생계를 꾸려 가고 있으며, 현대인에게 어울리는 편의품이나 고급품을 갖지 못하는 형편입니다. 미국 전체에서 극심한 생존 경쟁이 벌어지고 있습니다. 저는 이 건물 앞의 길에서 젊은 거지를 만났는데, 일자리를 찾을 수 없다고 하더군요. 그가 거짓말을 했는지 모르겠습니다. 사람이 한번 그런 길로 들어서면 급속하게 타락할 수 있으니까요. 저는 무분별한 자선은 상대를 돕기보다는 해치기 쉽다는 사실도 알고 있지만 돈을 조금 주었습니다. 그의 말이 사실일 수도 있다고 생각했기 때문입니다.

샌프란시스코는 태평양 연안 지역이며 금문(Golden Gate) 해협이 있는 도시입니다. 미국의 서부 개척은 태평양에서 끝이 났습니다. 태평양 바다 건너에는 동양 세계가 자리하고 있습니다. 우리는 더 이상 나아갈 수 없습니다. 그런데 황금의 주(Golden State)라고 불리는 이 신흥 지역에도, 일할 준비가 되어 있고 일하고 싶어 하는데도 일자리를 얻지 못하는 사람들이 있습니다. 동부로 갈수록 사태는 더 심각합니다. 샌프란시스코에 살아 동부 사정을 잘 모르는 사람이 뉴욕으로 가면 끔찍한 광경을 보게 됩니다. 대서양을 건너 더 큰 도시, 문명세계의 대도시로 가면 더 깊고 어두운 빈곤이 존재합니다. 그 이유는 무엇일까요? 더 많은 부가 필요한데도 왜 더 갖지 못하는 걸까요?

소수 부자의 재산은 실로 엄청납니다. 지금 미국에서는 세계 역사상 어느 때보다 빠른 속도로 부가 집중되고 있습니다. 그렇다고 해서 빈곤이라는 악을 부의 재분배를 통해서 치유할 수는 없습니다. 부를 재분배하더라도 여전히 빈곤은 존재할 것입니다.

이처럼 현대 문명에 어두운 그림자가 따라 다니고 삶의 한가운데 쓰라린 가난이 존재하는 이유는 무엇일까요? 지금은 19세기 후반인데 금세기는 모든 세기 중에서 유난히 훌륭한 발견과 발명이 많았습니다. 이러한 현대 문명의 성과에도 불구하고 빈곤을 해소하지 못하는 이유는 무엇일까요? 계속되는 발명을 통해 인간의 욕구를 충족시킬 수 있는 능력이 수백 배, 수천 배 증가했는데도, 문명세계의 곳곳에서, 특히 이 위대한 나라에서, 빈궁과 정신병과 범죄가 증가하고, 결혼이 감소하고 생존 경쟁이 갈수록 심해지는 원인은 무엇일까요? 틀림없이 다음 둘 중 하나가 정답입니다. 하나님의 뜻에 따른 자연법의 결과이거나 우리의 무지로 인해 자연법을 회피하는 이기적 신앙 때문입니다.

우리 토지단일세 지지자(Single Taxers)는 한 가지 커다란 원인에 주목합니다. 자연은 모든 사람의 삶의 터전이고 생산의 원료입니다. 그런데 이런 문제가 발생하는 곳에서는 어디에서나 자연자원이 모두의 소유가 아니라 소수의 소유로 되어 있습니다. 우리는 이에 대한 적절한 해결책을 제시합니다. 모든 사람에게 토지에 대한 자연권을 회복시켜 주자고 합니다. 모든 어린이는 세상에 나올 때 자연을 누릴 권리를 보장받아야 합니다. 생산의 기초인 자연자원에 대한 평등한 권리 없이는 생존할 권리, 일할 권리, 노동의 과실을 향유할 권리를 누릴 수 없습니다. 자연은 인간 존재의 터전이고 창고이자 원료 공급처입니다. 인간의 모든 물질적인 것의 기원입니다. 우리의 몸도 토지에서 나와서 다시 토지로 돌아갑니다. 우리 자신이 바로 꽃과 나무처럼 토지의 산물입니다.

토지가치에 대한 단일세를 원합니다

오늘날 우리의 제안을 스스로 토지단일세(single tax)라고 부릅니다. 우리가 이런 이름을 받아들인 것은 불과 몇 년 전의 일입니다. 이 이름은 새로운 것이 아닙니다. 백수십 년 전 프랑스에 케네, 튀르고, 콩도르세, 듀퐁 등 당대의 가장 뛰어난 철학자와 애국자로 구성된 학파가 있었습니다.[2] 그들은 모든 사회 병폐의 해결책으로서 토지단일세를 주창했습니다. 우리는 19세기가 저물어가는 이때, 이곳 서쪽 대륙에서 그 이름을 부활시켰습니다. 우리는 이 이름에 굉장한 장점이 있다는 것을 알게 되었습니다.

우리는 항상 다음과 같은 질문을 받곤 했습니다. "토지를 분할하고 난 다음에는 어떻게 그 상태를 유지할 것입니까?" 우리는 지금은 그런 질문을 받지 않습니다. 토지단일세라는 이름은 적어도 우리가 원하는 방법, 우리가 가려는 길을 보여 준다는 큰 장점을 갖고 있습니다. 토지가치에 대한 하나의 세금을 제외하고 모든 세금을 철폐하는 간단한 방법 말입니다. 자, 이제 기억하십시오. 토지가치에 대한 단 하나의 세금.

우리를 오해하는 사람들이 늘 말하듯이 우리는 토지에 대한 세금을 제안하는 것이 아닙니다. 토지에 대한 세금이 아니라 토지가치, 정치경제학의 용어로 하면 지대에 대한 세금

2 프랑스 중농학파를 말한다. 케네(François Quesnay, 1694~1774), 튀르고(Anne-Robert-Jacques Turgo, 1727~1781) 등이 수립한 경제학파로서 토지단일세를 주장하였다.

을 제안하고 있습니다. 이 가치는 토지 개량물과 상관없이 토지에서만 발생하는 가치입니다. 토지가치는 토지의 사용자 혹은 개량자의 노력으로 생기는 것이 아닙니다. 개인의 노동이 아니라 사회의 성장과 개선 때문에 생깁니다. 토지가치에 대한 세금은 존 스튜어트 밀이 '불로증가'라고 부른 것을 환수하는 세금입니다.[3] 불로증가란 토지 사용자가 아니라 소유자에게 돌아가는 부의 증가분을 가리킵니다. 그것은 토지 소유자가 현지 지주든 부재 지주든, 적극적으로 생업에 종사하든 말든, 멍청이든 어린이든, 소유자에게 돌아가는 이익입니다. 우리는 오늘날 샌프란시스코에서도 불로증가 금액이 놀랄 만큼 크다는 사실을 알고 있습니다. 수천 년 동안 변함없이 동일한 상태에 놓여 있던 모래땅의 가치가 노동이나 자본을 전혀 투입하지 않았는데도 엄청난 값으로 뛰었습니다.

처음에는 토지에 대한 세금과 토지가치에 대한 세금을 구분하는 것이 한가로운 일처럼 보이겠지만, 사실은 매우 중요한 일입니다. 토지에 대한 세금, 즉 모든 토지에 대한 세금은 궁극적으로 토지 사용에 대한 제약조건으로 작용할 것입니다. 그런 세금은 노동 소득을 줄이거나 생산물 가격을 상승시켜 사회 일반의 부담으로 돌아가게 됩니다. 그러나 토지가치에 대한 세금은 모든 토지에 부과하는 세금이 아닙니다. 모든 토지가 가치를 갖는 것은 아니기 때문입니다. 이 세금은 가치를 갖는 토지에만 그 가치에 비례해서 부과됩니다. 따라서 이 세금은 특권이익에 대한 세금과 마찬가지로 노동 소득을 줄이지 않습니다. 개인 소득을 징수하는 것이 아니라, 사회의 성장과 개선으로 우등 토지에 저절로 발생하는 프리미엄을 징수할 뿐입니다.

경제와 세금

그럼, 이 세금을 우선 가장 낮은 차원, 단순한 재정 개혁의 차원에서 평가해 봅시다. 그 후에 토지단일세가 효율과 정의의 모든 원칙에 얼마나 잘 부합되는지 살펴보기로 하겠습니다.

사람들이 더 많은 부를 원하는데 왜 더 많이 얻지 못하는 걸까요? 미국인 100명 가운데 99명은 확실히 더 많은 부를 원할 것입니다. 그런데도 왜 일자리가 없어서 고통을 당하고 있는 걸까요? 뿐만 아니라 일을 하더라도 생계를 유지하기가 어려운 사람이 적지 않습니

3 밀(John Stuart Mill, 1806~1873)은 영국의 경제학자, 토지에서 생기는 불로증가(不勞增價, unearned increment)의 환수를 주장하였다. 불로증가는 소유자의 노력 없이 상승한 토지가치를 말한다.

다. 100명 중 99명은 부가 더 필요합니다. 그렇다면, 더 많은 부를 원하는 것이 분명하고 부가 증가하는 나라를 번영하는 나라라고 하면서 부의 생산에 세금을 부과하는 것은 어리석은 짓이 아닐까요? 그러나 오늘날 우리는 그렇게 하고 있습니다.

어떤 종류의 부라도 외국에서 이 나라로 들여와 보십시오. 당장 세금 문제에 부닥칩니다. 국민이 더 많은 부를 원하고 번영하는 나라란 곧 부가 증가하는 나라라고 한다면, 도대체 왜 장벽을 두어 부가 들어오는 것을 막으려고 합니까? 상식적인 관점에서 보더라도 어리석은 일이 아닙니까? 우리는 더 많은 옷감을 원합니다. 여러분이 모른다면 부인에게 물어 보십시오. 우리는 더 많은 옷과 더 많은 설탕을 원하며, '재화'라고 부르는 갖가지 좋은 것을 더 많이 원합니다. 그러나 사실상 우리 조세제도는 이런 좋은 것이 들어오지 못하도록 나라 주변에 설치해 놓은 높은 담장과도 같습니다.

만일 부가 좋은 것이고 국민이 나라의 번영을 바란다면, 다시 말해 부가 증가하는 나라가 되기를 원할 경우에 무역을 꼭 규제해야 한다면, 재화를 나라 안으로 들여오는 사람들이 아니라 나라 밖으로 갖고 나가는 사람들에게 과세하는 것이 옳습니다.

우리 토지단일세 지지자들은 이 모든 장벽을 철폐하고자 합니다. 물론 천연두와 콜레라와 해충과 전염병은 못 들어오게 해야 합니다. 그러나 외국에서 우리에게 보내는 재화나 외국에서 갖고 들어오는 재화는 모두 환영해야 합니다. 단언하건대, 더 많은 부를 원한다고 하면서 부를 나라 안으로 갖고 들어오는 것을 방해하는 것은 어리석습니다. 단언하건대, 나라 안에서 부를 생산하는 사람들에게 과세하는 것도 마찬가지로 어리석습니다.

우리는 더 많은 제조업이 필요하다고 이야기합니다. 그러나 미국 국민은 공장을 짓기 위해 엄청난 세금을 부담하고 있습니다. 누가 공장을 건설하면 정부가 어떻게 합니까? 왜 정부는 그런 사람에게 과세하는 걸까요?

우리는 분명히 더 많은 주택이 필요합니다. 보통의 가정에는 필요하지 않은 큰 주택을 갖고 있는 사람도 있지만 대다수 미국인의 주택 사정은 열악합니다. 미국의 모든 도시가 비슷하지만, 뉴욕 시를 보더라도 인구의 65%가 같은 층에 두 가구 이상 거주하는 어려운 상태에 놓여 있습니다. 그러나 미국의 어느 지방에서건 집을 한 채 지어 보십시오. 당장 세무서에서 찾아가 집을 지었다고 벌금을 내라고 할 것입니다.

우리는 근면은 선한 것이고 절약도 선한 것이라고 말합니다. 근면하고 검소하기만 하면 쉽게 부를 축적할 수 있다고 이야기하는 사람도 있는데, 이 말이 사실이건 아니건, 근면과 절약은 확실히 선한 것입니다. 그러나 우리는 근면한 사람에게 어떻게 합니까? 부를 생산하고 또 절약해서 부를 축적하면, 세무서에서 찾아가 그 부의 일부를 내놓으라고 합니다.

말이 안 됩니다. 세금으로 부의 생산을 억제해서는 안 됩니다. 어떤 농민이 사막을 개간하여 과수원이나 포도밭으로 만들거나 들판을 가꾸어 곡물을 생산하고 가축을 기른다면, 벌금 매기듯 세금을 부과할 것이 아니라 오히려 권장해야 합니다. 모든 생산 노력을 환영해야 합니다. 누구라도 부를 생산하면 부의 총량이 증가하고 나라 전체가 더 부유하게 되기 때문입니다.

세금 중에는 과세 대상을 없애거나 줄일 목적으로 매기는 것도 있습니다. 미국의 대부분의 주와 카운티에서는 개가 너무 많을 경우에 개를 없애기 위해 개 소유자에게 세금을 부과합니다. 그런데 주택을 없애려고 하지 않으면서 주택세를 부과하는 이유는 무엇일까요? 농업 생산의 감소를 원치 않으면서 농업세를 부과하는 이유는 무엇일까요? 사람들이 근면하게 열심히 노력하여 부를 생산하는데 세금을 부과해야 하는 이유는 무엇일까요?

주택에 과세하십시오. 그러면 분명히 주택의 수는 줄어들 것입니다. 동부의 브루클린(Brooklyn) 시로 가면 이런 현상을 눈으로 확인할 수 있습니다. 교회의 도시라고도 불리는 브루클린에 가보고 제가 처음 놀랐던 것은 건물이었습니다. 갈색 벽돌로 지은 주택이 죽 늘어서 있는데, 앞쪽은 2층 뒤쪽은 3층인 건물도 있었고, 앞쪽은 3층 뒤쪽은 4층인 건물도 있었습니다. 저는 잠시 동안 왜 그 사람들이 그런 이상한 건물을 지었을까 의아해했습니다. 그런데 그 이유를 알아보니 모두 세금 때문이었습니다. 브루클린 시에서는 건물의 앞쪽만 보고 과세하기 때문에, 주택을 그런 방식으로 건축하면 앞쪽은 2층 뒤쪽은 3층인 건물을 소유하면서도 2층 건물의 세금만 내면 됩니다. 영국의 오래된 주택을 보면 창문세의 결과를 알 수 있습니다. 창문세는 오늘날 프랑스에서 부과되고 있는데, 센서스에 따르면 창문이 전혀 없는 주택이 20만 호에 달한다고 합니다. 모두 세금을 피하기 위한 것입니다.

마찬가지로 선박에 과세하면 선박의 수는 줄어들 것입니다. 샌프란시스코의 연세 드신 시민 중에서 세계에서 가장 빠르고 우수한 미국 선박들이 우아한 자태와 높은 돛을 자랑하면서 이 항구를 드나들던 시절을 기억하지 못하는 분이 계실까요? 미국인이 유럽으로 갈 때 미국 선박이 아닌 다른 나라 선박을 타고 가는 것은 상상도 할 수 없었던 시절을 저는 잘 기억하고 있습니다. 그러나 오늘날 대서양을 건너려고 하면, 독일이나 프랑스가 아니면 영국의 증기선을 타야 합니다. 이제 세계 전역의 바다에서 미국 선박은 중국의 범선 만큼이나 희귀한 존재가 되었습니다. 그 이유는 무엇일까요? 우리가 선박에 세금을 부과하여 소멸시켜 버렸기 때문입니다. 이것이 바로 증거입니다.

건물에 과세해 보십시오. 그러면 건물은 줄어들고 누추해질 것입니다. 농장에 과세해 보십시오. 그러면 농장은 줄어들고 황폐해질 것입니다. 선박에 과세해 보십시오. 그러면 선박은 줄어들고 초라해질 것입니다. 자본에 과세해 보십시오. 그러면 자본 역시 줄어들 것입니다. 하지만 토지가치에는 아무리 과세해도 한 평의 땅도 줄어들지 않습니다. 연간 토지가치를 한도로 토지가치에 과세해 보십시오.[4] 어떤 결과가 나타날까요? 실수요자는 토지를 보다 쉽게 얻게 될 것입니다. 투기꾼에게는 토지가 쓸모없게 됩니다. 투기꾼은 토지를 사용하지는 않고 단지 보유하려고만 하는 구유 속의 개이며, 다른 사람들이 씨 뿌린 곳에서 거두어 가려고만 하고, 노동을 하지 않으면서 생산물을 차지하려고만 하는 자입니다. 이런 투기꾼처럼 단순히 토지를 소유하는 것만으로는 전혀 이익이 나지 않습니다. 토지가치에 과세해 보십시오. 생산에 완전한 대가가 돌아가고 생산자에게 자연의 기회가 개방될 것입니다.

부정부패와 세금

어떤 측면에서 검토하든 좋습니다. 정치는 분명히 검토해야 할 중요한 측면입니다. 우리는 민주공화주의를 자랑하지만 사실 민주공화주의는 사라져 가고 있습니다. 이에 대해서는 새삼 말씀드릴 필요가 없을 것으로 생각합니다. 여러분은 보스 정치가 지배하는 샌프란시스코에 사는 분이고, 귀족 이상으로 제멋대로 군림하는 자를 뽑아 상원에 보내는 캘리포니아 주의 주민이기 때문입니다. 우리 정치제도의 알맹이를 훼손하는 부패를 보십시오. 부패가 어디서 나옵니까? 이런 도덕적 타락은 어디서 생깁니까? 대부분 우리의 조세제도에서 비롯됩니다. 현재의 조세제도가 어떻게 되어 있습니까? 현재의 세금은 양심에 대한 세금, 진실에 대한 세금, 준법정신에 대한 세금이 되어 버렸습니까? 거짓 신고와 탈세에 프리미엄을 주고 있습니다. 뇌물과 부패를 키우고 조장합니다.

유럽으로 건너가 보십시오. 잠시라도 구세계의 무기력한 군주제 국가를 여행해 보십시

4 연간 토지가치는 1년간의 토지 임대가치를 의미한다.

오. 그러면 여러분은 민주주의의 진가를 인정하게 될 것입니다. 그런 다음 미국으로 돌아오십시오. 배가 항구로 진입하면서 수평선 위로 낮게 깔린 땅, 자유인의 땅이자 용감한 사람들의 고향이 나타납니다. 뉴욕 항으로 들어오면 마침내 프랑스 공화국의 한 시민이 선물한 거대한 상, 세계를 향해 횃불을 높이 든 자유의 여신상을 보게 될 것입니다.

세계를 밝혀 주는 여신상이 분명하게 보이는 곳에 이르면 여러분은 세관원에게 호출당합니다. 남자든 여자든 함께 줄을 서서, 하늘과 땅의 창조주이신 전능하신 하나님 앞에서 트렁크나 여행 가방 속에 세금을 물어야 할 물건이 없으며 어깨에 멘 가죽 가방 속에 신고할 물건이 없다는 사실을 증언하게 되어 있습니다. 여러분은 선서하게 됩니다. 미국이 여러분에게 강요하는 절차입니다. 그것으로 끝이 아닙니다. 바로 그 다음에 다른 관리가 나서서 열쇠를 달라고 할 것이며, 뇌물로 그의 눈을 막지 않는다면 여러분의 가방과 짐을 열어서 과세할 물건이 없는지 조사할 것입니다. 아무튼 이런 여행을 해 본 사람은 누구나 대부분의 여행자들이 과세 대상이 되는 물건들을 소지하고 있다는 사실을 압니다. 그리고 저는 보호무역주의자들도 자유무역주의자들처럼 자주 과세 대상이 되는 물건을 갖고 들어온다는 사실을 알고 있습니다. 저는 지금껏 일관성 있는 보호무역주의자를 본 적이 없습니다. 기회가 있는데도 밀수를 하지 않는 보호무역주의자도 있겠지만 그런 사람은 극소수라고 생각합니다.

시선을 법제도로부터 일상의 현실로 옮겨서, 어떤 세금을 폐지하는 법안이 제안될 경우 워싱턴에 모여드는 로비스트들을 생각해 보십시오. 그들은 특정 세금을 계속 유지시키기 위해 위협도 하고 엄살도 떨고 작전을 펴기도 합니다. 정말로 애국적인 척하며 가난한 노동자 보호에 관심이 많은 척합니다.

사소하게는 세금을 피하기 위한 여행자들의 허위 신고 사례가 있습니다. 나아가서는 대규모 밀수도 있고 과세 표준 평가를 엉터리로 하는 수도 많습니다. 또 집단적으로 문제를 일으키기도 합니다. 예비선거에 관여하기도 하고 대통령 선거 때마다 수백만 달러를 부패기금에 집어넣는 로비스트들이 연방 의회를 포위하고 있습니다. 제도 전체가 부패의 악취를 풍기고 있지 않습니까? 정직과 양심을 차별하고 탈세와 부정에 특혜를 주고 있지 않습니까?

미국 내로 들어와서 각종 내국세를 살펴보십시오. 남북전쟁 중에 성냥에 대한 인지세(stamp tax)를 부과한 적이 있었는데 그 후 철폐안이 제출되었을 때 성냥조합이 얼마나 강력하게 또 오랫동안 반대 투쟁을 했는지 기억하실 것입니다. 위스키 조합이 위스키세의 인하를 막기 위해 얼마나 많은 돈을 썼는지 기억하실 것입니다. 또 여러분은 오늘날에도 위스키 조합이 현행 세금을 유지하기 위해 돈을 쓸 만반의 준비를 갖추고 있다는 사실을 아실 것입니다.

미국의 직접세 제도에 눈을 돌려 보십시오. 무엇이 보입니까? 미국에서는 모든 재산에 과세하는 척하며 다수의 세금이 부자에게 부과되도록 되어 있습니다. 그러나 결과는 어떻습니까? 미국 전역에서 부자들이 그런 세금을 손쉽게 피할 수 있는데 어떻게 된 것일까요? 미국 전역에서 사람들의 부에 과세하려는 시도는 한편의 코미디이자 사기극입니다. 이런 세금은 속성상 탈세, 위법, 거짓말, 뇌물, 부패를 촉발합니다. 다른 이유를 들지 않더라도 이것만으로도 이런 세금을 철폐해야 할 충분한 이유가 됩니다.

그러나 토지가치에 대한 세금은 다릅니다. 장점이 있습니다. 적어도 토지는 숨길 수도 없고 다른 곳으로 이동시킬 수도 없이 항상 누구에게나 보이도록 존재한다는 장점이 있습니다. 토지를 직접 보지 않는다고 해도 토지가 거기 있다는 것은 다 압니다. 그리고 토지가치는 모든 가치 가운데 가장 확정적이며 가장 쉽게 확인할 수 있습니다. 샌프란시스코, 덴버, 뉴욕, 보스턴 혹은 전혀 낯선 도시라고 하더라도 제게 땅을 팔려는 사람이 있다면, 저는 그곳의 부동산 업자를 찾아가서 이렇게 말하면 됩니다. "폭은 이렇고 길이는 저렇고 여차여차한 거리에 있는 땅인데, 값은 얼마나 갈까요?" 그러면 부동산업자는 제게 상세하게 설명해 줄 것입니다. 하지만 그는 그 땅 위에 지은 건물의 가치에 대해서는 면밀한 조사 없이는 아무 말도 할 수 없을 것입니다. 규모가 큰 고급주택이라면 전문적인 조사 없이 가치를 알기 어렵습니다. 나아가서 집 주인 소유의 갖가지 물건의 가치는 더욱 평가가 어렵습니다. 하지만 토지는 그냥 그곳에 존재합니다. 모든 땅, 모든 농지에 작은 표지판을 설치할 수도 있습니다. 거기에 이 땅의 가로와 세로의 길이는 얼마이고 면적은 얼마이며, 소유자는 누구이고 값은 얼마인지 기록할 수 있습니다. 평가가 제대로 되었는지 체크할 수 있는 정보를 담은 출판물도 나와 있습니다. 토지가치는 다른 어떤 가치보다도 더 분명하고 확실하게 확인할 수 있습니다.

우리가 지금 부과하고 있는 많은 세금을 모두 토지가치세로 대체해 보십시오. 도덕적 이점이 얼마나 큰지, 경제적 이점이 얼마나 큰지 확인할 수 있을 것입니다. 우리는 세금을 징수하고 평가하는 수많은 공무원 없이 살아갈 수 있게 될 것입니다. 납세자가 얼마나 소유하고 있는지 혹은 과세 대상의 가치가 얼마인지 알아내기 위한 수많은 서약과 확인과 뒷조사가 사라질 것입니다.

정의와 세금

이제, 정의의 문제에 대해 살펴봅시다. 우리는 소유권을 부정하지 않습니다. 오히려 소유권을 지지하고 옹호하는 사람들입니다. 우리는 신성한 소유권, 즉 인간의 법에서 나오는 것이 아니라 모든 법에 선행하는 소유권이 있다고 주장합니다. 이것이야말로 전정한 소유권의 근거입니다. 자신의 노력으로 자연이라는 원천으로부터 원료를 취하여 욕구 충족에 적합한 형태로 변형시킨 것, 즉 생산한 것은 그 생산자의 것입니다. 세상의 어떤 것에 대해서도 대항할 수 있는 소유권입니다.

제가 노동하여 물고기를 잡는다면 그 물고기는 제 것이고 또 제 것이 되어야 합니다. 제가 기계를 만든다면 그 기계는 제게 속해야 합니다. 이것이야말로 신성한 소유권입니다. 여기에는 생산자에게서 유래하는 명백한 권원(權原, title)이 존재합니다. 이 권원은 인간이 자신에 대해 갖는 권리, 자신의 능력을 활용할 권리, 노력의 결과를 향유할 권리에서 유래합니다. 이 신성한 소유권은 증여, 매매, 상속할 수 있습니다.

건물에 과세할 때 우리는 무슨 짓을 하는 것일까요? 자신의 노력으로 건물을 짓거나 다른 사람이 노력하여 지은 건물을 매입하면 사회는 사실상 건물의 일부를 달라고 합니다. 정직하게 돈을 벌어 부를 축적하는 사람에게 매년 세무서에서는 수입의 일부를 내라고 합니다. 새끼 양을 가져가는 것은 어미 양을 가져가는 것과 마찬가지로 소유권을 침해하는 것이 아닐까요? 5%를 가져가든 20%를 가져가든, 그것은 100%를 가져가는 것과 마찬가지로 소유권을 침해하는 것이 아닐까요? 노력에 의해 생산한 가치는 전부 그 노력한 개인에게 돌아가야 합니다. 소유권을 제한적으로만 존중해서는 안 되고 완전하게 존중해야 합니다. 모든 부는 생산한 사람과 생산자의 권원을 넘겨받은 사람에게 돌아가야 합니다. 부의 형태가 무엇이건간에 그것은 개인의 것입니다. 토지가치를 징수하여 사회의 필요를 위해 사용해야 합니다. 그 이유는 동일합니다. 토지가치는 사회의 성장에 의해 발생하기 때문에 사회의 것입니다.

오늘날 샌프란시스코의 토지가 1850년 내지 1860년보다 훨씬 더 비싼 이유는 무엇일까요? 당시에는 아무런 가치가 없었던 황량한 모래땅이 지금은 엄청난 값을 갖게 된 것은 무엇 때문일까요? 소유자의 행위 때문일까요? 아닙니다, 그것은 인구가 증가했기 때문입니다. 샌프란시스코가 더 큰 도시가 되었기 때문이고, 여러분 모두가 이곳에 살고 있기 때문입니다. 여기서 태어나는 아이들과 이곳에 와서 정착하는 가족들, 그리고 도시를 개량하는 사람들은 누구나 토지가치를 증가시킵니다. 토지가치는 사회의 성장에서 유래하는 가치입니다. 그러므로 위에서 말씀드린 정의, 즉 개인이 노력하여 생산하는 것은 모두 그 사람에게 돌아가야 한다는 원리에 따른다면, 사회의 성장과 개선에 의해 발생하는 토지가치는 사회가 환수해야 합니다.

이렇게 하면 어떤 직접적인 결과를 낳을까요? 도시든 주든 국가든 부의 생산에 부과하는 모든 세금을 철폐해 보십시오. 모든 사람으로 하여금 자유롭게 밭을 갈고 씨 뿌리고 건설하게 해 보십시오. 그들로 하여금 한 푼의 벌금도 물지 않고 사회의 부를 증가시키도록 해 보십시오. 개선을 도모하고 어떻게든 부의 생산을 증가시키고자 하는 사람들에게는 이렇게 이야기하십시오. "계속 지금처럼 하십시오. 원하는 것은 무엇이든지 생산하고 축적하십시오. 원하는 방식으로 사회의 부를 증가시키십시오. 그러면 그 모든 것을 당신이 갖게 될 것입니다. 당신에게는 한 푼의 벌금도, 한 푼의 세금도 매기지 않을 것입니다." 오늘날 산업을 압박하는 모든 세금, 노동에 매기는 세금, 사회의 부를 증가시켜서 얻는 이윤을 줄이는 세금을 모두 철폐한다면 어떤 결과가 초래될까요? 틀림없이 생산을 자극하고 부를 증대시키며 모든 산업 분야에 새로운 활기를 불어넣게 될 것입니다.

현재 노동과 노동생산물에 부과되고 있는 모든 세금을 철폐하고 토지가치에 대한 세금을 공공수입의 원천으로 삼게 된다면 어떤 결과가 나타날까요? 유휴지의 소유자에게나 건축 등 토지를 개량한 사람에게나 똑같은 세금을 부과하고, 임차인이나 매입자를 기다리면서 160에이커나 되는 농지를 놀리고 있는 토지 투기꾼에게나 그 농지를 경작하여 수확을 올린 농부에게나 똑같은 세금을 부과한다면 어떻게 될까요? 욕심꾸러기들이 견제를 받는 결과가 나오게 될 것입니다. 자연 자원을 차지하고 있는 사람에게 그 대가를 징수하게 되면, 실수요가 아니라 투기이익을 얻으려는 사람들은 자신의 토지를 직접 사용하거나 사용할 의사가 있는 다른 사람에게 양도해야 할 것이기 때문입니다.

대서양 연안에서 태평양 연안에 이르기까지, 그리고 오대호에서 멕시코 만에 이르기까지 모든 곳에서 자연의 기회는 노동에 개방될 것입니다. 노동시장에는 결코 충족시킬 수 없는 노동수요, 즉 자가노동 수요가 등장할 것입니다. 더 이상 노동 문제에 관한 이야기를 듣지 않게 될 것입니다. 일할 준비가 되어 있고 일하고 싶어 하면서도 일자리를 찾을 수 없는 사람들이 사라질 것입니다. 그건 이미 희미한 옛이야기가 되어 버릴 것입니다.

문제는 토지사유제

지금 이곳, 새로운 나라 미국을 보십시오. 현재의 기술 수준으로 10억 명 정도의 인구를 충분히 먹여 살릴 수 있는 국토에 기껏 6천5백만 명이 흩어져 살고 있습니다. 하지만 우리는 마치 이 나라에 너무 많은 사람들이 살고 있는 것처럼 생각하고 또 그렇게 말하고 있습니다.

우리는 더 많은 부를 원합니다. 그런데 왜 더 가지지 못하는 걸까요? 생산요소가 부족한 걸까요? 생산요소란 무엇입니까? 노동, 자본, 토지입니다. 하지만 그 중요한 순서대로 한다면 토지, 노동, 자본이 맞습니다. 우리는 더 많은 부를 원합니다. 무엇이 문제일까요? 노동에 문제가 있나요? 노동이 충분하지 않은 걸까요? 우리는 노동이 남아돈다는 이야기를 미국 전역에서 듣고 있습니다. 실제로 우리는 다른 사람에게 일자리를 제공하는 것은 은혜를 베푸는 것과 같다는 생각을 하게 되었습니다. 자본이 부족한 걸까요? 오늘날 미국에는 자본이 너무 풍부해서, 앞으로 미국의 채권은 연간 2% 약간 넘는 정도의 수익을 올리는 데 그치게 될 것입니다. 자본이 너무 풍부해서, 요즈음 같으면, 조만간 약간의 프리미엄이 붙을 테지만, 정부 채권은 틀림없이 2% 이자율로도 발행할 수 있을 것입니다. 자본이 너무 풍부해서, 미국 전역에서 사람들은 수지맞는 일을 절실하게 찾고 있습니다.

노동에도 자본에도 제약이 없다면, 틀림없이 토지에 제약이 있을 것입니다. 그러나 대서양 연안에서 태평양 연안에 이르기까지 토지가 부족한 곳은 없습니다. 사용되지 않고 있거나 혹은 반쯤 사용되고 있는 토지가 많습니다. 인구 밀도가 가장 높은 지역도 상황은 마찬가지입니다. 샌프란시스코에 충분한 땅이 없습니까? 거대 도시 뉴욕으로 가 보십시오. 거기에는 사람들이 넘쳐날 뿐 아니라 서로 너무 밀집해서 살고 있기 때문에, 많은 경우 대다수는 육체적 · 도덕적으로 건강을 유지하기 어렵습니다. 뉴욕에는 미국의 큰 부자들이 모여 살고 있는데도 전 가구의 4%만이 독립된 자기 집에서 살고 있고, 65%는 한 층에 둘 이상의 가구가 몰려 살면서 마치 상자 속에 빽빽이 들어찬 정어리처럼 살아가고 있습니다. 그렇다면 왜 집이 부족할까요? 집을 지을 자본이 부족하지도 않고, 토지가 부족하지도 않은데 말입니다.

현재 뉴욕 시의 반 정도는 건물이 세워지지 않은 상태입니다. 다른 용도로도 사용되지 않고 있습니다. 주택 사정이 이런데도 왜 사람들은 이 노는 땅에서 집을 짓지 않는 걸까요? 누군가 땅을 소유하면서 사용하지 않고 있기 때문입니다. 뉴욕이 장차 성장할 것을 예상하고 투기를 하고 있는 노는 땅의 소유자가 집을 지으려는 사람에게 수천 달러를 요구하기 때문입니다.

여러분은 뉴욕에서 볼 수 있는 이런 현상을 어디서나 볼 수 있습니다. 펜실베이니아의 탄광 지역에 가 보십시오. 일하고 싶어도 일하지 못하고 있는 수천 명의 광부를 만날 수 있을 것입니다. 그들은 고용주에 의해 쫓겨난 사람이거나, 아니면 쥐꼬리 만한 임금을 더 깎으려는 시도에 대항하여 마지막 수단인 파업을 벌이고 있는 사람들입니다.

왜 그곳에 그런 갈등이 존재하는 걸까요? 왜 이 사람들은 일터에서 석탄을 캐지 못하는 걸까요? 이 지역에 탄전이 부족하기 때문이 아닙니다. 전체 석탄 매장량에 비하면 채굴이 이루어지고 있는 곳은 일부분에 불과합니다. 활용되지 않는 탄전도 모두 누군가가 소유하고 있습니다. 그래서 일하기를 원하는 사람이 석탄 채굴 기회를 갖기 위해서는 소유주에게 에이커당 수천 달러를 지불해야만 합니다. 하지만 탄전에 부과되는 세금은 극히 미미합니다.

서부로 가 보십시오. 곧 개방될 예정인 인디언 보호구역 주변에 떼 지어 몰려드는 사람들을 발견할 수 있을 것입니다. 그들은 마치 한 모금의 물을 얻기 위해 강에서 헤엄치는 사람들처럼, 사용되지 않거나 반쯤 사용되고 있는 땅이 즐비한 지역에서 땅을 구하려고 헤매고 있는 것입니다. 이곳 캘리포니아 주를 보십시오. 지역을 다녀 보면 나무 한 그루 없이 집만 한 채씩 여기저기 흩어져 있는 광활한 들판에 대농장들이 있습니다. 이런 곳에서 헐벗은 사람들이 농사철에 얼마간 일을 하고 수확기에는 조금 더 일을 하는 정도로 살아갑니다. 이 사람들은 거의 짐승 수준의 음식을 먹고 값비싼 짐승의 우리보다 못한 곳에서 잠을 자면서 캘리포니아 주를 방황합니다. 이것은 인위적으로 빚어진, 자연 자원의 부족 현상입니다.

토지사유제는 신성모독

토지를 이렇게 취급하고 있으니, 문명세계 도처에 빈곤과 궁핍이 존재하는 것은 당연하지 않습니까? 많은 경우 미개사회보다 더 심각한 고통과 도덕적 타락이 대중 속에 존재하는 것도 당연한 일입니다.

토지의 동물인 인간이 살아가는 이 세상에서 어떻게 다른 결과가 나올 수 있겠습니까? 우리의 법이 지금과 같은 상태로 유지되는 한, 창조주 하나님도 문제를 해결하실 수 없을 것입니다. 빈곤을 해결해 달라는 기도에 대한 응답으로, 전능하신 하나님이 재화를 하늘에서 비처럼 내려 주시거나 지구 내부로부터 분출하도록 해 주신다고 가정해 봅시다. 현재와 같은 제도 하에서는 누가 그 재화를 차지하겠습니까? 지주입니다. 노동에는 아무런 혜택도 돌아가지 않을 것입니다. 어떤 종류라도 좋으니 여러분의 상상력이 허용하는 세상을 마음속에 그려 보십시오. 예컨대 천국을 한번 상상해 보십시오. 우리는 지성의 한계로 인해 천국이 공간을 갖고 있다고 생각할 수밖에 없습니다. 만약 천국에 먼저 도착한 사람들이 그 공간을 몇 개 필지로 분할해서 자기 소유로 만들어 버린다면, 어떤 결과가 나올까요?

오, 참으로 사악한 신성모독입니다! 오늘날 문명세계에 존재하는 이 쓰라린 고통을 하나님 탓으로 돌리는 자칭 그리스도인들이 있습니다. 이들은 직설적인 표현 대신 은유적인 표현을 사용하기도 합니다. 우리에게 하나님을 경배하라고 요구하기도 하고 하나님은 사랑이시며 자비로운 분이라고 하기도 합니다. 그러나 이들은 무신론자보다 더 악한 사람들입니다.

제가 지난번 런던에 갔을 때의 일입니다. 첫날 아침 일찍 일어나서 거리로 산책을 나갔습니다. 런던에 갈 때면 늘 그렇게 합니다. 거리 이름은 모르겠습니다만, '중앙아프리카 선교회 사무실'이라고 쓴 큰 청동 간판을 지나서 반 블록쯤 갔더니 근위기병대 본부가 나왔습니다. 여러분도 거기 가시면 화려하고 눈부신 기마병을 볼 수 있을 것입니다. 저는 그 바로 곁에서 한 남자와 여자, 그리고 두 어린이가 걸어가는 것을 보았습니다. 그들은 심한 고통과 절망으로 찌들어 있는 것 같았습니다.

얼마 전에 현대의 아테네라고 하는, 스코틀랜드의 영광스러운 수도 에든버러에 갔었습니다. 에든버러는 정말로 영광스러운 면도 있기는 합니다. 저는 다소 기괴하게 보이는 높고 노후한 주택에 들어가 보았는데, 극도의 미개인조차 놀랄 만한 장면을 어둠 속에서 목격했습니다. 지식과 부와 애국심과 공공정신이 넘쳐나고 있는 그 도시의 중심부에서 말입니다. 저는 좀처럼 보기 어려운 처연한 장면을 보았습니다. 관리인이 저를, 엄마가 일터에 나간 어린이를 돌보는 한 기관으로 데리고 갔습니다. 아이들은 영양 부족으로 병들고 쪼그라들어 있었습니다. 관리인이 한 계집아이를 가리키며 말했습니다. "저 어린것은 굶어 죽기 직전에 이곳에 왔지요. 자기 앞에 음식이 놓이자, 저 아이는 손대거나 맛보기 전에 먼저 손을 모으고 눈을 위로 향한 채, 하늘에 계신 아버지에게 감사 기도를 드리더군요."

오, 하나님! 신사 숙녀 여러분, 이 얼마나 엄청난 신성모독인지 생각해 보십시오. 그 어린 꼬마의 하늘에 계신 아버지가 주신 것이 그 정도밖에 안 된다니요. 아닙니다, 절대로 그렇지 않습니다! 하나님은 당신의 섭리로 이 세상에 태어나는 모든 사람을 위해서 충분히 주셨습니다. 하나님 자녀에게서 그것을 빼앗아 가는 것은 바로 인간의 불의입니다. 하나님이 주신 것을 하나님 자녀들에게서 빼앗는 것은 전능하신 하나님이 아니라 바로 인간의 죄악입니다.

결과와 무관한 보상이 있습니다

오래전 제가 이 연단에 섰을 때 씨앗은 이미 뿌려졌다고 말씀드렸습니다. 이제 위대한 진리가 모습을 드러내기 시작했습니다. 영국의 한쪽 끝에서 다른 쪽 끝까지, 미국의 구석구석까지, 그리고 제가 방문할 예정인 호주와 뉴질랜드까지, 영어를 쓰는 곳이라면 어느 곳에서든지, 나아가 유럽 대륙에서까지, 우리가 옹호하는 진리가 힘을 얻고 있습니다. 빈곤이라는 거인이 심판을 받고 있습니다. 그러나 우리의 믿음과 사역에는 그 자체로 결과와 전혀 무관한 보상이 있습니다. 이 점, 동지 여러분께서 간증해 주시도록 부탁드립니다.

제가 런던을 방문했을 때 한 성공회 신부님이 저에게 사적인 면담을 요청하였습니다. 그분은 이렇게 말했습니다. "당신과 솔직하게 대화를 나누고 싶습니다. 당신의 말을 듣고, 저에게 해답을 줄 수 있을 것이라는 생각이 들었습니다. 내 이야기를 좀 하겠습니다. 나는 목회 교육을 받았고 신학대학을 졸업했습니다. 사제 서품을 받은 다음에는 외국에 선교사로 파송되었습니다. 얼마 후 해군 종군신부가 되었고, 그 몇 년 후에는 부제로 임명되어 런던에 정착했습니다. 나는 최근까지 믿음을 가진 그리스도인이었습니다. 성경이 곧 하나님의 말씀이라고 믿었으며 은연중 성경의 약속에 의지해 왔습니다. "내가 어려서부터 늙기까지 의인이 버림을 당하거나 그 자손이 걸식함을 보지 못하였도다."[5]라는 구절은 내가 종종 묵상했던 약속 중의 하나입니다. 조국에 돌아오기까지 그 약속을 믿었습니다. 런던에서 목회 사역을 시작할 때까지 그 약속을 믿었습니다. 그것이 진리라고 믿었습니다. 그런

5 시편 37:25.

데 지금은 그것이 진리가 아니라는 것을 압니다. 의인이 버림받고 그 자손들이 빵을 구걸하는 것을 보았습니다."

그분은 계속해서 말했습니다. "믿음이 사라져 버렸습니다. 목회를 계속하고 있습니다만, 위선자라는 느낌을 떨칠 수 없습니다. 당신은 어떻게 생각하는지 듣고 싶습니다." 그래서 저는 서툴지만 그분에게 오늘 밤 여러분에게 말씀드린 것과 같은 대답을 해 드렸습니다. 인간이 자연의 정의를 위반했기 때문이며 하나님이 예정하신 길을 가지 않기 때문이라고.

그렇습니다. 우리 모두는 마음속으로 알고 있습니다. 이 진리를 이해하는 사람, 이 사역에 뛰어드는 사람에게 결과는 조금도 중요하지 않습니다. 오늘의 문명사회에 이런 어두운 구석이 존재하는 것은, 세상을 창조하시고 인간을 세상에 내신 하나님의 능력이 부족한 탓이 아니며 창조주 하나님이 인색하시기 때문도 아니라는 사실을 알기 때문입니다.

인간이 자연의 정의를 훼손하지 않을 때 나타나게 될 세상의 모습이 제 마음속에 떠오릅니다.

주님이 제자들에게 가르쳐 주신 기도, "나라가 임하시오며 뜻이 하늘에서 이루어진 것 같이 땅에서도 이루어지이다."[6]라는 기도는 단지 형식적인 말이 아닙니다. 이 기도를 사람들에게 가르쳐 주신 것은 정의의 나라를 위해 싸우라는 뜻입니다. 예언자들이 이야기했고 선지자들이 꿈꾸었던 그날을 위해 일하라는 것이며, 그날을 소망하고 실현하라는 것입니다. 원치 않는 빈곤이 완전히 소멸될 그날, 모든 사람에게 일자리와 여가와 풍요가 허락될 그날, 지극히 가난한 사람도 생활필수품에 더해 사치품까지 어느 정도 갖게 될 그날, 태어나는 모든 아기가 인간의 본성 가운데 가장 높고 고결한 모든 성품을 계발할 수 있다는 희망을 갖게 될 그날, 풍요의 한가운데서 가난의 공포를 느끼는 일이 사라질 그날 말입니다.

그날에는, 정의와 진실에 등을 돌리고 자신이 짓밟히지 않기 위해 남을 짓밟으며 자신이 가질 수 없는 것을 갖기 위해 온갖 노력을 다하도록 만드는 탐욕이 사라질 것입니다. 그날 인간은 보다 고결한 천성을 발휘하게 될 것이며 그에 대한 보상도 누리게 될 것입니다.

우리가 인간의 본성을 바꿀 수는 없습니다. 인간 본성의 변화를 기대할 만큼 어리석지도 않습니다. 우리가 원하는 것은 인간의 본성 가운데 선한 부분이 그 능력을 발휘할 수

6 주기도문. 마태복음 6:10.

있도록 기회를 갖는 것입니다.

우리의 해결책을 정의, 효율, 그 밖의 어떤 기준으로든 시험해 보십시오. 정치경제학의 어떤 이론, 어떠한 도덕적 금언, 좋은 정부에 관한 어떤 기준으로든 시험해 보십시오. 우리의 해결책은 모든 시험을 통과할 것입니다. 끝으로 여러분께 당부합니다. 저를 포함하여 누가 하는 말이건 그냥 받아들이지 말고 스스로 생각하시기 바랍니다.

부록

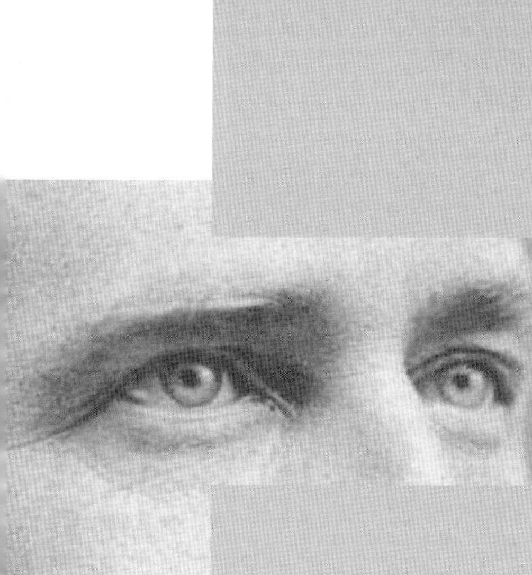

첫째 글 「우파가 보아도 토지사유제는 옳지 않다」에서는 그 제목이 말하듯이 토지사유제는 사유재산제와 시장경제를 핵심으로 삼는 자본주의에 어긋난다는 점을 논증하면서 제1부에서 소개한 율도국 사회제도의 배경 이론을 요약한다.

둘째 글 「고위 공직자는 재테크용 부동산을 백지신탁하라」는 부동산 투기 전력이 있는 고위 공직자 후보에 대한 대책이다. 부동산 투기를 눈감아 줄 수는 없다고 해도 잘못된 사회제도의 탓도 있기 때문에 후보에게 과오를 속죄할 수 있는 적절한 길을 터 주고 또 일단 고위 공직자가 된 후에는 부동산 정책을 공정하게 처리할 수 있도록 이해관계를 끊어 주자는 것이 이 제도의 취지다.

셋째 글 「독도 문제의 근본 해법」에서는 독도를 사례로 하여 국제적 영토 분쟁의 원인과 대책을 다룬다. 영토 문제도 근본 해법은 헨리 조지가 제안한 지대 환수를 세계적인 차원에서 실시하여 세계 인류의 평등한 토지권을 보장하는 것임을 보인다.

1. 우파가 보아도 토지사유제는 옳지 않다

토지제도는 모든 사회제도의 기초

세상에 존재하는 물자는 자연물 아니면 인공물이다. 둘 중 어느 것이 더 중요할까? 인공물이 없으면 불편할 뿐이지만 자연물이 없으면 생존이 불가능하므로 당연히 자연물이 더 중요하다. 자연물 중에서도 모든 존재의 터전인 토지는 우리 생활과 가장 밀접하다. 그러므로 토지의 소유, 분배, 사용을 정하는 제도는 모든 사회제도의 기초가 된다.

토지의 사회경제적 비중도 매우 크다. 국가자산 중 토지자산이 차지하는 비중이 2009년에 46.9%였다. 국가자산이란 비금융자산과 내구소비재의 가치 총액인데 그중에서 거의 반 정도를 토지자산이 차지하는 셈이다. 개인자산 중 주택을 포함한 부동산의 비중은 무려 80% 정도다. 이렇게 비중이 큰데도 토지 소유 분포는 매우 불평등하다. 분포의 불평등도는 흔히 지니계수로 표시하며 완전한 평등일 때 0, 완전한 불평등일 때는 1이 된다. 우리나라 시장소득의 지니계수는 0.3을 약간 상회하는 반면 토지 소유의 지니계수는 무려 0.7 내지 0.8에 달한다. 토지 소유 면적을 기준으로 토지 소유자 중 상위 10% 세대가 전체의 76% 이상을 소유한다는 2006년 정부 통계도 있다. 지역별로도 양극화되어 수도권 주민이 전국의 토지를 많이 소유하고 있다.

한편, 토지는 과거의 이야기이고 요즘은 집이 중요하다고 보는 사람도 있다. 사람들의 관심이 농지나 임야보다 아파트에 쏠려 있기 때문에 이런 착시가 생기는 것 같다. 집은 토지와 건물로 구성되어 있는데, 건물은 시간이 지나면서 낡고 가치가 떨어지기 마련이며 주거용 또는 임대용으로 활용할 수는 있지만 큰돈은 안 된다. 투자 목적으로 다주택을 소유하려는 사람에게 대지와 건물 중 한쪽만을 소유하라고 한다면? 물론 대지 소유를 원한다.

모든 사회제도의 기초인 토지제도를 잘못 정하면 다른 제도는 사상누각이 된다. 토지의 사회경제적 비중이 큰 만큼 토지제도가 왜곡되면 그 파괴력도 크다. 그런데 중요한 제도일수록 기득권층에 유리하게 설정되어 있기 마련이어서 제도 개혁이 정책 의제로

부각되기 어렵다. 기존 제도로 불이익을 받아 온 사람들마저 문제 제기를 잘 하지 않는다. 오랜 세월 기존 제도에 적응하며 살아 왔기 때문이기도 하고 삶의 여유가 없기 때문이기도 하다.

우파가 보더라도 토지사유제는 옳지 않다

자본주의 사회에 보편화되어 있는 토지사유제는 자연물인 토지를 인공물과 구분하지 않고 같은 성격의 사유재산으로 취급한다. 그래도 될까? 우리나라에서는 토지사유제에 이의를 제기하면 대뜸 좌파라고 몰아붙이는 사람도 더러 있지만, 결론부터 밝히자면 지금과 같은 토지사유제는 우파의 시각으로 보더라도 옳지 않다. 이제부터 이를 증명해 보기로 한다. 일단 출발점으로서 모든 국민은 평등한 자유를 누릴 권리가 있다고 전제한다. 평등한 자유란 결과의 균등이 아니라 기회의 균등을 의미하므로 분명히 우파의 가치다.

평등한 자유를 전제로 하면서 토지사유제의 이론적 근거를 제시한 사람으로 로크(John Locke)가 자주 인용된다. 그는 "적어도 대등한 품질, 충분한 양의 무소유 토지가 남아 있는 경우에는" 토지에 인공을 가한 자가 토지를 소유할 수 있다고 하였다. 여기서 인용한 부분이 유명한 로크의 단서(Lockean proviso)다. 이런 단서가 충족되면 한 사람이 토지를 소유해도 다른 사람의 토지 취득을 가로막지 않으므로 평등한 자유가 보장된다는 것이다. 그러나 농경시대에도 인구에 비해 양질의 토지가 충분히 존재하는 경우는 많지 않았다. 더구나 토지의 물리적 특징보다 사회적 · 경제적 입지가 중요한 오늘날 로크의 단서를 적용하면 토지의 소유는 불가능하다. 평등한 자유를 침해하지 않는 가운데 토지사유제를 정당화하려면 로크의 단서를 다음과 같이 수정 · 보완할 수밖에 없다.

첫째, 모든 국민의 토지 소유 기회가 균등해야 한다. 너무 당연하여서 설명이 필요 없다.

둘째, 토지를 소유할 경우에 누릴 특권이익을 환수하여야 한다. 양질의 토지가 무한히 존재하지 않는 한 누군가 토지를 차지하면 다른 사람이 토지를 취득할 기회는 줄어든다. 그러므로 토지를 소유하는 사람에게는 특권이 돌아가고 나머지 사람들은 차별을 당하는 결과가 된다. 이런 불평등을 완화하기 위해 짧은 주기로 토지를 새로 분배하는 방법도 생각할 수 있지만, 건물이나 과수와 같이 단기간에 토지에서 분리하기 어려운 결과가 있다면 이 방법은 곤란하다. 그보다는 소유자의 특권이익을 환수하여 기회가 줄어든 나머지 사람들에게 보상하거나 모든 국민을 위해 사용하는 방법이 더 낫다.

이 조건에 대해서는 오해가 많고 특히 우파 시장주의자의 반대가 심하다. 그러나 최근 이동통신용 주파수에 대한 10년 사용권을 경매한 사례를 생각해 보라. SK텔레콤이 KT와 경쟁하다가 9,950억 원에 1.8GHz 대역을 차지했다. 주파수 대역을 독차지하는 대가를 정부가 징수하는 걸 아무도 이상하게 생각하지 않는다. 우파 시장주의자들도 물론 환영한다. 그 이유는 주파수 대역은 누가 생산한 것이 아니며 이를 독차지하는 건 특권이라고 보기 때문이다. 그런데도 자연물이라는 점에서 주파수 대역과 다르지 않은 토지에 대해서 같은 논리를 적용하지 않는 것은 이해하기 어렵다.

셋째, 토지소유권의 행사는 토지사유제를 두는 취지에 의해 제약된다. 토지소유권은 '생산자가 생산물을 소유한다'는 자연법에 의해 당연히 발생하는 절대적 권리가 아니라 특정한 필요에 의해 사회의 합의로 설정되는 상대적 권리이기 때문이다.

지금의 토지사유제는 이런 조건을 무시한다. 특히 특권이익 환수라는 조건을 무시한다. 양도소득세나 재산세 등으로 일부 환수하기는 하지만 100%에는 훨씬 못 미친다. 그러므로 합리적인 우파가 지금과 같은 토지사유제를 지지한다면 자가당착이다.

토지 불로소득을 완전히 환수해야

그렇다면 어떻게 해야 하나? 토지사유제를 포기하는 방법도 있고 문제되는 부분만 치유하는 방법도 있다. 어느 쪽을 택하든 토지에 대한 사적 우선권을 설정하는 한 위의 세 조건을 충족시켜야 한다. 세 조건 중 오늘날 가장 심각하게 무시되고 있는 조건이 '특권이익 환수' 조건이다.

토지 소유자가 아무런 생산적 노력을 하지 않더라도 발생하는 특권이익이 소유자에게 귀속된다면 불로소득이 된다. 토지 불로소득의 폐해에 대해서는 우리가 지난 반세기 동안 너무나 잘 보아 왔다. 땅 가진 사람은 노력도 하지 않고 땅땅거리며 산다. 그래서 고위 공직자 청문회 때마다 후보들의 부동산 투기 전력이 드러나 국민의 분노를 자아내고 있다. 토건족에 포획된 정부는 국민의 세금을 낭비적 공사에 쏟아붓는다. 불로소득을 노리는 개발 · 재개발이 서민의 삶터를 파괴한다. 땅 없고 집 없는 사람은 평생 벌어도 자기 집을 마련하지 못한 채 월세로, 전세로 불안하게 산다. 치솟는 집값 때문에 노동자는 생산성을 넘는 임금 인

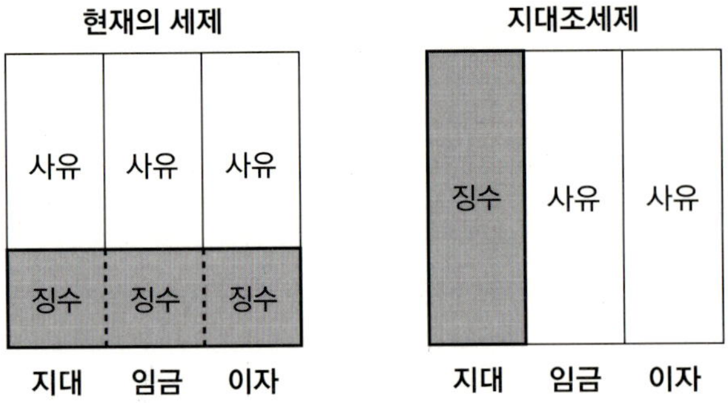

그림 4_세제의 비교

상을 요구하게 된다. 사회의 자금과 에너지가 토지 투기에 쏠리면서 경제에 큰 짐을 지운다. 그 정도가 심하면 2008년 이후의 미국발 경제위기에서처럼 경제 전체를 파탄으로 몰아넣는다. 토지 국유를 견지하는 중국에서조차 특권이익을 제대로 환수하지 않기 때문에 투기와 빈부격차 등 커다란 부작용을 겪고 있다.

특권이익의 크기는 미개량 토지의 임대가치, 즉 지대와 같다. 따라서 불로소득의 폐해를 막으려면 지대를 징수하면 된다. 지대의 (거의) 100%를 징수하는 세금을 '지대세'라고 부른다. 대부분의 세금은 경제에 짐이 되지만 지대세와 같은 토지보유세는 그렇지 않다는 것은 모든 교과서가 인정하는 진리다. 따라서 지대세 수입이 늘어나는 만큼 다른 세금을 깎아 주면 일석이조의 효과가 난다. 지대세로 인해 토지 불로소득이 빚어내는 폐해가 예방되고 나쁜 세금이 줄어 경제가 피어난다. 지대세를 최우선적인 정부 수입으로 삼는 세제를 '지대조세제'(land value taxation)라고 하는데 현재의 세제와 비교하면 다음 그림과 같다.

위에서 지대조세제 쪽 그림은 지대세만으로 정부 세수를 모두 충당할 경우를 나타내는 것으로, 그렇지 못한 경우에는 임금과 이자에도 추가로 과세하게 된다. 추가 세액은 물론 지금보다 매우 적은 금액이 된다. 지대조세제는 19세기 미국의 토지 사상가 헨리 조지(Henry George)가 『진보와 빈곤』에서 제시한 제도인데 당시 미국에서는 지대세만 징수해도 정부 재정을 충족시킬 수 있다고 하여 지대세를 토지단일세(single tax)라고 부르기도 했다. 그러나 오늘날 단 하나의 세금만을 고집하는 조지스트는 거의 없으며, 대부분 다른 조세에 우선하여 징수하는 우선세라고 인식한다.

자본주의에 어긋난다는 오해

혹 지대조세제가 자본주의에 위배된다고 오해하는 사람도 있겠지만, 지대조세제는 오히려 진정한 자본주의에 더 충실한 제도이다. 이미 지대 환수는 우파의 가치인 평등한 자유에서 도출되는 필연적 결론임을 입증했으나, 자본주의의 핵심요소인 사유재산제와 시장경제에 비추어 다시 평가해 보자.

첫째, 지대조세제는 사유재산제에 충실한 제도다. 사유재산제는 개인의 노력과 기여의 대가를 노력한 자가 소유할 수 있도록 보장하는 제도다. 사유재산제에 충실한 세제라면 불로소득부터 우선 징수하고 그것만으로 정부 수입이 부족할 경우에 한하여 노력과 기여의 결과에 과세하여야 한다. 더구나 여러 형태의 불로소득 중에서 토지 불로소득은 사회적 기여가 전혀 없고 오로지 폐해만 낳는 가장 악성의 불로소득이므로 최우선적인 환수 대상이 되어야 한다.

이렇게 본다면 현행 세제가 오히려 사유재산제에 어긋난다. 소득세는 노력과 기여에 의해 발생한 소득인지 그와 무관한 불로소득인지를 따지지 않고 모두 과세 대상으로 삼는다. 부가가치세도 생산적 노력에 의해 증가한 가치를 걷는 세금이다. 반면 지대조세제는 소유자의 노력과 무관하게 발생하는 토지가치에 우선적으로 과세하므로 진정한 사유재산제에 충실한 세제다. 다만, 토지사유제 사회에서 갑자기 지대세를 도입하면 지가가 폭락하기 때문에 보상 여부가 쟁점이 될 수는 있겠지만 이 문제는 아래에서 별도로 언급한다.

둘째, 지대조세제는 시장친화적이다. 그 이유는 두 가지로 요약할 수 있다. 하나는 모든 교과서가 인정하듯이 지대세와 같은 토지보유세는 시장 작용을 저해하지 않는 효율적인 세금이라는 점이다. 다른 하나는 지대세는 완전경쟁 토지시장에서 이룩될 상황을 현실에서 실현시키는 수단이라는 점이다. 완전경쟁 토지시장에서는 미래에 실현될 지대 소득이 모두 반영된 지가를 매개로 하여 토지가 매매되므로 토지 매입자는 매입 시에 미래의 모든 특권이익을 지불한다. 따라서 최초의 토지 소유자를 제외하고는 특권이익을 얻을 수 없다. 그러나 정보가 매우 불완전한 현실에서는 추후의 토지 소유자도 특권이익을 얻는 일이 많고 그 때문에 투기가 일어나고 가수요가 발생한다. 그런데 지대세가 도입되면 토지 소유자가 특권이익을 얻을 수 없어 완전경쟁 토지시장에서 이룩될 상태가 현실에 나타난다.

혼란 없이 토지사유제를 개혁하는 방법

이처럼 지대조세제는 사유재산제와 시장경제에 위배되기는커녕 오히려 필수적인 장치이지만, 이미 토지사유제가 정착된 상태에서 지대조세제를 도입할 때는 세심한 배려가 필요하다. 지대세를 징수하면 매매가격인 지가는 이론상 0이 된다. 지가는 미래에 발생할 특권이익의 합인데 지대세로 특권이익이 사라지기 때문이다. 그러므로 갑자기 완전한 지대조세제를 도입하면 지가가 폭락하여 경제에 혼란을 초래한다. 이런 혼란을 피하는 방법에는 두 가지가 있다.

토지보유세의 세율을 낮게 시작해서 조금씩 올려 나가는 점진적 방법이 그 하나다. 과도기에 발생하는 부동산 투기는 부득이 강력한 양도소득세로 대응해야 한다. '부득이'라는 표현을 첨가하는 이유는 양도소득세를 부과하면 소유자가 매각을 기피하는 부작용, 흔히 '동결효과'라고 부르는 문제가 생기기 때문이다.

한편, 과도기를 거치지 않고 즉시 도입할 수 있는 방법도 있다. 매입지가에 대한 이자를 공제하고 지대를 징수하면 된다. 지대보다 이자가 커서 지대와 이자의 차액이 음수이면 오히려 토지 소유자에게 그 차액을 환급한다. 이런 세금을 '지대이자차액세'라고 부른다. 이런 세금이 부과되면 토지 소유자에게는 매입지가에 대한 이자가 돌아간다. 따라서 지가는 그 이자에 상응하는 원금 수준에서 결정된다. 그 '원금'을 특정액으로, 예를 들면 제도 실시 시점의 토지 소유자가 지불한 매입지가로 확정해 두면 지가는 언제나 그 특정액으로 거의 고정된다. 이렇게 하면 양도소득이 거의 발생하지 않으므로 양도소득세는 없어도 된다. 뿐만 아니라 일시에 도입해도 지가가 폭락하는 일이 없고 토지 소유자에게 매입지가와 그 이자가 보장되므로 앞서 지적한 보상 문제도 발생하지 않는다.

앞에서 지가가 '거의' 고정된다고 한 것은 이자율, 납세 빈도와 시점에 따라 금액이 약간 다를 수 있기 때문이다. 납세 시점 직전에는 지가와 특정액이 같아진다. 납세 후에는, 다음 납세 시점까지 발생할 지대와 이자의 차액이 양수이면 지가가 특정액보다 약간 높고 음수이면 약간 낮게 형성된다.

지금까지 우파의 가치인 평등한 자유에 충실한 토지제도를 설계하여 보았다. 그러나 이런 토지제도는 좌파의 지향인 분배와 복지에도 큰 도움이 된다. 토지 불로소득이 없으면 부당한 빈부격차가 상당 부분 해소된다. 또 토지가치에 대해서는 모든 국민이 동일한 지분을 가지므로 지대세 수입을 복지 재원으로 활용하면 복지 요구에 대해 우파가 "거지 근성"이라고 비난할 근거가 사라진다. 이처럼 좌파의 지향을 우파의 방법으로—좌도우기(左道右器)로—달성할 수 있다면 오늘날처럼 좌우가 대립과 증오로 치달을 이유가 없다.

『이코노미 인사이트』 제18호(2011년 10월호) 게재

2. 고위 공직자는 재테크용 부동산을 백지신탁하라

고위 공직자에 대한 국회 청문회가 열리거나 공직자 재산이 공개될 때마다 국민은 쏟아지는 의혹에 한숨을 짓는다. 부동산 투기, 위장 전입, 병역 기피, 논문 표절……. 무언가 대책이 필요하다는 데는 공감하면서도 어느 누구도 대책을 내놓지 않고 있다. 그래도 될까? 그냥 넘어가면 다음에도 같은 모습이 되풀이될 것 아닌가? 그래서 부동산 투기 의혹에 관한 하나의 해법으로 '부동산 백지신탁제'를 제안한다.

부동산 백지신탁제란 다음과 같은 내용을 핵심으로 하는 제도다.

① 고위 공직에 취임하는 자는 본인 및 일정 범위의 가족이 소유하는 실수요 이외의 부동산을 신탁한다.

② 신탁가액은 '신탁 시점의 부동산 가격'과 '부동산 취득가격의 원리금' 중 적은 금액으로 한다.

③ 신탁 부동산의 운용 수익은 국고에 귀속시키며, 신탁 해지 시점에 신탁가액의 원리금을 돌려준다.

취임 후의 공정성과 취임 전의 속죄

이런 제도는 적어도 두 가지 이유에서 필요하다. 첫째로, 고위 공직 취임 후 업무의 공정성을 확보하기 위해서 필요하다. 사람은 힘들여 수양을 해도 편견과 욕심을 버리기 어렵다. 고위 공직에까지 올라간 분들이라고 해도 자신에게 불리한 정책에 대해서는 의식적·무의식적으로 거부감을 갖기 쉽다. 그러므로 공정한 정책을 수립하려면 정책에 관한 이해관계를 끊어야 한다. 공직자윤리법(제14조의4)에 주식백지신탁제가 도입되어 있는 것도 이런 이유에서다. 이런 제도를 부동산에도 도입하자는 것이다. 부동산 불로소득을 원천봉쇄하여 누구도 부동산으로는 재산 증식을 할 수 없게 하는 것이 최선이다. 그러나 그런 제도가 마련되어 있지 못한 상황에서는 고위 공직자와 부동산 투기의 커넥션부터 끊을 필요가 있다.

둘째로, 고위 공직자 인재 풀을 보호하기 위해 필요하다. 고위 공직자 청문회 또는 재산 공개 때 실수요 아닌 부동산이 드러나면 여론의 집중적인 포화를 받는다. 재산형성 과정에 위법행위가 없는 경우에도 비난이 비등한다. 그러나 법제도가 허용하는 범위 내의 부동산 재테크를 삼가도록 평범한 사람에게 바라는 것은 지나치지 않을까? 물론 스스로 그렇게 살아왔다면 공직 후보자로서의 공공심을 높이 평가할 수 있지만 너무 높은 잣대를 들이대면 공직자 인재 풀이 줄어든다. 그래서 과거에는 그랬다고 하더라도 고위 공직을 맡는 시점에 자신을 돌아보고 문제되는 부동산을 백지신탁한다면 여론도 너그러이 봐줄 필요가 있다. 말하자면 부동산 원죄를 탕감하는 사회적 대타협을 위해 부동산 백지신탁제가 필요하다.

부동산 백지신탁제의 구체적인 내용은 다음과 같다.

적용 대상자

모든 고위 공직자에게 적용하는 게 좋겠지만 제도의 연착륙을 위해 처음에는 선거에 의해 선출되는 공직자와 국회 인사 청문 대상이 되는 공직후보자(국회법 제65조의2)부터 적용한다. 이 중에서 국회 인사 청문 대상자는 다음과 같다.

① 대통령이 각각 임명하는 헌법재판소 재판관 · 중앙선거관리위원회 위원 · 국무위원 · 방송통신위원회 위원장 · 국가정보원장 · 국세청장 · 검찰총장 · 경찰청장 또는 합동참모의장의 후보자, ② 대통령당선인이 「대통령직인수에 관한 법률」 제5조제1항에 따라 지명하는 국무위원후보자, ③ 대법원장이 각각 지명하는 헌법재판소 재판관 또는 중앙선거관리위원회 위원의 후보자

제도가 일단 정착하면 공직자윤리법이 정하는 재산공개 대상자로 넓힌다.

신탁 대상 부동산의 범위

위 대상자는 실수요 아닌 모든 부동산을 부동산백지신탁위원회(이하 '백신위')에 신탁한다. 신탁 대상에서 제외하는 '실수요 부동산'은 1가구 1주택(신탁자가 선택), 신탁자가 실수요임을 입증하는 업무용 부동산과 선산 등으로 엄격하게 제한한다.

본인 이외에 배우자, 자녀 명의의 부동산도 대상이 된다. 직계존속 명의의 부동산은 제

외해도 좋을 것이다. 재테크에 민감한 사람이라면 상속 문제를 염려하므로 직계존속 명의로 위장 분산하는 경우는 많지 않을 것이기 때문이다. 배우자와 자녀가 자신의 고유재산과 독립적인 소득으로 취득했음을 입증하는 부동산에 대해서는 신중한 검토가 필요하다. 공직 취임 후 업무의 공정성을 확보하기 위해서는 이런 경우도 포함시키는 게 좋겠지만, 종합부동산세의 부부합산 과세가 위헌이라는 결정이 나온 사실도 고려해야 한다.

공직 취임 후에는 신탁 해지 시점까지 실수요 아닌 부동산의 취득을 금지한다.

신탁가액

부동산 신탁가액은 '신탁 시점의 부동산 가격'과 '부동산 취득가격의 원리금' 중 낮은 금액으로 한다. 신탁가액을 낮은 금액으로 정하면 신탁자에게 너무 불리하지 않은가 하는 오해가 있을 수 있으므로 약간의 설명이 필요하다. 우선, 신탁시점의 부동산 가격으로 정하는 것이 신탁자에게 불리하지 않음은 너무 당연하므로, 부동산 취득가격의 원리금만 따져 보면 된다.

보통의 경우 부동산 소유자가 부담하는 비용은 취득가격, 취득가격에 대한 이자, 그리고 필요경비(제세공과금과 개량비용 등)다. 반면 실수요 소유자는 부동산을 직접 또는 간접으로 사용하여 얻는 이익, 즉 임대가치를 누린다. 그 외에 부동산의 가치가 시간의 경과에 따라 자연히 줄어드는 감가상각액도 있다. 그러므로 지금까지 모든 투기 의혹자가 해명했듯이 "실수요 목적"의 소유자라면 그가 요구할 수 있는 정당한 가액은 다음과 같다.

정당한 요구액 = 취득가격 원리금 + 알파

알파 = 필요경비 - 매입 후의 임대가치 - 매입 후의 감가상각

대부분의 경우 알파는 음수이므로 취득가격의 원리금은 위 식의 '정당한 요구액'보다 크다. 즉 신탁가액을 부동산 취득가격의 원리금으로 하더라도 신탁자에게 유리하다는 것이다. (다만, 알파가 양수임을 신탁자가 입증한다면 이를 감안해 주어도 좋을 것이다.)

신탁가액을 이렇게 정하는 이유는, 종전에 없던 제도를 새롭게 도입하는 만큼 제도를 단순하게 할 필요가 있고 또 신탁자에게 큰 이익이 돌아가지 않는 한 어느 정도까지는 초기의 신탁자를 너그럽게 봐주어도 좋기 때문이다.

부동산 취득가격은 신탁자가 실제 거래가격을 입증할 수 있으면 그 가격으로 하고 입증할 수 없으면 양도소득세 과세 때 적용하는 취득가액 산정 방식으로 한다.

신탁 운용 및 해지

백신위는 신탁 부동산을 적절한 신탁기관에 맡겨 운용한다. 신탁기관은 매각, 임대 등 부동산에 관한 모든 조치를 할 수 있다. 신탁자가 부동산 사용을 원할 경우에는 시장임대료를 납부한다는 조건으로 임대할 수 있다. 운용 수익은 국고에 귀속시킨다.

신탁 해지 시점은 해당 공직을 그만둔 시점으로 한다. 백신위는 해지시점에 신탁가액의 원리금을 신탁자에게 돌려준다. 다만, 예외적으로 장래에 불로소득 발생 가능성이 없고 신탁 업무에 지장을 주지 않는 경우에는 신탁자의 희망에 따라 부동산을 현물로 돌려줄 수 있다. 이때 신탁 후 부동산 가치가 상승했다면 신탁가액의 원리금을 초과하는 금액을 징수한다.

토지 투기와의 커넥션 끊어야

지금까지 부동산을 대상으로 삼았으나 실은 부동산 대신 토지만을 백지신탁해도 된다. 부동산 중 불로소득이 발생하는 부분은 토지이며 건물은 특별한 경우가 아니면 시간이 지남에 따라 낡고 가치가 하락하기 때문이다. 그럼에도 불구하고 부동산 전체를 백지신탁 대상으로 하는 것은 토지와 건물이 일체가 되어 부동산을 구성하는 경우가 많아 실무상 편리하기 때문이다. 그러므로 신탁자가 희망하고 관리상 어려움이 없으면 부동산 중 토지 부분만 백지신탁할 수 있게 한다.

토지는 우리 모두의 삶의 터전이다. 근본적으로는 이런 움직일 수 없는 진리에 부합하는 토지제도를 만들어야 한다. 토지라는 공동 자산을 개인이 차지할 경우에는 그 대가인 지대(토지의 임대가치)를 사회에 납부하는 제도가 필요하다는 것이다. 그런데 현재의 토지사유제는 이런 평범한 진리를 외면한다. 생산물에 설정하는 절대적 소유권을 토지에까지 인정할 뿐 아니라 토지를 재산 증식의 수단으로 삼도록 허용한다. 이런 잘못된 제도를 바꾸려면 사회 지도층부터 토지 투기와의 커넥션부터 끊어야 한다.

『프레시안』 2012년 3월 12일 게재

3. 독도 문제의 근본 해법

사람도 여느 생물처럼 이기적이고 생존을 극대화하려는 본능이 있다. 그러나 인격이 높아지면서 타인과 공동체를 배려하게 되고, 나아가서는 대의를 위해 자기를 희생하기도 한다. 그런데 개인적으로는 배려와 희생의 미덕을 보여 주는 사람도 집단의 일원이 되면 이기심을 노골적으로 드러내는 경우가 있다. '집단을 위해서'라는 명분이 이기심을 포장해 주기 때문인 듯하다. 더구나 집단의 단위가 국가가 되면 이런 태도가 '애국심'으로 높임을 받기까지 한다. 이런 현상은 한국과 일본처럼 복잡한 역사적 배경을 가진 나라 간에 더 분명하게 나타난다. 독도 영유권을 둘러싼 갈등도 그 하나의 예다.

자연은[토지는] 하나님의 것이다. 독도를 비롯한 자연은 인간의 노력과 무관하게 존재하므로 누구든 자연에 대해 자기 것이라고 주장할 도덕적 근거가 없다. 그럼에도 불구하고 인간은 자연의 일부를 자기 것처럼 사용하지 않을 수 없는 존재다. 이 글에서는 이런 딜레마를 극복하는 근본적이고 이상적인 방법을 제시한다.

황금률

사람은 서로 좋은 땅을 차지하고 싶어 한다. 토지는 생존의 터전이자 생활의 기반이므로 품질이 우수한 토지를 차지할수록 더 유리해지기 때문이다. 인류의 역사는 땅 따먹기 역사라고 해도 과언이 아니다. 우리나라 역사를 보더라도 땅 때문에 이웃 나라와 수많은 전쟁을 치렀고, 토지 불평등이 심해지면 사회가 불안정해지고 급기야 왕조가 바뀌었다.

토지든 소득이든 권력이든 사람들이 갖고 싶어 하는 가치는 늘 충분하지 않다. 객관적으로는 충분한 경우에도 인간의 탐심 때문에 상대적 희소성이 발생한다. 그래서 공정한 분배의 룰은 매우 중요하다. 분배 문제를 포함한 이해 갈등을 조정하기 위한 위대한 원칙으로서 마태복음 7장의 황금률을 들 수 있다. 성경에 친숙하지 않은 독자도 계실 것이므로, 예수의 산상수훈(山上垂訓)에 나오는 해당 부분을 인용해 보자.

1 비판을 받지 아니하려거든 비판하지 말라
2 너희가 비판하는 그 비판으로 너희가 비판을 받을 것이요 너희가 헤아리는 그 헤
아림으로 너희가 헤아림을 받을 것이니라
12 그러므로 무엇이든지 남에게 대접을 받고자 하는 대로 너희도 남을 대접하라 이
것이 율법이요 선지자니라

남에게 대접을 받고자 하는 대로 남을 대접하라는 이 행위 규범은 기독교에 국한된 진리가 아니다. 우리말에도 역지사지(易地思之), 즉 처지를 바꿔서 생각하라는 표현이 있다. 남에게 하는 행위가 자신에게 되돌아온다고 생각하면 또는 남과 처지를 바꾸어 생각하면, 사람은 최소한 공정하게 행동할 것이다. 개인 윤리를 넘어 사회제도를 설계할 경우에는 공정성이 더욱 중요한 의미를 가진다. 갑과 을 두 사람이 케이크 하나를 나눌 때 갑이 반으로 자르고 을이 먼저 선택하도록 하는 제도를 두면 서로 불만이 없게 된다.

모든 인간이 하나님의 평등한 자녀임을 전제하는 가운데 황금률에 부합하도록 토지를 다루는 방식, 다시 말하면 평등한 토지권을 보장하는 방식 중 유명한 세 가지를 검토해 보자.

희년 방식: 토지 돌려주기

레위기 25장에 의하면 주님이 모세에게 하신 말씀 중에 이런 내용이 있다. “토지를 영구히 팔지 말 것은 토지는 다 내 것임이니라. 너희는 거류민이요 동거하는 자로서 나와 함께 있느니라.” 즉 인간은 하나님의 땅에 세 들어 살다 떠나는 존재라는 것이다. 땅과 관련해서 하나님과 인간의 관계는 이처럼 간단하다.

그런데 개별 인간이 땅 주인인 하나님과 임대차 계약을 맺는 것도 아니고 하나님이 개인의 땅을 일일이 지정해 주시는 것도 아니니까, 세속적으로는 다른 인간과의 관계를 정리하는 방식이 필요하다. 레위기에는 토지 소유자가 사정이 생겨 매각한 경우에 매입한 사람은 50년마다 돌아오는 희년[1]에 원 소유자에게 무상으로 돌려주도록 되어 있다. 즉 토지권에는 사용권과 매각권이 포함되지만, 땅을 팔아도 아주 파는 것이 아니라 최장 50년

1 희년(禧年): 고대 이스라엘에서 50년마다 공포되었던 해방의 해. 노예에게 자유를 주고, 가난 때문에 조상의 소유를 팔아야 했던 자들에게 그것을 돌려주었고, 땅을 쉬게 했다.

의 시한부로 판다는 것이다. 또 토지를 매각한 사람이나 친척은 언제라도 그 땅을 되살 수 있다. 즉 환매권을 가진다는 말이다. 이 점에서 기한이 없고 또 환매조건도 붙지 않는 요즘의 소유권과 다르다.

토지 매매가격도 지정되어 있다. 매매가격은 소출을 거둘 햇수에 따라 정한다. 희년에는 땅을 돌려주어야 하므로 희년이 되기 전까지 몇 해 동안 소출을 거둘 수 있는지에 따라 가격을 정한다. 그 햇수가 많으면 가격이 올라가고 햇수가 적으면 내려간다. 환매할 때의 가격도 같은 방식으로 정한다. 즉 매매 후 지나간 햇수에 해당하는 금액을 매매가격에서 빼고 나머지를 돌려주면 된다. 곤궁한 처지에 빠진 사람이 토지를 팔 때나 환매할 때 터무니없는 가격으로 손해 보지 않도록 하기 위한 배려다.

이런 규칙은 주로 밭에 적용되지만 성곽이 없는 마을에 지은 집에도 적용된다. 한편, 성곽 안에 있는 집을 매각했을 때는 환매권을 1년간 행사할 수 있으며, 희년이 되어도 본래의 집주인에게 돌아가지 않는다.

로크의 방식: 토지 취득의 조건

존 로크(John Locke, 1632~1704)는 『통치론』(제2론) 제5장 소유권 편에서 이렇게 설명한다. 다윗 왕이 "하늘은 여호와의 하늘이라도 땅은 사람에게 주셨도다."(시편 115:16)라고 한 것처럼 하나님이 땅을 인류에게 공유물로 주셨다는 사실은 명백하지만, 그럼에도 불구하고 일정한 경우에는 개인이 토지소유권을 가질 수 있다고 하였다. 그의 글을 직접 인용해 보자.

> 지구와 일체의 열등 피조물은 인류 공동의 것이지만, 인간에 대해서는 본인 이외에는 어떤 권리도 가질 수 없으며 신체의 노동과 손의 작업은 당연히 자기의 것이라고 해도 좋을 것이다. 그렇다면, 자연이 부여한 상태로부터 어떤 사람이 무엇인가를 분리한다면, 이는 자기의 노동을 가미한 결과가 되고, 이미 자기의 것인 무엇인가를 그것에 결합시킨 결과가 되며, 또 그렇게 함으로써 그것을 자기의 것으로 만든 결과가 된다. 노동은 의문의 여지없이 노동한 사람의 것이므로 일단 노동을 결합시킨 대상물에 대해서는, 적어도 그와 대등한 품질의 충분한 양이 다른 사람에게도 공

동의 것으로 남아 있는 경우라면(at least where there is enough, and as good left in common for others), 그 사람 이외에는 아무 권리도 가질 수 없다. (섹션 27)

그러나 오늘날 재산권의 주 대상은 토지의 산물이나 토지 위에서 서식하는 짐승이 아니라 그 모든 것을 수용하는 토지 그 자체인데, 토지에 대한 재산권의 취득도 다른 물자의 경우와 분명히 같다고 생각한다. 어느 사람이 그 생산물을 사용할 수 있는 만큼의 토지를 개간, 파종, 개량, 재배했을 때 그 토지는 그 사람의 재산이 된다. 말하자면 그 사람은 자신의 노동에 의해 공동의 상태로부터 그 토지를 떼어 낸 것이다. (섹션 32)

어느 토지를 개량함으로써 그 토지를 자신의 것으로 하는 행위는 다른 사람에게 아무런 피해를 주지 않는다. 대등한 품질, 충분한 양의 토지가, 토지를 갖지 않은 사람이 사용할 수 있는 정도보다 더 많이 남아 있기 때문이다. (섹션 33)

위 인용문에서 보듯이 로크의 입장은 '대등한 품질, 충분한 양의 무소유 토지가 남아 있는 경우'에는 토지에 인공을 가한 자가 토지를 소유할 수 있다는 것이다. 로크가 토지 소유의 조건으로 붙인 이 문구는 이후 재산권 이론에서 '로크의 단서'(Lockean proviso)라는 이름으로 불리면서 끊임없이 인용되어 왔다.

헨리 조지 방식: 지대 환수

19세기 미국의 토지사상가 헨리 조지(Henry George)는 그의 명저 『진보와 빈곤』에서, 사회가 눈부시게 발전하는데도 극심한 빈곤이 사라지지 않는 이유를 밝히고 그 대책을 제시한 사람이다. 그는, 사회발전으로 인한 이익의 상당 부분이 토지가치로 흡수되어 결국 지주에게 귀속되기 때문에 빈곤이 사라지지 않는다고 진단하면서, 지대를 환수하여 공공의 이익을 위해 사용하는 지대조세제(land value taxation)를 실시하면 이 문제를 해결할 수 있다고 하였다. 여기서 지대란 토지의 품질에 차이가 있을 때 특정 토지의 유리함을 나타내는 금액이다. 쉽게, 토지의 임대가치라고 보면 된다.

헨리 조지의 다른 저서 『노동 빈곤과 토지 정의』(*The Condition of Labor*, 1891)에 나오는 헨리 조지의 설명을 직접 인용해 보자. (이 저서는 교황 레오 13세가 사회주의를 비판하면서 노동 빈곤의 해법을 제시한 유명한 회칙 「새로운 사태」(Rerum Novarum, 1891)에 대한 논평으로서, 교황에게 보내는 공개서한 형식으로 되어 있다. 「새로운 사태」는 「노동 회칙」으로도 불린다.)

토지사유제로 인해 사회가 땅을 가진 계층과 못 가진 계층으로 분할되는 곳에서는, 토지사유제 자체를 건드리지 않는 한 경제 · 사회 · 도덕 등 각종 분야의 어떠한 발명과 개선도 빈곤을 예방하거나 단순 노동자의 전반적인 상태를 향상시킬 수 없습니다.

인간은 창조주의 평등한 피조물이며, 하나님의 섭리 속에서 평등한 생존과 욕구 충족의 권리를 가지는 존재입니다. 그러므로 인간은 평등하게 토지를 사용할 권리가 있으며, 평등한 토지 사용을 부정하는 제도는 어떤 것이든 도덕적으로 옳지 않습니다.

하나님이 창조하신 물자[토지]에 대한 사적 사용권은 노동 생산물에 대한 사적 소유권과는 매우 다릅니다. 토지에 대한 배타적 사용권을 갖더라도 다른 사람의 동일한 권리를 침해하지 않는 정도에 그쳐야지 그 이상은 안 됩니다.

교황님이 사회주의자라고 지칭하신 사람들의 주장처럼 생명과 노동의 기회에 대한 평등한 참여를 보장하기 위해 사유재산권을 부정해서는 안 됩니다. 또 교황님이 회칙에서 말씀하시듯 사유재산권을 보장하기 위해 생명과 노동의 기회에 대한 권리의 평등을 부정해서도 안 됩니다. 어느 쪽이든 똑같이 하나님 법의 조화로움을 부정하는 것입니다.

그러나 토지를 사적으로 사용하되 그 토지가 사용자에게 주는 특별한 이익의 가치를 공동체에 납부하도록 하면 두 법을 모두 만족시킬 수 있습니다. 즉 모든 사람에게 창조주의 하사물에 대한 평등한 참여를 보장하면서 개인에게는 자기의 노동 생산물에 대한 완전한 소유를 보장할 수 있습니다.

세 방식의 비교

지금까지 평등한 토지권을 보장하기 위한 세 방식을 보았는데 이들을 비교해 보자. 희년 방식은 모든 인간에게 평등한 토지권을 인정하면서 사정상 토지를 매각한 경우에도 공평한 가격에 땅을 되찾을 수 있도록 배려한 점이 장점이다. 당시의 상황에는 이런 방식이 적합했겠지만 지금의 관점에서는 몇 가지 보완이 필요하다. 첫째로, 하나님이 모든 인류를 위해 베푸신 토지를 어떻게 특정인이 정당하게 소유할 수 있는지에 대한 설명이 없다. 둘째로, 오늘날처럼 인구가 급속하게 증가하고 이동이 많은 경우에는 원래의 토지 배분 상태를 회복시키기도 어렵고 또 그렇게 하더라도 증가한 인구와 본래의 연고지로 돌아가기를 원하지 않는 사람에 대한 별도의 배려가 필요하다. 셋째로, 성곽 안에 있는 집에 대해서는 예외를 두었는데 현대에는 농지보다 도시 토지가 불평등의 더 큰 원인으로 작용하므로 이에 대한 대책이 필요하다.

로크의 방식은 하나님이 인류에게 공동으로 주신 토지라고 해도 자신이 내건 단서를 충족하면 사유재산이 될 수 있다고 함으로써 희년 방식을 보완한 공이 있다. 또 로크는 "어느 사람이 그 생산물을 사용할 수 있는 만큼의 토지를 개간, 파종, 개량, 재배했을 때 그 토지는 그 사람의 재산이 된다."라고 하여, 실수요자만 토지를 소유할 수 있다는 제한을 두었다는 점에서도 의미가 있다.

그러나 이런 제한을 두더라도 자신의 단서가 성립되지 않는 경우가 있다는 점을 이렇게 인정한다. 즉, 태초에는 인류가 이용할 수 있는 정도보다 공유지가 많았으나 나중에는 화폐 사용과 인구 증가로 인해 토지가 희소하게 되면서 일정한 가치를 가지는 지역이 생겼고, 이런 지역에서는 법률로 개인의 소유권을 규제하게 되었다고 한다(위의 인용 저서 섹션 45). 그러나 이런 경우에도 여전히 다른 지역에는 광대한 땅이 황무지로 남아 있으며 사람이 실제로 사용하거나 사용할 수 있는 것보다 더 많은 공유지가 존재한다고 하여, 그의 단서를 포기하지 않는다.

물론, 지구상에는 사막이나 산꼭대기처럼 사람이 살지 않는 곳도 있으므로, 인류가 사용할 수 있는 것보다 더 많은 공유지가 있다는 로크의 말이 일견 맞는 것 같기도 하다. 그러나 이런 토지가 있다고 해서 대등한 품질, 충분한 양의 무소유 토지가 남아 있는 경우라고 할 수는 없다. 농경시대에도 인구에 비해 양질의 토지가 충분히 존재한 경우는 많지 않았을 뿐 아니라, 토지의 물리적 특징보다 사회적 · 경제적 입지가 더 중요한 오늘날에는 로크의 단서가 성립되는 경우는 거의 없다. 그렇다면 로크의 방식으로 토지 취득을 정당화할 수 있는 경우는 극히 드물어진다.

한편, 지대를 환수하여 공평하게 사용하는 헨리 조지의 방식은 위 두 방식의 문제를 해결한다. 희년 방식처럼 토지 소유를 주기적으로 회복시키지 않더라도 평등한 토지권이 보장된다. 또 성곽 안에 있는 집을 예외로 처리할 필요도 없다. 로크 방식의 문제도 해결된다. 로크의 단서처럼 대등한 품질의 토지가 충분히 남아 있는 경우에는 그 토지의 지대가 0이 되며, 단서가 충족되지 않는 우등토지에서는 경쟁을 통해 그 유리함만큼 지대가 발생하게 된다. 따라서 어떤 토지든 소유자가 지대를 납부한다는 조건하에 소유할 수 있도록 하면 된다. 또 쓰지도 않을 땅을 소유하여 공연히 지대를 납부할 사람은 거의 없을 터이므로 실수요 목적 외의 토지 소유는 대부분 사라진다. 화폐 사용과 인구 증가로 인해 토지가 희소하게 되더라도 역시 예외로 처리할 필요가 없이 같은 원리를 적용하면 된다.

이를 종합하면, 현대 사회에서 평등한 토지권을 확립하기 위한 가장 적절한 방식은 헨리 조지의 방식, 즉 지대조세제라는 결론이 나온다.

독도 문제

그럼 독도 문제로 돌아가자. 사람들이 생존 극대화를 위해 토지를 탐내듯이 국제적인 영토 분쟁도 마찬가지다. 영토가 넓을수록 잠재적인 국부가 늘어나기 때문에 나라마다 기회가 있으면 더 많은 땅을 차지하려고 한다. 더구나 요즘에는 해양과 해저를 이용하고 개발하는 기술이 발달하면서 그에 대한 국제 경쟁도 치열하다. 독도 영유권을 놓고 한일 간에 양보 없는 대결을 보이는 이유도 여기에 있다.

독도를 둘러싼 한일 간의 갈등을 이해하려면 1973년에 시작하여 1982년에 마무리된 국제연합 제3차 해양법 회의에서 채택된 해양법협약을 조금 알아 두는 것이 도움이 된다. 필요한 기본적인 사항에 대해서만 언급해 두려고 한다. 일반 국제협약처럼 이것도 합의 후 당사국이 비준하여야 효력이 있는데 우리나라는 1996년에 비준하였고 일본도 역시 비준하였다. 그러므로 독도 문제에 관해서는 이 협약이 중요하다. (참고삼아 지적해 두자면 미국은 비준은커녕 협약에 서명조차 하지 않았다. 국제협약에 구속되기 싫은 강자의 모습이다.)

중요한 용어 가운데 '기선'부터 설명할 필요가 있다. 기선은 모든 수역을 정하는 기초가 된다. 영해를 비롯해서 연안국이 우선권을 가지는 해역이 기선으로부터의 거리를 기준으로 설정되기 때문이다. 기선은 썰물 때 생기는 해안선인데 우리나라 서해처럼 해안선의 굴곡이 심할 경우에는 직선을 그어 기선으로 삼는다. 기선에서부터 최대 12해리까지 '영해'이고, 최대 24해리까지 영해에 준하는 관할권을 가지는 '접속수역'이 된다. 또 '배타적 경제수역'은 기선에서 최대 200해리까지다. 배타적 경제수역은 연안국이 배타적으로 어로행위, 해저의 천연자원 개발 등을 할 수 있는 구역이고, 그 밖의 구역은 '공해'다. 중국 어선이 서해에서 불법 조업을 하다가 말썽을 일으키는 곳이 주로 이 배타적 경제수역이다. 배타적 경제수역 바깥이라도 연안국은 최대 350해리까지 '대륙붕'을 탐사하고 천연자원을 개발하기 위한 주권적 권리를 갖는다. 즉 경제적으로는 경제수역은 물론 대륙붕까지 매우 중요한 가치를 가진다는 것이다.

본토에서 멀리 떨어져 있는 섬은 수역 획정을 복잡하게 만든다. 섬이란, 밀물 때에도 수면 위로 나오는 육지다. 인공섬은 해당되지 않으며 인간이 거주할 수 없거나 독자적인 경제활동을 유지할 수 없으면 섬이 아닌 암석으로 본다. 일단 섬으로 인정되면 크기와 관계없이 섬의 연안이 기선이 된다.

따라서 독도가 어느 나라의 영토냐, 그리고 섬으로 인정되느냐 여부에 따라 연안국 관할 수역의 범위가 큰 차이가 난다. 더구나 대륙붕에 석유나 천연가스와 같은 귀한 광물이라도 매장되어 있는 경우에는 의미가 크게 달라진다. 지난 8월 29일 국토해양부가 발표한 독도의 토지 감정평가액은 10억 7천만 원에 불과하지만, 서울과학기술대 유승훈 교수가 8월 17일에 발표한 보고서에 따르면 독도의 경제적 가치는 12조 원을 넘는 것으로 나온다. 필자의 생각으로는 독도로 인한 경제적 · 군사적 · 학술적, 그리고 정서적 가치를 모두 평가한다면 그보다 훨씬 엄청난 금액이 될 것이다. 한일 양국이 (또는 타국도 참여하여) 경쟁 입찰로 가격을 결정한다고 상상해 보면 필자의 예상에 금방 동의하게 될 것이다.

이런 사실을 이해하고 나면 왜 나라마다 땅만으로는 별 가치가 없어 보이는 작은 섬을 둘러싸고 양보 없는 대결을 벌이는지 이해할 수 있다.

세계 지대조세제가 근본 해법이다

그렇다면 국제적으로 평등한 토지권을 보장하려면 어떻게 하는 것이 좋을까? 이미 위에서도 검토하였듯이, 헨리 조지가 제안한 지대조세제, 즉 자연을 소유하는 자가 다른 사람에 비해 더 유리해지는 정도를 반영하는 지대를 징수하여 공평하게 사용하는 제도를 세계적으로 실시하는 것이 최선이다.

이 제도가 실시될 때의 세상은 현재의 우리로서는 상상하기 어려운 모습으로 변한다. 모든 나라는 실수요 목적이 아닌 자연(토지만이 아니라 해양, 자원, 우주공간 등까지)을 취득하려고 하지 않을 것이고 현재 기득권을 가지고 있는 자연 중에서도 실수요와 무관한 부분은 포기하려고 할 것이다. 필요도 없는 자연을 소유하면 그만큼 지대만 더 납부해야 하기 때문이다. 석유 등 천연자원을 확보하기 위한 중동 전쟁 같은 일도 발생하지 않는다. 석유의 가치만큼 지대를 더 내야 하므로 천연자원이 풍부하다고 해서 유리해지는 점은 없기 때문이다. 남북극 관할을 놓고 신경전을 벌이지도 않을 것이고 무리하게 우주 개발을 서두르지도 않을 것이다.

또한 환경오염은 인류 공동의 삶의 조건인 환경을 훼손하여 타인의 사용을 배제하는 행위이므로 그 대가는 역시 지대에 해당하며, 따라서 당연히 징수 대상이 된다. 그러면 국제적 환경오염도 많이 사라질 것이다. 지구온난화 방지를 위한 국제연합 기후변화협약도 이런 취지를 갖고 있기는 하지만 가장 최근의 성과인 1997년 교토의정서도 아직 이 수준에 훨씬 못 미친다. 아니, 오히려 배출권 거래제를 도입하여 환경오염권을 사유화했다는 점에서 염려스럽기까지 한다.

세계 지대기금이 조성되면 여러 좋은 용도로 활용할 수 있다. 가장 단순한 활용 방법은 각국의 인구수대로 나누는 것이다. 가난한 나라는 이런 배당금 덕에 극심한 빈곤에서 벗어날 수 있다. '이런 건 국내에서도 실현 불가능하다.'라고 생각하여 미리 포기하는 독자가 계실까 봐 하나의 사례를 소개한다. 현재 미국 알래스카 주에서는 이와 비슷한 배당금 제도, 즉 석유채굴세(severance tax) 수입을 주민에게 균등하게 나누어 주고 있다. 공동의 천연자원을 채굴하는 대가, 즉 지대를 징수하여 나누는 사례다. 지대기금의 일부를 별도로 유보해 두었다가 국민소득이 일정 수준 이하로 떨어지거나 천재지변으로 어려움을 겪는 국가를 돕는 데 사용하는 것도 좋겠다.

이처럼 세계 지대조세제가 실시되면 세계 평화와 환경 보전과 빈곤 퇴치에 크게 이바지할 수 있다. 그러나 현재의 국제관계는 이런 제도를 수용할 만한 수준에 올라 있지 못하다. 소아적 국익을 추구하는 각 나라를 적절히 통제할 장치가 마련되어 있지 않기 때문이다. 인격 수양이 각 개인의 고귀한 목표이듯이 국가의 품격 고양 역시 인류의 고귀한 목표이므로, 세계의 집단지성을 한 걸음씩이라도 그 방향으로 움직여 나가야 한다. 멀어도 바른 길로!

월간 『기독교 사상』 2012년 10월호 게재

일본의 월간 『복음과 세계』 2012년 11월호에 번역 게재